Impressum:
Twisted Game
Erstausgabe Mai 2014
Copyright © Kera Jung
https://www.facebook.com/pages/Kera-Jung/107377139457014
https://www.facebook.com/kera.jung
https://twitter.com/KeraJung
http://www.kera-jung.de/index.html
Alle Rechte vorbehalten!
Umschlagillustration/Foto:Sabrina Dahlenburg
Unter Verwendung eines Motives von: Colourbox.com
Lektorat: Belle Molina, Patricia Zimmermann, Damla Karademir
Korrektorat: Belle Molina, Mandy Heskamp
Satz und eBook: Sophie Candice
Veröffentlicht beim:
A.P.P. Verlag
Peter Neuhäußer
Gemeindegässle 05
89150 Laichingen
Tel.: 07333-9545750
email:info-a.p.p.verlag@gmx.de
www.a-p-p-verlag.de
ISBN ebook (mobi): 978-3-945164-39-6
ISBN ebook (epub): 978-3-945164-40-2
ISBN Print: 978-3-945164-41-9

Kera Jung

Twisted Game

Kurzbeschreibung

Nach dem Tod ihrer Schwester und ihres Schwagers muss sich Anthonia Benett plötzlich um deren Sohn Matty kümmern. Ziemlich viel Verantwortung für eine 22jährige Studentin, die noch nicht ihren Platz im Leben gefunden hat. Doch Hilfe naht in Gestalt von Edward Capwell – seines Zeichens verschollener Onkel –, der sich als attraktiver, steinreicher und widerlicher, despotischer Zeitgenosse entpuppt. Anthonia bringt es nicht über sich, ihren Neffen mit diesem seltsamen Mann gehen zu lassen, der so gar keine Ahnung von Kindern zu haben scheint. Daher beschließt sie, ihn zu begleiten, ob es Mr. Capwell nun gefällt oder nicht. Eine schicksalhafte Entscheidung, denn Onkel Edward hat seine ganz eigene Meinung über die Schwägerin seines verstorbenen Bruders, und die ist nicht unbedingt positiv.

Ausschnitt:

Edward Capwell ist so altmodisch, dass ihm eine eiserne Rüstung verflucht gut stehen würde. Er verfügt über kein Benehmen, von dem Tony etwas wüsste, packt eine Frau auch gern mal am Hals, wenn er wütend ist, und beleidigt erschreckend häufig.

Alles richtig. Leider fühlt sie sich trotzdem verdammt zu ihm hingezogen. So war es vom ersten Tag an. Ihn einmal anzuschauen, genügte ihr, um dahinzuschmelzen, und in den vergangenen Wochen hat sich dieses Gefühl noch enorm gesteigert. Trotz seiner Beleidigungen, der Verachtung, die aus jedem seiner Worte spricht, und der geringschätzigen Miene, mit der er sie immer betrachtet und die jetzt von totaler Ignoranz abgelöst wurde, mag sie ihn.

Für Sylvia ...

... und nicht nur, weil du sie von Anfang an liebtest.

Ich bin froh, dich kennen zu dürfen.

Danke!

Für alles.

1. Edward Capwell

Wie in dieser Jahreszeit üblich breitet sich düsterer Himmel über New York City aus. Einschließlich Smog, der hier nun mal zur Tagesordnung gehört. Kein Bewohner dieser Stadt stellt ihn infrage oder macht sich gar Gedanken darüber. Der Big Apple ist ein Moloch – wenn auch ein geliebter.

Tony steht am Fenster und blickt nachdenklich zur dichten Wolkendecke hinauf. Ihre derzeitige Stimmung ist ungefähr so trist und melancholisch, wie das eisige Grau oberhalb von ihr wirkt.

Zum einhunderttausendsten Mal stellt sie sich die gleiche, unbequeme Frage: *Ist es die richtige Entscheidung?*

Wie immer lässt die Antwort auf sich warten, stattdessen schließen sich ihre Arme fester um den kleinen Jungen, der seinen Hinterkopf vertrauensvoll an sie gelehnt, zu ihr aufschaut. Mit etwas Mühe erwidert sie sein unsicheres Lächeln, stöhnt jedoch im Stillen, als wieder die Schuldgefühle auf sie einprügeln. Dabei ist es ja nicht so, als hätte sie eine Wahl.

Die vergangenen Wochen waren nicht einfach; okay, in Wahrheit war das gesamte letzte Jahr alles andere als leicht. Erst Danielles Tod und dann noch Tim ...

Tony hat auch um ihre Schwester getrauert – natürlich –, doch das ist kein Vergleich zu dem Schmerz, den ihr Schwager empfunden haben muss. Hilflos musste sie mit ansehen, wie Tim an dem Verlust zerbrach. Auch Matty – Danielles und sein gemeinsamer Sohn – gelang es nicht, ihn über den Verlust hinwegzutrösten. Vielleicht war es deshalb keine große Überraschung, als die Ärzte nach sechs Monaten Leukämie diagnostizierten. Ob diese oder eine vergleichbar tödliche Krankheit bleibt sich wohl gleich, Tony hatte bereits lange vor dem Befund vermutet, dass Tim Danielle so bald wie möglich folgen wollte. Sein geschwächter Körper entschied sich nur für diesen speziellen Tod. Schön.

... Nein, nicht schön. Absolut nicht! Nicht! Schön!

Denn die junge Anthonia – die ihren Namen mit aller ihr zur Verfügung stehenden Kraft hasst und deshalb darauf besteht, Tony genannt zu werden – stand unvermutet mit gerade einmal 21 vor einem Haufen unlösbarer Probleme: Plötzlich war sie für den kleinen Matty verantwortlich, der nicht nur seine Mom vermisst, sondern darüber hinaus seinem Daddy beim Sterben zusehen durfte. Die Krankenhausrechnungen, Rezeptgebühren und was eine schwere Erkrankung darüber hinaus so an Kosten mit sich bringt, wuchsen schnell in astronomische Höhen. Ihr Studium musste sie abbrechen; sie hatte keine Chance, neben der Pflege ihres Schwagers und der Sorge für ihren Neffen einen halbwegs annehmbaren Abschluss in Geschichte hinzulegen.

Tim war ein Weltverbesserer, einer von denen, die nicht auf materielle Werte setzen. Er hatte einen ziemlich schweren Weg hinter sich, lebte zeitweilig auf der Straße, konsumierte Drogen, war fast tot, bis Danielle und deren Liebe ihm wieder auf den rechten Weg halfen. Seitdem hatte er Frieden und Harmonie propagiert und den Lebensunterhalt für die Familie mit seiner Musik verdient.

Danielle – Tonys ältere Schwester – war da bedeutend bodenständiger gewesen und hatte es wenigstens auf eine Stelle als Assistentin in einer Zahnarztpraxis gebracht. Und – dafür könnte Tony ihre Schwester noch heute umarmen: Danielle Capwell besaß eine Lebensversicherung, deren Prämie zwar nicht besonders hoch war, die jedoch Vater und Sohn in den vergangenen Monaten die Existenz sicherte. An Arbeit war bei Tim nämlich nicht einmal zu denken.

Nein, als ›schön‹ kann man das alles nun wirklich nicht bezeichnen.

Echt nicht!

Ein energisches, lautes, kurz aufeinanderfolgendes Klopfen unterbricht ihre Grübeleien und sie betrachtet abermals den kleinen, ernsten Jungen mit den großen, blauen Augen.

»Bereit?«

Als er nickt, lächelt sie aufmunternd, verstärkt ein weiteres Mal den Druck ihrer Arme und schickt sich dann an, die Tür zu öffnen ...

* * *

Er ist so anders!

Im Geiste hatte sie sich eine etwas ältere Ausgabe von Tim vorgestellt. Blond, irgendwie zierlich und weich, nicht sonderlich männlich und garantiert kein Macho.

Vor Tony steht ein Mann, der aussieht, als würde er Werbung für Testosteron laufen. Noch maskuliner ist wohl nicht möglich.

Pechschwarzes Haar befindet sich auf seinem Kopf; die grellblauen Augen wirken in dem braun gebrannten Gesicht verboten hell, und die Lippen sind schmal und scharf geschnitten. Ein dunkler Schatten bedeckt Wangen und die Kinnpartie, während die hohen Wangenknochen ihn noch ein bisschen markanter wirken lassen, als bereits von Natur aus gegeben. Er ist groß, mindestens ein Meter neunzig und trägt ein weißes Hemd, das trotz der winterlichen Temperaturen am Kragen offen steht. Kein Jackett, dazu eine schwarze Hose und Schuhe in der gleichen Farbe. Darüber hinaus ist er mit Abstand der attraktivste Mann, dem sie jemals begegnet ist.

Mit Abstand!

Als sie keine Anstalten macht, irgendetwas zu sagen, wird seine sowieso schon verschlossene Miene eisig. »Edward Jayden Capwell. Ich habe mein heutiges Erscheinen angekündigt!«

Seine Stimme ist dunkel und leise, nur ein Hauchen, aber von bestechender Autorität. Ein eisiger Schauder huscht über ihre Haut; Tony beeilt sich zu nicken und hält ihm die Hand entgegen. »Mein Name ist Anthonia Benett. Ich bin ...«

»Ich weiß, wer Sie sind!« Das kommt so herablassend, dass der nächste Schauder ihren Körper erobert; er ignoriert ihre Geste und hebt stattdessen seinen Arm, als wolle er sie beiseiteschieben. »Darf ich dann eintreten?«

Tony ist über diese Unverschämtheit so verblüfft, dass sie ihm nur wortlos Platz machen kann.

Was ist das denn für ein Idiot?

* * *

In der geräumigen Atelierwohnung, die einst Tim und Danielles Liebesnest war, blickt er sich abweisend um und entdeckt dabei den kleinen Jungen, der sich nicht bewegt hat, aber den großen Fremden interessiert mustert.

»Das ist mein Neffe?«

»Wird wohl so sein«, erwidert Tony kühl, die neben ihn getreten ist, und erntet einen verächtlichen Blick von der Seite.

Ehrlich, was hat der Typ für ein Problem?

Er deutet zur antiken Sitzgruppe aus Eichenholz, die ihre Schwester mit ausufernder Hingabe restauriert hat. »Darf ich mich setzen?«

»Bitte.«

Es fehlt nicht viel und sein Zeigefinger wäre prüfend über die lackierte Sitzfläche gefahren. Sie könnte schwören, dass er sich nur mühsam beherrscht, denn er setzt sich erst nach deutlichem Zögern, hat allerdings ausschließlich Augen für Matty, der bisher noch keinen Ton von sich gegeben hat.

»Wollen Sie ...«

›... *etwas trinken*‹, wollte Tony sagen, doch der arrogante Heini tut, als habe er sie nicht gehört. »Er ist klein für sein Alter!«

»Möglich! Trotzdem ist er nicht schwerhörig!«

Capwell runzelt die Stirn. »Verzeihung, im Umgang mit Kindern bin ich nicht sehr geübt.« Sein Mund verzieht sich zu einem Lächeln, vor dem Tony am liebsten flüchten würde – mit 22. Sie hat nicht den geringsten Schimmer, wie die Grimasse auf einen Fünfjährigen wirken muss.

»Matthew!« Einladend hält er seinem Neffen den linken Arm entgegen und ähnelt dabei unheimlich einem von den ganzen miesen Zauberern aus dem Märchen. Einem dieser Typen, die versuchen, die Winzlinge zu rauben, um sie mit den hinterhältigsten Versprechungen auf die Seite des Bösen zu locken.

Darth Vader – *das* ist es!

Matty jedoch, unbedarft, wie er nun mal ist und von Tony genauestens instruiert, scheint keine Angst vor dem fremden Mann zu haben, denn er tritt ohne Scheu und mit schiefem Grinsen zu ihm.

Die große Hand legt sich auf den schmächtigen Rücken; blaue, erwachsene Augen betrachten die beinahe identischen in dem kindlichen Gesicht. »Ich bin Onkel Edward, der Bruder deines Dads. Das ist dir bekannt?«

Dieser Kerl hat von Kindern nicht den blassesten Schimmer! Allerdings beschließt Matty, das Spiel mitzuspielen. Er nickt ernst, was Capwell wohl ermutigt oder so, er fährt nämlich im gleichen Tonfall fort. »Der Tod deines Vaters muss dich schwer getroffen haben ...«

Das Gesicht des Jungen umwölkt sich, doch er nickt.

»Mein aufrichtiges Beileid.«

Tony könnte schwören, dass Matty kein Wort dieses seltsamen Heinis verstanden hat, obwohl er sogar diese saublöde Bemerkung mit einem Nicken beantwortet.

»Ich möchte dich gern mit zu mir nach Hause nehmen. Ist das okay?«

Der Kleine nickt.

»Deine Sachen sind bereits gepackt?«

Nicken.

Wieder legt sich Capwells Stirn in Falten, bevor er echt gruselig lächelt. »Wie wäre es, wenn du dich noch mal vergewisserst, dass du nichts vergessen hast? Wir werden nicht zurückkehren.«

Fragend schaut Matty zu seiner Tante. »Geh nur«, sagt diese und zwingt sich, nicht den Kopf zu bewegen. Das ganze Genicke geht ihr allmählich gehörig auf die Nerven. Nach einem skeptischen Blick zu seinem Onkel macht Matty auf dem Absatz kehrt und verschwindet.

Sofort ist das Grinsen des widerlichen Schönlings Geschichte, was auch besser ist, urteilt Tony – es hat sowieso ziemlich gestellt und unecht gewirkt. Im nächsten Moment fixieren sie kalte, scharfe Augen, die Röntgenfähigkeiten zu besitzen scheinen. »Er kann aber sprechen, ja?«

»Matty ist in der Lage, sich verbal zu verständigen«, erwidert sie nickend, und ärgert sich sofort. Scheiß Nicken!

»Gut zu wissen. Wie wird er die Trennung von seiner ... *Mutter* verkraften?«

Was soll denn die bescheuerte Frage? »Ich schätze nicht so gut, aber daran wird er sich wohl zwangsläufig gewöhnen müssen.«

Sein Mund verzieht sich zu einer ironischen Grimasse. »Also haben Sie schon geübt, oder wie darf ich diese Bemerkung verstehen?«

»Was?« Langsam wird ihr dieser Typ hochgradig unsympathisch.

Capwell stöhnt leise und sichtlich entnervt. »Vermutlich haben Sie sich keine großen Gedanken gemacht – warum auch? Ich denke jedoch, dass der Junge möglicherweise Schwierigkeiten mit dieser abrupten Trennung bekommen dürfte. Aus welchem Grund auch immer, er scheint Sie zu mögen. Also, haben Sie sich eventuell doch Gedanken über mögliche Besuche gemacht oder wollen Sie ihn tatsächlich nie wieder sehen?« Mit jedem neuen Wort wird er leiser, drohender und der Blick kälter, bis er irgendwann so eisig ist, dass Tony unwillkürlich zusammenfährt.

Abgrundtiefe Abscheu!

Diese Miene! Diese Stimme. Selbst die Haltung, der Kopf im Nacken liegend, sodass er sie von oben herab anschaut. Der gesamte Mann besteht aus einer einzigen Ablehnung. Er betrachtet sie, als wäre sie irgendein widerliches Insekt, das vernichtet gehört, weshalb sie plötzlich akute Probleme hat, Matty mit ihm gehen zu lassen. Diese Entscheidung fiel ihr schon vorher bestimmt nicht leicht, nur da hat sie das Ganze mit kühler Logik abgewogen und dann vernünftig mit Matty gesprochen. Bei seinem reichen Onkel wird er es bedeutend besser haben als bei ihr. Nur leider ist Tony genau davon mit einem Mal überhaupt nicht mehr überzeugt ...

Blitzschnell kalkuliert sie. Egal aus welcher utopischen Überlegung heraus, der Typ hält sie für Mattys Mutter. Was bis hierhin ein echter Witz ist, den sie im Grunde umgehend aufzuklären beabsichtigt, erweist sich mit einem Mal als ihre einzige Chance.

»Matty leidet seit einem Jahr an Asthma«, sagt sie eilig. Seine Stirn legt sich mal wieder in Falten. »Es ist unter Kontrolle, keine Sorge. Ich dachte, ein sauberer Bruch wäre die beste Lösung und er würde sich so leichter zurechtfinden. Aber vielleicht sollte ich ihn doch fürs Erste begleiten, jedenfalls, bis er sich eingelebt hat.«

Gefährlich blitzen die blauen Augen auf. »*Das* ist tatsächlich eine äußerst überraschende Überlegung.«

Darauf weiß Tony nichts zu erwidern, doch etwas anderes ist ihr soeben eingefallen, was sie sogar brennend interessiert. »Woher wussten Sie eigentlich von Matty? Hatte Tim nicht den Kontakt zu seiner Familie abgebrochen?«

Der Supermacho presst die sowieso schon schmalen Lippen aufeinander. »Das ist korrekt. Meine Eltern konnten sich nie für sein unorthodoxes Lebensmodell erwärmen, ich übrigens auch nicht. Allerdings standen wir Brüder in lockerem Kontakt.« Capwell lehnt sich zurück, breitet die Arme auf der Lehne aus, und mustert sie abschätzend. »Von dem Kind erfuhr ich erst kurz vor Tims Tod. Um ehrlich zu sein, habe ich nicht das geringste Verständnis für die Art von Verhältnissen, in denen Sie leben ...«

»Was genau wollen Sie damit ...?«

»Muss ich Ihnen das wirklich in allen Einzelheiten auseinandernehmen?«, erkundigt er sich gelangweilt. »Gut, wenn es unbedingt erforderlich ist: Timotheus war ein Träumer, ein Illusionär, der mit den Anforderungen und harten Geschäftspraktiken meines Vaters nie umgehen konnte. Er erzählte mir von Ihrer bizarren sexuellen Beziehung.«

Als er ihren ratlosen Gesichtsausdruck sieht, lächelt er ironisch. »Timotheus, Tony und ... Sie! Sie dürfen mit dem Theater aufhören; ich bin umfassend informiert ...«

Tony ist blass geworden, was ihm sichtliches Vergnügen bereitet. Die Stimme wird immer dunkler, die Augen blitzen greller und seine Worte klingen mit jedem neuen verletzender. »Zunächst konnte ich nicht verstehen, aus welchem Grund sich zwei Männer eine Frau teilen sollten, bis ich endlich hinter die Antwort kam. Sie haben beide hingehalten, richtig? Ich weiß, wie sehr mein Bruder Sie mochte, es klingt in seinen Briefen mit. Ähnlich werden Sie mit diesem Tony verfahren sein. Dass Sie sich so kurzfristig entschließen können, Ihren Sohn nicht ad hoc zu verlassen, kommt daher nicht sonderlich überraschend. Aber ich muss Sie enttäuschen, ich habe nicht die geringste Absicht, Sie auszuhalten, bin allerdings bereit, um des Jungen willen, einen Kompromiss einzugehen. Sie begleiten uns; sollten Sie aber auf die Idee kommen, ihn im Stich zu lassen, weil Ihnen die gesamte Angelegenheit mit der Mutterschaft zu lästig wird, werden Sie mich kennenlernen. Und das ist das Letzte, was Sie wollen, vertrauen Sie mir.«

Also, was das betrifft, sind Tony und er einer Meinung. Ihr reicht schon, was sie bis jetzt von diesem Kerl kennt. Gründlich – danke der Nachfrage!

»Bis das Kind die Trennung von Ihnen verkraften kann, werden Sie bei ihm bleiben; danach können Sie meinetwegen Ihrem abartigen Lebensstil weiter frönen. Und um auch noch die möglicherweise verbliebenen Missverständnisse aus dem Weg zu räumen ...« Unvermittelt beugt er sich über den Tisch und ist ihr damit so nah, dass sie sein herbes Aftershave wahrnimmt. »Meiner Ansicht nach sind Sie der Inbegriff einer dahergelaufenen Schlampe, die für jeden Mann die Beine breitmacht, solange sie sich einen Vorteil daraus verspricht. Landläufig wird eine derartige Kreatur Hure genannt ...«

Wieder entspannt lehnt er sich zurück. »Ich erhielt kurz vor Timotheus Tod diesen Brief ...« Aus seiner Hemdtasche zieht er ein zusammengefaltetes Stück Papier und wirft es ihr achtlos hin. Als Tony es mit bebenden Händen öffnet, erkennt sie Tims flüssige, schnörkelige Handschrift sofort:

> *Edward,*
> *Dir dies zu schreiben fällt mir nicht leicht. Besonders, weil mein Überfall Dich sicher unvorbereitet trifft. Leider bleibt mir weder eine Wahl noch die Zeit, schonender vorzugehen. Deshalb komme ich gleich zum Punkt:*
> *Ich werde bald sterben, weshalb ich derzeit damit beschäftigt bin, meine Angelegenheiten in Ordnung zu bringen. Wie du dir vielleicht denken wirst, gibt es nicht*

viel, was ich der Nachwelt hinterlasse. Im Grunde nur eines – gleichzeitig das für mich Wichtigste: meinen Sohn Matty.

Er ist jetzt fünf und Anthonia versucht ihr Bestes, um ihn ordentlich zu versorgen und zu erziehen. Aber sie ist zu jung; es wäre unfair, sie mit einer solchen Aufgabe zu belasten. Ich will ihr nicht das gesamte Leben zerstören, indem sie nach meinem Tod allein mit meinem Kind dasteht.

Sie hat bereits genug für uns getan.

Sorge für ihn; das ist alles, worum ich Dich bitte. Werte es als letzten Dienst, den Du mir als Bruder erweisen kannst ... wenn du Dich mit einer Begründung, mir diesen Gefallen zu tun, besser fühlst.

Ich hätte Dich nicht gebeten, wäre mir eine Alternative bekannt. Ich hoffe, das weißt Du ebenfalls.

Warte, bis ich weg bin, denn ich kann mir nicht vorstellen, dass unser Wiedersehen nach so vielen Jahren sehr freudig ausfallen würde. Schon gar nicht unter diesen Umständen.

Kümmere Dich um meinen Sohn. Auch er ist Teil unserer Familie.

Danke.

Tim

* * *

Als sie aufsieht, verschleiern Tränen ihre Sicht; Capwell zuckt nur gleichgültig mit den Schultern. »*Der Junge ist Teil meiner Familie.* Diesbezüglich muss ich Timotheus beipflichten. Ich werde einen Teufel tun und ihn in diesem Milieu aufwachsen lassen ...« Verächtlich betrachtet er ihr Hemd, wobei er sich äußerst ausgiebig ihrem Ausschnitt widmet. Ganz plötzlich würde Tony alles für einen dicken, verdammt weiten und ausgebeulten Wollpullover geben. Als die Bestandsaufnahme beendet ist, fügt er eisig hinzu: »Und ich kann ihn unmöglich einer solchen Mutter überlassen.«

Tony hat noch nie mit einem Mann geschlafen, denn Mr. Right ist ihr bisher einfach nicht begegnet. Aber was dieser Idiot ihr da andichtet, ist so abenteuerlich, dass es sie nicht wirklich berühren kann. Eher belastet sie sein so falsches Bild von dem ›Milieu‹, in dem ihr Neffe aufgewachsen sein soll.

Danielle und Tim verband die wahre, große Liebe, und als sich damals das Kind ankündigte, schien ihr Glück perfekt. Zu diesem Zeitpunkt waren sie bereits über zwei Jahre verheiratet. Viel Geld hatten sie nie, was sie an ihrem harmonischen Zusammenleben aber nichts änderte. An jedem einzelnen Tag, den sie gemeinsam verbringen durften, waren sie ein Herz und eine Seele. Tony war häufig bei ihnen, kennt Matty seit seiner Geburt und übernahm oft das Babysitting, wenn die beiden abends ausgehen wollten. Bis dieser verdammte Schwerlaster Danielles uralten Volkswagen rammte und das junge Idyll jäh zerstörte.

Sie wussten immer, dass Tim aus einer wohlhabenden Familie stammte, doch er sprach nie davon, und weder Danielle noch Tony stellten jemals Fragen. Er habe beschlossen, sein Leben nach *seinen* Vorstellungen zu führen, war das Einzige, was er je darüber verlauten ließ. Dass er sporadischen Kontakt zu seinem Bruder hielt, war nie bekannt geworden. Wie auch ...?

»Einverstanden«, bemerkt sie hölzern. »Von welchem

Zeitraum sprechen wir hier – ungefähr?«

»Ein Monat?« Kaum gesagt runzelt er die Stirn. »Nein, ein Vierteljahr ist wohl realistischer. Während dieser Zeit vergessen Sie Ihre üblichen Lebensgewohnheiten. Ich habe einen Ruf zu verlieren und bin sehr darauf bedacht, ihn nicht in Mitleidenschaft zu ziehen. Solange Sie sich in meinem Haus aufhalten, kümmern Sie sich ausschließlich um den Jungen. Keine Alleingänge. Ist das klar?«

Tony würde ihm gerne ganz ausführlich erklären, was alles klar ist, sie besinnt sich aber in letzter Sekunde und schweigt. Sie darf nicht riskieren, dass dieser Gruseltyp seine Meinung ändert und Matty allein mit sich nimmt. Deshalb nickt sie, wenn auch mit echtem Widerwillen. Ehrlich, sie bekommt kaum den Kopf bewegt, als wäre ihr Körper auch nicht der Meinung, dass sie bei dem Selbstmordkommando mitmischen sollte.

»Bitte?«, erkundigt er sich mit erhobener Braue, was sie in die nächste Fassungslosigkeit treibt. Das kann doch unmöglich sein Ernst sein! Ehrlich! Nachdem sie aufmerksam sein Gesicht studiert hat, begreift Tony, dass er es sogar total ernst meint.

Mist!

»Ja ...«, erwidert sie leise und noch etwas zähneknirschender.

Die Braue verharrt, wo sie ist – so ziemlich weit oben, eindeutig mit der Tendenz zum Haaransatz.

Was?

Tony holt tief Luft; ihre Hände – gut verborgen unter dem Tisch – ballen sich, und sie presst zwischen ihren zusammengebissenen Zähnen hervor: »... wohl ...?«

Als seine Miene nach wie vor unverändert bleibt, leidet ihre Gelassenheit ein wenig; sie verschränkt die Arme, obwohl die Fäuste keineswegs verschwunden und damit deutlich sichtbar sind. Es ist ihr egal. »Das ist lächerlich!«, giftet sie los. »Ich werde mich Ihnen nicht ›unterwerfen‹, oder was immer der ganze Scheiß hier soll! An den blöden Deal halte ich mich und ansonsten können Sie mich mal kreuzweise!«

Bevor er etwas erwidern kann, ist sie mit hoch erhobenem Kopf aus dem Raum gerauscht.

Arsch!

* * *

Matty sitzt auf seinem Bett und sieht auf, als sie sein Zimmer betritt. Tony zwingt sich zu einem Lächeln und gesellt sich zu ihm. »Ungewohnt, hmmm?«

»Ja ...« Es klingt wehmütig und sie legt fürsorglich einen Arm um seinen schmächtigen Körper.

»Dein Onkel meint, dass es wohl am Anfang für dich schwer werden dürfte, so total allein. Was würdest du dazu sagen, wenn ich mitkomme? Nur für ein paar Wochen, bis du dich eingelebt hast?«

Anstatt zu antworten, lehnt er sich an sie; Tony umarmt ihn und es vergeht eine Weile, ehe sie sich räuspert. »Du ... Matty?«

»Hmmm?«

»Würde ... würde es dir etwas ausmachen, mich Mommy zu nennen? Nur, wenn dein Onkel dabei ist?«

Verdutzt schaut er sie an und kichert. »Mommy-Tony ... Warum?«

»Nur so aus Spaß.«

Das Lachen verstummt. »Wenn du willst. Ich glaube ...«

»Hmmm?«

Der Junge holt tief Luft. »Ich glaube, du bist die einzige Mommy, die ich noch habe«, wispert er.

Mühsam verbeißt sie sich ein Stöhnen, bevor sie ihn auf den Schoss zieht und auf seine Wange einen dicken Kuss gibt. »Jetzt hör mir mal zu!«, beschwört sie ihn. »Egal, wo ich bin, du kannst immer auf mich zählen, okay?«

»Ja.«

Tony lächelt. »Er ist der Bruder deines Daddys, da kann er nur nett sein, oder?«

»Ja.«

»Und du gehst nicht allein mit ihm, ich komme mit, in Ordnung?«

»Wie lange bleibst du da?« Seine dünnen Ärmchen haben sich um ihren Hals gelegt und die ernsten Augen mustern sie hoffnungsvoll.

»Solange du mich brauchst. Versprochen.«

Ewigkeiten betrachtet er sie mit gerunzelter Stirn und nickt dann zögernd. »Okay ...«

Als sie ihn vor lauter Erleichterung erneut küsst, diesmal auf den Mund, verzieht er das Gesicht, wischt ihn sich jedoch nicht ab, was einen echten Liebesbeweis darstellt. Matty hasst nämlich Küsse! Und Tony schwört, durchzuhalten. Für ihren Neffen wird sie bei diesem selbstgefälligen Mann wohnen, bis der Kleine ohne sie zurechtkommt.

Egal welche Dämlichkeiten sich Capwell sonst noch so einfallen lässt, um sie wegzuekeln. Um das zu erreichen, muss er bedeutend früher aufstehen.

Schließlich ist sie Tony und eben NICHT irgendeine dahergelaufene Hure.

Noch etwas schwört sie sich, während sie immer noch um Fassung ringt.

Genau das wird er begriffen haben, bevor sie ihn wieder verlässt.
Und wenn es das Letzte ist, was sie tut.
Bastard!

2. *Destino*

Kommentarlos bugsiert Capwell Mattys Koffer hinunter. Seitdem sie aus dem Zimmer gerannt ist, hat er nichts mehr zu ihr gesagt. Offenbar existiert sie für ihn nicht. Umso besser, Tony passt sich da wirklich gern an.

Zuvor hat sie eilig ein paar Sachen in ihren Rucksack gestopft, einfach genommen, was ihr als Erstes unter die Finger kam. Sie ist übrigens echt stolz auf sich, weil sie sogar so umsichtig war, Strom und Wasser abzustellen, bevor sie die Tür des Appartements abschloss.

Beim Treppenhinabsteigen meldet sie sich noch ordnungsgemäß bei ihrer Arbeitsstelle in den unbefristeten Urlaub ab. Ihr Boss – ein Idiot vor dem Herrn – ist alles andere als begeistert und erklärt ihr, sie bräuchte gar nicht mehr wieder zu kommen.

Damit hat sie wohl rechnen müssen, weshalb sie sich strikt die finsteren Gedanken daran verbietet, dass sie offenbar soeben arbeitslos geworden ist. Darüber kann sie sich genügend den Kopf zerbrechen, sobald sie zurück ist.

Okay?

Yessir ...

Bald klärt sich auch der Grund für die sonderbare Aufmachung des arroganten Kerls. Denn obwohl es ein winterlicher Novembertag ist, hat der sich verdammt sommerlich gekleidet. Während Matty seine dicke Winterjacke trägt und Tony ihren Parka übergezogen hat, scheint er keine Probleme mit seinem Hemd zu haben, das zu allem Überfluss ja auch noch oben offensteht, sodass man sein blödes Macho-Silberkettchen-sieht. Vielleicht steht er auf Kälte; die Augen deuten auf jeden Fall auf so etwas hin: Eisiger geht nicht.

Tony wusste bereits, dass Tims Familie ziemlich vermögend ist, denn soviel hat er immer durchblicken lassen. Aber dass die nicht nur reich, sondern genau genommen *stinkreich* sind, hätte sie nicht einmal in ihren kühnsten Träumen vermutet.

Vor dem Haus erwartet sie ein schwarzer, teuer wirkender Wagen. Tony hat keine Ahnung von Autos, ihr Verhältnis zu den mit Benzin betriebenen Mordinstrumenten ist seit einigen Jahren irreparabel gestört. Aber dass dies ein Maybach ist, erkennt selbst sie. Unberührt mag sie sein oder wie sich der Zustand schimpft, wenn man das Gegenteil von dem ist, was dieser Idiot ihr andichtet. Trotzdem hatte sie bereits ausreichend Freunde, um das Teil aus dem Stegreif identifizieren zu können.

Und sie weiß sogar noch mehr: Kein normal Sterblicher ist in der Lage, sich ein solches Auto zu leisten ...

Nachdem er das Gepäck im Kofferraum verstaut hat, hält Capwell ihnen mit ausdrucksloser Miene die Wagentür auf. Was gleichzeitig die erste höfliche Geste ist, zu der er sich herablässt. Entweder, er ist entwicklungsfähig oder wahrt die Fassade, weil sie sich in der Öffentlichkeit befinden.

So ziemlich übrigens; um den Luxusschlitten hat sich in der Zwischenzeit eine erstaunliche Menge Interessenten gesammelt.

Die meisten in Tonys Alter, aber ein paar betagtere Exemplare sind ebenfalls darunter. Zwei Dinge jedoch haben alle gemeinsam: Das Geschlecht – es handelt sich ausschließlich um Y-Chromosomenträger –, und den Neid, der auf ihren Gesichtern die Regie übernommen hat. Gesprochen wird nicht viel; sie schätzt, dies liegt an der mangelnden Multitaskingfähigkeit von Männern.

Die Typen gaffen, da ist reden nicht möglich – klarer Fall!

Capwell scheint nichts von alldem mitzubekommen, denn kaum hat Tony Matty angegurtet, setzt sich die Kutsche auch schon in Bewegung. Niemand wird überfahren, was sie für ein echtes Wunder hält, der Typ bemerkt die Schaulustigen nämlich scheinbar wirklich nicht. Ohne zu hupen oder irgendwie anders den Versuch zu unternehmen, die Meute zu zerstreuen, fährt er einfach drauflos. Was nur ganz nebenbei wieder Tonys Theorie mit dem Mordwerkzeug bestätigt.

Glücklicherweise können die Jungen direkt vor dem Wagen rechtzeitig zur Seite springen; deren empörtes Gebrüll hallt ihnen nach, als sich das Auto in den Verkehr fädelt. Rasch sieht sie zu Matty, der ziemlich unbeeindruckt wirkt, sich anscheinend köstlich in dem Edelschlitten amüsiert und nur mit den Schultern zuckt.

Nicht unser Problem!

Womit er wohl nicht total unrecht hat ...

* * *

Sie befinden sich auf dem Weg zum Airport, mit dieser Vermutung lag Tony schon mal richtig.

Allerdings erwartet sie nicht etwa ein Linienflug oder vielleicht ein gecharterter Jet. Selbst darüber hätte sie sich nach

Sichtung der schwarzen Limousine nicht mehr gewundert.

Stattdessen begeben sich die drei nach einer erstaunlich kurzen und unkomplizierten Abfertigung hinaus auf das Rollfeld, besteigen einen kleinen, offenen Wagen, der unheimlich an einen Golfcart erinnert, und fahren zu einer der hinteren Landebahnen. Direkt auf den dort parkenden, blitzenden, schnuckeligen Jet zu, auf dem in großen Lettern steht:

=============================

- S Y B I L L -

C A P W E L L. INC.

MIAMI / FLORIDA / U.S.

=============================

Es handelt sich nicht etwa um eine ein- oder zweimotorige Maschine, sondern um ein riesiges Flugzeug, und Tony packt unwillkürlich Mattys kleine Hand ein wenig fester, als sie die schmale Gangway hinaufsteigen. Nicht nur, dass sie nie zuvor geflogen ist – was ja schon schlimm ist –, aber dann auch noch mit so einem Ding!

Angekommen an Bord, verlässt Capwell sie mit einem knappen Nicken, und Tony ist froh, ihn fürs Erste los zu sein. So bekommt sie nämlich Gelegenheit, neue Geduld zu tanken. Und Beherrschung. Und was darüber hinaus alles nötig sein wird, um diesen Mann auf Dauer zu ertragen.

Während der Autofahrt hat er immer wieder in den Rückspiegel gesehen – kurz, kaum merklich –, ihr ist es trotzdem nicht entgangen. Und jedes verdammte Mal blitzten seine Augen auf die gleiche verächtliche, geringschätzige Weise auf. Um ehrlich zu sein, ist sie erstaunt, es überhaupt bis hierher geschafft zu haben. Tony würde schwören, dass der Kerl ziemlich angestrengt überlegt hat, ob er damit durchkommen könnte, wenn er sie auf dem Weg zum Airport in irgendeiner besonders miesen New Yorker Ecke einfach aus dem Wagen wirft und das Gaspedal durchtritt ...

Als sie in den bequemen Stühlen sitzen, nimmt sie dankbar das Mineralwasser entgegen, das die freundliche und sehr hübsche Stewardess ihr bringt. Und erst, als die leise, eisige Stimme aus dem Lautsprecher ertönt, geht ihr auf, wer genau diese Maschine fliegen wird.

»Meine Dame und mein Herr, wir werden in wenigen Minuten abheben. Ich bitte Sie, sich anzuschnallen und das Rauchen einzustellen. Die derzeitige Außentemperatur beträgt vier Grad Celsius, unser Flug wird circa fünf Stunden dauern, und ich verspreche, Ihnen wird nach dem Aussteigen bedeutend wärmer sein.«

Ein Joke jagt den nächsten; nur leider verpufft der ganze Effekt, denn den gesamten Monolog hat Capwell mit dieser ewig unbeteiligten, emotionslosen Art von sich gegeben. Also sollte er gerade versuchen, so etwas wie Humor zu entwickeln, hat er eine ziemliche Durststrecke vor sich. Mit hochgezogenen Brauen schaut sie zu Matty; der zuckt jedoch wieder nur gleichgültig mit den Schultern und widmet sich seiner Limonade.

Na ja, auf jeden Fall ist der Kleine schon einmal restlos zufrieden und entspannt – was man von ihr nicht behaupten kann. Tony ist in der Geografie nicht sonderlich bewandert; ihr Fach ist Geschichte. Trotzdem weiß sie, dass man von New York nach Florida ungefähr drei Stunden benötigt, nicht fünf.

Wohin, verdammt noch mal, bringt der aufgeblasene Arsch sie denn?

* * *

Nicht nach Florida, so viel hat sie bereits bei der Hälfte ihres Fluges begriffen. Als sie nach mehr als fünf Stunden endlich zur Landung ansetzen, dehnt sich hinter den kleinen Fenstern der unendliche, strahlend blaue Himmel. Unterstützt wird der gigantische Effekt von einer gleißenden Sonne, die sich in dessen Zenit rekelt. Nicht eine Wolke ist zu finden, und als sie mit ihrem Neffen an der Hand und wackeligen Knien die Gangway hinabsteigt, empfängt sie heißes, atemberaubendes Sommerwetter.

Unten angekommen blickt sie sich um. Sie befinden sich auf keinem Airport, was sich stattdessen vor ihrem Auge erstreckt, ist maximal ein Rollfeld und nicht einmal ein sehr großes. Es muss beachtlicher Flugkünste bedürfen, um diesen riesigen Jet unfallfrei darauf zu landen.

Matty mustert sie fragend. »Wo sind wir?«

»In der Karibik, auf einer Insel: ›*Destino*‹.«

Beide wirbeln herum, als die leise Stimme hinter ihnen ertönt. Capwell, frisch und ausgeruht, als hätte er gerade ein Mittagsschläfchen gehalten und nicht etwa einen Fünfstundenflug einschließlich komplizierter Landung absolviert, lächelt knapp.

»Sie befindet sich seit über 200 Jahren in Familienbesitz. Ich dachte, es sei vielleicht besser, wenn wir zunächst einige Wochen hier verbringen, damit Matthew die Umgewöhnung etwas leichter fällt.«

»Matty!«

Erstaunt betrachtet er den Kleinen. »Wie bitte?«

»Ich heiße Matty. Keiner nennt mich Matthew!«, erklärt er mit einem schiefen Grinsen.

»Das ist doch dein Name!«, beharrt Capwell.

»Klar! Aber ich *benutze ihn nicht*.«

Ratlos sieht Capwell zu Tony, die nur mit den Schultern zuckt. Was offenbar nicht die korrekte Reaktion ist, denn er verzieht angewidert das Gesicht und widmet sich wieder dem Jungen. Diesmal geht er vor ihm in die Knie und streicht ihm behutsam eine Strähne des feinen blonden Haars aus der Stirn. »Gut, Matty. Obwohl ich solchen Abkürzungen nichts abgewinnen kann.«

»Weshalb nicht?«

Tony ist verwundert: Seit dem Tod seines Daddys hat ihr Neffe nicht mehr viel gesprochen, schon gar nicht mit Fremden. Anscheinend fasst er Zutrauen zu diesem seltsamen Kerl; was gut ist, der Optimalfall sozusagen. Trotzdem gefällt es ihr nicht.

Eifersucht?

Möglich, vermutlich befürchtet sie aber eher, dieses Vertrauen könnte enttäuscht werden. Noch einen Verlust würde er wohl kaum verkraften.

Capwell lacht dunkel. »Wenn wir uns nie die Mühe machen, unsere wunderbaren Namen auch auszusprechen, warum wurden sie uns dann überhaupt gegeben? Es ist eine Frage der Höflichkeit, sich die Zeit zu nehmen, jeden auf die korrekte Art anzusprechen. Findest du nicht?«

Darüber denkt der Kleine eine Weile nach und meint schließlich: »Ich mag aber Matty lieber!«

Diesmal kichert der Kerl allen Ernstes. »Gut, dein Wunsch ist mir Befehl. Solange es bei solchen bescheidenen Forderungen bleibt und du morgen keinen Porsche von mir verlangst. Also,

Matty ...« Er hält ihm seine Hand entgegen und der Junge schlägt grinsend ein.

Als Capwell sich aufrichtet, ist das Lachen verschwunden, aber der Ausdruck, mit dem Tony bedacht wird, wirkt nicht mehr ganz so eisig. Jedenfalls bildet sie sich das ein; vielleicht ist es aber nur eine Halluzination. Denn als er spricht, klingt er wie üblich – kalt, abweisend und gleichgültig.

»Wir sollten zum Haus gehen, damit ihr euch vom Flug erholen könnt.«

* * *

Wenig später werden sie mit einem Jeep über die überraschend weiträumige Insel gekarrt. Tony erhascht ein paar Blicke auf das azurblaue Meer – zumindest hin und wieder, wenn die dichte, von Palmen gesäumte, asphaltierte Straße es kurzzeitig zulässt.

Das ›Haus‹ erweist sich als riesige Villa im kastilianischen Stil. Ein weiter, mit grobem Lehmstein gepflasterter Hof, auf dem sich ein uralter Brunnen befindet, verbirgt erfolgreich die wahre Größe und luxuriöse Ausstattung des von außen eher unscheinbar wirkenden Gebäudes.

Hat man jedoch erst einmal die angenehm kühle, mit dunklem Stein gefliese Halle betreten, offenbart sich ein Anwesen, das durchaus neben den Prunkvillen bestehen kann, die Tony innerhalb ihres Studiums in Europa gesehen hat. Auf Bildern – leider nicht in natura, zu einer Studienreise auf den alten Kontinent ist es blöderweise nie gekommen.

Eine dunkelhäutige Mexikanerin um die Vierzig in einem einfachen, blau-weißen Kleid empfängt sie lächelnd und wird den Neuankömmlingen vom Hausherrn als Maria, die Haushälterin, vorgestellt, ehe er ihr auf Spanisch einige knappe Anweisungen erteilt. Sie nickt, lächelt Tony und Matty noch mal zu und verschwindet irgendwo in den Tiefen des Gemäuers.

Also ein menschliches Wesen existiert schon mal, das macht doch Mut!

Während Capwell seine beiden Gäste eine riesige, düstere Treppe hinaufführt, beobachtet Tony ihn heimlich, wobei sie sich absichtlich hinter Onkel und Neffe hält, und sei es nur, um einer neuen Blickattacke schnell genug ausweichen zu können.

Ihre Vorsicht erweist sich jedoch als unbegründet, denn der arrogante Knaller konzentriert sich ausnahmslos auf den Jungen. Zu jedem der Gemälde an den Wänden hat er etwas zu erzählen, erklärt, wer der jeweilige Vorfahre war und welcher Verbrechen er sich zu Lebzeiten schuldig gemacht hat. Komisch, anscheinend war jeder dieser südeuropäischen Edelmänner ein ziemlich grausamer Typ, und sie befanden sich irgendwie im Wettstreit, noch grausamer und mörderischer als der Vorfahre zu sein.

Das scheint sich bis in die Gegenwart vererbt zu haben, wobei Tim die leuchtende Ausnahme war, wenn man von seiner kurzen Drogenkarriere mal absieht. Sozusagen war er wohl das schwarze Schaf der Familie – obwohl er blond war wie Matty.

Aus der Stimme des würdigen, weil garantiert grausamen, Nachfahren spricht Stolz, und während seines ausufernden Vortrages ist von Abscheu oder Eis nichts zu finden. Solange er es ausschließlich mit dem Kleinen zu tun hat, schleicht sich ab und an sogar so was wie Wärme in den Unterton.

Überrascht bemerkt Tony, wie sehr sich die wenigen Veränderungen auf das Gesamtbild auswirken. Seine Attraktivität ist ihr bereits in der ersten Sekunde aufgegangen, doch seine Härte, diese Abneigung in den unnatürlich grellen Augen und die Art, wie er mit ihr gesprochen hat, waren so ekelhaft und abstoßend, dass es selbst sein gutes Aussehen in den Hintergrund drängte. Nach einigen Minuten mit diesem Kerl war sie davon überzeugt, Matty einer Bestie zu überlassen.

Mittlerweile ahnt sie, mit ihrer Einschätzung möglicherweise leicht danebengelegen zu haben. Wieder betrachtet sie sein Gesicht und danach die großen, gepflegten Hände mit den schlanken Fingern. Er ist extrem braun gebrannt, was sie inzwischen nicht mehr verwundert.

Wie alt er wohl ist? Sie kann sich nicht zu einer konkreten Vermutung entschließen; Männer seines Typs wirken zeitlos. Keine einzige graue Strähne befindet sich unter den vielen rabenschwarzen Haaren. Tim war der Letztgeborene der beiden Brüder, und als er starb, knapp 30. Demnach dürfte Capwell also mindestens 31 sein, wenn nicht älter.

Ist er eigentlich verheiratet? Kein Metall ziert den linken Ringfinger, was aber selten etwas zu bedeuten hat. Der Typ ist ein Macho von der übelsten Sorte, der würde bestimmt den Ehering abnehmen, um sich nicht die Chancen zu versauen. Doch es fehlt auch dieser verräterische weiße Abdruck, der jeden Ehemann sofort entlarvt, sollte der mal eben auf die Idee kommen, seine Gattin zu betrügen ...

»Miss Benett?«

Eine trockene, ironische Stimme reißt sie aus ihrer Grübelei. Tony blinzelt verwirrt und schaut direkt in blitzende blaue Augen.

»Ton ... Anthonia«, stottert sie.

»Anthonia ...« Das Wort kommt so, dass sie es nur als Beleidigung auffassen kann. Denn er artikuliert die Silben separat und zieht die Endungen jeweils extrem in die Länge, wobei sein

Blick über ihr Hemd huscht; den Parka hat sie blöderweise im Flugzeug ausgezogen. Es ist, als würde er mit ihr Buchstabenstrip betreiben. Beim ›An‹ fällt ihre Bluse, bei ›tho‹ die Hose, bei ›nieeee‹ müssen ihre geliebten Stiefel dran glauben und bei ›jaaaa‹ ist auch die Unterwäsche passé. Niemals verschwinden die abgrundtiefe Verachtung und das Eis – er behandelt sie tatsächlich wie ...

Wie eine *Hure,* total klar!

Sie beißt sich auf die Lippen, um ihn nicht anzukeifen, was ihre Standardreaktion wäre. Obwohl ... von *Standard* kann hier echt keine Rede sein, so was wie diesen Kerl hat sie garantiert noch nicht erlebt!

»Dies ist Mattys Reich.« Die gleichmütige Stimme hat wieder das Zepter übernommen, während er eine Tür öffnet, zur Seite tritt und den Blick in einen Raum offenbart, in dem jede Menge Spielsachen angehäuft sind. Kein modernes Zeug, so viel erkennt Tony sofort, das Ganze wirkt eher wie ein Spielwarengeschäft aus dem letzten Jahrhundert. Achtzigerjahre schätzungsweise.

Da steht das Schaukelpferd neben unzähligen Plüschteddys, eine Rennbahn älteren Jahrgangs, ein ferngesteuertes Auto, und von der Decke hängt eines dieser Bastelflugzeuge herab.

Als er Mattys große Augen bemerkt, tritt Capwell lächelnd ein; Tony nimmt Mattys Hand und folgt.

Es handelt sich um eine Suite. Das erkennt sie, als sie den Übergang in ein weiteres Zimmer erspäht. Dort befindet sich ein riesiges, antik wirkendes Vierpfostenbett, über das ein Moskitonetz gespannt ist. Kleiderschrank, Schreibtisch, Nachtkommode und einige Bücherregale – mehr macht sie auf die Schnelle nicht aus.

»Dies gehörte Timotheus, solange sich meine Familie auf der Insel aufhielt.« Capwell ist hinter sie getreten.

»Daddys?«, haucht der Kleine ehrfürchtig.

»Ja, es waren die Räume deines Dads. Gefällt es dir?« Kaum spricht er direkt mit dem Jungen, ist der gleichgültige Ton verschwunden.

»Sehr!«

Capwells erleichtertes Lachen verwirrt Tony nicht wenig. Unsicherheit hätte sie diesem Mann garantiert nicht zugetraut.

»Dann ist die Überraschung doch gelungen! Dein Gepäck wird gleich heraufgebracht; du solltest dir ein wenig Zeit nehmen, um dich umzuschauen und auszuruhen. Ich zeige währenddessen deiner Mom ihr Zimmer.«

Matty blickt von dem riesigen, ferngesteuerten Auto auf, das er gerade am Wickel hat. »Wohin ...?«

»Gleich nebenan, keine Sorge, sie ist nicht weit weg.« Schon schwingt wieder jene Geringschätzigkeit in seiner Stimme mit, die er anscheinend an den Tag legt, sobald das Gespräch zufällig auf Tony kommt. Das ist Matty keineswegs entgangen, denn er runzelt die Stirn und mustert seinen Onkel argwöhnisch. »Okay ...«

Capwell nickt knapp und frostig in Tonys Richtung und verlässt wortlos den Raum, was wohl die Aufforderung ist, ihm zu folgen oder so.

Dies ohne Mattys Begleitschutz zu tun, verursacht bei ihr weiche Knie, und sie erkennt ziemlich beklommen, dass sie vor diesem seltsamen attraktiven Fremden mit dem eisigen, verachtenden Lächeln die Hosen voll hat. Aber richtig!

Was natürlich lächerlich ist, weil Anthonia Benett vor nichts und niemandem Angst hat. Sie war schon immer stark und selbstbewusst, das zeichnet sie sozusagen aus; ihr flinkes New Yorker Mundwerk ist überall bekannt und gefürchtet. Dafür hat sie gesorgt.

Heute scheint es jedoch fast so, als würde sie ihre unerschütterliche Selbstsicherheit im Stich lassen. Und von schnellem Mundwerk kann momentan auch keine Rede sein. Tony bringt nicht den leisesten Ton heraus, weil sie nicht die geringste Ahnung hat, wohin der Urahn der grausamen Spanier sie jetzt verschleppt.

Äh ... sind diese Haziendas eigentlich unterkellert?

* * *

Das erfährt Tony in den folgenden Minuten nicht, denn Capwell führt sie lediglich in den angrenzenden Raum.

Diesmal handelt es sich um keine Suite, nur um ein eher schlichtes, aber sehr gemütliches Einzelzimmer mit einem Kleiderschrank und einem riesigen Holzbett, das auch mit einem Moskitonetz ausgestattet ist. Daneben gibt es eine winzige Couch mit einem schmalen Tisch davor, Fernseher, Stereoanlage ... und eine Verbindungstür, direkt zu Mattys Räumen.

Nett, unpersönlich, aber nicht im Mindesten gefährlich.

»Dies war das Zimmer der Nanny, solange mein Bruder und ich eine benötigten. Ich dachte mir, Sie wollen vielleicht in der Nähe Ihres Sohnes sein.«

Mit raschen Schritten tritt er an ihr vorbei, durchmisst den Raum und öffnet einen weiteren, in der Wand verborgenen Eingang. »Hier ist das Bad. Es ist klein, aber ich nehme an, für die Dauer Ihres Aufenthaltes genügt es. Ihr Gepäck wird gleich hinaufgebracht. In einer Stunde wird das Essen serviert.«

All das gibt Capwell mit dieser eisigen Verachtung von sich, und als er Tony verlässt, hat er sie kein einziges Mal angesehen.

* * *

Verwirrt bleibt Tony zurück und beäugt die Tür, die sich gerade hinter dem seltsamsten Mann geschlossen hat, dem sie je begegnet ist. Und der Typ hat garantiert einen Knall, einen ganz gewaltigen. Irgendwas muss in seiner Kindheit verdammt schiefgelaufen sein. Ehrlich!

Entnervt lässt sie sich auf die Matratze fallen und starrt ratlos vor sich hin. Was soll sie tun? Tony hat nicht den leisesten Schimmer, weshalb sie nicht unbedingt traurig ist, als ein grinsender, junger Mexikaner erscheint, sich als Pablo vorstellt, offenbar ausschließlich Spanisch spricht und ihre armselige Habe bringt.

Wenig später ist sie wieder allein und genauso unschlüssig wie zuvor. Eher aus Mangel an einer Alternative, als aus ehrlichem Interesse, beginnt sie, das Zimmer zu erkunden.

Viel zu entdecken gibt es nicht. Das geht ihr auf, nachdem sie in den Schrank und unter das Bett geschaut hat. In einem der Schubfächer findet sie den winzigsten Bikini, den die Welt jemals hervorgebracht hat, und fragt sich für einen flüchtigen Augenblick, ob Capwell das Ding hier deponiert hat und sie das als Aufforderung werten soll. Okay, der Moment ist wirklich sehr, sehr kurz, dann lässt sie das Bekleidungsstück, das im Grunde keines ist, angewidert zurück in die Schublade gleiten und schließt sie mit lautem Knall.

HA!

Und danach sitzt sie wieder auf dem Bett, jetzt hat sie nämlich wirklich alles betrachtet, was der Raum zu bieten hat. Bis auf …

Das Bad!

Beflügelt von der neuen Aussicht auf Beschäftigung stürzt Tony hinein ...

... und stellt resigniert fest, dass es nur ein normales, kleines Badezimmer ist. Ein wenig altmodisch gehalten, mit einer riesigen Dusche, die von einer etwas vergilbten PVC-Wand verschlossen wird. Viel zu schnell sitzt sie wieder auf der echt bequemen Matratze und mustert aufmerksam ihre Schuhspitzen ... bis ihr Blick rein zufällig auf eine weitere Tür fällt, die sie bisher nicht beachtet hat, und die sich exakt gegenüber der Verbindungstür zu Mattys Suite befindet.

Doch als Tony versucht, sie zu öffnen, ist ihre Erfolgsserie beendet. Verschlossen! Trotzdem glaubt sie, sogar ganz genau zu wissen, wohin diese Tür führt: In das ehemalige Kinderzimmer dieses seltsamen Kerls, der sie immer ansieht, als würde er sie am liebsten sofort ausziehen und flachlegen, obwohl er sie für ein ekelhaftes Insekt hält, das ausgerottet gehört. Aber ganz ehrlich: Tony hat echte Schwierigkeiten, sich vorzustellen, dass er jemals ein Kind wie ihr Neffe war.

* * *

Das erste gemeinsame Essen verläuft recht schweigsam.

Keiner der beiden Erwachsenen, die das Schicksal zusammengeführt hat, fühlt sich genötigt, was zu sagen. Und Matty weiß nicht, wie er mit der gespannten Atmosphäre umgehen soll. Eine Weile schaut er zwischen ihnen hin und her, bis er irgendwann mit den Schultern zuckt und sich seinem Essen widmet.

Es ist Abend geworden; sie sind gegen Mittag in New York losgeflogen. Die Stunde Zeitverschiebung macht sich nicht gravierend bemerkbar, doch mittlerweile zeigt die große, antike Standuhr im Esszimmer weit nach neun Uhr an.

Tony betrachtet den Kleinen, der lustlos in seinem Reis stochert. Dunkle Schatten liegen unter seinen Augen – er ist garantiert müde, denn während des Fluges hat er nicht geschlafen. Manchmal, wie heute, vergisst sie über seine Ernsthaftigkeit, dass er gerade mal fünf Jahre alt ist. Erst vor zwei Monaten haben sie einen sehr leisen Geburtstag gefeiert. Damals lebte Tim zwar noch, aber sein Körper war von der Krankheit schwer gezeichnet, die Schmerzen allgegenwärtig und in seinem Blick der Todeswunsch unübersehbar.

»Baby, bist du satt?« Tony hat kaum hörbar gesprochen, aber in der Stille, die nur von dem leisen Klicken der Uhr untermalt wird, wirkt es unnatürlich laut. Der Kleine mustert sie entschuldigend und nickt. »Ich bringe dich ins Bett.« Tony steht bereits und reicht ihm die Hand, erleichtert, die Stätte des Grauens endlich verlassen zu dürfen.

Sie sind längst an der Tür, als die dunkle Stimme hinter ihr ertönt. »Wenn der Junge zur Ruhe gekommen ist, erwarte ich Sie im Salon. Wir sollten den weiteren Ablauf besprechen.«

Verdrossen nickt sie, ohne sich zu ihm umzudrehen; irgendwie hat Tony so gar keine Lust, mit diesem Mann allein in einem Raum zu sein.

Vor allem, von was für einem Ablauf faselt er denn?

* * *

Matty ist nicht nur müde, sondern total erschöpft. Seine schon naturgemäß blasse Haut wirkt mit einem Mal sogar noch etwas heller, bleicher, fahler.

Tony stellt ihn in dem winzigen Bad, das der Suite

angegliedert ist, unter die Dusche, streift ihm, nachdem er abgetrocknet ist, rasch einen Pyjama über und trägt ihn in sein Bett. Sie könnte schwören, dass er bereits schläft, als sein Kopf das Kissen berührt, bleibt aber trotzdem bei ihm sitzen und streichelt wehmütig sein kleines, so vertrautes Gesicht. Seit Tims Tod hat er öfters Albträume und Tony weiß nicht, wie er auf die neue Situation reagieren wird.

Irgendwann stöhnt sie genervt auf; in Wahrheit schiebt sie den Moment der »Aussprache« – was immer genau das sein soll – hinaus, was ziemlich feige ist. Und Feigheit ist nicht Anthonia Benetts Baustelle. Sie hat vor nichts und niemandem Angst, zumindest redet sie sich das tapfer ein, was auch einen Idioten mit einbezieht, der glaubt, sich alles erlauben zu können, nur weil er zufälligerweise ein paar Dollar geerbt hat!

Entschlossen haucht sie einen Kuss auf die Wange des Jungen und geht ...

... in ihr Zimmer, wo sie zunächst vor den Spiegel des Kleiderschrankes tritt und sich prüfend betrachtet. Die Klamottenfrage ist einfach zu klären: Jeans und ein weites Leinenhemd, dazu Doc Martens. So ist sie in New York losgeflogen und sah bisher keinen Grund, sich umzuziehen.

Fragende grüne Augen blicken ihr aus einem leicht gebräunten Gesicht entgegen. Ihre Lippen sind ein bisschen zu dick, weshalb sie diese Tussis nicht versteht, die sich zusätzlich Gift spritzen lassen, um danach wie ein Karpfen auszusehen. Tony hätte lieber schmale gehabt, nicht diese riesigen Lutschdinger, die ihrer Meinung nach aussehen, wie der absolut versaute Versuch, einen hübschen Mund zu kreieren. Ihre Nase ist einen Tick zu groß, die Wangenknochen etwas zu breit, dafür hat sie ihr Kinn schon immer ziemlich passabel gefunden.

Umrahmt wird das Ganze mit braunem, schulterlangem Haar, das von natürlichen blonden Strähnen durchwirkt ist.

Total unspektakulär – eben Tony.

Mit zusammengekniffenen Augen tritt sie ein wenig näher, um sich genauer zu betrachten. Von ihrem Make-up, das sie heute Morgen aufgelegt hat, ist nicht mehr viel übrig. Lidschatten ist noch ein bisschen zu sehen und die Wimpern sind betont, der Lippenstift aber komplett verschwunden, woran sie garantiert nichts ändern wird. Und ja, sie sieht aus wie eine normale Frau in ihren Twenties. Sicher kein männermordender Vamp oder eine dreckige Hure. Aber geht sie als Mutter durch? Kritisch zieht sie die Nase kraus, dreht und wendet sich vor dem Spiegel ... hmmm, eigentlich nicht. Für eine so bedeutende Angelegenheit ist sie zu jung und zu lässig. Danielle hat sich jedenfalls ziemlich verändert, nachdem sie Matty bekam. Aber dieser arrogante Kerl scheint ja von ihrer Mutterschaft überzeugt zu sein, daher muss sie nur ihr Spiel auf die Art, wie sie es begonnen hat, weiter führen und alles ist gut.

Yessir!

Erneut nickt sie entschlossen ihrem Spiegelbild zu und macht sich dann mit wackligen Knien auf ...

In die Höhle des Löwen.

* * *

Er empfängt sie wie einer dieser Mafiabosse in seinem riesigen, von der Außenwelt hermetisch abgeriegelten Refugium, das er mit Drogengeldern, Raub und Mord finanziert hat.

Der Pate höchstpersönlich.

Jedenfalls ist das Tonys erster Eindruck, als er mit lässig auf der Sessellehne abgeparktem Arm dasitzt. Offener Hemdkragen kann man das nicht mehr nennen, dazu sind es zwei Knöpfe zu viel. Auf jeden Fall ist das dunkle Brusthaar zu sehen und ihr fällt wieder das schmale Silberkettchen auf, das seinen muskulösen Hals ziert.

Scheißklischee!

In der freien Hand hält er ein Glas mit bernsteinfarbener Flüssigkeit – Whisky, vermutet Tony. Die blitzenden blauen Augen fixieren sie und um seine Lippen spielt jenes ironische Lächeln, das er anscheinend immer in ihrer Gegenwart trägt.

Arsch!

Wie üblich unterzieht er sie einer sehr genauen Musterung, für Tonys Geschmack verharrt sein Blick etwas zu lange auf ihrem Hemd. Das wirkt unhöflich, um nicht zu sagen scheiß beleidigend, aber sie schätzt, hierbei handelt es sich um kein Versehen. Schließlich geht er seit ihrer ersten Begegnung mit ihr wie dreckigem Abfall um.

Irgendwann hat er wohl genug gesehen, denn er nickt knapp. »Setzen Sie sich!«

Auf immer wackligeren Beinen stakt sie zu dem Sessel, der neben seinem steht, wobei sie sich Mühe gibt, ihm nicht zu nahe zu kommen. Nur für alle Fälle. Es gelingt ihr nicht, eine entspannte Haltung einzunehmen, nachdem sie sich niedergelassen hat. Stattdessen erlaubt sie ihrem Hintern, gerade mal so Halt auf dem hellen Lederpolster zu finden. Vermutlich der natürliche Fluchtinstinkt, denn dieser Mann ist gefährlich – ganz klar und unübersehbar.

»Was trinken Sie?«, erkundigt er sich geschäftsmäßig und ohne jeden Unterton.

»Gin Tonic.« Hastig räuspert Tony sich, als sie ihre belegte Stimme hört, doch sein Gesicht zeigt keine Regung, er erhebt sich und tritt an die große, ausladende Bar, die direkt an der weiträumigen Sitzgruppe angrenzt.

Während er mit den verschiedenen Flaschen hantiert, hat Tony Zeit, sich im Raum umzuschauen, bei dem es sich im Grunde um eine Halle handelt. Die Wände bestehen aus grobem Stein, der auf meisterliche Art zu einer ebenen Fläche verarbeitet wurde; der Boden ist mit farblich passenden Terrazzofliesen ausgelegt. Es gibt die erwähnte Bar, die Polstergarnitur und ein gigantisches Fenster, das den Ausblick auf eine endlos wirkende Rasenfläche offenbart. Und wenn Tony sich nicht täuscht, ist inmitten dieses grünen Paradieses ein Swimmingpool mit Sprungturm angelegt. In der gegenüberliegenden Mauer wurde ein riesiger, rustikaler Kamin eingelassen, in dem sauber einige Holzscheite aufgestapelt liegen. Hinzu kommen unzählige, große Zierpalmen, die über den Rest verteilt sind. Doch es gibt weder Fernseher noch Stereoanlage oder alles andere an Technik, die heutzutage in jedes Zimmer gehört, das die Bezeichnung »Wohnzimmer« verdient. Ganz offensichtlich ist dies nicht der Ort, in dem die Familie Capwell abends ihre gemütlichen Stunden verbringt, eher wirkt es wie eine Art Empfangssalon für Personen, die man lieber nicht in sein Allerheiligstes bitten will.

Ein Glas mit durchsichtiger Flüssigkeit und einer Zitronenscheibe taucht vor ihr auf, und sie nimmt es, ohne aufzusehen. Capwell setzt sich wieder in den Sessel, lehnt sich mit seinem Whiskyschwenker entspannt zurück und mustert sie kalt. Diesen neuen Auftakt seines miesen Spiels treibt er so lange, bis sie vor lauter Verlegenheit an ihrem Getränk nippt.

Der Gin Tonic ist gut – wenigstens etwas.

Capwell trinkt seinen Whisky, wobei er sie ununterbrochen fixiert, und dann, urplötzlich, als Tony inzwischen nicht mehr weiß, wohin sie blicken soll, stellt er das Kristall ab und beugt sich vor.

»Sie haben sich heute Mittag erfolgreich unserer kleinen Auseinandersetzung entzogen. Ich ließ Sie gewähren, weil es vor dem Jungen falsch gewesen wäre, darauf zu bestehen. Trotzdem müssen wir noch etliche Dinge klären, um diese Angelegenheit mit so viel Anstand wie möglich hinter uns zu bringen. Und in Sachen Anstand dürften Sie etliche Defizite aufweisen. Deshalb werde ich Ihnen meine Vorstellungen, was das – äh – Zusammenleben unter diesem Dach angeht, unterbreiten, nur damit Sie ganz genau wissen, was ich von Ihnen erwarte. Ich gehe davon aus, Sie sind damit einverstanden. Das sind Sie doch, oder Anthonia?«

3. Poker

Seine Stimme ist samtweich – nur ein Hauchen, aber die Augen blitzen, und Tony tritt sich sicherheitshalber mit dem rechten auf ihren linken Fuß.

Hart.

Nur, um nicht aus der Rolle zu fallen. Dann holt sie tief Luft und zwingt sich zu einer gelassenen Miene und gleicher Tonlage. Es gelingt ihr sogar leidlich. »Was die Notwendigkeit angeht, mir Anstand beizubringen, können wir uns gern streiten. Ansonsten sollten wir klären, was zu klären ist und gut.«

Nachdem er für eine Weile andächtig vor sich hin genickt hat, grinst er plötzlich kalt. »Für einen Streit bin ich jederzeit zu haben – wenn Sie glauben, damit umgehen zu können. Was das andere betrifft ... es ist zumindest ein Anfang.« Capwell lehnt sich zurück und mustert sie mit zur Seite geneigtem Kopf – für die nächste lange, lange Weile. Wieder hat Tony das Gefühl, er sähe direkt durch ihre Kleidung hindurch, als sei sie in Wahrheit nackt. Und dabei ist er so gut, dass sie irgendwann tatsächlich unauffällig an sich hinabschaut. Nein, das Hemd ist nicht verschwunden – na, was für ein Glück!

Als sie erneut aufschaut, ist sein Mund zu einem ironischen Lächeln verzogen, der Blick jedoch liegt unverändert auf ihr.

Sein Verhalten wirkt so verletzend, so beleidigend, dass sie machtlos ist und nicht den leisesten Schimmer hat, wie sie darauf reagieren soll. Mit Ausnahme davon, ihm an den Kragen zu gehen, natürlich. Mit einem Mal verflucht sie sich dafür, nicht mit Jonathan geschlafen zu haben, als sich die Gelegenheit bot. So hätte sie diesem widerlichen Kerl mit Sicherheit bedeutend mehr entgegenzusetzen. In der Vergangenheit war sie nämlich garantiert keine Nonne; seit ihrem 15. Lebensjahr wechselten sich die Freunde in ziemlicher Regelmäßigkeit ab und somit auch die Kusspartner. Anthonia Benett kann verdammt gut küssen; diese Fähigkeit hat sie in den letzten Jahren perfektioniert. Ebenfalls ist ihr bestens bekannt, wie ein Typ ohne Hose aussieht. Nicht wegen des dummen Aufklärungsunterrichtes an der Highschool, sondern aufgrund eigener Erfahrungen. John, den sie eine lange Zeit zu lieben glaubte, hatte sie zugegebenerweise im Ginrausch einen Blowjob verpasst. Während er sich gleichzeitig an ihr zu schaffen machte, versteht sich. Soweit sie sich daran erinnert, gefiel es ihr und lud ein, die Dinge zu vertiefen, wozu es leider nicht mehr kam. Gemessen an diesem Mann hier ist sie demnach sogar verflucht unerfahren und hat seinen Attacken absolut nichts entgegenzusetzen. Das Gefühl der Demütigung und Erniedrigung steigt noch einmal um einen satten Prozentsatz, als sein Blick auf jener Stelle verharrt, wo sich gut verborgen unter dem Hemd ihre Brüste befinden. Krampfhaft versucht sie, dem standzuhalten, ohne auszuticken, und beginnt nebenher allmählich zu begreifen, was genau er mit ›*Wenn Sie glauben, damit umgehen zu können*‹ gemeint hat. Denn, nein!, sie kann mit dieser gemeinen Tour klar absolut nicht umgehen, verdammt!

Erneut setzt sie den Hacken ihres Stiefels ein; sollte sie diesen Raum lebend verlassen dürfen, wird das garantiert mit einem

Plattfuß geschehen oder mindestens mit ein paar zerquetschten Zehen. Doch der Schmerz bewahrt sie erfolgreich davor, sich mit ausgezogenen Krallen auf diesen widerlichen Kerl zu stürzen und ihm die Augen auszukratzen.

Er lässt sich Zeit, mustert sie von oben bis unten, seine Augen blitzen mal wieder und der Mund ist wie scheinbar üblich zu einem geringschätzigen Lächeln verzogen. Irgendwann stiehlt sich ein Zeigefinger an seine Lippen und er nickt langsam. »Sie sind eine sehr begehrenswerte Person, Anthonia.«

Tony schweigt – das erscheint ihr am ratsamsten. Neben ihrer grenzenlosen Verlegenheit steigt nämlich unaufhörlich die Wut. Nie zuvor ist sie auf einen Menschen so zornig gewesen! Was eigentlich ein Kompliment sein könnte, klingt von ihm wie die mieseste Beleidigung. Seine Augen verengen sich und er fixiert den unteren Bereich ihres Gesichtes. »Ich kann zwar immer noch nicht verstehen, weshalb sich zwei Männer eine Frau teilen sollten – so etwas würde allein mein Stolz nicht zulassen –, allerdings begreife ich inzwischen, wie Sie die beiden dazu bringen konnten.«

Damit betrachtet er zur Abwechslung mal ihr Hemd, diesmal den dritten Knopf von oben, bis zu dem sie es immer offen trägt. Nur die Ansätze ihrer Brüste sind zu erkennen – das weiß sie –, und trotzdem kann Tony ihr Erröten nicht verhindern, obwohl sie nicht sicher ist, ob vor lauter Wut oder Scham.

»Wie genau lief das mit der Schwangerschaft? Timotheus' Vaterschaft steht doch fest, oder?«

Tony hebt das Kinn, sie nimmt den Hacken ihres Stiefels von ihrem Quetschzeh und gleichzeitig ist es aus mit ihrer Beherrschung. Genug ist genug! Denn eines ist sonnenklar: Dieser Arsch würde hier mit ihr nicht sitzen, hätte er sich nicht längst sehr genau darüber informiert, dass Matty der Sohn seines Bruders ist! So bescheuert, was anderes zu glauben, ist nicht mal sie. »Ja, das ist alles geklärt. Mit Tony hab ich es nur mit Gummi getrieben. Ich bin ja nicht blöde und lass es auf den Zufall ankommen. Bei Tim war ich da großzügiger ...«

»Ich nehme an, Ihnen war durchaus bekannt, dass Timotheus vermögend ist?«, bemerkt er tonlos.

Gelassen zuckt sie mit den Schultern. »Sicher! Sonst hätte ich mir die ganze Mühe sparen können. Haben Sie eine Ahnung, wie beschissen anstrengend es ist, ein Kind zu bekommen?«

Zorn blitzt in seinen eisigen Augen, was ihr am Arsch vorbeigeht. Sie wird sich diesen Scheiß keine Sekunde länger gefallen lassen. Er ist so eingenommen von seinen saudämlichen Vorurteilen, dass sie nicht die geringste Chance sieht, ihn vom Gegenteil zu überzeugen. Es sei denn, sie klärt die gesamte Geschichte auf, was unweigerlich zur Folge hätte, dass er ihr den berühmten Tritt in besagten Arsch erteilt. Tim hat ihn zum Vormund bestimmt, und wenn sie auch im gleichen Verwandtschaftsgrad zu Matty stehen, besitzt Capwell blöderweise mit Abstand die besseren Argumente. Dieser Mann hält sie für Dreck, na, dann wird sie sich mal daran machen, all seine Erwartungen zu erfüllen und sich wie solcher benehmen!

Trotzig verschränkt sie die Arme. »Ich hatte gehofft, er würde die Kohle rausrücken, ohne dass ich zu solchen Mitteln greifen muss. Aber glauben Sie, der Kerl hätte mal ein paar Scheine blicken lassen? No way! Hat einen auf mittellosen Musiker gemacht, und nach einer Weile wurde mir die Sache zu blöd. Da hab ich mich anständig von ihm knallen lassen, und schwupps – schwanger!« Begeistert schlägt sie sich auf den Oberschenkel. »Das Gesicht hätten Sie mal sehen sollen! Nicht, dass er deshalb mit einem Mal irgendwie großzügig geworden wäre; der behauptete immer noch steif und fest, *gar kein Geld zu haben!* Der miese kleine Sack!« Boshaft kneift sie die Augen zusammen. »Zuerst wollte ich ihn mit dem Gör sitzen lassen; doch dann dachte ich mir: Schön blöd! Wenn ich weg bin, bin ich weg. Und mit einem Erben hat man auf jeden Fall schon mal einen Fuß in der stinkreichen Tür. Ist doch so!«

Mittlerweile hat Capwell die Zähne aufeinandergepresst, seine Kiefermuskeln führen ein irres Schauspiel auf, er sagt aber keinen einzigen Ton, und Tony kommt gerade so richtig in Fahrt.

»... und wie das so ist: Wenn die Scheiße schon mal kommt, dann ist es ein riesen Berg und sie stinkt gewaltig. Erst kratzt Tim ab und als Nächstes verschwindet Tony auch noch mitten in der Nacht. Okay – war kein großer Verlust, er war nur ein gottverdammter Schnorrer. Aber auf einmal stand ich mit Matty da, ohne einen Schimmer, was ich mit dem Balg nun anfangen soll. Und dann kam Ihr Brief und ich dachte, den kleinen Scheißer endlich los zu sein. Aber als ich Sie sah, kam mir der Gedanke ...«

»... was bei Timotheus nicht ganz funktioniert hat, könnte vielleicht bei dessen Bruder endlich zum Erfolg führen.« Er nickt verständnisvoll.

»Genau!«, beteuert sie unschuldig. »Ich muss mich nur an Sie halten, sprich, an die Quelle. Der Hosenscheißer ist mir in Wahrheit scheißegal – mir geht es um die Kohle, und zwar einen Haufen davon. Also ... sagen wir mal ...«, Tony hat nicht die geringste Ahnung, wie hoch sie rangehen muss, um absurd genug zu sein, weshalb sie wild drauflos improvisiert, »... fünf Millionen; ich bin weg und Sie sind mich für immer los.«

»Das will ich vertraglich geregelt wissen, dann können wir uns unter Umständen auf diesen Betrag einigen!«

UFF!

* * *

Entsetzt starrt sie ihn an, während ihr wieder mal glatt die Worte fehlen, denn sie hat wirklich angenommen, bei dieser astronomischen Summe würde er sie auslachen. Der Typ zuckt mit keiner Wimper!

Um ihre Unsicherheit zu verbergen, nimmt sie einen Schluck von ihrem Gin. In der nächsten Sekunde packen eiserne Finger ihr Handgelenk und sein Gesicht ist ihrem mit einem Mal verdammt nah. So nah, dass sie ihr Spiegelbild in den gefühllosen, blauen Pupillen bewundern kann. Capwell stößt sie auf das Polster zurück, bis ihr Rücken die Lehne berührt, ein Knie drängt sich zwischen ihre Beine und sein Gesicht kommt ihrem noch näher, während eine Hand auf ihrer Stirn ihren Kopf nach hinten zwingt.

»Ich an deiner Stelle würde mir in Zukunft vorher überlegen, was ich sage. Timotheus war ein Träumer, ich bin es nicht. Also sieh dich vor, ansonsten dürftest du ganz schnell ziemlich alt aussehen. Ich spiele keine Spielchen, schon gar nicht mit dir. Ist das klar?«

Mühsam schluckt sie und versucht, zu nicken.

»Sehr gut! Und ab sofort läuft diese Geschichte nach meinen Regeln, ist auch das angekommen?«

Abermals nickt sie, was ihn zu einem knappen Lächeln verleitet, ehe er sie abrupt loslässt.

Als Tony aufsieht, sitzt er entspannt wie zuvor in seinem Sessel, als hätte sie sich den Angriff nur eingebildet. Lässig nimmt er das Glas und mustert es lange und ausgiebig, bevor sein Blick wie beiläufig auf sie fällt. »Wir entstammen einer äußerst wohlhabenden Dynastie, die im südlichen Teil Europas ihre Wurzeln hat. Die dort vorherrschenden Sitten und Gebräuche hat sich meine Familie über die Jahrhunderte bewahrt. Daher gibt es einige grundlegende Dinge, die ich nicht tolerieren werde. Ich erwarte, dass du dich für die Dauer deines Aufenthaltes anpasst.«

»Aha, und was wären das für ›Sitten und Gebräuche‹?« Tony hat sich weit genug gefangen, um ihn kaltschnäuzig anzuschauen; sie wird besser – findet sie.

»Ganz einfach und leicht zu merken, selbst für dich: Niemand widerspricht mir, schon gar keine Frau!«

»Was?« Obwohl sie weiß, dass es ein echt mieser Fehler ist, muss Tony lachen. Der Kerl hat nicht mehr alle Tassen im Schrank!

Als sie jedoch seine starre Miene sieht, entscheidet sie, dass es nach der letzten Vorstellung wohl ratsamer ist, vorerst den Mund zu halten und sich seinen Schwachsinn bis zu Ende anzuhören. Mit etwas Mühe gelingt es ihr sogar, das dämliche Kichern einzudämmen. Es dauert allerdings noch mal zwei bis fünf Ewigkeiten, bevor der gestörte Knabe fortfährt – wieder in der gleichen tonlosen unbeteiligten Art, als würden sie soeben den Speiseplan der nächsten Woche besprechen.

»Ich lasse mich nicht für dumm verkaufen, und mit Sicherheit wird mich keine dahergelaufene Schlampe ausnehmen.«

Schlagartig wird Tony blass, ist er im Bilde? Hastig prüft sie sein Gesicht, doch das ist unverändert eisig. Von Wissen kann keine Rede sein und von Triumph, weil er sie endlich los ist, auch nicht. Je länger er spricht, desto verächtlicher klingt er zwar, aber gleichzeitig schwingt eine gehörige Portion Resignation mit.

Mr. Capwell ist überhaupt nicht glücklich, die kleine Anthonia am Arsch zu haben. Sie schätzt, die Dinge laufen für ihn im Moment nicht wie geplant. Was für ein Scheißpech!

»Es ist dir gelungen, Timotheus ein Kind anzudrehen, womit ich dich wohl oder übel als die Mutter meines Neffen akzeptieren muss. Ich wusste immer, dass mein Bruder in Sachen Frauen nicht sehr wählerisch ist und sein Geschmack wie seine Ansprüche mit meinen weit auseinandergehen. Dass wir uns allerdings derart unterscheiden, war mir bisher unbekannt. Auch wenn ich davon ausgehe, dass du dich verstellt haben wirst. Timotheus glaubte an die Liebe, er war weich, verletzlich und damit leicht beeinflussbar. Vermutlich hast du dies für dich ausgenutzt, was mir für ihn ernstlich leidtut. Aber möglicherweise hast du ihm mit deinen Reizen ja sogar die eine oder andere schöne Stunde beschert. Sein Schicksal war vorherbestimmt, deshalb gönne ich ihm den Spaß. Ich nehme an, den hatte er mit dir, so wie du aussiehst. Jetzt zu den Realitäten ...«

Er lehnt sich erneut vor, und Tony stockt der Atem, als sie wieder diese entschiedene Verachtung und die große, unerträgliche Abneigung in seinen Augen sieht.

»Der Kleine braucht dich – zumindest momentan. Und solange das der Fall ist, dulde ich dich in meinem Haus. Als meinen *Gast*. Ich erwarte, dass du dich dementsprechend verhältst. Du wirst tun, was ich von dir verlange; du wirst dich anständig benehmen und meine Anweisungen widerspruchslos befolgen. Du wirst deine spitze Zunge im Zaum halten und dich um deinen Sohn kümmern. Am wichtigsten jedoch: Du wirst mich *respektieren*. Und wenn Matthew meint, ohne dich auskommen zu können, wirst du gehen. Auf der Stelle, ohne

Gezeter, Diskussionen, Krokodilstränen – ich würde dir die Show sowieso nicht abkaufen. Je nachdem, wie gut du dich bis dahin geführt hast, wirst du von mir eine Entschädigung erhalten. Das entscheide ich, sobald wir glücklich an dieser Stelle angelangt sind. Du wirst aus unserem Leben verschwinden und dich nie mehr blicken lassen! Und all das werde ich von dir schriftlich bekommen. Ich bin kein Clown und mit Abstand nicht *deiner, merk dir das!*«

Auch wenn ein stetig wachsender Teil in ihr mahnt, lieber die Klappe zu halten, befindet sich Tonys Temperament bereits auf dem nächsten Höhenflug. Der Kerl geht zu weit; dieses Theater kann sie doch nicht einfach so hinnehmen, verflucht! Dazu ist sie zu selbstbewusst, zu freiheitsliebend und viel zu ... *vorlaut.*

Mit zusammengekniffenen Lidern beugt sie sich zu ihm vor, sodass ihr sein herbes Aftershave in die Nase steigt. »Was glaubst du eigentlich, wer du bist?« Die unterdrückte Wut lässt ihre Stimme rau klingen. »Du hast nicht das Recht ...«

»Hab ich nicht?« Trocken lacht er auf. »Das sehe ich etwas anders. Du befindest dich auf meiner Insel; ich allein entscheide, ob du bleibst oder ob du gehst; ich lege die Regeln fest und setze sie gegebenenfalls auch gegen deinen Willen durch. Zumindest solange du dich auf meinem Grund und Boden aufhältst.« Abrupt lehnt er sich zurück und betrachtet sie wieder auf diese ungenierte Art. »Es ist höchste Zeit, dir Manieren einzubläuen, Anthonia Benett. Ich bestimme die Spielregeln in diesem besonderen Roulette und du wirst dich daran halten. Entweder das oder du darfst auf der Stelle verschwinden. Kein Problem, ich lasse dich sofort ausfliegen!«

»Toller Witz! Was meinst du, wo ich jetzt wäre, hätte ich eine

Wahl, he? Ich kann Matty nicht zurücklassen, deshalb bin ich hier!«

Ungerührt zuckt er mit den Schultern. »Ich glaube nicht, dass er dich sehr vermissen wird. Anfänglich vielleicht ein wenig, ja, aber ihm dürfte bald aufgehen, was seine Mutter in Wahrheit ist, denn er macht auf mich einen äußerst intelligenten Eindruck. Abgesehen davon wolltest du ihn noch heute früh für immer verlassen, sein Schicksal war dir egal. Du hättest ihn ohne Skrupel mit einem wildfremden Mann fortgeschickt. Spar dir dein Theater, es kommt viel zu spät, um glaubhaft zu sein. Wenn dir das überhaupt jemals gelungen wäre.«

Nachdem er einen Schluck genommen hat, senkt er das Glas. »Mein Angebot steht. Du hast eine Minute, um dich zu entscheiden. Ich bin nicht ganz so ungebunden, wie es den Anschein erweckt, sondern werde aufgrund meiner Verpflichtungen täglich etliche Stunden abwesend sein. Und ich werde nicht dulden, dass du währenddessen meine Anweisungen unterwanderst oder eventuell Dinge tust, die ich entschieden ablehne.« Damit steht er auf und tritt zur Bar. »Eine Minute, Anthonia.«

Während er sich seinen Whisky nachschenkt, wirbeln Tonys Gedanken wild umher. Sie hat keine Ahnung, was sie tun soll; der Rebell in ihr beschwört sie, ihm verächtlich ins Gesicht zu spucken und dann zu gehen, zur Not, indem sie zum Festland schwimmt. Alles, was er bisher von sich gegeben hat, war ein riesengroßer Haufen Scheiße! Der Mann ist im falschen Jahrhundert gestrandet, verdammt! Schon allein, weil er meint, ihr ›Manieren‹ beibringen zu müssen, wirkt er in ihren Augen total irre. Gleichzeitig ahnt sie jedoch, dass sich hinter dieser eiskalten Fassade sehr viel Wut verbirgt. Gefährlicher Zorn.

Dieser Capwell macht vielleicht sie dafür verantwortlich, dass sein Bruder nicht bei ihm ist, vielleicht sogar für dessen Tod. Und genau das lässt er sie mit jedem Wort und Blick spüren. Außerdem ist eine Flucht nun mal unmöglich. Ihr Beschützerinstinkt, den sie in den vergangenen Monaten für ihren Neffen aufgebaut hat, gestattet das nicht – ihre Liebe auch nicht. Ihn sich selbst zu überlassen, ist undenkbar. Nicht, weil sie glaubt, es würde ihm hier schlecht ergehen, zumindest momentan scheint das Gegenteil der Fall zu sein. Ihr Pflichtbewusstsein macht Tony einen Strich durch die Rechnung, besonders jedoch ihr Versprechen, bei ihm zu bleiben. Den Kleinen zurückzulassen, mit niemandem, abgesehen von diesem eisigen, emotionslosen Mann und seinen Bediensteten, die nur Spanisch sprechen, könnte er nicht verkraften. Matty, der sensible, anschmiegsame, traumatisierte Junge, der von einer Nanny versorgt wird und seinen Onkel vielleicht an den Wochenenden besuchen darf, sollte der überhaupt Zeit und Interesse für ihn haben? Diese Vorstellung ist unerträglich.

Klasse! Scheißgeld! Dass die Reichen aber auch ewig der Ansicht sind, damit alles kaufen und hinbiegen zu können. Es hat Tony schon immer angewidert, und inzwischen versteht sie immer besser, weshalb Tim gegangen ist. Wenn die Eltern nur annähernd so ekelhaft kalt waren wie sein Bruder, dann wundert sie gar nichts mehr. Und in dieser gefühllosen Schlangengrube soll sie Matty zurücklassen?

Nein!

Wild entschlossen beißt sie die Zähne aufeinander und ihre Fäuste ballen sich unter dem Tisch. Sie wird das durchstehen, bis sie sicher ist, dass es Matty gut geht. Denn sie hat Tim versprochen, auf ihn zu achten, und zwar drei Minuten, bevor er unter grausamen, unvorstellbaren Schmerzen starb. Und diesen Schwur wird sie nicht brechen – niemals!

Erst, wenn sie sicher ist, dass es ihrem kleinen Neffen an nichts fehlt, wird sie hoch erhobenen Hauptes gehen und den beschissenen Scheck vor seinen dämlichen blauen Augen zerreißen. Irgendwie kann sie das Gefühl des Triumphs kaum erwarten, das über sie hinwegrauschen wird, sobald es *Ratsch!* macht. Vor allem auf seinen ungläubigen Blick freut sie sich schon jetzt, wenn die geldgierige Schlampe plötzlich auf den tollen Schotter verzichtet und mit einem kalten Grinsen verschwindet!

Oh jaaaa!

* * *

Er hat sich wieder in seinen Sessel gesetzt, ganz der entspannte, selbstherrliche Idiot. Schon allein für seine scheinbare Gleichgültigkeit könnte sie ihn schlagen.

Seine Brauen heben sich fragend. »Nun?«

Es kostet Tony unerwartet viel Beherrschung, aber sie nickt. »Ich schätze, ich habe keine andere Wahl, als auf dein Angebot einzugehen ...«

»Clever erkannt ... Bitte?«

Ihr leicht bebender Finger, der mit einem Mal nach oben ragt, hat ihn unterbrochen. »Ich war noch nicht fertig, denn ich hätte da auch eine Bedingung in den Ring zu werfen!« Mit aller Zeit der Welt nimmt sie einen großen Schluck von ihrem Gin und verzichtet bedauernd darauf, ihm den restlichen Inhalt des Glases in die arrogante Visage zu kippen. Das wäre dem Verhandlungsverlauf bestimmt nicht unbedingt zuträglich.

Scheiß Diplomatie!

»Ja ... Du kennst Matty nicht – ich aber. Schließlich bin ich seine ... Mom. Das wirst du wohl nicht abstreiten können.«

Knapp neigt er den Kopf. »Punkt für dich.«

»Wie ich schon sagte, ist er gesundheitlich nicht besonders auf der Höhe ...«

Urplötzlich wird seine Miene wachsam.

»Er hat Asthma, du weißt nicht, wie du reagieren musst, sollte er einen seiner Anfälle bekommen.«

Capwell sieht sie unverwandt an, was ihr mehr und mehr zusetzt.

»Matty hängt an mir und ich versprach ihm, erst zu verschwinden, wenn er bereit dazu ist.« Mit jedem Wort wird sie leiser, völlig aus dem Konzept gebracht von seinem harten Blick und der nicht vorhandenen Reaktion. Auf eine Diskussion ist sie eingestellt – hofft sie jedenfalls –, auf einen Monolog nicht. Ein Zurück fällt leider aus, weshalb sie tief Luft holt und die Bombe hochgehen lässt. »Ich möchte, dass Matty entscheidet, wann ich abhaue.« Trotzig hebt sie den Kopf, gewappnet für das Inferno – hofft sie auch.

Zunächst einmal detoniert überhaupt nichts, stattdessen überdenkt er mit verengten Augen sorgfältig ihre Worte, während er sie nicht aus dem kalkulierenden Blick lässt. Schließlich – nach einer Ewigkeit, in der Tony nicht zu atmen wagt – nickt er knapp.

»Darauf kann ich mich einlassen.«

Was? Glaubt er ehrlich, Matty würde sie jemals weglassen? Kaum hat sie das gedacht, kommt ihr der nächste Geistesblitz und der ist ziemlich unangenehm: Eines Tages wird sie gehen *müssen*, es sei denn, sie will ihr Dasein in diesem Gefängnis beschließen. Und eines steht doch wohl fest: Ab einem bestimmten Datum in der Zukunft wird Matty zwangsläufig auf sie verzichten können, spätestens, wenn er erwachsen ist. Hat sie wirklich vor, irgendwann vor dem Nichts zu stehen, um etliche Jahre älter, mittellos und vereinsamt? Und zwischen dem Heute und jenem Zeitpunkt wird etwas liegen, das man nicht unbedingt als ausgefüllte Existenz bezeichnen kann – auch wieder einsam, noch dazu unter der Fuchtel dieses durchgedrehten Tyrannen? Sie hat davon geträumt einen Mann zu haben, Kinder – ein eigenes *Leben*. Plötzlich wird Tony bewusst, dass sie sich in eine äußerst gefährliche Sackgasse hineinmanövriert hat.

»Aufpassen, Miss Benett!«, bemerkt er leise und lächelt spöttisch. »Sonst könntest du deine Worte schneller bereuen, als du ahnst.« Mit diesem selten dämlichen und so treffenden Spruch erhebt er sich. »Alles Erforderliche wurde besprochen. Ich lasse von meinen Anwälten eine Verzichtserklärung aufstellen ...« Als sie etwas einwerfen will, kommt er ihr zuvor. »... welche du mir vor deiner Abreise unterschreibst. Wir werden sehen, wie Matthew sich macht; um ehrlich zu sein, hoffe ich, dass sich die Dinge nicht allzu lange hinziehen werden. Damit du so früh wie möglich wieder deinen Interessen nachgehen kannst und endlich diesen Klotz am Bein los bist. Ich schlage vor, den Rest des Abends verbringst du auf deinem Zimmer. Mein Verlangen, dich öfter als unbedingt notwendig zu ertragen, hält sich in überschaubaren Grenzen.«

Keine zwei Sekunden später ist er verschwunden.

* * *

Offenen Mundes starrt Tony ihm nach und leert geistesabwesend ihr Glas, wobei sie schwer schlucken muss, denn irgendwie schmeckt der Gin Tonic mit einem Mal ziemlich bitter. Eines ist jedenfalls amtlich: Edward Capwell will sie verletzen, und er lässt nichts unversucht, um an sein Ziel zu gelangen. Wie es aussieht, geht er dabei zur Not auch über Leichen. Kleine tote Körper, um genau zu sein. Was für ein Arsch!

Nach einer Weile steht sie mit einem entschiedenen Kopfschütteln auf. Okay! Sie hat sich nun mal auf dieses Spiel eingelassen und wird jetzt nicht in letzter Sekunde kneifen. Dieser arrogante Typ kann sie nicht vertreiben, genau das plant er nämlich mit seiner Ekelmasche, aber es wird ihm niemals gelingen.

Oder sie will nicht mehr Tony Benett heißen!

* * *

Angekommen in ihrem Zimmer sitzt sie minutenlang wie betäubt auf ihrer Matratze, bevor sie mit müden Schritten unter die Dusche schlurft. Dort lässt sie Ewigkeiten das warme Wasser über sich rauschen, klaubt danach aus ihrem winzigen Klamottenbestand ein neues Hemd und legt sich in das riesige Bett.

Gefühlte Stunden wirft sie sich hin und her und kann nicht einschlafen, egal, mit welchen Tricks sie es versucht. Als sie dann endlich doch in einen unruhigen Schlummer fällt, dämmert es bereits.

Ihre Träume werden von blauen, blitzenden Augen heimgesucht, einem scharf geschnittenen Mund, dunkler, sonnengebräunter Haut und großen, starken Händen, an denen sich erstaunlich feingliedrige Finger befinden, während eine leise, sanfte Stimme raunt: *»Sie sind eine äußerst begehrenswerte Person, Anthonia ...«*

Und dabei zieht sie die Endung verdammt lang.

4. Leihgabe mit Folgen

»Ton... MOM! Komm mit rein, es ist toll!«

Ein grinsender Matty planscht in dem riesigen Swimmingpool, bewaffnet mit aufblasbaren Armringen, Luftmatratze und ungefähr 2000 verschiedenen bunten Schwimmtieren. Diese »Badegrundausstattung« hat ihm sein edler Onkel gesponsert. Jeden Tag kommt er mit irgendwelchen Dingen, die kein Mensch braucht, aber hervorragend zur Bestechung eines Kindes geeignet sind.

Tonys Grinsen fällt etwas schief aus. »Ich kann nicht, mir fehlt das erforderliche Equipment!«

Matty hält sich eine Hand ans Ohr. »Häh?«

»BADESACHEN, Baby! Ich habe keinen Badeanzug!« In Wahrheit musste Tony feststellen, dass sie überhaupt nichts besitzt, was sich für einen Urlaub in der Karibik eignet. Momentan verfügt sie zwar über vier unterschiedliche Jeans und sieben fast identische Leinenblusen; an Unterwäsche und etliche Paar Socken hatte sie auch gedacht, allerdings weder an Rock, T-Shirt oder was man sonst in einer Gegend benötigt, in der um die Mittagszeit die Sonne ziemlich unbarmherzig auf einen herab prallt.

Nach zwei Tagen Dauerschwitzen schnitt sie schweren Herzens eine ihrer geliebten blauen Hosen ab, um dem drohenden Hitzetod noch mal von der Schippe zu springen. Und ihre Blusen bindet sie neuerdings immer am Bauch zusammen ... jedenfalls, solange *er* nicht anwesend ist.

Sobald jedoch sein schwarzer Schopf am Horizont auftaucht, sorgt Tony schnellstens dafür, dass ihr Nabel dorthin kommt, wohin er in der Nähe dieses Mannes gehört: unter ihr Hemd!

Der junge Mexikaner namens Pablo lehnt wie üblich grinsend in der Terrassentür. Er versteht tatsächlich kein Wort englisch, hält sich aber oft bei ihnen auf der weiträumigen Terrasse auf, versorgt sie mit Getränken und hat selbst einige Bücher aufgetrieben, wofür Tony ihm auf ewig dankbar sein wird. Sie befinden sich jetzt seit zwei Wochen auf dieser verdammten Insel und langsam wird es echt langweilig.

»Tony, nun komm schon!«, nölt Matty, und ihr fällt dieser lächerliche Bikini ein, den sie am Tag ihrer Ankunft in einem der Schubfächer fand. Es ist eine Option – wenn auch eine geringe. Pablo wird sich extrem freuen – und wie er das wird.

Matty hat sie nicht aus den Augen gelassen und offenbar erkannt, dass seine Tante über eine Alternative verfügt – sofern man es so nennen will. Denn sofort legt er sich ins Zeug. »Und?«

»Ich ... hätte da was, nur ...«

Die Augen leuchten auf. »TOLL!« Als er ihre Miene genauer betrachtet, verdüstert sich seine. »Aber?«

»Das ist nicht meine Größe, Baby!«

Das Baby wirkt mittlerweile leicht entnervt. »Sieht doch keiner!«

Nein, mit Ausnahme des kleinen Pablo, der gar nicht so klein ist. Dumpf fragt Tony sich, woher das Teil überhaupt stammt;

hält sich dieser Capwell hier vielleicht heimlich einen Harem?

Unentschlossen schaut sie zwischen den Jungen hin und her und seufzt schließlich. »Ich versuche es, okay?«

Beide nicken begeistert ...

* * *

Zehn Minuten später steht sie vor dem Spiegel ihres Kleiderschranks und beäugt kritisch das fragwürdige Objekt. Es ist ein ... Bikini, soviel lässt sich nicht leugnen, nur hat sie noch nie, echt noch niemals, so ein *knappes* Exemplar gesehen.

Den Herstellern muss bei der Produktion der Stoff ausgegangen sein, denn wenn sie den Slip betrachtet, dann ist vorn ja wenigstens die Andeutung eines Dreiecks, hinten jedoch, abgesehen von einem schmalen Streifen, nichts. Tony konnte Tangas nie besonders viel abgewinnen und würde nicht im Traum auf die Idee kommen, sich so was als Badebekleidung zuzulegen. Ähnlich verhält es sich mit dem Oberteil. Das ist nicht mal Körbchengröße A. Eher zwei erbsengroße Stoffteilchen, die mit Glück, aber ehrlich nur mit viel Glück, Tonys Brustwarzen bedecken. Das geht wirklich nicht!

Bei dem Höschen darf auch nicht das geringste Bisschen verrutschen, sonst wird es peinlich. Doch Matty langweilt sich, verdammt. Na ja, und außer Pablo ist niemand da. Dessen Blicke können sie nicht berühren, da ist sie in letzter Zeit bedeutend Schlimmeres gewöhnt.

Sie runzelt die Stirn, marschiert kurz entschlossen ins Bad und schnappt sich ihr Rasierzeug; sie muss es wenigstens versuchen. Während sie sich unter der Dusche rasiert, schaut sie immer wieder zu dem Ding, das sich Bikinioberteil nennt.

Nachdem sie fertig ist, zieht sie es an und stöhnt. Tony ist nicht das, was man landläufig als vollbusig bezeichnet. Ihre Körbchengröße entspricht einer gut gebauten B, nur selbst die ist für das Teil einfach zu groß. Alles quillt heraus und lässt sie wie einen Vamp erscheinen. Eine Weile betrachtet sie ratlos das Dilemma und zieht kurzerhand ihre Bluse über.

Irgendwie muss sie das kaschieren.

* * *

Pablos breites Grinsen legt sich, als Tony wenig später im Hemd auf der Terrasse erscheint. Ihr Lächeln fällt daher umso wärmer aus. Matty jedoch runzelt die Stirn. »Hat es nicht gepasst?«

»Doch.«

»Aber du bist angezogen!«

»Noch, Baby. Noch!«

Damit tritt sie an den Poolrand und dreht sich um, damit Pablo wenigstens das Desaster mit dem Hintern nicht entdeckt. Eilig zieht sie sich aus und steigt sofort an der Leiter in das Becken hinab, wobei ihr bewusst ist, dass der junge Mexikaner gerade eine wunderbare Aussicht auf ihre Brüste bekommt. Innerlich verwünscht sie diesen verdammten Capwell, weil er ihr nicht gesagt hat, dass sie unter Umständen *Badebekleidung* benötigen würde.

Matty sind ihre Brüste schnuppe; er freut sich, dass sie endlich im Wasser ist und er nicht mehr allein spielen muss. Widerwillig gibt Tony zu, dass es herrlich ist. Auf dieser gottverlassenen Insel dröhnt die Sonne von morgens bis abends vom ewig wolkenlosen Himmel; auch kurze Jeans und ein am Bauchnabel zusammengebundenes Hemd können da auf die Dauer echt schweißtreibend wirken.

Eine Weile tobt sie mit dem Kleinen, zieht ihn auf der Luftmatratze durch den Pool, und als er müde wird und hinausgeht, nutzt sie die unerwartete Ruhe, um einige Bahnen zu schwimmen.

Beim flüchtigen Aufschauen entdeckt sie Pablo, der lächelnd am Poolrand steht, Tony grinst zurück und schwimmt weiter.

Soll er glotzen, es ist ihr egal, das tut jeder – auf die eine oder andere Weise ...

* * *

Nach einer Bassinlänge vollführt sie eine elegante Drehung, wie sie es damals im Schwimmunterricht gelernt hat, und macht sich auf den Rückweg. Als sie jedoch diesmal aufsieht, befindet sich kein grinsender Mexikaner am Rand des Beckens, stattdessen hockt dort Capwell und starrt sie an, wobei er irgendwie so gar nicht begeistert wirkt. Ohne sich ihre Verunsicherung anmerken zu lassen, bewegt sie sich auf ihn zu, schließlich hat sie nichts getan. Baden ist, soweit Tony sich erinnert, von dem Kerl nicht verboten worden. Sogar ein unschuldiges Lächeln bringt sie zustande, obwohl seine Miene immer finsterer wird ...

Als sie den Beckenrand erreicht, geht alles plötzlich verdammt schnell. Bevor Tony etwas von sich geben kann, wird ihr Arm gepackt; keine drei Sekunden später ist sie aus dem Wasser und wird ins Haus gezerrt.

Matty und Pablo sind übrigens verschwunden.

Na, schöne Scheiße!

* * *

Im Ungeliebte-Gäste-Abwehrraum (so hat Tony ihn getauft) bleibt Capwell stehen, lässt ihren Arm los und im nächsten Moment befindet sich seine Nasenspitze an ihrer.

»Was soll der Scheiß?« Selten hat sie seine Augen so blitzend erlebt. Es wirkt wie ein Feuerwerk, weshalb sie vorsichtshalber ein Stück zurückweicht, falls die Gefahr der Funkenübertragung besteht oder so. Erst dann stemmt sie die Hände in ihre nackten, nassen Hüften. »Keine Ahnung, was jetzt wieder los ist, ich war nur schwimmen!«

Anscheinend war das nicht die richtige Antwort, der drohende Ausdruck verschwindet keineswegs, während er mit eindeutiger Verachtung jedes Detail ihres fast unbekleideten Körpers in sich aufnimmt. Sorgfältig, ihm entgeht nichts, so viel steht fest.

Als er wieder ihren Arm packt und Anstalten macht, sie die Treppe hinauf zu zerren, geschieht das absolut unvorbereitet. Trotzdem versucht Tony, sich zur Wehr zu setzen, leider erfolglos. Als sie sich am Geländer festhält, knurrt Capwell dumpf, löst mit überwältigender Gewalt ihren Griff und zerrt weiter.

Angekommen in ihrem Zimmer, stürzt er mit ihr zu dem Kleiderschrank, reißt die Tür auf und schubst sie seitlich davor.

»*Das* meine ich!« Anklagend weist er auf ihr Spiegelbild und gemeinsam starren sie die dunkelblonde junge Frau an, die ihnen in einem zugegeben ziemlich knappen Bikini aus riesigen Augen entgegen schaut. Das jetzt nasse Haar hängt in dicken Strähnen herab und wird von ihren Schultern aufgefangen, während sich unter dem winzigen Stoff hart die Brustwarzen absetzen.

Hastig verschränkt Tony ihre Arme, sieht zu Boden und Capwell stößt ein ironisches Gelächter aus. »Bisschen spät!«

Um zu wissen, dass sie rot ist, muss sie sich nicht ansehen, aber zu ihrer grenzenlosen Verlegenheit gesellt sich langsam echte Wut. Dieser Typ fixiert ihre Arme, als wolle er sie herunterzerren, um einen besseren Ausblick zu haben, und all das geschieht mit dieser unglaublichen Verachtung. Wie so häufig brennen bei Tony die Sicherungen durch und sie wirbelt aufgebracht herum, nur die Hände belässt sie vorsichtshalber dort, wo sie sind. »Ich hatte nichts anderes! Der ist nur geborgt!«

Seine Lider verengen sich. »Das verwundert mich gar nicht. Nicht einmal *du* wärst dämlich genug, dir so was auch noch zu kaufen!«

»Ich. Hatte. Sonst. Nichts!«, zischt sie. »Matty wollte mit mir baden und den fand ich zufälligerweise in der Schublade! Es war doch niemand da außer Matty ... na ja, und Pablo ...«

Capwell wirft den Kopf zurück und lacht kurz, laut und bellend. Als er sie erneut betrachtet, ist seine Miene mal wieder voller Abscheu, obwohl Tony die innerhalb der letzten zwei Wochen seltener bewundern durfte. Nach ihrer ›Aussprache‹ haben beide sich bemüht, höflich miteinander umzugehen, weshalb sie ernsthaft zu hoffen begann, dass es irgendwie funktionieren könnte. Bis heute jedenfalls ...

»Du kannst nicht anders, oder?« Er klingt leise und dumpf. »Ich habe zwar keine Ahnung, was du mit diesem Bengel willst, vielleicht wolltest du nur nicht aus der Übung kommen, vielleicht hast du dich aber total falschen Hoffnungen hingegeben. Er ist der Sohn der Haushälterin; kein Geld vorhanden. Jedenfalls nichts, was deinen überdrehten Ansprüchen genügen dürfte! Du solltest dir das Theater sparen, es sei denn, die vergangenen 14 Tage waren zu lange und du brauchst endlich wieder was zwischen deinen Beinen ...«

Weiter kommt er nicht, in diesem Moment holt Tony aus und verpasst ihm eine saftige Ohrfeige. Direkt hinein in das attraktive, von Wut verzerrte Gesicht. Oh, das hätte sie schon viel früher tun sollen, denn ja, er hat sich zusammengerissen, aber deshalb sind seine Beleidigungen nicht vergessen! Für keine Sekunde! Stattdessen hallen sie nach wie vor in ihren Ohren. Nie zuvor ist ihr so ein arroganter, ekelhafter, selbstgefälliger ...

Als seine Miene sich verändert, stoppen Tonys Gedanken jäh. Wo eben noch diese gemeine Verachtung war, immer in Verbindung mit diesem ewig ironischen Lächeln, befindet sich jetzt blanker, abgrundtiefer Hass. Tony sieht seinen Wunsch zurückzuschlagen – kaum gebändigt und in seiner Macht fast überwältigend. Besser wird es nicht, als sie seine Hände betrachtet die sich zu Fäusten geballt haben. Seine Lippen sind aufeinandergepresst, die Augen wirken mit einem Mal viel dunkler als gewöhnlich; kein Blitzen mehr, sondern nur ein Mitternachtsblau mit deutlich erweiterten Pupillen.

Einen Herzschlag später spürt sie harte Finger um ihren Hals; sie drücken nicht zu, sind aber unleugbar da – an einer ihrer verletzlichsten Körperstellen. Tony vollführt einen unwillkürlichen Schritt rückwärts und umfasst ebenso ungeplant den starken, sehnigen Unterarm, der mit einem Mal unter ihrem Kinn schwebt. Wie das Kaninchen vor der Schlange steht sie vor ihm und starrt ihn entsetzt an, ohne einen Ton von sich geben zu können, geschweige denn einen Hilfeschrei. Sein Zorn ist lebendig; wie eine Wesenheit, die sich unvermutet mit ihnen in diesem Raum befindet. Das Gesicht wirkt wie eine versteinerte Maske, in die sich unauslöschlich der Hass eingebrannt zu haben scheint, und aus seinem Mund dringt ein raues, bedrohliches Knurren.

»Wage es nie wieder, die Hand gegen mich zu erheben! Nie! Wieder! Oder ich schwöre, ich schlage zurück!« Damit lässt er los, und Tony taumelt wie benommen zurück. Bevor Capwell geht, betrachtet er sie nochmals von oben bis unten –, und trotz des Schocks schlingt sie wieder die Arme um sich. Tony hat nicht den geringsten Schimmer, wie dieser Mann gleichzeitig so wütend – *mörderisch wütend* – werden und dennoch diesen unglaublich begehrenden Blick auflegen kann. Als die Tür hinter ihm zuschlägt, zuckt sie zusammen.

Begehrender Blick?

Gedankenverloren tasten sich die bebenden Finger zu ihrem misshandelten Hals vor. Was will dieser Typ von ihr, verdammt?

* * *

Nach einer Weile tritt sie zu dem Durchgang, der in Mattys Suite führt, um nach ihm zu sehen. Schließlich ist er plötzlich am Pool verschwunden und derzeit hat Tony keine Ahnung, wo er abgeblieben ist. Okay, diese Begründung klingt wenigstens besser als die jämmerliche Wahrheit, dass sie sich zu ihm flüchten will. Bevor sie die Tür öffnen kann, vernimmt sie die helle, leise Stimme, die kurz darauf von einer dunklen, warmen unterbrochen wird.

»Wir haben heute gebadet!«

»Das ist ... fein.« Es erstaunt Tony immer wieder, wie freundlich der Kerl klingen kann. Spricht er mit ihr, ist man der Ansicht, seine Kehle sei dauerhaft spröde, gerissen und bekommt nur noch diesen einen rauen, verächtlichen Klang zustande. Redet er jedoch mit Matty, hört er sich auf einmal liebevoll an und auch seine Miene wirkt nachsichtig und sympathisch.

Seufzend lehnt sie sich an die Wand neben dem Eingang und schließt die Augen.

»Ich glaube, mir ist bisher entgangen, dass ihr auf einen Aufenthalt in diesem Klima nicht eingerichtet seid.«

»Huh?«

Leise lacht er. »Du hast kaum Sachen zum Anziehen, Matty.«

»Ach so! Ist okay, ich habe eine Badehose, T-Shirts, kurze Hosen ...«

Erneut lacht Capwell. »Ich verstehe. Aber möglicherweise braucht deine Mom etwas?«

Mattys Kichern kommt seltsam gedämpft, als würde er sich eine Hand vor den Mund halten. »Vielleicht ...« Seine Stimme senkt sich zu einem Wispern. »Soll ich dir was erzählen?«

»Erzähl.« Capwell wispert auch.

»Ich schätze, ihr Badeanzug ist zu klein.«

»So? Wie kommst du auf die Idee?«

»Sie hat immer so komisch daran herumgezupft.« Wieder ertönt das leise Gekicher und Tony muss lächeln. Na ja, es ist nicht besonders leicht, mit einem Fünfjährigen im Pool umherzualbern, wenn man ständig riskiert, dass einem die Brüste aus dem Oberteil fallen.

»Du solltest dich umziehen; das Dinner wird bald fertig sein.« Das klingt bedeutend lauter, Capwell scheint sich mieserweise und total unkalkuliert der Tür zu ihrem Zimmer zu nähern. Bevor er sie zu allem Überfluss beim Lauschen erwischen kann, wirft Tony sich mit einem Hechtsprung auf ihr Bett, unsicher, was auf Spionage im Hause Capwell steht, aber davon überzeugt, dass es garantiert nichts Angenehmes ist. Obwohl er nicht zu ihr kommt, ist sie absolut nicht beruhigt und bleibt, wo sie ist. Eine weitere Eisattacke würde sie heute nämlich nicht verkraften.

An diesem Abend ignoriert Capwell sie, was normal ist, doch das Schweigen zwischen ihnen hat jetzt diese besondere Note, welche die gesamte Atmosphäre noch unangenehmer gestaltet, als sie ohnehin schon ist.

Am nächsten Tag scheint Tony für den Idioten auch aus reiner Luft zu bestehen. Nachdem er von seinen täglichen Was-auch-immer Erledigungen zurückgekehrt ist, sitzen sie still beim Essen. In diesem Gebäude werden keine Tischgespräche gebilligt, weshalb sie manchmal wehmütig an die lautstarken Gelage im Hause Capwell / New York zurückdenkt. Tim war so anders, so fröhlich, stets zu Scherzen aufgelegt, und die Albereien am Tisch arteten hin und wieder zu einer echten Schweinerei aus.

Mit gespitzten Lippen kaut Tony an ihrem Rindfleisch und versucht, sich ein derartiges Szenario hier vorzustellen. Der spanische Ritter würde durchdrehen oder einen Herzinfarkt bekommen; auf jeden Fall wäre das Ergebnis verheerend ...

»Anthonia!«

Sie fährt zusammen und sieht auf, direkt in seine gleichgültige Miene, die sofort eine fiese Gänsehaut verursacht. Erst recht, als sie eher zufällig seine Hand betrachtet, die derzeit so unschuldig das Wasserglas hält. Vor ungefähr 26 Stunden lag die nämlich um ihren Hals. Angestrengt schluckt Tony und bringt nach flüchtiger Konzentrationsübung ein heiseres »Hmmm?« zustande.

»Wenn du Matty ins Bett gebracht hast, will ich dich sprechen.« Wie immer im üblichen, ausdruckslosen, leicht verächtlichen Ton, den er an den Tag legt, wenn er nicht gerade stinkwütend auf sie ist.

»Klar. Im Ungebe...äh, Salon?« Irgendwann hat er den Raum mal so bezeichnet.

Was ihr gleich wieder ein argwöhnisches Stirnrunzeln einbringt, bevor er den Kopf schüttelt. »Nein, ich möchte in meinem privaten Wohnzimmer mir dir reden.«

Hastig schaut sie zu Matty, der dem Gespräch aufmerksam folgt. Den veränderten Tonfall seines Onkels ist er längst gewöhnt, obwohl dies dann und wann noch eine tiefe Falte auf seine sonst so glatte Stirn zaubert.

»Äh ... ich weiß nicht, wo ...« Dieser idiotische Kerl hat es innerhalb von zwei Wochen nicht fertiggebracht, ihr das Haus zu zeigen. Seinem Neffen schon, der kennt sich aus, womit Capwell, auch was das betrifft, unmissverständlich Tonys Status manifestiert hat. *Tony* ist hier Gast – ein ungeliebter, sollte man wohl hinzufügen.

»Ich werde dich abholen, wenn ich Matty Gute Nacht wünsche. Ist das in Ordnung?«

Was genau plant der Typ eigentlich? Sie mit ihm allein in einem Raum? Erfahrungsgemäß weiß Tony, dass das nicht gut geht, und würde deshalb lieber auf eine Neuauflage verzichten. Doch er erwidert ihren Blick mit absoluter Gelassenheit – *arglos und unschuldig* sind ebenfalls mit von der Partie. »Nun?«, hakt er nach, als sie keine Anstalten macht, zu antworteten.

»Sicher ...«, entgegnet sie zögernd. »Natürlich ...«

Capwell lächelt matt, neigt knapp den Kopf und wendet sich völlig untypisch dem Jungen am Tisch zu. »Und, was hast du heute so getrieben, Matty?«

Der wirkt für einen Moment ebenso verwirrt, wie Tony sich fühlt, dann aber hellt sich seine Miene auf und er beginnt mit einem ausführlichen Bericht über die Ereignisse des Tages. Die unterscheiden sich übrigens nicht im Mindesten von einem der 14 vorangegangenen …

Mit einer Ausnahme: Pablo ist verschwunden.

5. Netter Versuch ...

Tony stellt den Kleinen unter die Dusche, beaufsichtigt das Zähneputzen, bringt ihn ins Bett und liest ihm wie an jedem Abend aus seinem Lieblingsbuch vor.

Und während der gesamten Zeit fragt sie sich, warum sie so dämlich aufgeregt ist. Was auch immer dieser irre Typ jetzt wieder plant, erfahrungsgemäß ist es garantiert nichts Gutes. Da kennt sie sich inzwischen aus. Trotzdem fühlt es sich so an, als hätte sie heute ein Date, was total blöde ist – ja!

Am Ende entscheidet Tony, dass dieses eintönige Einerlei sie langsam aber sicher zermürbt. So sehr, dass sie mittlerweile jede Abwechslung willkommen heißt, und sei sie noch so widerlich. Sie ist jung und ausschließlich das hektische New Yorker Leben gewöhnt. In der Vergangenheit gab es nicht einen Tag, an dem sie zu Hause saß, schon gar nicht einsam. Kontaktlosigkeit war für sie ein Fremdwort; stets war sie unterwegs, manchmal allein, mit ihrem aktuellen Freund, oft mit den Leuten aus ihrer Clique. Okay, wenigstens, bevor die Katastrophen eintraten. Doch selbst, als Tim erkrankte, verzichtete sie auf die regelmäßigen Kinobesuche ebenso wenig wie auf den Latte Macchiato in ihrem Stammcafé oder auf das gelegentliche Bier abends in ihrer Kneipe um die Ecke. Anders hätte sie die vergangenen Monate nicht durchgestanden, weshalb sie immer clever genug war, sich diese Auszeit zu gönnen. Genau wie die mit ihren Freundinnen, ganz besonders mit Susan.

Tony ist in New York geboren und aufgewachsen; um ehrlich zu sein, hat sie, bis sie auf dieser Insel strandete, nicht wirklich viel außerhalb dieser riesigen, von Ratten verseuchten Stadt gesehen. Vater und Mutter sind früh gestorben; Ironie des Schicksals: bei einem Autounfall. Anscheinend sind diese motorisierten Waffen Erzfeinde ihrer Familie, weshalb sie auch nie den Waffenschein – also die Fahrerlaubnis – gemacht hat. Man muss die höheren Mächte ja nicht noch zusätzlich herausfordern. Ihre Schwester kümmerte sich um Tony, solange die ein Teenager war, umsorgte sie und versuchte, ihr die fehlenden Eltern zu ersetzen. Aus diesem Grund konnte Danielle nicht studieren, denn obwohl die beiden Mädchen etwas Geld geerbt hatten, war es notwendig, dass sie arbeiten ging. Außerdem wäre neben dem Studium keine Zeit mehr für die damals 16-jährige Tony geblieben. Danielle verzichtete auf einiges, damit Tony eine sorgenfreie Jugend erleben, das College besuchen, sich mit Gleichaltrigen umgeben, Ausflüge unternehmen und wilde, feuchtfröhliche Partys feiern durfte. Stets war sie bei ihrer Schwester und ihrem Schwager willkommen, egal, mit welchem Problem sie sich gerade herumschlug, ob sie Liebeskummer hatte oder auch nur mal allein sein wollte. Fern von all den vielen Freunden, die sie ständig umlagerten.

Tim und Danielles Wohnung war ihr Rückzugsort. Ihr Schwager unterschied sich so sehr von diesem Capwell – fast wie Tag und Nacht. Nie wäre Tony auf die Idee gekommen, dass diese beiden Männer Brüder sein könnten.

Niemals!

Sie hat aufgehört zu lesen und mustert ihren schlafenden Neffen, der seinem Vater so bestechend ähnelt. Jeder Zweifel an der Vaterschaft ist so ... *dämlich* und eine Beleidigung ihrer verstorbenen Schwester. Tony vermutet dahinter sowieso nur eine ekelhafte Provokation, etwas anderes ist von dem Kerl nicht zu erwarten.

Ein Geräusch an der Tür lässt sie herumfahren und ihn mit verschränkten Armen im Rahmen lehnend vorfinden. Drei Knöpfe am Hemd stehen wie immer offen und die Ärmel sind bis zum Ellbogen hochgeschoben. In dem dämmrigen Licht, das es durch die blauen Vorhänge in den Raum schafft, funkeln die Augen unnatürlich hell. Hastig will sie aufstehen, er bedeutet ihr jedoch, sitzen zu bleiben und tritt ans Bett. Kaum erspäht er den Jungen, nimmt seine Miene wieder jenen Ausdruck an, der für Tonys Geschmack völlig fremd in diesem sonst so unbewegten Gesicht ist.

Andächtig streicht er Matty eine blonde Strähne aus der Stirn, doch sobald Capwell zu ihr aufsieht, ist alles beim Alten. Kalt und abweisend betrachtet er sie, nickt knapp in Richtung Ausgang und verschwindet.

Als Tony ihm kurz darauf folgt, ist ihre dämliche Aufregung von zuvor nur noch eine lahme, längst erzählte Geschichte. Stattdessen macht sich eine niederschmetternde Gewissheit in ihr breit. Und zwar mit jedem Schritt, der sie näher an sein Wohnzimmer bringt.

Genau jetzt wird er sie rausschmeißen.

Ganz klar!

* * *

Wortlos führt der Inselguru Tony durchs Haus, womit sie auch endlich den Bereich kennenlernt, der ihr bisher verborgen geblieben ist. Ehrlich erstaunt registriert sie dabei das moderne Ambiente des winzigen, jedoch hochwertig eingerichteten Apartments, das sie nach Durchqueren eines dunklen Flurs im Obergeschoss betreten.

Hier ist zum ersten Mal erkennbar, dass sie es mit einem Amerikaner zu tun hat und nicht mit einem verkappten Spanier, der vor etlichen Jahrhunderten eine Insel vor der mexikanischen Küste eroberte. Höchstwahrscheinlich mit Waffengewalt und in stählerner Rüstung.

Immer noch, ohne einen Ton von sich zu geben, deutet er zu einer weich gepolsterten Couch, die hinter einem niedrigen, dazu perfekt passenden Tisch steht. Darüber hinaus gibt es zwei Sessel. Der Boden besteht zwar auch hier aus diesen ekelhaften schweren Steinfliesen, nur werden die größtenteils von flauschigem weißen Teppichen bedeckt. Ein großer Bildschirm ist in die Wand gegenüber der Sitzgruppe eingelassen, daneben macht sich die winzige, aber eindeutig stinkteure Stereoanlage wie der wirklich kleine Bruder aus. Es gibt eine Bar, daneben aber auch einige Regale mit DVDs und CDs.

Tony wagt einen raschen Blick zu Capwell, was ihm glücklicherweise verborgen bleibt, wegen der schlummernden Hunde, die sie ganz bestimmt nicht wecken will. CDs wirken im Zeitalter der MP3s und des Streamings altmodisch; noch seltsamer findet sie jedoch die Vorstellung, dass dieser Kerl, der von Spaß noch nie was gehört hat, sich abends einen Film reinzieht. Mit einem Mal interessiert es sie brennend, welche Titel sich in diesem Bord befinden.

Ist er eher der *Star-Wars*- oder der *The-Walking-Dead*-Typ?

Nachdem sie wieder hastig und hoffentlich unbemerkt in sein starres Gesicht gesehen hat, steht der Fall für sie fest.

The Walking Dead, total klar! Dieser Mann sieht, wenn überhaupt, blutige, brutale Horrorfilme, mit Sicherheit keine Science-Fiction-Klassiker! Oder gar eine Komödie! NEIN! Da bestünde ja vielleicht die Gefahr, dass er ungeplant lacht oder so. Der Schock wäre schwer zu verkraften!

Tony setzt sich, beobachtet mit mäßigem Interesse, wie er sich an der Bar zu schaffen macht und kurz darauf mit zwei Gläsern zurückkehrt. Eines ist wieder mit der bernsteinfarbenen Flüssigkeit gefüllt, das andere mit durchsichtiger, einschließlich einer Zitronenscheibe.

Er hält ihr das Obstglas entgegen. »Ich hoffe, du nimmst das Gleiche wie letztens?«

»Ja, danke.« Das klingt zu schüchtern, eingedenk der Tatsache, dass es sich in diesem Fall um Tony Benett handelt, die auch noch die Absicht hat, in den Kampf zu ziehen. Doch die gesamte Atmosphäre wirkt beklemmend; in seinem Allerheiligsten zu sitzen, entspannt sie nicht mal annähernd. Ein Detail hat sie bei ihrer eiligen Bestandsaufnahme zwar erkannt, aber bisher nicht gedanklich ausgewertet: Auch in diesem Raum ist alles penibel geordnet, allerdings total farblos, ohne Herz und Persönlichkeit, als sei er nicht wirklich zu Hause. Mehr noch: Tony hat nicht den Eindruck, dass er sich sonderlich gern in diesem Zimmer aufhält. Weder ist die Art, wie er sich bewegt, lässig oder wenigstens weniger steif als üblich noch scheint er sich besonders wohlzufühlen. Kaum gedacht geht ihr auf, dass sie sich im Feriendomizil der Capwells befinden. Möglicherweise ist er sonst nicht allzu häufig an diesem Ort ...

Als sie seinen Blick auf sich fühlt, nimmt sie hastig einen Schluck von ihrem Gin Tonic und sieht auf. Logischerweise direkt in seine blauen, blitzenden, verachtenden Augen. Gefasst – hofft sie zumindest.

»Danke, dass du die Zeit für mich erübrigen konntest.«

Was? Aufmerksam studiert sie seine Miene, macht jedoch keinen Spott aus. Ist das sein Ernst? Tony kann sich ehrlich nicht vorstellen, dass er ihr eine große Wahl gelassen hätte. Sobald Capwell ruft, spurt man besser, will man sich mit ihm nicht einen Haufen Ärger einhandeln. Und wie es aussieht, wenn man mit diesem Kerl im Klinsch liegt, weiß sie inzwischen. Übrigens auch, wie es sich anfühlt; gestern Abend beim Duschen hat sie einen deutlichen Daumenabdruck auf ihrem Oberarm ausgemacht. In Violett! Auf eine Wiederholung verzichtet sie dankend ... und außerdem: Was heißt denn erübrigen? Seit Wochen vertrödelt sie ihr Leben, hat im Grunde absolut nichts zu tun und langweilt sich in diesem Luxusgefängnis beinahe zu Tode, während er morgens die Insel verlässt und erst am späten Nachmittag zurückkehrt. Nicht mit dem Jet, nebenbei bemerkt, sondern in einem schmucken, schwarzen Helikopter. Sie will lieber nicht wissen, was ihn diese täglichen Ausflüge in die Karibik kosten.

»Kein Problem«, erwidert sie etwas ungeschickt, als ihr aufgeht, dass er wohl irgendeine Antwort erwartet.

Flüchtig gleitet ein Grinsen über sein Gesicht; er lehnt sich zurück, ein Zeigefinger liegt an seinem Kinn, während er sie eingehend mustert. Es handelt sich um einen dieser Blicke, die Tony inzwischen ausgiebig zu hassen gelernt hat. Denn sie bringen sie in höchste Verlegenheit – ein Gefühl, das ihr bis vor Kurzem fremd war. Mit einem Mal fällt ihr das Atmen so schwer, und sie ist nicht in der Lage, sich einem verbalen Schlagabtausch zu stellen.

An ihrem Outfit ist heute jedenfalls nichts auszusetzen, findet sie zumindest. Neben ihrer unverzichtbaren Jeans trägt sie eine ihrer unerlässlichen Leinenblusen, diesmal nicht am Bauchnabel zusammengebunden. Sie hat nur mäßig Make-up aufgelegt, also lässt sich sein widerliches Benehmen nicht wirklich erklären. »Ich habe Matty in den vergangenen Wochen sehr lieb gewonnen«, bemerkt Capwell schließlich gedämpft und ohne jeden Zusammenhang.

»Das ist mir nicht entgangen.«

Offenbar ist ihm der leicht trockene Unterton verborgen geblieben. »Er erinnert mich an Timotheus, als er noch so klein war.«

Obwohl sie es nicht will, platzt Tony mit einer der Fragen heraus, die sie mangels Ablenkung beinahe ständig beschäftigt: »Wie viele Jahre seid ihr auseinander?«

Capwell hebt eine Braue. »Alterstechnisch? Sieben.«

Somit ist er bedeutend älter, als sie angenommen hat. Siebenunddreißig, eventuell sogar achtunddreißig. Verdammt, für ihre Verhältnisse ist das uralt. *Ein Greis!* Na ja, nur wirkt er auf sie nicht wie ein Großvater. Unvermittelt verziehen sich seine Lippen zu dem üblichen ironischen Lächeln. »Timotheus war für meine Eltern eine späte Überraschung, zu diesem Zeitpunkt hatten sie die Hoffnung auf ein zweites Kind längst aufgegeben. Er war ihr Liebling; ich galt als robust, er als eher kränklich ... Sie verwöhnten ihn sehr.«

»Und deshalb warst du traurig?«

Seine Augen werden groß und dann wirft er lachend den Kopf zurück – es ist kein angenehmer Laut. »Nein, Anthonia, darüber war ich nicht *traurig*. Um ehrlich zu sein, blieb mir dazu keine Gelegenheit. Damals befand ich mich auf dem Internat in der Schweiz.«

Ahhhh ... »Ihr seid ziemlich verschieden. Tim war ganz ... anders als du.«

Wieder hebt er eine Braue. »Ach. Wie darf ich das verstehen?«

Gelassen zuckt sie mit den Schultern. »Er war ... ein Künstler. Empfindsam, sensibel ... Eben völlig anders.«

»Also bin ich deiner Ansicht nach ein unsensibler, emotionsloser Klotz?«

»Das wollte ich damit nicht andeuten«, wehrt sie hastig ab. Mann! Tony könnte sich schlagen, weil sie sich überhaupt auf eine Diskussion mit dieser tickenden Zeitbombe eingelassen hat. War doch klar, dass er jedes ihrer Worte sofort gegen sie verwenden würde. Diese Erkenntnis kommt nur leider ein wenig spät. Denn er hat sie bereits am Haken und nicht die Absicht, sie noch mal davonkommen zu lassen.

Capwell beugt sich zu ihr vor und schaut ihr tief in die Augen. »Was genau wolltest du denn damit andeuten, Anthonia ...?«

* * *

Er sagt es mit samtiger, leiser spöttischer Stimme.

»Keine Ahnung, ich habe wohl nicht nachgedacht«, würgt sie hervor.

»Das solltest du aber«, murmelt er, sein Blick liegt auf ihrem Mund. »Du solltest immer sehr genau darüber nachdenken, was du in meiner Gegenwart sagst, tust ... oder trägst, Anthonia.« Abrupt lehnt er sich zurück, das Lächeln ist verschwunden; mit einem Mal klingt er geschäftsmäßig und seine Miene wirkt teilnahmslos. »Der Grund, weshalb ich dich heute Abend zu mir bat, ist relativ simpler Natur.«

Unvermittelt steht er auf und verlässt den Raum, während Tony ihm – einmal mehr total fassungslos – nachstarrt.

Was war das? Ist sie entlassen? Oder bedeutet das, sie soll sitzen bleiben?

Was?

Erst jetzt, während sie mit offenen Lippen zu der Glastür glotzt, durch die er soeben entschwand, bemerkt sie, dass sie so ziemlich atemlos ist, und ärgert sich im nächsten Moment wegen ihrer Blödheit: Das ist alles geplant! Jede Bewegung, jeder Augenaufschlag, jedes Lächeln. Sie würde ihren Arsch verwetten, dass er sogar ganz genau überlegt, wie viele Knöpfe seines Hemdes in ihrer Gegenwart geöffnet sind, denn er unternimmt hier den echt witzigen Versuch, sie zu manipulieren.

Der Arsch!

Glücklicherweise ahnt der Typ nicht mal, wie wenig sie ihm entgegenzusetzen hat. Edward Capwell ist ja überzeugt, dass sie ein Studium in dieser außergewöhnlichen Wissenschaft abgelegt hat. Für ihn ist sie ein verschlagener Vamp, eine Hure, die glaubt, einen Mann zu allem zu bringen, was sie will. Dieser arrogante kleine Bastard macht aus dieser Angelegenheit sein persönliches Drama; dabei geht es eigentlich nicht um Sex oder dem, was damit zusammenhängt. Dies sind nur die Waffen auf dem Schlachtfeld, auf dem er meint, sich mit ihr messen zu müssen. Und der Einsatz ist Matty. So sieht das aus.

Er versucht, sie zu einem Fehler zu bewegen und sobald der ihr unterläuft, hat er endlich einen Grund, sie mit einem Fußtritt davonzujagen. Dieses ekelhafte Schwein!

Ihre Augen verengen sich, der Atem kommt immer

hektischer, während sie wie versteinert den Ausgang fixiert. Dabei entgeht Tony, dass sich die Hände zu Fäusten ballen und sich ihre Lippen teilen, um die Luft noch schneller aufzunehmen und zurück in die Freiheit zu entlassen.

Denn Anthonia Benett legt gerade einen Eid ab, und zwar einen heiligen: Egal, was er aus der Trickkiste zieht, sie wird ihm nicht den Gefallen tun und in die Falle tappen. So einfach, wie er es sich gedacht hat, wird sie es ihm nicht machen.

NIEMALS!

* * *

Tony hat keinen Schimmer, womit genau sie als Nächstes rechnet, jedenfalls mit irgendeinem weiteren miesen Angriff.

Als er jedoch kurz darauf den Raum betritt, beladen mit etlichen Einkaufstüten in verschiedenen Größen, ist sie relativ sprachlos.

Mit einem schiefen Grinsen stellt er sie vor ihr auf dem Tisch ab. »Ich muss zugeben ...«, beginnt er, nachdem er wieder in seinem Sessel sitzt, »... ich hätte nicht geglaubt, dass du so lange bleiben würdest ...«

»*Lange?*«, echot sie verblüfft. »Wie lange dauert denn deiner Meinung nach so eine Mutterentwöhnung?«

Seine Augen führen das übliche Feuerwerk auf, doch er geht auf ihre Ironie nicht ein und nimmt stattdessen einen Schluck von seinem Whisky. »Ich sagte dir bereits, dass ich mich mit Kindern nicht sehr gut auskenne. Weder bin ich verheiratet noch habe ich eigene Nachkommen ...« Die nun folgende Kunstpause ist wohl für sie gedacht, damit sie diese neue Information entsprechend verarbeiten und wertschätzen kann. »Ich hatte zwar von einem Vierteljahr gesprochen, hätte aber nicht erwartet, dass deine

Anwesenheit den Zeitraum von einigen Tagen überschreiten würde.«

»Weil ich so eine beschissene Mutter bin und Matty nur erst dahinterkommen muss«, erwidert Tony nickend.

Er stutzt und grinst dann. »Nun ja. Das gibt in etwa meine Gedankengänge wieder.«

Überrascht lehnt sie sich zurück. Was war das denn? Mr. Capwell lässt sich nicht von ihr provozieren und ist ehrlich? Das riecht verdächtig nach einem ganz miesen Ablenkungsmanöver. Vorsicht!

»Außerdem«, fährt er fort, »hätte ich nicht geglaubt, dass du es so lange hier aushältst. Ich meine, es ist idyllisch und dir dürfte es mit Sicherheit nicht an Komfort mangeln, aber es ist nichts für eine Großstädterin, die ...«

»... es gewohnt ist, jeden Abend mit einem anderen Kerl ins Bett zu steigen«, unterbricht sie erneut und genehmigt sich einen sehr großzügigen Schluck von ihrem Gin Tonic.

Diesmal ist sie erfolgreicher, noch während sie schluckt, ist sein Gesicht ihrem mal wieder gefährlich nah. »Ich versuche gerade nett zu sein und es wäre empfehlenswert, meine Bemühungen nicht ständig zu torpedieren. Ich kann wirklich nicht behaupten, dass es mir besonders leicht fällt!«

Nachdem sie mit extremer Anstrengung auch den Rest Gin aus ihrem Mund in die Speiseröhre befördert hat, studiert Tony sorgfältig seine undurchdringliche Miene und nickt kurz.

Was ihm wohl genügt, denn er lehnt sich mit nochmaligem drohenden Blick zurück und deutet nach einem großen Beruhigungsschluck von seinem Whisky auf die Tüten. »Ich habe eingesehen, dass du nicht auf diesen Aufenthalt vorbereitet sein kannst. Vielleicht hätte ich dich vor unserer Abreise über unser

Ziel informieren sollen. Für diese Unaufmerksamkeit entschuldige ich mich und hoffe, dies wird deinen Mangel an eigener Kleidung etwas ausgleichen.«

Heruntergeleiert, ohne nennenswerte Betonung, als hätte er ein Band abgespielt, das er am heutigen Nachmittag, vielleicht auf dem Heimflug, noch schnell aufgenommen hat.

Tony, der die knallharte Abfuhr bereits auf der Zungenspitze liegt, entscheidet sich in letzter Sekunde dagegen. Unter Umständen sollte sie wegen der leicht angespannten Gesamtlage ein wenig ... äh, zugänglicher sein. Er gibt sich unübersehbar Mühe, denn irgendwie scheint er ständig gegen den Wunsch anzukämpfen, sie zu erwürgen. Auf jeden Fall bewegen sich die Finger seiner linken Hand krampfhaft; seitdem er sich zurückgelehnt hat, geht seine Faust unablässig auf und zu.

Auf-zu-auf-zu.

Das wirkt alles andere als beruhigend, weshalb sie sich zu einem schmalen Lächeln zwingt, bevor sie die erstbeste Tüte zu sich heranzieht und flüchtig hineinsieht.

Ein bordeauxfarbener Bikini ... Tony nimmt ihn heraus und betrachtet ihn eingehender. Okay, der passt mit Sicherheit besser. Über den Stoffrand hinweg sieht sie ihn an. »Findest du es nicht etwas eigenartig, für mich Klamotten zu kaufen?«

»Das war nicht ich, sondern meine Sekretärin«, wird sie eisig korrigiert.

Mist – wieder das Falsche! Mehr um ihre Unsicherheit zu verbergen, als aus Neugierde, unternimmt sie einen Versuch bei dem zweiten Beutel. Der enthält ein Kleid; der Nächste eine Bluse, der danach einige Shorts in den grausamsten Pastelltönen. Da tummeln sich helles Türkis mit bonbonsüßem Pink und Himmelblau.

Oh – mein – Gott!

In der darauffolgenden Tüte entdeckt sie goldene Riemchensandalen, ein Strandkleid, etliche T-Shirts, auch im allseits beliebten Pastell.

Oh – *verdammter* – Gott!

»Das ist sehr ... nett«, bringt sie unter Mühen hervor.

»Aber ...?«

Als Tony ihn fahrig mustert, findet sie aufrichtiges Interesse. Akute Gefahr droht im Moment nicht – so scheint es; aber bei dem Kerl kann man nie wissen.

»Ich weiß nicht ...« Die reine Wahrheit. Hastiger Mienenkontrollblick – alles im grünen Bereich. »... das sind echt wunderbare Sachen, nur ...« Eine Braue hebt sich fragend, doch er wirkt immer noch gelassen. »Ehrlich, ich bin dir unheimlich dankbar. Du hättest wirklich nicht so viel Geld für mich ausgeben sollen ...«

»Anthonia, du machst es unsinnig spannend!«, knurrt er leise.

»Es ist ...« Inzwischen hat sie das Kleid aus der Tüte gezogen, das sie fassungslos anstarrt. Es handelt sich um eines dieser Dinger, die oben recht schmal geschnitten, dafür mit einem ziemlich ausladenden Glockenrock versehen sind – im Stil der Achtzigerjahre des vorigen Jahrhunderts. Tony ist Jahrgang 1995. Als diese Dekade zu Ende ging, war sie nicht mal geboren. Sie trägt Stretchkleider, kurz und knapp, weite T-Shirts, enge Jeans, Chucks, Doc Martens, und mit Sicherheit *keine* Rüschenblusen! Von Sandalen mal ganz zu schweigen!

Verdammt!

Während sie das unmöglich hässliche Kleidungsstück wie eine Erscheinung anglotzt, das zu allem Überfluss große Blumen aufweist, als wäre der Schnitt nicht schon grausam genug!, überlegt sie fieberhaft, was sie tun soll. Als sie weiß, dass es nicht den geringsten Ausweg gibt, sieht sie auf, direkt in sein fragendes, erwartungsvolles Gesicht und schüttelt den Kopf. »Es ist unglaublich toll. Danke.«

»Dann ist ja alles in Ordnung.« Sagt's, lehnt sich relaxt zurück und betrachtet sie ausgiebig.

Oh, Mann!

* * *

Ja, er glotzt, spricht irgendwann aber wieder, und scheinbar unbemerkt geschieht etwas, womit Tony in ihren wildesten Träumen nicht gerechnet hätte: Es wird ein netter und tatsächlich halbwegs entspannter Abend.

Dieser Capwell ist offensichtlich doch in der Lage aufzutauen, auch wenn sich sein Verhalten nicht mit dem eines *normalen* Menschen gleichsetzen lässt. Ausgelassen wird er nie, seine Miene bleibt stets wachsam, die Antworten erfolgen wohl überlegt, von Spontaneität keine Spur. Auch nicht nach seinem vierten Whisky, der Alkohol scheint auf ihn nicht die geringste Wirkung zu haben. Und dieser besondere Blick, der Tony immer den Atem raubt, ist allgegenwärtig.

Bei ihr verfehlt der Gin durchaus nicht seine Wirkung. Bereits nach dem zweiten spürt sie, wie sie lockerer wird, und entgegen ihrem heiligen Schwur nachgibt. Kaum ist er nicht mehr so ein verdammter Arsch, fühlt sie sich in seiner Gegenwart nicht so deplatziert, auch wenn sie diese Erkenntnis ziemlich nervt. Sobald er sie mal nicht ständig beleidigt, mag sie ihn sogar ... ein wenig.

Nach dem dritten Glas gesteht sie sich ein, dass selbst seine visuellen Botschaften nicht halb so grausam sind, wie sie sich eingebildet hat. Sie kann über seinen trockenen Humor lachen und bekommt nebenbei einige der vielen Fragen beantwortet, die sie sich seit genau zwei Wochen häufig stellt. Manche existieren schon länger.

Tim hat seinen Clan damals verlassen, als er gegen den Willen seines Vaters auf das Musikstudium in New York bestand, sich standhaft weigerte, die Familientradition fortzuführen und an Yale einen Abschluss in Wirtschaftswissenschaften abzulegen. So, wie es der folgsame Edward Jahre zuvor bereits getan hatte. Es kam zu einem handfesten Streit, in dessen Verlauf Jayden Capwell, Edward und Tims Vater, seinen jüngsten Sohn kurzerhand enterbte und in hohem Bogen aus dem Haus warf.

Edward sagt es nicht direkt, Tony ahnt jedoch, dass die Familie das nie verwunden hat. Sybill, die Mutter, konnte ihrem Ehemann bis zu ihrem gemeinsamen Tod vor vier Jahren nicht verzeihen, dass Tim jeden Kontakt verweigerte. So, wie Tony es zwischen dem Gesagten heraushört, war die Ehe zerrüttet. Auf ihre Frage, wie die beiden ums Leben gekommen seien, erfolgt wie üblich eine lakonische und lässige Antwort: »Sie starben bei einem Flugzeugabsturz. Damals befanden sie sich auf dem Rückflug von dieser Insel nach Florida.«

Aufmerksam fixiert sie sein Gesicht, findet aber nicht die geringste Spur von Trauer. Tony kennt ihn zu wenig, um einschätzen zu können, ob ihn der Tod seiner Eltern tatsächlich so kalt gelassen hat, wie er vorgibt. Allerdings respektiert sie seine Entscheidung, sich nicht in die Karten sehen zu lassen. Ihr ist der Schmerz bekannt, den ein solcher Verlust verursacht, und sie wählt die Leute auch sehr sorgsam aus, die sie daran teilhaben lässt. Fremde, ungebetene und vor allem ungewollte

Eindringlinge gehören nicht zum Kreis der Begünstigten. Das ist okay.

Endlich erfährt sie, wohin er jeden Morgen fliegt. Gut, es war nicht wirklich schwer zu erraten: Miami ist natürlich das Ziel, dort, wo sich seit mehr als 100 Jahren der Hauptsitz des Familienunternehmens befindet. Edward hat nach dem Tod seines Vaters dessen Leitung übernommen, und obwohl Tony nicht den leisesten Schimmer hat, um welche Art von Firma es sich handelt, wagt sie nicht, ihn danach zu fragen. Viel zu sehr genießt sie diese friedlichen Minuten, lauscht seiner ruhigen, zur Abwechslung einmal nicht verächtlichen Stimme, beobachtet heimlich seine Hände, mit denen er ab und an seine Worte untermalt und betrachtet seine Miene, die nicht ironisch, bitter oder spöttisch ist, sondern nur durch ein Lächeln aufgehellt wird.

Ehrlich, sie ist gern mit Matty zusammen, doch nach 14 Tagen ausnahmslosen Unterhaltungen mit einem Fünfjährigen, erscheint es wie ein Urlaub, endlich wieder ein normales Gespräch zu führen.

Okay, ein Gespräch ist es zunächst weniger, denn ausschließlich Edward spricht und Tony hört ihm zu. Das reicht ihr ja schon.

* * *

Plötzlich verstummt er, sein Mund verzieht sich zu einem halben Lächeln, bevor er einen Finger hebt und sich zurücklehnt. Eine Weile mustert er sie, immer noch mit erhobenem Arm und scheint sogar leicht verwirrt. Bis sein Grinsen etwas breiter wird und er sich an seinem Whisky bedient ...

... und dann beginnt das Verhör à la Capwell. Vorrangig will er alles über Tim erfahren. Dessen Erfolg als Musiker, seine

Drogensucht, das Leben danach, sein Verhältnis zu Matty – auch über seinen Tod.

Tony ist heilfroh, die meiste Zeit bei der Wahrheit bleiben zu können. Capwell scheint nicht überrascht, als sie ihm erzählt, wie angesagt Tim war und dass sich die Szene nach seinem Tod womöglich über das begrenzte Kontingent an Werken hermachen wird.

Mit absoluter Überzeugung kann sie davon berichten, dass Tim seinen Sohn liebte und wie glücklich er mit seiner kleinen Familie war, zumindest bis vor einem Jahr. Ab dieser Stelle werden die Dinge allerdings problematisch, deshalb verstummt sie und widmet sich ausgiebig ihrem Gin Tonic, den Edward in schöner Regelmäßigkeit nachschenkt.

»Was ist?«, erkundigt er sich mit zur Seite geneigtem Kopf.

»Ich mag nicht darüber reden«, erwidert sie ausweichend.

»Über meinen Bruder?«

Sie nickt.

Seine Miene wird forschend. »Hast du ... was hast du für ihn empfunden?«

»Sehr viel.« Das ist keine Lüge.

»Wegen des Geldes?« Kein Spott – sie hat ihn nie zuvor ernsthafter erlebt, weshalb Tony schließlich ein stückweit nachgibt. »Er hatte doch gar nichts!«

»Du wusstest aber, dass er aus reichem Hause stammt.« Immer noch klingt er keineswegs verächtlich.

»Er hatte so was erwähnt, ja.«

»Und darauf hast du spekuliert?«

»Nein.«

»Warum bist du dann bei ihm geblieben?«

Fassungslos starrt sie ihn an und hebt schließlich erschöpft die

Hände. »Weil er mir viel bedeutet hat, was glaubst du denn?«

»Aber dieser Tony war ebenfalls da.«

»Gelegentlich.«

Nachdenklich neigt er den Kopf zur anderen Seite. »Er lebte nicht bei euch?«

»Nein, er war ... *ist* Student und kam nur ab und an vorbei.«

»Und dann hast du es zur Abwechslung mit ihm getrieben?«

»Jepp!«

»Wusste Tim davon?«

»Doppel-Jepp!«

In der nächsten Sekunde hat er ihr Handgelenk gepackt und sie zu sich herangezogen – aber diesmal nicht schmerzhaft. »Anthonia, ich mag es nicht, wenn du mich auf den Arm nimmst oder auch nur den zugegeben ziemlich müden Versuch unternimmst. Wie war es wirklich?«

Ihr Atem geht leicht hektisch, ansonsten hat sie sich echt gut unter Kontrolle, auch wenn dieser Mann ihr mal wieder eine Heidenangst einjagt. Schließlich ist sie ganz allein mit ihm, da gibt es garantiert niemanden, der zu ihrer Hilfe eilen würde. »Du wirst mir sowieso nicht glauben. Warum soll ich ...«

»Ich will die Wahrheit. Rede!«

Hastig versucht sie, trotz ihres vom Gin umnebelten Gehirns, eine Entscheidung zu treffen. Verdammt, sie hätte nicht so viel trinken dürfen!

Kopf oder Zahl, Tony?

Im Geiste wirft sie eine Münze. Zahl. Okay ...

»Er ist nur ein guter Freund«, sagt sie nach einem tiefen Luftholen. »Mehr nicht. Ich hatte nie was mit ihm.«

Für eine lange Weile fixiert er sie. »Okay.« Damit lässt Edward ihr Handgelenk los, doch anstatt sich wie üblich nach einer seiner Attacken zurückzulehnen, liegt sein Finger unerwartet unter ihrem Kinn, hebt es, bis er sie erneut betrachtet – lange, ausgiebig. Intensiv, stechend.

»Du bist tatsächlich eine sehr begehrenswerte Frau, Anthonia.«

Oh, Scheiße!

Tony hat zu viel getrunken! Viel zu viel, das ist nicht gut – es ist sogar alles andere als das. Denn sie ist gerade dabei, aber so was von den Kopf zu verlieren! Dieser Blick! Verdammt, woher hat er den nur? Plötzlich verspürt Tony den unbändigen Wunsch, seine Lippen, die so verflucht nah sind, mit ihren zu berühren. Nur einmal, um herauszufinden, wie es sich anfühlt. Hastig blinzelt sie mehrmals, bemüht, wieder auf den Boden der Tatsachen zurückzufinden. Es gelingt ihr – was sie mit ihm in ihrer unmittelbaren Nähe echt verwundert.

NEIN! Entschlossen schiebt sie ihn beiseite und springt auf. »Ich glaube, ich gehe jetzt besser ...«

Bevor er reagieren kann, stürzt sie, so schnell es ihr ziemlich alkoholisierter Zustand zulässt, davon.

* * *

Weit kommt sie nicht.

Einen guten Meter vor dem ersten Etappenziel (Tür) verhindert eine unwiderstehlich starke Hand ihre Flucht; sie wird herumgewirbelt, ein Arm schlingt sich um sie, und im nächsten Moment steht sie mit dem Rücken zur Wand. Seine Finger, eben noch auf ihrer Schulter, schieben sich in ihr Haar, die der anderen Hand wandern an ihren Kurven hinab auf ihren Rücken. Edward ist mit einem Mal wieder erstaunlich nah, und sie nimmt das herbe, wunderbare Aroma seines Aftershaves wahr.

Scheiße!

Sein Blick streift ihre Augen, die Nase und verharrt endlich auf ihren Lippen. Und dann sagt er auch noch was, mit tiefer, sexy Stimme. »Du hast einen irren Mund, Anthonia.«

Darauf erwidert sie besser nichts, denn sonst würde er bemerken, wie verräterisch hektisch ihr Atem geht.

Interessiert beäugt er sie. »Wusstest du, dass deine Lippen auf dem Kopf stehen? Die untere ist kleiner als die obere. Das ist wirklich irre ...«

Sicher weiß sie das, schließlich besitzt sie diese Dinger bereits seit 21 Jahren. Aber Tony schweigt beharrlich; je länger er sie nämlich betrachtet, desto schwerer gelingt es ihr, halbwegs annehmbar Luft zu holen. Er ist so verdammt nah und er riecht so verdammt gut und sieht so verdammt gut aus ...

Die warmen Finger verschwinden von ihrem Rücken, einer streicht sanft über ihre Wange und sorgt dafür, dass sie total ungeplant die Augen schließt.

»Wir könnten viel Spaß miteinander haben«, haucht er an ihrem Ohr und nimmt spielerisch ihr Ohrläppchen zwischen die Zähne – sie beißt ihre zusammen. Dann spürt sie, wie er sich langsam zum Ausschnitt ihres Hemdes vortastet, langsam, mit aller Zeit der Welt von ihrer Taille aufsteigend, bis sie an ihren Brüsten stoppt, kurz darauf schiebt sich eine Hand unter ihren BH und ein Daumen streicht über ihr harte, aufgerichtete Brustwarze. Immer und immer wieder, während seine Lippen über ihre Kieferlinie fahren. Es ist so gut, sie kann ihr sehnsüchtiges Seufzen nicht aufhalten und hasst sich im gleichen Moment für ihre Schwäche.

»Und welchen Spaß wir hätten, Anthonia ...« Die Art, wie er ihren Namen ausspricht, ist so ... *verführerisch.* Wieder dehnt er ihn endlos in die Länge, als wäre es nicht einfach nur eine Bezeichnung, sondern eine ganze Sinfonie. Tony ist seinem sinnlichen Spiel schutzlos ausgeliefert; nie zuvor hat sie einen Mann wirklich begehrt, obwohl es in der Vergangenheit schon den einen oder anderen Augenblick gab, in dem sie Sex in Betracht gezogen hat – ja –, aber noch nie verlangte ihr Körper nach jemandem auf diese Weise. *Sie will ihn!* Diese Erkenntnis kommt wie eine Offenbarung.

Verdammt!

Und das ist alles seine Schuld!

* * *

Allerdings ist Tony nicht betrunken genug, um zu vergessen, dass diese gesamte Tour Teil seines beschissenen Planes ist. Jener niederträchtige Plan, mit dem er sie loswerden will. Stiege sie auf sein so verlockendes Angebot ein, hätte sie im gleichen Moment alles verloren. Vielleicht aber auch erst ein paar Sekunden später … was in der Konsequenz noch verheerender sein würde. Seine Hand verlässt ihr Haar und gleitet sanft an ihr hinab, überwindet Brust, Taille, Hüfte, Schenkel und berührt schließlich ihre intimste Stelle – so fordernd und zärtlich; er weiß genau, wie Tony es will. Immer wieder reibt er über ihre Feuchtigkeit, lässt dabei leicht die Hüften kreisen, sodass sie seine Erregung an ihrem Bauch spürt. Hart und groß – ein Versprechen auf mehr. Nebenbei presst er seine Lippen auf ihren Mund, seine Zunge drängt sich an ihren Zähnen vorbei, seine Berührungen werden fester und zielstrebiger, rauben ihr Atem und Willen zugleich. Unwillkürlich, ungewollt stöhnt sie auf, total dem glühenden Feuer ausgeliefert, das seine Hände, Lippen und Zunge in ihr entfachen. Er tastet sich zu ihrem Hosenbund vor, löst den obersten Knopf ihrer Jeans und seine Lippen wandern wieder zu ihrem Ohr, in das er heiser wispert: »Ich weiß, dass du es willst. Sag es!«

Schlagartig ist Tony ernüchtert.

Ach, weiß er das? Was ist er doch für ein arroganter Arsch! Mit einer Macht, die Tony sich noch Sekunden zuvor in dieser Situation niemals zugetraut hätte, fliegen ihre Lider hoch. »Nein!« Ihre Hände legen sich auf seine muskulöse Brust und schieben ihn energisch von sich.

»Netter Versuch«, zischt sie in dunkelblaue, erregte Augen, in denen die Leidenschaft tobt. »Aber da musst du schon früher aufstehen. Ich geh dann ins Bett!«

Im nächsten Moment ist sie aus dem Zimmer gerauscht.

6. Der Ausflug

Pablo bleibt verschwunden, und Tony will sich lieber nicht ausmalen, wohin genau er verfrachtet wurde. Sie schätzt mal, dass er auf jeden Fall seinen Job verloren hat. Und das nur, weil er es wagte, die falsche Frau anzusehen. Himmel, wie kann man nur so verdammt altmodisch sein? Und vor allem: Was geht es diesen Irren überhaupt an? Was soll der ganze Scheiß? Tony hat vor dem Jungen ja keinen Strip hingelegt! Wenn er einen heimlichen Blick riskiert, ist das doch nur normal! Okay, es war nicht unbedingt ein heimlicher gewesen, eher ein ziemlich offener – *trotzdem!* Soweit Tony weiß, ist es immer noch ihre Angelegenheit, wer sie anglotzt. Außerdem braucht sie niemanden, der sie davor schützt, und schon gar nicht denjenigen, der den gesamten Tag selbst nichts anderes tut!

Na ja, früher jedenfalls.

Je länger Tony darüber und vorzugsweise über seine Annäherungsversuche an jenem Abend nachgrübelt, desto eindeutiger fällt ihre Schlussfolgerung aus: Edward Capwell ist der Meinung, ihm gehöre *alles*, was sich auf seinem Grund und Boden befindet, einschließlich unerwünschter weiblicher Gäste. Egal, wie sehr er sie verabscheut, er ist hier der Platzhirsch und besitzt als Einziger das Recht, über sie zu verfügen oder eben nicht. Echt, das ist wie im Mittelalter! Der Typ hat sich im Jahrhundert geirrt, und zwar gewaltig, denn hierbei handelt es sich nicht nur um eine leichte Abweichung von ein paar lumpigen Jahrzehnten! Ist er ehrlich der Ansicht, über sie bestimmen zu können? Wenn ja, dann wird er noch sein blaues Wunder erleben. Tony hat nämlich vor, ihm einen ordentlichen Strich durch die Rechnung zu machen. Auch wenn er inzwischen die saublöde Geschichte mit dem Dreier nicht mehr glaubt, weiß sie, dass er ihr nach wie vor einen ziemlich lockeren Lebenswandel unterstellt. Aber das ist nur ein Grund, aus dem sie sich nicht auf eine Affäre mit Edward Capwell einlassen wird.

Unter keinen Umständen!

Und wenn die Hölle zufriert, und ab morgen Kühe am Himmel gesichtet werden!

N. I. E. M. A. L. S.!

Leise seufzt sie und vergräbt das Gesicht in ihren Händen. Ja, es gibt einen weiteren Grund, und sich den einzugestehen, fällt ihr verdammt schwer.

Edward Capwell ist so altmodisch, dass ihm eine eiserne Rüstung verflucht gut stehen würde. Er verfügt über kein Benehmen, von dem Tony etwas wüsste, packt eine Frau auch gern mal am Hals, wenn er wütend ist, und beleidigt erschreckend häufig. Alles richtig.

Leider fühlt sie sich trotzdem verdammt zu ihm hingezogen. So war es vom ersten Tag an. Ihn einmal anzuschauen, genügte ihr, um dahinzuschmelzen, und in den vergangenen Wochen hat sich dieses Gefühl noch enorm gesteigert. Trotz seiner Beleidigungen, der Verachtung, die aus jedem seiner Worte spricht, und der geringschätzigen Miene, mit der er sie immer betrachtet und die jetzt von totaler Ignoranz abgelöst wurde, mag sie ihn.

Okay, ooookayyyyyy.

Sie hebt den Kopf und holt tief Luft.

Mögen ist eine echte Untertreibung, das ist die Wahrheit. Und das macht sie zu einer ziemlichen Masochistin, um es mal genau zu nehmen, denn sie scheint es wirklich nötig zu haben! Trotzdem, Tony glaubt – allerdings nicht mit Bestimmtheit –, sich aus Versehen in ihn verknallt zu haben. So was hat sie schon häufiger erlebt und weiß deshalb sogar ganz genau, wie diese Geschichten im Allgemeinen ablaufen. Schmetterlinge im Bauch zu haben, bedeutet nämlich *nicht* zwangsläufig, auch zu lieben. Das erste Gefühl kommt und schwindet wie das Wetter. Das Zweite ... ein Mysterium, denn Tony hat es bisher nicht kennengelernt. Heute ist sie in John verliebt, morgen in Stan, übermorgen bildet sie sich ein, unsterblich in Claude verschossen zu sein und keine Sekunde länger ohne ihn leben zu wollen. Dies ist ihr schon einmal zu oft geschehen, und immer stellte sich am Ende heraus, dass sie nicht mehr als einer ziemlich dämlichen Einbildung aufgelaufen ist.

Nie zuvor fiel die Fehleinschätzung aber so überzeugend aus, weil sie sich niemals vorher so unglaublich zu einem der Jungs hingezogen fühlte. Und das, wo ein nicht geringer Teil in ihr ihn absolut nicht mag! Sein Benehmen geht ihr akut auf die Nerven; sie hasst es, wenn er sie kränkt oder auf diese verächtliche Weise betrachtet. So was ist ihr noch nie passiert; auch nicht, dass sie derzeit alles daran setzt, das Verliebtsein so schnell wie möglich auszumerzen. Sonst hat sie diese wunderbaren Emotionen immer genossen und konnte gar nicht genug davon bekommen, denn dieses Verliebtsein, diese Schwärmerei, das langsame

Herantasten, Kennenlernen, Erobern, ja, selbst der kurze aber heftige Liebeskummer nach Beendigung der zum Sterben verurteilten Angelegenheit sind echt aufreibende Erfahrungen. Das kurzzeitige Wälzen im Schmerz, obwohl man weiß, dass es wieder besser werden und ein neuer Patrick kommen wird oder ein nächster John.

So ist es nur diesmal nicht. Obwohl sie sich ständig in den Kopf hämmert, dass sie sich den Blödsinn umgehend aus demselben schlagen soll, *will sie ihn unbedingt küssen.* Die Sehnsucht danach wird immer dringender, um die Wahrheit zu sagen. Der halbe Kuss an diesem Abend war viel zu wenig, wobei sie ihn ja dämlicherweise *abgebrochen* hat!

Hätte sie nicht wenigstens den erst bis zu Ende auskosten können, bevor sie floh?

Blöd!

Und nun hat sie den Salat!

* * *

Auf diese sehr peinliche Weise geht das bereits seit Wochen, genau genommen seit diesem seltsamen Date, das keines war. Seitdem tobt ein ewiger Streit zwischen dem Engel und dem Teufel in ihr.

Tony weiß, dass sie sich diesen Mann aus dem Kopf schlagen muss – und zwar so schnell wie möglich –, sie will es nur eigentlich gar nicht. Sitzen sie gemeinsam am Tisch, kann sie neuerdings den Blick nicht von seinen Lippen nehmen. Was ihm natürlich nicht entgeht, auch wenn er es nicht kommentiert oder auch nur mit stummem Spott darauf reagiert. Edward sieht sie nämlich überhaupt nicht mehr an, was sie aus irgendwelchen hirnrissigen Motiven nicht nur halb wahnsinnig macht, sondern zutiefst in ihrem Stolz kränkt.

Das ist auch neu. Wenn sie wirklich mal keinen Erfolg hatte, kam im Normalfall das ›Wälzen im Schmerz‹ nur früher und dauerte etwas kürzer, bevor das Leben weiterging. Bisher kannte sie auch nicht diese unvorstellbare Sehnsucht, die jetzt in ihr tobt – und das ewige Lauern ist ihr schon gar nicht bekannt, denn bisher musste Tony nie auf jemanden warten. Dazu bestand kein Grund, Anwärter auf den Posten des Freundes gab es stets reichlich; ihr blieb die freie Auswahl.

Inzwischen hält nicht nur Matty jeden Abend nach ihm Ausschau, auch Tony blickt immer wieder zu der Terrassentür, an der er irgendwann zuverlässig auftauchen wird. Warum sie das macht? Ja, wenn sie das wüsste, wäre sie ja bedeutend schlauer. Anlass dazu besteht absolut nicht, Edward starrt nämlich konsequent durch sie hindurch. Was bedeutet: Sobald er dann endlich eingetroffen ist, macht sich kurz darauf grenzenlose Enttäuschung in ihr breit.

Immer bringt er Matty irgendetwas aus Amerika mit. Hierbei handelt es sich um keine Bestechungen, wie zunächst vermutet. Die sind schlicht nicht erforderlich, der Kleine mag seinen Onkel sehr, bewundert ihn, betet ihn bald förmlich an. Nein, diese teuren Geschenke macht dieser steinreiche Inquisitor wohl aus reiner Freude. Interessanter Gedanke, dass gerade er eine romantische Ader besitzen soll.

Ja, ja, romantisch ist Tony auch veranlagt. Kitschig ebenfalls – ein ganz, ganz heimliches Laster.

Danielle – die Realistin der beiden Schwestern – hat sie deshalb schon ausgelacht, als sie noch Mädchen waren und Tony schwor, eines Tages ihren Prinzen zu finden. Der würde selbstverständlich unglaublich attraktiv sein und sie auf seinem Pferd in sein weit entfernt gelegenes Königreich mitnehmen. Sie: in einem herrlichen Kleid mit langer Schleppe und überhaupt wunderschön.

So viel zu ihren Mädchenträumen. Auf einen Prinzen wartet sie nicht mehr – ehrlich, seit Charles ist sie von dem Gedanken ganz weg –, schon gar nicht auf dessen Gaul – Tony ist gegen die Viecher allergisch. Aber sie hatte stets einen besonderen Mann vor Augen, wenn sie an denjenigen dachte, mit dem sie irgendwann ihr Leben teilen, Kinder haben und gemeinsam alt werden will. Mit solchen Plänen unterscheidet sie sich von den meisten ihrer Altersgenossen, ob männlich oder weiblich. Heiraten – sich vermehren – ist seit ungefähr zehn Jahren total aus der Mode gekommen. In gewissen Kreisen gilt das Kinder-in-die-Welt-Setzen sogar als schweres Verbrechen an der Erde. Durch eine großartige Karriere reich und berühmt zu werden ist das weitverbreitete Ziel ihrer Generation. Deshalb hat sie ihre Träume auch immer für sich behalten, um sich nicht zum Gespött ihrer Freunde zu machen.

Nebenbei bemerkt war sie sich immer zu schade, nur weil die Situation gerade passend erschien, mit irgendeinem Kerl zu schlafen. Obwohl sie das so manches Mal wirklich wollte. Doch irgendetwas fehlte, deshalb war es nicht perfekt, und Tony wollte es eben perfekt bei ihrem ersten Sex.

Um ganz ehrlich zu sein, wartet Tony nach so vielen Jungs nach wie vor auf den Mann, bei dem ihr die Knie zittern, sobald er sie ansieht, bei dem ihr Herz die wildesten Saltos vollführt, wenn er sie berührt, und zu dem sie sich hingezogen fühlt wie die

Motte zum Licht. Ihren ganz persönlichen Prinzen – den sie wirklich, wirklich will.

Scheint fast so, als hätte sie ihn endlich gefunden, was ja an sich echt gute Neuigkeiten sind. Aber muss es denn von allen verdammten Männern, die auf der Welt herumrennen, ausgerechnet derjenige sein, der sie verachtet und mit ihr außer einer schnellen Nummer absolut keine weiteren Pläne hat? Das betrachtet Tony als hochgradiges Pech, denn sie hat nicht vor, in einem Anfall vorübergehender geistiger Umnachtung wegzuwerfen, was sie sorgsam für den ›Einen‹ aufgehoben hat, auch wenn er es zufälligerweise ist. Sie bedeutet ihm nicht das Geringste, was sich in ihrer Traumprinz + Tony = Traumpaar forever – Rechnung ziemlich scheiße ausmacht. Für ein bisschen Spaß ist Miss Benett nicht zu haben. Edward sieht in ihr – äh, wie hat er das doch gleich ausgedrückt?

Eine Hure.

Ja, das waren seine genauen Worte und die hat sie für keine Sekunde vergessen.

* * *

Nach diesem denkwürdigen Abend hat Edward nie wieder das Gespräch auf seine seltsamen Spaßambitionen gebracht. Faktisch sprechen sie überhaupt nicht mehr miteinander. Selbst die Tatsache, dass sie sich ein paar Mal dazu überwinden kann, eine der tollen Pastellhosen mit passendem Pastellshirt anzuziehen, verleitet ihn nicht mal zu einem halben Hinschauen.

Also ist er wohl sauer – fein, tut ihr ja auch leid und so, *ehrlich!* Aber wenigstens beleidigt er sie nicht mehr. Weder verbal noch mit Blicken, auch wenn sie nicht davon überzeugt ist, dass man das wirklich als Fortschritt einstufen kann. Derzeit ist sie sich sowieso nicht mehr in vielen Belangen sicher.

Nebenbei bemerkt ist ein Pablo-Ersatz aufgetaucht.

Bis zum Verschwinden des Jungen und Sichten seines Nachfolgers wäre Tony nicht mal auf die Idee gekommen, dass der edle Hausherr sie bewachen lässt. Doch nach zwei Tagen erscheint ein schlecht gelaunter, wortkarger Kerl namens Carlos, der ab diesem Moment immer in irgendeiner Ecke der Terrasse lauert. Er ist nicht mal hässlich, das muss sie ihm lassen, nur macht seine ausdruckslose Miene die Attraktivität zuverlässig wieder wett.

Allmählich kommt ihr der Gedanke, dass sie die Situation wohl nicht halb so dramatisch eingeschätzt hat, wie sie tatsächlich ist: Capwells Misstrauen gegen sie ist so stark, dass sie konsequent überwacht wird. Eine Erkenntnis, die Tonys Stimmungspegel noch einmal um ein beträchtliches Stück nach unten befördert.

* * *

In all diesem Wirrwarr unter der karibischen Sonne vergeht eines unaufhaltsam: die Zeit.

Sie sind in New York Anfang November aufgebrochen – inzwischen befinden sie sich seit fünf Wochen auf diesem von Gott verlassenen Eiland und Weihnachten nähert sich mit riesigen Schritten. Anscheinend hält Edward nicht viel von den amerikanischen Sitten und Gebräuchen, Thanksgiving wurde von ihm jedenfalls ersatzlos gestrichen. Matty hat ihn am Tag des Erntedankfestes fragend gemustert, am Ende jedoch seinen Mund gehalten. Leider, denn Tony hätte ja zu gern erfahren, weshalb sie keinen Truthahn essen dürfen, ist sich aber zu schade, sich selbst danach zu erkundigen. Schon, weil sie sowieso wieder nur eine dämliche, möglicherweise beleidigende Antwort erhalten würde. Noch schlimmer ist die Aussicht, überhaupt keine Erwiderung zu bekommen. Vielleicht bringt der arrogante Typ dieses Event mit irgendwelchen Begattungsritualen in Verbindung, die Tony ja laut seiner freudig und oft geäußerten Meinung mehr als alles andere mag. Daher hat er wohl beschlossen, sie zu bekehren und vom Pfad der Sünde abzubringen. Außer sie will das Ritual mit ihm abhalten, natürlich. Dann ist ›Spaß‹ ja durchaus akzeptabel. Vielleicht hat er aus diesem Grund den neben Weihnachten und dem 4. Juli wichtigsten amerikanischen Feiertag kurzerhand beerdigt, inzwischen traut sie ihm alles zu.

Allerdings hat sie nicht die Absicht, das Weihnachtsfest auf die gleiche Weise unter den Tisch fallen zu lassen. Es wird für Matty das Erste ohne Tim sein, das Zweite ohne seine Mom – ja. Aber so wie alle übrigen Kinder hängt Matty an diesem Fest, es ist das Highlight des Jahres. Er hat seine Eltern verloren, seine Heimat verlassen – beinahe alles, was er kennt und mit seinen Wurzeln in Verbindung bringt, ist verschwunden. Nur Tony ist ihm aus seinem alten Leben geblieben. Sie wird ihm nicht auch noch den Heiligen Abend rauben.

Leider ist es nicht ganz so einfach, dafür zu sorgen, dass die Feierlichkeiten wirklich stattfinden können. Denn was eigenständige Unternehmungen betrifft, ist sie momentan ziemlich matt gesetzt. Natürlich hätte sie mit Edward das Gespräch suchen können, aber nach dem bewussten Abend und der niederschmetternden Erkenntnis, dass sie tatsächlich gern etwas »Spaß« mit ihm haben würde, geht sie ihm lieber aus dem Weg.

Nach drei Tagen angestrengter Grübelei ohne nennenswertes Ergebnis wird sie langsam sauer.

Von Haftstrafe war vor ihrer Abreise und auch bei ihrer legendären ersten Aussprache keine Rede. Von einer Geiselhaft übrigens auch nicht. Was soll der Scheiß? Und überhaupt! Tony will ein paar Einkäufe erledigen, mehr nicht! Das kann unmöglich das Problem sein!

Und genau diese Überlegung bringt sie schließlich auf eine Idee.

* * *

Maria, die Haushälterin, verlässt dreimal in der Woche die Insel und kehrt einige Stunden später mit frischen Lebensmitteln zurück. Tony hat sie bereits des Öfteren dabei beobachtet, sich jedoch nie wirklich Gedanken darüber gemacht. Aber im Grunde bedeutet das doch nichts anderes, als dass sich irgendwo in der Nähe Festland befindet. Festland mit Zivilisation – oder treffender ausgedrückt: Man kann dort shoppen.

Womit das *Wo* schon mal geklärt ist, jetzt muss sie nur ihren Aufpasser dazu bringen, bei der verbotenen Geschichte mitzuspielen. Edward wird es nie erfahren, Matty schweigen, wenn sie ihn darum bittet, und ganz bestimmt, sobald sie ihm sagt, dass sein Onkel sonst wieder sauer auf sie sein wird. Das mag der Kleine nämlich nicht. Jedes Mal, wenn zwischen den Erwachsenen extrem dicke Luft herrscht, versucht er auf seine kindliche und süße Art zu vermitteln und ist nur noch enttäuschter, wenn es nicht funktioniert.

Was sie vorhat ist hinterhältig, total klar. Tony findet nur, ausgefallene Situationen erfordern außergewöhnliche Maßnahmen, und manchmal muss man eben ein bisschen die

Grenzen des guten Geschmacks streifen, um einem Jungen das Weihnachtsfest zu ermöglichen. Edward wird sie erzählen, sie habe Maria gebeten, ihr bei ihren Einkäufen ein paar Dinge mitzubringen. Sollte er überhaupt registrieren, dass da Weihnachtsgeschenke sind, wo eigentlich keine sein dürften.

Der Plan ist so genial wie einfach und absolut wasserdicht.

Denkt sie zumindest.

Dieser Carlos erweist sich als harter Brocken, aber einer, der die englische Sprache beherrscht, was die Angelegenheit ungemein vereinfacht. Kaum hat ihr Vorhaben konkrete Formen angenommen, beginnt Tony, den schweigsamen, echt attraktiven dunkelblonden Mann zu bearbeiten. Zunächst lässt sie es harmlos angehen, indem sie versucht, ihn in eine Unterhaltung zu verwickeln. Nach einigem Zögern ist er sogar in der Lage, ihr zu antworten – nein! –, selbst Stunden später ist sie vor lauter Verblüffung noch total geflasht.

Er befindet sich bereits seit Langem im Dienste der Familie Capwell und stammt – anders als sein Name vielleicht vermuten lässt – aus dem stets verregneten Seattle im Norden der USA. Das ist alles, was sie ihm entlocken kann, doch das Eis ist schon mal gebrochen. Außerdem vermutet sie, dass der Typ von Natur aus nicht viel spricht. Seine Stimme klingt immer etwas rau, als würde er sie nicht sehr häufig benutzen.

Nach dem einen oder anderen behutsamen Gespräch mit Matty ist sie dahinter gelangt, dass dem Jungen dieses ewige Sonnenparadies auch so langsam aber sicher auf die Nerven geht. Die Langeweile hat sich übrigens dramatisch verschärft, seitdem es kein Sommerparadies mehr ist. Die Regenzeit hat eingesetzt, und ab diesem Augenblick sind sie gezwungen, bis auf wenige

Momente, in denen es mal nicht wie aus Eimern gießt, tagsüber im Gebäude zu bleiben.

Schnell wird Matty das Spielzeug zu langweilig, und auch die zahlreichen Gesellschaftsspiele, die »Onkel Edward« so anschleppt, sind nur von vorübergehender Attraktivität. Hier gibt es keine Kinder und Tony befürchtet, dass sie als einzig vorhandene Gesellschaft für einen Fünfjährigen nicht sonderlich befriedigend ist.

* * *

Eines Mittags, draußen schüttet es nicht mehr wie aus Eimern, sondern eher wie aus mittelgroßen Badewannen und bis Weihnachten sind es noch genau vier Tage, geht sie schließlich zum Angriff über.

Sie sitzen in der Küche, Maria ist irgendwo im Haus unterwegs – das gedämpfte Dröhnen des Staubsaugers ist zu hören. Matty hat sich sein Malzeug geholt und Tony trinkt ihren Kaffee, während Carlos wie üblich in einer entfernten Ecke des großen Raumes steht und das stumme, beinahe lautlose Treiben beobachtet.

Unvermittelt stellt sie ihre Tasse ab und sieht zu ihm auf. »Und, Carlos, werden Sie die Weihnachtstage bei Ihrer Familie verbringen?«

Er stutzt. »Nein, Ma'am, meine Eltern sind tot und ich war nie verheiratet.«

»Anthonia«, korrigiert sie ihn lächelnd.

Abermals braucht es eine kurze Weile, ehe er das verarbeitet und für akzeptabel befunden hat, dann nickt er. »Anthonia.«

Zunächst macht sie Anstalten, etwas zu erwidern, schüttelt aber den Kopf, bevor es ernst werden kann, und widmet sich seufzend wieder ihrem Kaffee.

Dieses Manöver wiederholt Tony – in Fachkreisen auch die Ungeheuerliche genannt – genau dreimal, bis sich endlich eine winzige Hand auf ihren Arm legt. »Was ist denn, Mommy?« In der Zwischenzeit ist Matty bei dem Mom-Tony-Spiel richtig gut geworden, er patzt nur noch sehr selten. Vielleicht hat er sich auch einfach daran gewöhnt; Kinder sollen bei so etwas ja schnell sein.

Kurz schaut sie in sein fragendes Gesicht auf, schüttelt den Kopf und seufzt nur noch schwerer.

»Mommy?« Das klingt ängstlich.

Tony genehmigt sich einen weiteren Schluck, stellt behutsam die Tasse auf den Tisch und begutachtet die kümmerlichen Reste des Gebräus. »Mir ist nur gerade eingefallen, dass wir überhaupt kein Geschenk für deinen Onkel haben, Baby. Er wird so traurig sein.« Das Märchen vom Weihnachtsmann flog beim letzten Fest auf, weil Tony es nicht übers Herz brachte, einen Schauspieler zu engagieren, der ihren todkranken Schwager zu Gesicht bekam.

Matty runzelt die Stirn, wenig später hellt sich seine Miene jedoch auf. »Dann kaufen wir eines!« Also, er ist von seinem Vorschlag schon mal begeistert, doch Tony schüttelt niedergeschlagen den Kopf und widmet sich ihrer Kaffeetasse. »Geht nicht!«

Daraufhin herrscht für einen Moment verdutztes Schweigen, bis abermals die Hand auf ihrem Arm auftaucht. »Warum denn nicht?«

»Hast du hier irgendwo ein Geschäft gesehen?«, erkundigt Tony sich finster.

Nachdem er angestrengt nachgedacht hatte, gibt er klein bei. »Nein.«

»Siehst du.«

Kurze Pause.

»Aber wir könnten ... zu irgendeinem Shop *fahren* ... oder fliegen oder so was!«

»Geht nicht!«

»*Warum denn nicht?*« Allmählich wird er lauter. Der Gedanke, für ein paar Stunden dieses idyllische Gefängnis zu verlassen, scheint sich in seinem Kopf festzusetzen.

Strike! – genau, wie Tony es geplant hat. Sie weiß, dass sie Carlos zu gar nichts bringen wird und Maria auch nicht, Edwards Instruktionen müssen umfassend gewesen sein; aber Matty vergöttern sie alle. Niemand will, dass der kleine Junge traurig ist und jedem würde es schwerfallen, ihm einen Wunsch abzuschlagen.

»Weil«, murmelt sie und betrachtet ihn erneut. »... wir vorher Onkel Edward bitten müssten. Und dann wäre ja die ganze Überraschung verspielt, oder?«

Auch darüber denkt er lange und ausgiebig nach und hebt schließlich beide Hände, mit den Handflächen nach oben, seine großen Augen leuchten. »Dann gehen wir eben allein!«

Amüsiert lacht sie auf. »Wie denn? Willst du schwimmen? Dies ist eine Insel. Von allen Seiten werden wir von Wasser belagert.«

»Aber Maria hat ein Boot!«

»Ja, aber ich glaube nicht, dass wir da einfach so mitfahren können, Baby«, erwidert sie leise und widmet sich ihrer Tasse.

Mattys Stuhl wird polternd zurückgeschoben und im nächsten Moment hört sie ihn irgendwo in den Tiefen des Hauses. »*Maria!*«

Tony unterdrückt ein Grinsen. Läuft doch alles wie geschmiert!

* * *

Das tut es wirklich.

Kurz darauf stürzt Matty wieder in die Küche und zerrt eine grinsende Haushälterin an der Hand hinter sich her. Was gleichzeitig der Startschuss für eine hitzige Diskussion zwischen Matty, Maria und Carlos ist. Nur Tony hält sich bescheiden aus allem heraus.

Carlos weigert sich kategorisch, mit Hinweis auf »Mr. Capwells Anweisungen«, bei dem Komplott mitzuspielen, weshalb Maria in einer äußerst gefährlich anmutenden Mischung aus Spanisch, Englisch und einer Sprache, von der Tony noch nie was gehört hat, auf ihn einredet. Je entschiedener er den Kopf schüttelt, umso schriller klingt sie und desto ausufernder fällt ihre Gestik aus. Und die Dame ist kein Leichtgewicht. Also, Tony würde sich ja nicht mit ihr anlegen, aber anscheinend ist Edwards Aufpasser von der unerschrockenen Sorte, denn der hält auch dem wütendsten Blick stand, während sich Maria langsam in die Hysterie keift.

Alles hätte nichts geholfen, wäre Matty nicht irgendwann mit der Universalwaffe gekommen: Nachdem er eine Weile der größtenteils unverständlichen Auseinandersetzung zwischen den Erwachsenen gelauscht hat, setzt er sich an den Küchentisch, legt das Gesicht in seine Hände und schluchzt herzergreifend los.

Schlagartig ist Ruhe, und Tony weiß, dass sie gewonnen hat.

* * *

Man einigt sich darauf, am folgenden Morgen aufzubrechen,

sofern der Regen nachgelassen hat. Wenn nicht, wird der Ausflug buchstäblich ins Wasser fallen. Eine Alternative wird nicht besprochen, weshalb Tony mit relativ gemischten Gefühlen ins Bett geht. Vor ihrem Fenster rauscht nämlich unablässig der Monsun und scheint so gar keine Ambitionen zu haben, das demnächst mal einzustellen oder so.

Als sie jedoch am nächsten Tag ziemlich unsanft von einem Matty geweckt wird, der aufgeregt auf ihrem Bauch umherspringt, ahnt sie es bereits. Und als sie dann mit einem halben Auge sieht, dass der Junge schon fix und fertig angezogen ist, *weiß sie*, dass es endlich zu regnen aufgehört hat. Tony beeilt sich mit dem Anziehen, lässt dabei die vielen Tüten, mit den von Edward gekauften Sachen außen vor, und wählt stattdessen wie immer Jeans, Hemd und ihre geliebten Doc Martens.

Carlos erwartet sie in der Küche; Tony mutmaßt messerscharf, dass er alles andere als glücklich über dieses Arrangement ist, doch ein Blick zum strahlenden Kind genügt, damit sich seine sonst so ausdruckslose Miene zu einem schmalen Lächeln verzieht.

Maria treffen sie an dem winzigen Boot. Der Himmel ist zwar bewölkt, droht aber nicht, in der kommenden Sekunde seine Schleusen zur nächsten Sintflut zu öffnen. Und so machen sich die vier Verschwörer am frühen Morgen des 21. Dezembers mit einem schnittigen, ziemlich schnellen Motorboot auf zur mexikanischen Küste.

* * *

Tampico erweist sich als erstaunlich moderne Metropole.

Sie haben keine Schwierigkeiten, ein Einkaufscenter zu finden, obwohl sie über kein Auto verfügen. Touristen aus aller

Herren Länder säumen die Straßen; bald hat Tony den Eindruck, eher in Amerika als in Mexiko gestrandet zu sein. Es gibt unzählige Eiscafés, etliche Boutiquen, Museen, Restaurants. Sogar einen kleinen Rummel tun sie irgendwann auf.

Der anfänglich zugeknöpfte Carlos taut mit jeder Sekunde mehr auf, und dass die Sonne nicht scheint, stellt sich als echter Segen heraus. Ansonsten hätten sie wahrscheinlich nicht mal bis Mittag durchgehalten.

Aber bei milden – aber nicht heißen – 24 Grad wird es ein wundervoller Tag. Tony hat ihre gesamte Barschaft mitgenommen, erkennt allerdings schon nach kurzer Zeit, dass sie größtenteils auch mit ihrer Kreditkarte bezahlen kann, womit dem ausgiebigen Shoppen nichts im Wege steht.

Nachdem sie Carlos und Matty in einem Café zu einem riesigen Eisbecher abgeparkt hat, begibt sie sich in das nächste Spielwarencenter. Der Weg dorthin führt durch eine enge Gasse, in der sich viele winzige Läden befinden. Hier wird Kunstgewerbe aller Art angeboten; die meisten Produkte sind mexikanischen Ursprungs, einige identifiziert sie mit Kennerblick als aztekisch, auch wenn sie nicht davon ausgeht, es mit Originalen zu tun zu haben. Irgendwie gelingt es ihr nur schwer, sich mit dem Gedanken anzufreunden, eine 1500 Jahre alte aztekische Fruchtbarkeitsstatue für 25 Dollar erstehen zu können.

Tony hat das schmale, etwas beschlagene Schaufenster bereits hinter sich gelassen, als sie plötzlich wie vom Donner gerührt stehen bleibt.

Dann macht sie kehrt und geht ganz langsam noch mal zurück.

Ihr ist schleierhaft, wie es seinen Weg hierher gemacht hat, aber es ist da und es ist ein Original. So viel sieht sie auf den ersten Blick. Darüber hinaus ist es verdammt teuer – wenigstens für Tonys Verhältnisse –, aber sie schätzt, dass dies trotzdem das Schnäppchen ihres Lebens ist, als sie dem grinsenden Lateinamerikaner die 350 Dollar hinblättert und kurz darauf strahlend das kleine Ramschgeschäft verlässt. Nachdem sie sich mit allerlei Spielsachen eingedeckt hat, konstatiert sie mit einiger Beruhigung, zumindest in etwa für Weihnachten gerüstet zu sein.

* * *

Maria wird sich mit ihnen am frühen Nachmittag am Boot treffen; sie will die Lebensmitteleinkäufe tätigen und danach die zusätzliche Zeit nutzen, um ihrer in der Stadt wohnenden Schwester einen Besuch abzustatten. Daher bleibt den Dreien ausreichend Gelegenheit, den Rummel unter die Lupe zu nehmen. Als Matty auf der Achterbahnfahrt vor Begeisterung brüllt, taut Carlos endlich wirklich auf und lacht laut, was ihn noch einmal einhundertprozentig attraktiver macht. Tony mag den dunkelblonden Mann, der mit seinem breiten Lächeln sehr sympathisch und vor allem natürlich wirkt. Total anders als der dunkelhaarige, ewig griesgrämige Edward.

Es wird tatsächlich ein wundervoller, vergnügter Tag, alles deutet auch auf einen ebenso schönen Ausklang hin ...

... würde das Wetter nur mitspielen. Denn das entscheidet, als der Mittag langsam in den Nachmittag übergeht, dass es genug mit Ausgelassenheit und Freude ist. Schwarze Wolken ziehen am Himmel auf und der Wind nimmt deutlich zu. Das Ganze geschieht in beängstigender Geschwindigkeit, stetig scheint es dunkler zu werden, bald ist die Dämmerung um einige Stunden vorgezogen.

Mit düsteren Vorahnungen beobachtet Tony, wie Carlos immer wieder besorgt hinaufblickt und sie schließlich ernst ansieht. Sie haben Matty gerade mit einer überdimensionalen Portion Zuckerwatte versorgt, die er mit wachsender Begeisterung verdrückt. Jeder Millimeter seines Gesichtes klebt inzwischen, und dem Kleinen fällt offenbar weder das plötzlich mangelnde Tageslicht noch die angespannte Stimmung auf. Carlos neigt sich zu Tony hinab. »Wir sollten zum Boot zurückgehen. Ein Sturm zieht auf.«

* * *

Die Idee an sich ist gut, kommt nur leider etwas spät.

Denn während sie sich mit beachtlichem Tempo auf dem Weg zum Hafen machen, fallen die ersten Tropfen und der Wind zeigt Tendenzen, zu einem gewaltigen Orkan zu mutieren.

Als sie den Kai endlich erreichen, wo ihr Kahn mit vielen anderen vertäut liegt, haben sich die vereinzelten Wasserperlen zu einem ausgewachsenen Tropensturm gemausert, der nicht so aussieht, als würde er sich in absehbarer Zeit legen. Tony ist bis auf die Haut durchnässt, Carlos sieht nicht besser aus und Matty, der nur T-Shirt und kurze Hosen trägt, bekommt bereits verdächtig blaue Lippen.

Sie stürzen in die winzige Kajüte, wo Tony verzweifelt versucht, den Kleinen trocken zu bekommen. Der zittert zwar wie aufgezogen, scheint sich aber ansonsten köstlich zu amüsieren. »E-ehrlich, Mmmomy, mmir ggehts klasse!« Anstatt zu antworten, rubbelt sie hektisch weiter, ein Handtuch hat sie glücklicherweise in einem der wenigen Regale aufgetan.

Maria trifft ungefähr eine Stunde später ein und ist auch total durchnässt. Finster starrt sie Carlos an und beginnt in ihrem seltsamen Kauderwelsch auf ihn einzureden. Tony versteht nur einige Brocken: »... Sturm ... nicht ... gefährlich ...«, und ahnt, dass ihr so fantastischer Zeitplan gerade endgültig seinen Abgang macht.

Was nicht sehr schlimm ist, sie haben nicht unbedingt viel für den Nachmittag auf der Insel geplant. Es gibt nur ein Problem: Edward kehrt immer gegen sechs Uhr abends aus Miami zurück. Und wenn sie sich nicht bald auf den Weg machen, wird ihr kleiner, heimlicher Ausflug leider nicht ganz so geheim bleiben.

* * *

Tonys grausamstes Horrorszenario bestätigt sich.

Denn als sich der Tornado endlich so weit gelegt hat, dass sie ohne ein zu großes Risiko einzugehen ablegen können, dämmert es. Sie brauchen etwas länger als eine Stunde, um zur *Destino* zurückzukehren; die nach wie vor unruhige See mit den zu hohen Wellen und der peitschende Regen verzögern ihre Fahrt dabei zusätzlich. Die winzige Hoffnung, der inquisitorische Hausherr könnte sich ebenfalls durch das Unwetter verspäten, bewahrheitet sich dummerweise nicht.

Schon aus der Ferne sehen sie die hell erleuchteten Fenster der Villa; aus irgendwelchen Gründen scheint er jedes verfügbare Licht eingeschaltet zu haben. Und als der Jeep vor dem Gebäude hält, erwartet Capwell sie bereits vor der Eingangstür. Die Arme sind vor der Brust verschränkt und die Miene eine unlesbare, versteinerte Maske. Weder Carlos noch Maria werden beachtet, als die mit einem hastigen Nicken an ihm vorbei ins Haus türmen. Sein Blick liegt ausschließlich auf Tony, während er Matty ein:

»Ausziehen und sofort ins Bett!« entgegen knurrt. Der sieht sich entschuldigend zu seiner Tante um, bevor auch er sich schleunigst davonmacht.

Und dann steht Tony Benett so ziemlich verlassen von ihren Mitverschwörern vor dem personifizierten Racheengel. In diesem Moment würde sie alles dafür geben, stattdessen inmitten der ewig stinkenden New Yorker Subway von einem dreckigen Mitfahrgast ständig am Hintern betatscht zu werden. Das wäre nämlich bedeutend angenehmer.

Seine Augen blitzen bedrohlich, während er ihre triefend nasse Erscheinung in aller Seelenruhe in sich aufnimmt.

Erst nach einer Weile grollt er kaum hörbar: »Rein! Mein Wohnzimmer!«, macht kehrt und marschiert voraus.

Oh, oh!

7. *Ein verkappter Irrer*

Auf wackeligen Knien folgt Tony ihm durch das Haus und mit jedem Schritt wird ihr übler. Ohhhh, irgendwie sitzt sie so ziemlich in der Scheiße.

Capwell sieht sich nicht zu ihr um, vergewissert sich nicht, ob sie ihm wirklich nachdackelt, was wieder eine hervorragende Zurschaustellung seiner unglaublichen Arroganz ist. Wenn Edward befiehlt, hat man zu gehorchen! Der Kerl kommt nicht mal auf die Idee, dass sich ihm jemand widersetzen könnte. Dazu besteht auch kein Grund, stellt Tony finster fest, als sie ihm mit hängenden Schultern hinterher schleicht. Sie demonstriert ja nicht etwa Ungehorsam oder so. Missmutig betrachtet sie den hoch erhobenen Kopf und den geraden Rücken, während der Knaller immer schneller läuft, als könne er das Folgende kaum erwarten.

Tony würde das Tempo gern etwas drosseln; ginge es nach ihr, hätte sie sich auf Tipptoppschritte in *Zeitlupe* geeinigt. Warum hat der Mann es so verdammt eilig, sonst ist er doch auch nicht derart spontan! Okay, sie ist tot, schon klar, aber steht dem Delinquenten nicht ein kurzer Aufschub zu? Eine Henkersmahlzeit, irgendwas?

Anscheinend nicht, inzwischen nimmt er nämlich mit jedem Schritt mindestens einen halben Meter und sie kann nur hilflos hinter ihm herstolpern, während die wirren Gedanken zunehmend ihren Schädel fluten. Was hat sie denn schon getan? Sie waren shoppen, haben einen Ausflug unternommen. Für einen normalen Mensch ist das kein Verbrechen! Will sie sich wirklich rechtfertigen und damit seinen despotischen Ansichten noch Vorschub leisten?

Nein! So wird das garantiert nicht ablaufen!

Dieser Mann muss endlich einsehen, dass er es hier mit menschlichen Wesen zu tun hat und nicht mit irgendwelchen hirnlosen Befehlsempfängern, die nach seiner Pfeife tanzen, wie es ihm gerade gefällt. Selbst dieser ekelhafte Moralapostel kann ihnen doch unmöglich ein bisschen unschuldigen Spaß missgönnen!

Oder?

Kann er offensichtlich schon; er plant sogar, ihr das in jeder Einzelheit auseinanderzunehmen. Denn kaum hat Edward die Tür des kleinen Wohnzimmers geschlossen, fährt er zu ihr herum. Erst jetzt offenbart er Tony das gesamte Ausmaß seines Zorns.

Die beherrschte Maske ist verschwunden, die Augen führen das bekannte Feuerwerk auf, der Mund beschreibt nur noch einen schmalen Strich und die Wangenmuskeln spielen bedrohlich.

Tony steht zu einer Statue erstarrt vor ihm. Ihr geniales Plädoyer für die Freiheit, das sie sich auf dem Weg hierher zurechtgelegt hat, ist mit einem Schlag vergessen. Wieder ist es ihm gelungen, sie ihrer fähigsten Waffe zu berauben: ihres fantastisch schnellen und unwiderstehlichen Mundwerks! Mühsam atmet sie und ist nicht imstande, wenigstens den Blick zu senken. Der Typ hätte Hypnotiseur werden sollen, damit wäre er unter Garantie reich und berühmt geworden. Na ja, stinkreich ist er wohl auch so.

Nachdem sie gefühlte fünf Ewigkeiten auf diese ganz besonders verächtliche Art betrachtet wurde, ertönt sein dumpfes, leises Knurren. »Wo wart ihr?«

An eine Antwort ist nicht zu denken, scheinbar haben ihre Stimmbänder soeben den Dienst eingestellt. Stattdessen schluckt sie ziemlich laut und versucht währenddessen, das grausame, sinkende Gefühl in ihren Eingeweiden aus ihrem Bewusstsein zu verbannen. Es ist, als wenn sie vereint bis ins Bodenlose fallen. Ihr ist ehrlich übel, gern würde sie sich setzen, was natürlich unmöglich ist, ebenso, wie sich durch Flucht dieser grauenvollen Szene zu entziehen. Sie ist ihr hilflos ausgeliefert.

Genau dieser Gedanke bringt etwas von Tonys Kraft und Mut zurück. Verdammt, sie hat doch überhaupt nichts verbrochen! Abrupt verschränkt sie die Arme und nimmt erleichtert wahr, wie ihre Kiefer sich ein wenig entkrampfen und die Stimme zurückkehrt. Dann holt sie tief Luft – also, so tief es derzeit geht – und will gerade loslegen, denn inzwischen ist ihr wieder eingefallen, was sie sagen wollte. Bevor sie allerdings eine Silbe von sich geben kann, spürt sie die stählerne Hand um ihren Oberarm. Offensichtlich hat die kurze Denkpause dem eisernen Ritter zu lange gedauert. Seine Nasenspitze befindet sich innerhalb eines Sekundenbruchteils sehr nah an ihrer, die riesigen blitzenden Augen starren sie an, ein wildes Feuerwerk findet in ihnen statt, und Tony fragt sich zum ersten Mal, ob er geistig völlig normal ist.

»Wo. Seid. Ihr. Gewesen?« Es kommt dumpf und grollend, tatsächlich ist er kaum zu hören und seine Finger graben sich schmerzhaft durch den nassen Hemdenstoff in ihre Haut. Das wird echt unangenehm. Vergeblich versucht sie, sich aus dem

Griff zu befreien; auch ein Zurückweichen ist nicht möglich, sie steht ja bereits mit dem Rücken zur Wand. Und zwar genau an der so geschichtsträchtigen – selbst in ihrer ausweglosen Situation entgeht ihr dieses Detail nicht. Die Faust, die sie nicht im Klammergriff hält, lehnt neben ihrem Kopf, und sie begreift allmählich, dass sie umfassend in der Falle sitzt.

Mittlerweile ist er so nah, dass ihr keine Luft zum Atmen bleibt; sein zorniges Gesicht schwebt direkt über ihrem. Tony fühlt sich wie eine winzige Maus vor dem brüllenden, gigantischen Löwen und verspürt zum ersten Mal echte Angst vor ihm. *Das* ist das sinkende Gefühl in ihren Eingeweiden, das diese wachsende Übelkeit in ihr hervorgerufen hat. Bisher war es ihr unbekannt, weshalb sie eine Weile brauchte, um es zu identifizieren. Niemals hätte sie gedacht, dass er so unglaublich wütend werden kann.

Währenddessen verstärkt sich der Druck seiner Hand immer weiter, bis sie leise aufstöhnt. Er kommt noch ein wenig näher und sie duckt sich unwillkürlich, was ihm glatt zu entgehen scheint. »Sagst du mir jetzt endlich, wo ihr gewesen seid oder muss ich es aus dir herausschütteln?«

Diese Drohung weckt sie schließlich aus ihrer Schockstarre und sie zischt, bevor ein Überdenken stattfinden kann. »Verdammt! Wir haben doch überhaupt nichts getan! Wir waren nur shoppen! SHOPPEN!« Trotzig hebt sie das Kinn.

Leider besänftigt ihn die harmlose Wahrheit keineswegs. Er lässt sie nicht aus den Augen, sein Mörderblick durchleuchtet sie anscheinend, und die Kiefernmuskeln führen inzwischen ein irres Wechselspiel auf. »Wer gab euch die Erlaubnis, die Insel zu verlassen?«

»Willst du mich verarschen?«, schnaubt sie. »Ich brauche keine Erlaubnis, um ein bisschen Einkaufen zu gehen.« Immer heftiger zerrt sie mit ihrem Arm und immer fester drückt er zu. Während ihr so langsam aber sicher die Luft wegbleibt, zeigt er nicht die geringste Regung, registriert ihre Befreiungsversuche offenbar nicht mal. Unverwandt starrt er sie an und knurrt eisig: »Ich denke, wir hatten die Spielregeln eindeutig geklärt. Keine Alleingänge! War es so?«

Tony verstärkt ihre Gegenwehr ein weiteres Mal. »Ja! Bloß da wusste ich auch noch nicht, dass du uns in Geiselhaft hältst!«

Eine entnervte Grimasse verzerrt seine feinen Züge. »Ich hätte wissen sollen, dass ich von dir keine vernünftige und vor allem halbwegs sinnige Antwort erhalten werde, und ich habe nicht vor, mir den Abend mit dir zu versauen. Du wirst mir jetzt zuhören, Anthonia ...«

Seine Stimme senkt sich zu einem grollenden Wispern, und nach einem unwiderstehlichen Ruck befinden sich ihre Gesichter so nah, dass er beim Sprechen fast ihren Mund berührt; die grellen Augen wirken riesig. »Entweder du hältst dich ab sofort genauestens an meine Anordnungen oder du findest dich schneller in New York wieder, als du Fuck buchstabieren kannst. Hast. Du. Das. Kapiert?«

Fassungslos glotzt sie ihn an. Der Kerl ist ehrlich nicht ganz bei sich – nun ist es amtlich. Der sollte dringend mal den Arzt wechseln, denn das kann unmöglich sein Ernst sein! Doch der Irre ist leider nicht fertig mit seinem Irrsinn und hat keineswegs die Absicht, das Gespräch so schnell wie möglich zu beenden, damit er »sich den Abend nicht mit ihr versaut«.

Anstatt sie nach seinem Zusammenschiss endlich gehen zu lassen, bleibt seine Hand, wo sie ist – um ihren Oberarm –, mit unvermindertem Druck, übrigens. Links von sich macht sie aus dem Augenwinkel nach wie vor den Arm aus, mit dessen Faust er sich an der Wand abstützt. Auch das gefährliche Knurren ist nicht verschwunden; außerdem ist er ihr immer noch auf eine Art nah, die Tony bis zu diesem Moment stets und ausschließlich mit einem Liebespaar in Verbindung brachte. »Wie ist es dir gelungen, meinen besten Mitarbeiter zu diesem Schwachsinn zu überreden?«

»Was?«

Sein Mund verzieht sich zu einem grimmigen Lächeln. »Nicht WAS! *WIE!* Wie hast du es geschafft, meinen loyalsten Angestellten zu überzeugen, bei diesem Komplott gegen mich mitzuspielen? Da war doch nicht etwa ein Gratisfick involviert, oder?«

Das ist nicht der Edward, den sie kennt – irgendwie zumindest. So hat sie ihn nie zuvor erlebt. Er beleidigt sie, ja, aber nicht auf diese Art und nicht mit diesem Vokabular, bei dem es sich nämlich um *ihre* Worte handelt, nicht seine! *Sie* stammt aus New York und besitzt das dazu passende Mundwerk; er ist ein Florida-Bewohner mit dem sprichwörtlichen Stock im Arsch! Ihr geht auf, dass sie die Sachlage weit unterschätzt hat; der Knaller ist anscheinend nicht nur wütend, sondern befindet sich kurz vor dem Ausrasten. Seine Mimik ist ihr nur zu wenig vertraut, um das sofort zu erkennen.

Zeitgleich mit ihrer Panik steigt die grenzenlose Verwirrung. Was ist denn passiert? Sie waren doch nur Einkaufen! Verdammt!

Ihre Augen verengen sich. »Klar, was dachtest du denn? Zuerst habe ich mit Carlos auf dem Küchentisch gefickt, und weil es ihm so gefiel und ich ja sowieso nie genug bekomme, rief er ein paar seiner Kumpels an. Die durften auch noch alle ran, damit ich nicht aus der Übung komme, du verstehst. Und zum Abschluss, als Dessert gewissermaßen, habe ich ihnen der Reihe nach anständig einen gebla...«

Weiter kommt sie leider nicht, was sie echt schade findet, denn sie war gerade so schön in Fahrt. Seine Hand, eben noch an der Wand lehnend, liegt mit einem Mal auf ihrer Stirn und presst ihren Kopf nach hinten. Und jetzt – jetzt endlich! – gewährt er seinem Zorn wirklich Auslauf.

Er schnauft nicht, dafür hat er sich zu gut unter Kontrolle, doch sein Atem geht ziemlich schwer. »Ich warne dich.« Die kaum beherrschte Wut färbt seine Stimme dumpf, grollend und verdammt leise. »Wenn du nicht sofort mit dem Theater aufhörst, lernst du mich kennen. Und diese Erfahrung willst du nicht machen, du hast keine Chance! Dazu bist du zu jung und mit Abstand *zu dumm!*«

Mit einem Ruck gibt er ihren Arm frei, befindet sich plötzlich in annehmbarer Entfernung und betrachtet sie ein letztes Mal herablassend.

»Geh in dein Zimmer und bleibe dort!«

»Was, hab ich jetzt Stubenarrest?« Tony ist so fassungslos, dass sie sogar seine dämlichen Drohungen für einen Moment vergisst.

»Das wollte ich damit ausdrücken.« Mit diesen Worten verschwindet er und lässt sie offenen Mundes zurück.

Ehrlich, der Kerl ist eindeutig nicht ganz normal!

* * *

Wie angeordnet verharrt Tony in ihrem Zimmer.

Irgendwann bringt ihr eine verheulte Maria das Dinner, bei dem es sich überraschend nicht um trockenes Brot und Wasser handelt – es hätte exakt zu dem selbst ernannten Inquisitor gepasst.

Natürlich rührt sie die Sandwiches nicht an, hält sich stattdessen getreu an den Kodex unschuldig Inhaftierter auf dem direkten Weg zum Märtyrer und beschließt, in den Hungerstreik zu treten.

Als Erstes jedoch begibt sie sich unter eine sehr heiße Dusche. Sie befinden sich auf einer karibischen Insel, schon möglich, aber aufgrund des Sturms ist es draußen empfindlich kalt geworden. Besonders, wenn man Ewigkeiten in nassen Klamotten durch die Gegend läuft und sich dann auch noch einem inquisitorischen Verhör einschließlich körperlicher und seelischer Marter stellen muss.

Interessiert betrachtet sie beim Abtrocknen die dunkelblauen Flecken im Spiegel, die ihren Oberarm zieren. Es sind genau fünf.

Der Kerl ist nicht nur hochgradig irre, sondern darüber hinaus brutal und gewalttätig.

Fein!

Seufzend setzt sie sich auf die Couch und begutachtet die Ausbeute ihres verbotenen Ausfluges, der in einem solchen Desaster endete. Wenigstens die konnte sie vor dem Regen und den zornigen Blicken des Kerkermeisters in Sicherheit bringen. Entweder Carlos oder Maria hat die Tüten in ihr Zimmer geschafft, als sie sich dem Arsch stellte. Was ja nur recht und billig ist, wenn sie den ganzen Mist schon allein ausbaden darf. Okay, so wie Maria eben wirkte, hat er sich die auch vorgenommen.

Bei der Vorstellung, dass sich die zwar robuste, jedoch kleine Frau diesem wütenden Monster stellen musste, meldet sich bei Tony das schlechte Gewissen, allerdings nur flüchtig. Sie hat nämlich genug eigene Probleme, wenn sie es richtig überdenkt – ausreichend, um genau zu sein, da kann sie sich nicht auch noch um andere kümmern.

Erst jetzt und immer noch sehr langsam dringen seine Worte tatsächlich in ihr Bewusstsein vor, und in diesem Moment setzt die Wut wirklich ein.

Wut, ja ... und mehr.

Denn je länger sie darüber nachdenkt, desto größer wird ihre Verzweiflung, die irgendwann so gewaltig ist, dass sie den Zorn einfach beiseite drängt.

Tony ist ihm völlig ausgeliefert; ganz allein auf dieser elenden Insel. Inzwischen ist das nicht länger irgendein blöder Spaß. Allerdings gibt sie ihm in einer Angelegenheit zähneknirschend recht: Sie ist zu jung (wenn auch keineswegs zu dumm), um ihm erfolgreich die Stirn bieten zu können. Eine reifere, erfahrene Frau wäre bestimmt in der Lage, sich gegen ihn zu behaupten, Tony nicht – jedenfalls nicht auf die Dauer. Schlagfertig ist sie durchaus, aber nicht diesen ewigen Psychoterror gewohnt, der ihr sogar extrem zusetzt.

Benommen sinkt sie in ihrem Sessel zurück und starrt ausdruckslos vor sich hin, während sie nach einem Weg sucht, diesem Gefängnis zu entfliehen und dabei Matty nicht aufgeben zu müssen.

* * *

Dumm ist sie, ja?

Was ist das nur für ein arroganter, kleiner Arsch! Und wie bitte kann es sein, dass Tim und er miteinander verwandt sind? Das will Tony nicht in den Kopf, denn ihr Schwager war sogar das *komplette* Gegenteil seines Bruders. Niemals hätte er Danielle auf diese Art behandelt oder sonst irgendjemanden. Tony hat ihn nie wütend erlebt, aufbrausend, außer Kontrolle. Seine Augen blitzten auch nie auf diese gefährliche Art, und er wurde niemals, *niemals* so beleidigend.

Niemals!

Irgendwann geht sie mangels einer anderen Beschäftigung ins Bett, findet aber lange keinen Schlaf. Der Regen rauscht vor dem Fenster, und immer wieder sieht sie sein unerträglich zorniges Gesicht vor sich und hört diese leise, grollende Stimme.

Verdammter Mist, diesmal hat sie es aber so was von versaut!

* * *

»Tony ...«

Sie schreckt hoch und schaut verwirrt in die undurchdringliche Dunkelheit; erst nach einer Weile macht sie die undeutlichen Umrisse eines kleinen Menschen aus.

»Was ist los, Baby?«

»Ich weiß nicht ...«, jammert er. Seufzend schlägt sie die Decke zurück und lässt ihn zu sich ins Bett krabbeln.

Klasse!

Morgen wird sie den irren Idioten mal darüber aufklären, dass sein Neffe seinetwegen unter Albträumen leidet. Doch als sich der schmächtige Körper an sie schmiegt, spürt sie die von ihm ausgehende Hitze und ist mit einem Schlag hellwach. »Matty?« Hastig legt sie ihre Hand auf seine Stirn – auch die kocht. »Geht es dir nicht gut?«

»Weiß nicht«, murmelt er und nun hört sie das leise Fiepen, das bei jedem Luftholen ertönt.

* * *

»Edward!«

Tony hat nicht lange suchen müssen, um sein Schlafzimmer zu finden, es liegt nämlich genau neben dem Inquisitionsraum, der ihr zuerst so scheinheilig als »Wohnzimmer« verkauft wurde. An näheres Umsehen oder eine ausgiebige Betrachtung des schlafenden Monsters ist nicht zu denken, Bedarf besteht übrigens auch nicht.

Als er nicht gleich reagiert, beginnt sie, an seinem Arm zu zerren. »Edward!«

Sein Kopf schreckt hoch. »Was ist?«

»Matty ist krank.« Angst färbt ihre Stimme, denn der Kleine ist nicht wie normale Kinder, er darf einfach nicht ...

Einen Wimpernschlag später macht er Anstalten, aufzustehen. »Ich komme, zieh ihn an!«

Ohne nachzufragen, hetzt sie zurück in ihr Zimmer, verzichtet jedoch auf das Ankleiden, sondern wickelt den schmächtigen Körper nur in ihre Decke ein und trägt ihn in die Halle hinab.

Edward erscheint keine zwei Minuten später; Wangen und Kinn sind mit dunklen Schatten bedeckt und die Augen wirken verschlafen.

Nach einem flüchtigen Blick auf das Kind in ihren Armen stürzt er zur Tür und hält sie Tony auf.

Während des Flugs wechseln sie kein Wort. Tony ist noch nie in einem Helikopter geflogen, unter anderen Umständen hätte sie es vielleicht sogar genossen und wäre möglicherweise in der Lage gewesen, ihn beim Fliegen zu bewundern. Ebenso wie seine leise, beherrschte Stimme, mit der er mit der Flugaufsicht kommuniziert oder die Art, wie er sie trotz des Dauerregens durch die finstere Nacht bugsiert, ohne dass es zu nennenswerten Turbulenzen kommt.

Doch Matty wird stetig heißer, das Fiepen lauter; sie starrt ausschließlich in sein Gesicht und mit jeder Minute steigt ihre Angst. Edward geht es anscheinend ähnlich, denn er schaut alle paar Sekunden zu ihr hinüber.

Zwei Stunden später treffen sie in der Notaufnahme ein.

Tony wagt nicht, ihren wütenden Begleiter zu fragen, weshalb er sie nicht einfach nach Tampico, sondern nach Miami geschafft hat, wann immer sie den nämlich zufällig ansieht, blitzt der Zorn in seinen Augen auf.

Stumm sitzen sie in dem langen Flur nebeneinander und warten. Ihr bleibt nur, wortlos zu beten und zu versuchen, die verdammten an ihr nagenden Schuldgefühle nicht zu beachten. Es gelingt ihr nicht. Edward ignoriert sie konsequent. Wem er die Schuld an Mattys Erkrankung gibt, steht demnach also fest.

Als dann ein Mann in weißem Kittel und mit ernster Miene auf sie zutritt, stürzen beide gleichzeitig zu ihm.

»Mein Name ist Dr. Miller. Er hat eine beginnende Lungenentzündung«, werden sie informiert, nachdem der Arzt sie in sein Büro gebeten hat. »Das wäre nicht weiter tragisch, gäbe es nicht die asthmatische Vorgeschichte.«

»Das bedeutet genau?« Edward hat bisher mit keiner Wimper gezuckt.

»Das bedeutet«, erwidert der Mediziner, »dass jedes andere

Kind mit den entsprechenden Medikamenten innerhalb weniger Tage wieder vollständig genesen wäre. Bei Ihrem Sohn muss man immer mit Komplikationen rechnen. Seit wann leidet er an Asthma?«

»Seit etwas über einem Jahr«, wispert Tony, deren schweißnasse Hände ineinander verkrampft in ihrem Schoss liegen.

Der Doktor nickt. »Ja, so ungefähr hätte meine Vermutung gelautet. Die Lungen sind in Mitleidenschaft gezogen; er ist für sein Alter sehr klein und schmächtig. Ich würde einen stationären Aufenthalt ...«

»Nein, bitte!« Tony ist lauter geworden als an diesem Ort angemessen, was ihr allerdings entgeht. Beschwörend hat sie die Arme erhoben. »Er hasst das! Das könnte er nicht ertragen und auch noch an Weihnachten ...«

Bedächtig wiegt der Arzt seinen Kopf hin und her. »Ich weiß nicht, zwei Seelen streiten da in meiner Brust, um es einmal lyrisch auszudrücken. Einerseits stimme ich Ihnen durchaus zu, Mrs. Parker ...«

Tony will was sagen, aber Edward tritt unter dem Tisch auf ihren Fuß. Als sie ihn ansieht, fixiert er unverwandt den Mediziner.

»Patienten, besonders so junge wie Ihr Sohn, zeigen in vertrauter Atmosphäre erfahrungsgemäß schnellere Genesungserfolge. Doch aufgrund der Schwere seiner Vorerkrankung ...«

»Was ist erforderlich, um ihn mit nach Hause nehmen zu können!« Edward hat ungewöhnlich laut gesprochen, um den Arzt zu übertönen, zeigt aber nach wie vor keine sonstige Regung.

»Nun«, beginnt Miller mit gespitzten Lippen. »Sie müssten für ein Beatmungsgerät sorgen, falls dessen Einsatz notwendig wird. Tägliche Besuche des behandelnden Arztes ...«

»In Ordnung. War das alles?« Capwell ist aufgestanden, eine Hand liegt auf Tonys Schulter, und als die sich erhebt, macht er nicht die geringsten Anstalten, sie zu entfernen. Als wolle er sie von der nächsten Flucht abhalten, denn obwohl er keinerlei Druck ausübt, scheint das Ding Tonnen zu wiegen.

»Nein, das war es schon. Sie sind der Ansicht, das realisieren zu können?«

»Selbstverständlich. Dürften meine ... Frau und ich dann unseren Sohn sehen?«

Der Doktor grinst. »Er erwartet Sie bereits.«

* * *

Vor Millers Tür wendet Tony sich an ihn. »Edward ...«

»Kein Ton.« Es kommt leise, doch die Drohung ist unverkennbar. »Das klären wir später. Solange wir uns hier befinden, wirst du dich benehmen und wenigstens so tun, als würde dich dein Kind interessieren. Ist das klar?«

»Aber ...«

Widerwillig sieht er sie an; die Hand – immer noch auf ihr – verstärkt urplötzlich ihren Druck. »Keinen Ton, sagte ich!«, knurrt er. »Jetzt gehen wir zu Matty, dann werde ich mich um dieses verdammte Beatmungsgerät kümmern. Und dann, wenn der Kleine in seinem Bett liegt und es ihm gut geht – soweit das im Moment überhaupt möglich ist –, werden wir uns in aller Ruhe unterhalten, Anthonia.« Es ist ein Versprechen, nur leider ein ziemlich unheilvolles.

Plötzlich brennen Tränen in ihren Augen. Sie weiß nicht, was am Ende der Auslöser war, vielleicht die Verachtung, die zurück ist und die sie – wie sie erkennt – nicht länger ertragen kann. Möglicherweise ist es ihre Müdigkeit und ganz bestimmt zumindest teilweise die Angst um ihren Neffen. Auch seine unbarmherzige Berührung, die droht, ihre Knochen zu zerquetschen, muss man wohl als Ursache ebenfalls hinzuaddieren. Auf jeden Fall lösen sich bald die ersten Tränen aus ihren Augen.

Edward – der sie mit wachsender Fassungslosigkeit betrachtet hat – stöhnt entnervt und macht Anstalten, etwas garantiert Gemeines von sich zu geben. Bevor das aber auch eintrifft, schaut er eher zufällig über ihren Kopf. Mit einem Mal verschwindet der eisige Ausdruck und wird durch einen warmen, liebevollen, tröstenden ersetzt. Die unerträgliche physische Last auf ihrer Schulter löst sich, im nächsten Moment schlingt er einen sanften Arm um sie und zieht Tony an sich.

»Mach dir keine Sorgen, Honey«, wispert er samtweich an ihrer Schläfe. »Er wird schon wieder. Das klingt garantiert schlimmer, als es ist. Lass uns erst mal nach ihm sehen!«

Verwirrt starrt sie ihn an, während er sie den Flur entlang zu Mattys Zimmer führt. Erst dann erkennt sie, dass sie sich die ganze Zeit in Hörweite der Rezeption befinden, an der etliche aufmerksame und wenig beschäftigte Schwestern sitzen.

Der Idiot! Macht einen auf besorgten Ehemann!

Mit zusammengekniffenen Augen und vorgeschobenem Kinn versucht sie, sich aus seiner Umklammerung zu winden, woraufhin sich der Druck seines Armes sofort verstärkt. »Keine Szene, Anthonia, oder ich schwöre bei Gott, du wirst es bereuen.« Es klingt fast zärtlich und das Lächeln wirkt echt reizend.

Mit wachsender Empörung fixiert sie sein attraktives Gesicht, während er sie mit diesem unglaublich schönen Schmunzeln betrachtet, wobei er eine Miene aufgesetzt hat, für die Tony einiges tun würde, wäre sie aufrichtig, was nur leider nicht zutrifft. Und genau diese Tatsache lässt sie plötzlich stinkwütend werden und alle Vorsicht vergessen. Sie hat genug! Von ihm, seiner ganzen Art, seinen Bevormundungen ... und weil er sie in Wahrheit niemals wirklich so ansehen wird.

Was sie reitet, ist ihr nicht unbedingt klar; vielleicht ist es das nackte Verlangen, es ihm heimzuzahlen, möglicherweise setzt sich auch nur endlich wieder mal der Teufel in ihr durch. Viel zu lange hat sie sich seinen Bullshit widerstandslos gefallen lassen.

Als sie sich auf Höhe des Schwesterntresens befinden, bleibt Tony abrupt stehen, wirft ihre Arme um seinen Hals und schluchzt laut und für die Anwesenden hörbar: »Ich weiß, er wird gesund. Es ist bloß alles so schrecklich ...« Bekümmert lehnt sie ihre Schläfe an seine Schulter und schaut treuherzig in seine blitzenden Augen. »Aber wir haben uns, Baby. Das ist das Wichtigste.«

Und dann haucht sie einen zärtlichen Kuss auf seine Lippen ...

* * *

Bis hierhin läuft alles wundervoll nach ihrem spontanen Racheplan.

Womit sie allerdings nicht gerechnet hat, ist seine Reaktion. Anstatt mit einem grimmig, honigsüßen Lächeln ihr Theater zu ertragen, legt sich blitzschnell eine Hand auf ihren Rücken, gleichzeitig taucht eine zweite in ihrem Haar auf, die jeden geplanten Rückzug unmöglich macht, während er auf einmal alles andere als teilnahmslos wirkt. Der Druck seiner Lippen verstärkt sich und kurz darauf befindet Tony sich innerhalb eines Kusses, der nach ihrer Planung bereits seit mindestens fünf Sekunden Geschichte sein müsste. Seine Lippen sind sanft und sinnlich, es ist so gut – so unvorstellbar gut, dass Tony innerhalb kürzester Zeit vergisst, sich gegen seine Berührung zu wehren.

In Wahrheit will sie gar nicht fliehen.

Mit irgendeinem ganz miesen Trick, von dem sie bis dato noch nie was gehört hat, gelingt es ihm tatsächlich, ihre Lippen und die Zähne dahinter zu teilen. Und als sie eine süße und erstaunlich zärtliche Zunge an ihrer spürt, ist auch der letzte Kampfgeist verschwunden. Ihr bleibt nichts übrig, außer diesen himmlischen Kuss zu erwidern. Es ist der beste Kuss, den sie jemals erhalten hat. Niemals wird er zu fordernd, bewegt sich auf eine elegante Art, die sie nie zuvor erlebt hat. Nicht stürmisch, plan- und ziellos, als würde es einen Preis für die meisten Umdrehungen geben. Tony musste da schon so einige ziemlich ernüchternde Erfahrungen machen. Diese Zunge ist andächtig und trotzdem nicht zaghaft; sie scheint sich mit Tonys zu vereinen und mit ihr einen wunderbaren Tanz aufzuführen.

Das ist so ... *unglaublich!*

Tony vergisst, wo sie sich befinden und dass der Kerl ein von ihr höchstpersönlich attestierter Irrer ist, der in die Klapsmühle gehört. Sie weiß nicht mehr, dass er ekelhaft ist oder dass er eben eine seiner wüsten Drohungen ausgestoßen hat. Atemlos wie ein Teenager liegt sie in seinen Armen und hat selbst die Tatsache vergessen, dass ihre Teenagerzeit gerade mal vor zwei Jahren beendet wurde. Hingerissen stöhnt sie in seinen Mund, packt sein festes, aber dennoch seidiges Haar, während sie sich näher an ihn und diesen beispiellos behutsamen und verführerischen Mund drängt. Tief atmet sie diesen herben Duft ein, der Sinne in ihr anspricht, die sie vorher nicht kannte, spürt die sehnige Haut unter seinem Hemd und presst sich noch dichter an ihn.

Er umarmt sie fester, tastet sich bedächtig hinab, bis er ihren Hintern erreicht, während sich die Finger seiner anderen Hand in ihren Strähnen zu einer Faust ballen ...

Und plötzlich sind die Lippen verschwunden!

Verwirrt reißt sie die Augen auf und starrt in sein eisiges, unbeteiligtes Gesicht.

»Ich sagte, dass du mich kennenlernen wirst«, wispert er an ihrem Ohr. Damit verlässt seine Hand ihr Haar, die andere ihren Körper; er haucht einen Kuss auf ihre bebenden, erwartungsvollen Lippen und lächelt sanft, doch die Augen blitzen. »Wollen wir dann gehen, Baby?«

Dann wendet er sich zu den Schwestern um, die mit offenen Mündern an der Rezeption stehen – einige sind ziemlich rot angelaufen, andere schnappen ungefähr ebenso peinlich nach Luft, wie Tony gerade –, und nickt knapp.

Und Tony ... obwohl sie den Kerl neben sich meistens absolut nicht ausstehen kann – *ehrlich nicht!* –, dreht sich noch mal zu den drei Frauen um, die schmachtend hinter Edward hersehen, und grinst breit.

Meiner!

8. Miami

Edward benötigt eine Stunde, um in irgendwelchen halblegalen Kanälen ein Beatmungsgerät aufzutreiben, was eine beachtliche Leistung ist, findet Tony. Sie hätte nicht einmal gewusst, wohin sie sich wenden soll. Allerdings verbietet sie es sich strikt, ihn dafür zu loben oder diese Glanzleistung auch nur positiv hervorzuheben. Inzwischen ist sie nämlich der Überzeugung, dass Edward Capwell ein hinterhältiger Arsch ist, vor dem sie sich unbedingt vorsehen muss. In jeder Hinsicht.

Nach dem denkwürdigen Kuss beachtet er sie gar nicht mehr. Schaut er sie überhaupt mal an, dann mit diesem eisigen Blick, der sie mehr und mehr in eine kleine Maus zu verwandeln scheint.

Schön!

Bei ihrer Ankunft in Miami sind sie auf dem Dach des Krankenhauses gelandet, weshalb Tony etwas überrascht ist, als sie sich – nachdem Matty endlich entlassen worden ist – mit dem Fahrstuhl nicht etwa nach oben begeben, sondern sich das Teil abwärts bewegt.

In der Tiefgarage empfängt sie ein dunkler Mercedes-Maybach, vielleicht handelt es sich sogar um den gleichen wie in

New York; Tony weiß es nicht mit Bestimmtheit und wagt den finsteren und stummen Edward neben sich auch nicht zu fragen.

Neu sind die beiden in Schwarz gekleideten und ziemlich finster wirkenden großen Kerle, die sie am Wagen empfangen. Edward wundert sich offenbar nicht über ihre Anwesenheit. Und als sie alle in das stinkteure Auto gestiegen sind (einer der Riesen sitzt vorn bei Edward, der andere bei Tony und Matty), fahren sie zu einem Grundstück am Rande von Miami.

Inzwischen ist es Vormittag geworden und daher hell und sonnig. Tony erhält die Möglichkeit, das riesige Areal zu betrachten, während sie es innerhalb etlicher Minuten durchqueren, bevor sie irgendwann mal ein Gebäude erreichen. Erst später wird sie dahinter gelangen, dass es sich hierbei nur um den *vorderen* Bereich handelt. Das wahre Ausmaß des Geländes umfasst ungefähr die dreifache Fläche von dem, was sie bisher zu Gesicht bekommen hat.

Doch das Haus schlägt alles bislang Erlebte.

Es ist ein weißer Steinbau, was an sich in Amerika schon eher ungewöhnlich ist, der sich über ganze vier Etagen erstreckt, drei separate Flügel besitzt und unendlich viele Zimmer – so wirkt es jedenfalls, denn irgendeinen Zweck müssen die endlos erscheinenden Fenster ja erfüllen.

Ein unvorstellbar großes Gebäude, wenn man bedenkt, dass ausschließlich eine Familie darin wohnt. Kaum gedacht runzelt Tony die Stirn. Falsch! *Ein* Mann wohnt darin, wenn sie die Sachlage richtig einschätzt. Das ist ... *glatte Verschwendung!*

Edward scheint sich zu keiner der Veränderungen äußern zu wollen; weder kommentiert er die beiden gigantischen, schlecht gelaunten Schränke im Maybach noch das riesige Anwesen oder irgendetwas anderes. Mit Ausnahme vom lakonischen Hinweis:

»Wir bleiben in Miami, dann sind wir näher am Krankenhaus, sollte es Komplikationen geben«, erfolgt nichts, und darauf wäre sie auch noch ohne seinen dämlichen Beitrag gekommen.

Nachdem sie ausgestiegen sind, beschließt Tony, besser zu schweigen und Mattys schlafendes Gesicht zu betrachten, das ist sicherer. Auf eine weitere Auseinandersetzung mit Mr. Eiserner Ritter hat sie derzeit absolut keine Lust.

* * *

Wieder findet keine Hausführung statt.

Kommentarlos werden sie in den Westflügel verfrachtet und einer streng wirkenden Frau vorgestellt, die sich als Mrs. Knight, die Haushälterin, entpuppt. Sie ist groß, dürr, blond – mit Dutt –, circa 50 und trägt eine silbern umrandete Brille. Bevor sich Tony von ihrem Schock wegen des Namens erholen kann, hatte Edward sie bereits weiter gedrängt.

Die drei müssen ungefähr 3000 Stufen einer unendlich anmutenden Treppe überwinden und einen ungefähr fünf Meilen langen Flur entlanglaufen, bis sie schließlich die Räumlichkeiten erreichen, die sich als Mattys Kinderzimmer herausstellen. Nach näherer Inaugenscheinnahme findet Tony, dass es dem kleinen Raum in der winzigen spanischen Kate auf der Insel sogar ähnelt. Nur umfasst das Teil hier drei separate Zimmer und das Bad besitzt in etwa doppelten Ausmaße im Vergleich zu dem in der New Yorker Atelierwohnung. Identisch jedoch ist die Verbindungstür zum angrenzenden Zimmer, das wieder Tony zugewiesen wird. Nachdem sie den schlafenden Matty ins Bett gelegt hat, wird sie mit einem finsteren Nicken dort hineingewiesen; sie schätzt, ihr Stubenarrest ist wohl nicht aufgehoben.

Ihr Apartment hat zwei Räume, ist bedeutend größer als auf der Insel, aber kein Vergleich zu dem »Kinderzimmer« nebenan. Auch die zweite Verbindungstür ist vorhanden und verschlossen, was sie nicht überrascht, denn anscheinend will Edward nicht, dass sie etwas aus seiner Kindheit erfährt. Fein, vermutlich bewahrt sie dies vor dem Besuch in einem Horrorkabinett, das aus penibler Ordnung und etlichen Ratgebern: *Foltern leicht gemacht* besteht.

Ein bisschen niedergeschlagen sieht sie sich in ihrer neuen Zelle um, die sich mit einem Wort beschreiben lässt: wundervoll. Ihr Wohnzimmer ist winzig und gemütlich; es gibt eine Couch, den dazu passenden Tisch, sogar einen kleinen Kühlschrank – mit alkoholfreien Getränken, wie sie kurz darauf feststellt. Fernseher – diesmal modern – und Stereoanlage sind ebenfalls vertreten. Das große, zweiflüglige Fenster weist genau wie das ihres Schlafzimmers hinaus in einen riesigen Park, zu dem eine scheinbar unendliche Rasenfläche und ein kleiner Wald gehören, den sie in einiger Entfernung ausmachen kann. Selbst einen Bach erspäht sie nach intensiverem Hinschauen. Das Einzige, was Tony nicht findet, ist eine Begrenzung. Weder einen Zaun noch eine Mauer oder was sonst die Einfriedung eines Geländes darstellt. Sie entdeckt lediglich seltsame schwarze Punkte. So weit entfernt, dass sie es zunächst für eine Sinnestäuschung hält. Doch nachdem sie lange genug in die Richtung gestarrt hat – Zeit steht ihr ja im Überfluss zur Verfügung –, ist sie sicher, dass dort Personen laufen. Keine Gärtner, da sind weder Rasenmäher im Einsatz noch machen die Typen den Eindruck, als würden sie irgendwelche Büsche beschneiden oder Unkraut jäten. Es sind nur Gestalten, die gemächlichen Schrittes das riesige Areal durchqueren, als befänden sie sich auf einem ausgedehnten

Spaziergang.

Stirnrunzelnd beobachtet sie für eine Weile einen der Tupfen, schüttelt schließlich den Kopf und widmet sich wieder der Inspektion ihres Luxusverlieses. Wie von Zauberhand sind auch ihre Sachen aufgetaucht; sie stolpert im Schlafzimmer über die Tüten, in dem mittig ein überdimensioniertes Bett steht. Dazu gehört ein großer, ausladender Spiegelschrank und – sie will es kaum glauben – ein Bücherregal. Doch als sie die Titel auf den Buchrücken genauer in Augenschein nimmt, stellt sie fest, dass ihr keiner vertraut ist. Umso besser, anscheinend soll sie hier jede Menge Zeit verbringen.

Als sie im Begriff ist, ihr Bad unter die Lupe zu nehmen, klopft es an der Wohnzimmertür. Bevor sie etwas erwidern kann, erscheint Edward im Rahmen – einschließlich frostiger Miene. Okay ... Schonzeit vorbei! Tony vermutet, er hole sie ab, um sie irgendwo dort unten im Haus zusammenzuscheißen; wahrscheinlich existiert auch hier der dafür erforderliche Inquisitionsraum. Solche Manöver scheinen ja an der Tagesordnung zu sein, so gut, wie der Idiot sie beherrscht. Trotzdem gelingt es ihr kaum, den Blick von seinem Mund zu nehmen – jetzt schon gar nicht mehr, wo sie weiß, wie er sich anfühlt.

Scheiße, verdammt!

Wieder einmal überrascht er sie, und wieder einmal – wie fast immer, wenn sie es sich genau überlegt – ziemlich negativ. Denn als sie hastig in den anliegenden Raum geht, tritt er gerade ein, schließt die Tür hinter sich und baut sich vor ihr auf.

Sein kaltes Gesicht wird noch ein bisschen eisiger, während er sie einmal von oben bis unten mustert, langsam seine Hände in die Hüften stemmt und ohne Vorankündigung los knurrt:

»Du bist die schlechteste, abartigste und unfähigste Mutter, die ich jemals erlebt habe. Jede beschissene Nanny würde deinen Job 1000-mal besser erledigen. Ich kann es kaum erwarten, dich endlich los zu sein! Du machst mich krank!«

Uff!

Keine Ohrfeige hätte Tony heftiger und schmerzhafter treffen können. Wie benommen taumelt sie einen Schritt zurück, als hätte er tatsächlich zugeschlagen, und starrt ihn entsetzt an, mal wieder nicht imstande, einen Ton hervorzubringen. Auch das scheint inzwischen Standard zu sein. Er zeigt nicht die geringste Regung, während der frostklirrende Blick lauernd auf ihr liegt. Garantiert wartet er nur auf ihre Reaktion, um sie dann genüsslich zu sezieren, und es ist völlig egal, was sie jetzt tut oder sagt, der Typ wird alles gegen sie verwenden. Am grausamsten ist, dass sie ihm diesmal nichts entgegenzusetzen hat. Tony ist nämlich davon überzeugt, dass eine Nanny ihren Job verdammt besser erledigen würde. Soweit sie weiß, genießen die eine Ausbildung, bevor sie auf Kinder losgelassen werden. Tonys Lehre in Sachen Kinderbetreuung fand in Form von gelegentlichem Babysitting statt – bis vor wenigen Monaten war sie Tante. Ausschließlich! Eine ziemlich junge, mit begrenzter Zeit für ihren Neffen, um genau zu sein. Bisher ist sie mit Mattys Krankheit nur selten direkt in Berührung gekommen; alles, was sie weiß, ist, dass sie dafür zu sorgen hat, dass der Inhalator für den Notfall parat liegt und dass er sich nicht erkältet. Einige Male hat sie den Apparat benötigt, besonders, wenn Matty nach Tims Tod nachts schweißgebadet von einem seiner Albträume erwachte. Aber das ist alles! Das kann man wohl kaum als umfassende Ausbildung werten!

Verdammt, es war nicht kalt! Vierundzwanzig Grad! Für New Yorker Verhältnisse ist das echt verflucht warm – Sauna sozusagen. Matty trug ein T-Shirt, kurze Hose und Sportschuhe; sie hat sogar an das verflixte Basecap gedacht, sollte die Sonne unerwartet hinter den Wolken hervorkommen.

Als er nass geworden ist, hat sie ihn sofort abgetrocknet, hat ihn auf dem Weg zum Boot so gut es ging vor dem Regen geschützt. Sehr gut funktionierte es nur leider nicht, weil der von allen Seiten angriff und auch noch gleichzeitig. Sie hätte ihn geduscht, aber dazu ist es nicht gekommen, weil sie sich ja vor dem wütenden Onkel in Gestalt eines Racheengels verantworten musste. Verdammt! Tony hätte niemals geglaubt, dass ihr kleiner, so unschuldiger Ausflug solche Konsequenzen haben würde. Auch nicht der Regen – niemals! Andernfalls wäre sie dieses Risiko nicht eingegangen, denn sie liebt Matty mehr als alles andere und würde ihm nie schaden. Jedenfalls nicht bewusst.

Woher hätte sie all das wissen sollen? Sie ist doch nur Tony.

Nur Tony ...

All das wirbelt ihr durch den Kopf, während sie mit großen Augen und offenem Mund vor ihm steht und kein Wort hervorbringt.

Edward sagt auch nichts, sondern fixiert sie mal wieder mit den üblichen Begleiterscheinungen: Feuerwerksaugen, Hände, die an den Hüften inzwischen zu Fäusten geballt sind, während er nur auf eine schnippische Rechtfertigung wartet, um so richtig loslegen zu können.

Was für ein Witz! Darauf wird er diesmal warten können, bis er schwarz ist. Es gibt nämlich gar nichts, was sie anbringen kann. Weder schnippisch noch normal. Stattdessen spürt sie die

Tränen zurückkehren, was sie scheiße findet, denn sie will nicht vor diesem Kerl heulen. Er wird sie verhöhnen und garantiert nur noch mehr zur Schnecke machen. Nur leider ist momentan nichts zu machen; so angestrengt Tony auch schluckt, die scheiß Tränen drängen unerbittlich nach vorn, verschleiern ihre Sicht, bis er nur noch undeutlich zu erkennen ist. Mit ihnen kommt die bittere Einsicht, dass sie sich übernommen hat – mit diesem ganzen Mist, mit ihm, der Mom-Geschichte, mit allem. Sie ist keine Mom, sondern 22 und eigentlich Studentin, verdammt! Tony kann mit seiner Abneigung nicht umgehen, auch nicht mit seiner Verachtung, mit dem ständigen Spott und Hohn in seiner Stimme, der eisigen Miene und dem Lächeln, das keines ist. Nichts davon kann sie länger ertragen! Bisher hat sie sich nie für weich gehalten, immer war sie davon überzeugt, sogar besonders stark und hart im Nehmen zu sein. Aber was der Tod ihrer Eltern, ihrer Schwester und ihres Schwagers nicht geschafft hat, ist diesem Mann nach nur wenigen Wochen gelungen, denn er ist mehr, als sie auf die Dauer akzeptieren kann. Dieser abwertende Blick, in dem sie meint, oftmals echten Hass aufblitzen zu sehen, verfolgt sie inzwischen bis in ihre Träume. Genau wie der Ausdruck, wenn er sie betrachtet wie eine ... Hure. Ständig mustert er sie wie etwas Käufliches, etwas, das leicht zu bekommen ist, wenn man es nur angemessen ködert – mit Geld beispielsweise, Luxus oder der bloßen Aussicht darauf. Nur leider ist sie weder eine Mom noch ein Callgirl und schon gar nicht beides auf einmal. Das ist doch echt Pech, oder?

Als sie erkennt, dass sie es nicht länger aufhalten kann, setzt Tony sich auf ihr Bett und schlägt die Hände vor das Gesicht, um ihn ihre Heulerei wenigstens nicht sehen zu lassen. Neben ihrem gedämpften Weinen erfüllt unvermutet sein dumpfes Knurren das Zimmer.

»Na, fantastisch!« Sie sieht nicht auf, worauf er wohl auch nicht spekuliert, denn keine fünf Sekunden später schließt sich ihre Zimmertür.

Mit lautem Knall!

* * *

Die Tränen verbleiben im Raum.

Gefühlte Stunden liegt sie heulend auf der fremden Matratze, was auch eine neue Erfahrung darstellt, im Allgemeinen weint sie nämlich nicht. Wenn Tony wirklich echten Kummer hat, ertränkt sie ihn mit Gin Tonic. Viel braucht sie nie, um die Krise zu überwinden, und danach ist alles wieder in Ordnung. Jedenfalls so weit, dass sie optimistisch in die Zukunft schauen kann.

Diesmal läuft es anders. Möglicherweise ist es auf die Einsamkeit zurückzuführen, die sie nie deutlicher empfunden hat als in diesem Moment. Wie gern würde sie jetzt mit Susan sprechen, ihrer ältesten und besten Freundin, die alles von ihr weiß, der jeder Kuss bekannt ist, den Tony jemals erhielt – und zwar in sämtlichen Einzelheiten. Susan ist über jeden Liebeskummer informiert und auch über all das andere, was in den vergangenen Jahren so geschehen ist. Nur leider ist Susan in der Zwischenzeit nicht mehr auf dem neusten Stand der Dinge. Tony konnte sie von der Insel aus nicht anrufen, weil ihr Handy dort keinen Empfang hatte und wenn sie das richtig gesehen hat, ist auch in dieser Luxussuite kein Telefon vorhanden, ergo fällt ein Gespräch mit Susan – das ihr so helfen würde – nach wie vor flach, was echt scheiße ist.

Um es kurz zu machen: Tony ist todunglücklich, und offenbar gibt es nichts und niemanden, der ihr diesmal aus diesem Dilemma helfen kann.

Irgendwann ist sie weggenickt, und als Tony aufschreckt, herrscht vor ihrem Fenster finsterste Nacht, scheinbar hat sie ziemlich lange geschlafen. Kaum ist ihr das bewusst geworden, fällt ihr auch schon Matty ein, womit das schlechte Gewissen hinterrücks über sie hereinbricht. Verdammt! Als sie ihn ins Bett gelegt hat, war es Vormittag; er muss essen, versorgt werden, braucht sie, die sich um ihn kümmert. Nicht, weil das ihr Job ist, sondern weil sie die Verantwortung für ihn trägt und ihn liebt – nur mal nebenbei, auch wenn es niemanden interessiert.

Sofort will sie die Decke zurückschlagen und erkennt verwirrt, dass das nicht geht. Und erst in diesem – grauenvollen – Moment realisiert Tony, dass sie nicht allein ist, denn der Superarsch und Irre sitzt mit ihr zugewandtem Rücken auf dem Bett, besser gesagt auf der Matratze. Der Schlaf scheint Tonys Nervenkostüm gestärkt zu haben. Erstaunlicherweise hat sie keine Angst, stattdessen hält sofort und ausschließlich ihre Wut Einzug. Was bildet sich dieser Kerl eigentlich ein? Egal, ob dies mehr ein Gefängnis ist oder nicht, er hat kein Recht, hier einfach hereinzuschneien, verdammt! Schon gar nicht, wenn sie schläft! Ehe sie ihm jedoch erklären kann, dass er sich aus ihrem Zimmer scheren soll, beginnt er zu sprechen. Und als sie ihn hört, bleibt ihr wieder einmal jeder Ton im Halse stecken. Irgendwie, nur irgendwie, ist diese leise Stimme wie Balsam – genau wie seine Worte. Wenigstens anfänglich.

»Während du schliefst, führten Matty und ich ein längeres Gespräch. Er erzählte mir von eurem ... Ausflug und dem Grund dafür.« Eine kurze Pause tritt ein, bevor er fortfährt. »Vermutlich habe ich die Situation etwas falsch eingeschätzt und hätte euch vielleicht die Möglichkeit einräumen sollen, Einkäufe zu erledigen oder überhaupt die Insel ab und an zu verlassen. Ich bin durchaus bereit, mein Verhalten zu überdenken, sollte ich zu dem Ergebnis gelangen, dass es vielleicht nicht vollständig korrekt war. Das sollst du wissen.«

Wieder hält er inne und starrt scheinbar blicklos vor sich hin, während Tony ihn fassungslos beobachtet. Sein verändertes Verhalten bereitet ihr Angst, denn da sich dieser Mann am Ende immer als Wunderkiste entpuppt, hat sie nicht den geringsten Schimmer, was als Nächstes droht. Beim letzten Mal, als er verhältnismäßig nett zu ihr war, endete das Ganze in einer wilden Anmache. Doch als er weiterspricht, fühlt Tony sich endlich wieder zu Hause, denn das Eis in seiner Stimme ist zurückgekehrt. Keinen Moment zu früh, findet sie; beinahe hätte sie sich zu der Annahme hinreißen lassen, der Kerl wäre doch irgendwie menschlich oder so.

»Was natürlich keine Entschuldigung für dein Benehmen ist. Ich hatte dir ausdrücklich untersagt, irgendetwas im Alleingang zu machen. Du siehst, welche Folgen das hat. Ich wünsche, dass du dich in Zukunft an meine Anweisungen hältst!«

Als sein Schweigen leicht bissige Züge annimmt, man kann das tatsächlich an seiner Atmung ausmachen, murmelt sie: »Yessir!«

Kaum ist es ihr rausgerutscht, bereut sie es auch schon, denn um ehrlich zu sein, fühlt sie sich für eine nächste Runde Tony versus Edward noch immer nicht fit. Aber er scheint heute seine milde Phase zu haben. Anstatt sich wie üblich bereitwillig provozieren zu lassen, steht er auf und verlässt den Raum. Bevor er jedoch die Tür schließt, erscheint noch mal sein Kopf im Rahmen. Aufgrund der Dunkelheit erkennt sie sein Gesicht nicht und er spricht ohne jede Betonung.

»Um Matty brauchst du dich nicht zu kümmern; ich habe ihn geduscht und ihm vorgelesen und ...« Den Rest behält er für sich, nickt knapp und geht.

Sie schließt die Augen und atmet auf ...

... um sich im folgenden Moment darüber zu ärgern. Scheiße, lässt sie sich neuerdings echt derart von ihm einschüchtern? Nein!

Ehrlich, so weit wird sie es nie mehr kommen lassen!

Nie wieder!

Und das ist ein inbrünstiger, ernster, heiliger Schwur, den sie diesmal auch einzuhalten gedenkt.

9. Weihnachten

Am Weihnachtsmorgen findet Tony Mattys Bett leer vor.

Hastig zieht sie sich an und stürzt den endlosen Weg hinunter in die Halle. Dr. Barnard, Mattys Arzt, hat gestern nämlich keineswegs Entwarnung gegeben. Als sie auf der untersten Treppe anlangt, die sie vom Erdgeschoss noch trennt, hört sie helles Gekicher und ein tiefes, leises Lachen. Es kommt etwas gedämpft und scheint durch die Türen des »Salons« zu driften. Letzterer verdient diesmal wirklich diese Bezeichnung und geht von der noch größeren Halle ab.

Sie erstarrt und lauscht.

»Es ist toll!«, jubelt die hohe Stimme.

»Da bin ich ja beruhigt«, lacht die dunklere offen und vergnügt – so gar nicht vergleichbar mit dem Tonfall, den er für Tony stets übrig hat. Wehmut beschleicht Tony, obwohl ihr das nicht ähnlich sieht. Vielleicht liegt es daran, dass Weihnachten ist. Das Fest der Liebe und Familie. Das dort unten ist eine – zu der sie nur dummerweise nicht gehört.

Mit hängendem Kopf und niedergeschlagenen Gedanken kehrt sie zurück in ihr Gästezimmer. Sie will die traute Einigkeit nicht stören, was zwangsläufig passieren würde, sobald sie auftaucht – davon ist Tony überzeugt. Ist sie nicht in der Nähe, scheint er ein völlig anderer Mensch zu sein. Einer, der Wärme zeigen und sie geben kann. Edward ist so herzlich zu Matty; drängt sie sich zwischen die beiden, macht sie all das zunichte. Und zwar regelmäßig.

Allmählich beginnt sie zu begreifen, dass sich ihr Aufenthalt dem Ende neigt. Viel schneller als gedacht, aber trotzdem unübersehbar. Bald wird sie gehen. Edward sorgt rührend für seinen Neffen; er ist ihm ein guter Vater – mit Abstand ein besserer, als sie ihm eine Mutter ist. Er verwöhnt ihn, ist dennoch konsequent und liebt den Jungen, das ist offensichtlich. Und der Kleine erwidert dieses Gefühl, auch das lässt sich wohl nicht von der Hand weisen. Mission erfüllt, nennt man das.

Zeit, die Sachen zu packen, Tony. Oder willst du wirklich warten, bis er dich wegjagt? Bis er eines Tages vor dir steht und dich fragt, wann du endlich abhauen willst?

Ehrlich, sie erträgt die grausamste Folter, wenn es unvermeidlich ist, aber nicht, dass Edward sie rauswirft.

Lieber geht sie freiwillig.

Unschlüssig, was sie nach dieser glänzenden Erkenntnis am Weihnachtsmorgen tun soll, sitzt Tony auf ihrem Bett und starrt vor sich hin. Korrekt wäre es gewesen, jetzt mit dem Packen zu beginnen, aber irgendwie bringt sie das nicht fertig – noch nicht. Alles in ihr sträubt sich dagegen, das Unausweichliche endgültig durchzuziehen, und sie überlegt, ob es vielleicht für alle Beteiligten besser wäre, wenigstens das Weihnachtsfest abzuwarten, ehe sie ihren brillanten Plan in die Tat umsetzt.

Dröhnendes Klopfen reißt sie aus ihren nicht gerade frohen Gedanken. Bevor sie was sagen kann, wird die Tür aufgerissen und ein strahlender Matty grinst ihr entgegen. Er läuft nicht etwa, sondern befindet sich ordnungsgemäß in eine Decke gehüllt in den Armen seines Onkels. »Mommy, du glaubst nicht ... Was hast du denn? Bist du auch krank?«

Sie zwingt sich zu einem Lächeln, wobei sie sorgfältig den Blick zu Edward vermeidet. »Nein, mir geht's super!«

Das genügt dem Kleinen, denn er zappelt so lange, bis Edward ihn hinablässt und stürzt zu ihr. »Du glaubst nicht, was ich alles bekommen habe!«

Tony zieht ihn auf ihren Schoß. »Erzähl!«

Seine großen Augen leuchten wie ein Mitternachtsfeuerwerk, er holt tief Luft, und dann geht es los. »Eine Playstation mit Games, ein Fahrrad, einen Helm und Knieschützer! Ein Auto, in das man sich reinsetzen und richtig fahren kann! Mit Lenkrad und Bremse und ...«

Während er weiter die Bestandsliste eines gut sortierten TOYS"R"US herunterbetet und offenbar nicht beabsichtigt, demnächst zum Schluss zu kommen, sieht Tony endlich zu ihrem Gastgeber wider Willen, der nur Augen für sie zu haben scheint. Nicht verächtlich diesmal, sondern eher nachdenklich. Was nun? Hastig wischt sie das unangenehme Gefühl in der Magengegend beiseite und hebt tadelnd eine Braue. Erstaunlicherweise geht er bereitwillig auf ihr Spiel ein. Denn sofort verschwindet die beunruhigende Miene, und er zuckt grinsend mit den Schultern.

Tony seufzt. Ehrlich, manchmal ist er unvernünftig wie ein Junge. *Manchmal ...*

Nach gefühlten Stunden ist Matty mit seinem Bericht fertig. Erwartungsvoll mustert er Tony, die vermutet, dass sie jetzt jubeln soll oder so. Okay, sie bringt es wenigstens auf ein etwas schiefes Grinsen. »Klingt echt toll!«

Matty ist wie immer leicht zufriedenzustellen; er nimmt ihr die Show ab und nickt eifrig. »Kommst du jetzt?«

»Wohin?«

Der Kleine kichert über ihre Unwissenheit. »*Es ist Weihnachten!* Da gibt es Geschenke! Hast du das vergessen?«

Nein, hat sie nicht. Unsicher blickt sie zu Edward, dessen Miene wie üblich eher nichtssagend ausfällt. Aber er hat sie bisher weder angefahren noch beleidigt und sieht derzeit auch nicht danach aus, als habe er das demnächst vor. Übrigens scheint er auch nicht zu planen, sie innerhalb der folgenden Minuten aus dem Haus zu werfen. Vielleicht hat er ja wegen des Weihnachtsfestes eine Kampfpause eingeläutet – oder so was in der Art. Auf jeden Fall gibt es Geschenke, also muss er wohl daran gedacht haben.

Vielleicht hat sie Glück.

Ihr Lächeln wirkt wohl ein bisschen mühsam, weil sich Tonys Stimmung nicht sonderlich gebessert hat. »Ich bin gleich unten.«

»Okay!« Mit auffordernd erhobenen Armen wendet der Junge sich an Edward und einen Wimpernschlag später sind die beiden verschwunden. Allerdings nicht, bevor Tony nicht von »Onkel Edward« ein weiteres Mal argwöhnisch betrachtet wurde, während der Matty von ihrem Schoß hob.

Seufzend klaubt Tony die wenigen Geschenke zusammen, die sie für ihren Neffen in Tampico aufgetrieben hat. Neben dem Arsenal von Edward wird sie total scheiße dastehen. Der nächste Minuspunkt für sie. Kaum hat sie das überlegt, schnaubt sie laut. *Ehrlich!*

Sollte sie echt die Absicht gehabt haben, sich mit ihm zu messen, dann hat sie sogar noch mehr den Verstand verloren, als es sowieso schon der Fall ist. Schließlich ist sie wahnsinnig genug, bei diesem launischen Mann zu bleiben und kriegt nicht mal einen passablen Protest hin, wenn er sie einsperrt. Sie lässt sich beleidigen, tätlich angreifen, angiften und von ihm Vorträge an ihrem Bett halten. Nebenbei bemerkt küsst sie ihn unglaublich gern, obwohl an diesem Typ so gar nichts liebenswert ist. Das ist hochgradig irre – offensichtlich passt sie sich perfekt ihrer Umwelt an!

Klasse!

Mit ganz und gar nicht frohen Gedanken geht sie die Treppe hinunter und nimmt sich diesmal verdammt viel Zeit. Das Gefühl, ein Eindringling zu sein, der nicht hierher gehört, hat sich kein bisschen gelegt.

Als sie jedoch in den Salon tritt, wie sich der Saal schimpft, bleibt sie wie vom Donner gerührt stehen. Über Nacht ist ein Christbaum aufgetaucht, was sie total umwirft; damit hat sie absolut nicht gerechnet. Um ganz ehrlich zu sein, hätte sie eine große Menge Geld darauf verwettet, dass der Kerl nicht die geringste Ahnung von den Riten dieses Festes hat, und wäre jetzt wohl so ziemlich pleite. Kein normaler Weihnachtsbaum, so wie sie und Matty das von zu Hause gewohnt sind. Stattdessen ragt ein riesiges grünes Gebilde in dem bestimmt fünf Meter hohen Raum bis beinahe zur Decke. Tony hat nicht den geringsten Schimmer, wie dieser Mann das in einer Nacht zustande gebracht hat. Also allein auf keinen Fall. Schon das Aufstellen und Ausrichten muss Stunden gedauert haben; und wie viel Zeit es gekostet hat, ihn zu schmücken, kann sie nicht mal *erahnen.* Kein selbst gebastelter Dekor in Kombination mit neueren Ornamenten, Sternen, Süßigkeiten, so, wie es in ihrem Elternhaus und später dann auch bei Danielle und Tim üblich war. Bei diesem Exemplar handelt es sich um einen professionell geschmückten Baum, der es ohne Probleme mit dem Teil auf dem New Yorker Times Square aufnehmen könnte. Wenn man von der Größe mal absieht. Genauso, wie es Edwards Art ist: Perfektion in Reinform. Alte, traditionelle Kugeln hängen in exakten Abständen zu den zahlreichen Lichtern, womit es in dieser Familie den Brauch, das Weihnachtsfest zu begehen, wohl schon länger gibt. Tony weiß nicht genau, ob ihr gefällt, was sie sieht. Perfektion gehört nicht zu ihren Eigenheiten, sie mag es lieber verspielt und das ist es garantiert nicht. Keine Kugel hängt zufällig, beinahe scheint es, die Baumputzer hätten nach Anleitung gearbeitet.

Als ihr auffällt, dass sie immer noch mit offenem Mund in der Tür steht, entscheidet sie vorsichtig, dass er auf jeden Fall schön wirkt, und ... dass er *da* ist! Unter der gigantischen Tanne entdeckt sie einen riesigen, unüberschaubaren Wirrwarr aus zerrissenem Geschenkpapier, schimmernden Bändern und dem TOYS"R"US-Sortiment, von dem Matty unlängst berichtete. Als Nächstes blickt sie zur großen, rechteckigen Tafel, an deren hinterstem Ende eine Punschschale und Gläser stehen.

Weihnachten! Da laust Tony doch der Affe!

Matty sitzt inmitten seines privaten Spielwarenladens und beobachtet sie strahlend; Edward ist allerdings nicht anwesend. Erst, als sie eine Berührung auf ihrer Schulter spürt, erkennt sie, dass er hinter ihr steht. Woher kommt er und wie lange befindet er sich bereits dort? Sie hat keine Ahnung.

»Setz dich«, haucht er an ihrem Ohr, was eine Gänsehaut über ihren Körper treibt.

Tony schließt die Augen, ruft sich zur Ordnung und marschiert mit weichen Knien die riesige Tafel ab. Bis sie – nach ungefähr einer Meile – bei dem Punsch angelangt ist. Hier verschwindet die Hand von ihr, sodass sie Platz nehmen kann, und das ziemlich verwirrt, um es mal freundlich auszudrücken. Warum gelingt es diesem Mann nur ständig, sie total aus der Fassung zu bringen?

Auch sie hat Geschenke für ihren Schatz – jawohl! Und sie ist mehr als froh, weil Matty tatsächlich begeistert ist und nicht nur höflich, um die Stimmung nicht zu vermiesen. Da sind ein Ball, ein Auto, das sich nur mittels manueller Kraft fortbewegt, ein Puzzle und ein Buch für Schulanfänger – wirklich nicht viel. Doch Matty packt alles in atemberaubender Geschwindigkeit aus und freut sich darüber bestimmt genau so sehr wie über die gesamte ihn umgebende Technik. Was Tony dazu veranlasst, Edward erneut mit erhobener Braue zu betrachten. Er hatte sich inzwischen neben sie gesetzt und lacht erstaunlicherweise über ihre Selbstgefälligkeit.

»Okay, Punkt für dich!«

Tony räuspert sich verlegen und zieht das Paket aus der riesigen Tüte, die sie währenddessen krampfhaft in den Händen gehalten hat. »Ich hab auch was für dich.«

Es ist nicht klein, eher dünn und quadratisch. »Ich weiß«, fährt sie hastig fort. »Ich hab es auf einem total unautorisierten Ausflug gekauft und deshalb steht es dir natürlich frei, es anzunehmen oder in den Müll zu werfen. Aber als ich es sah, dachte ich mir ...«

Edward macht keine Anstalten, was zu sagen oder auf ihren angriffslustigen Ton einzugehen, nimmt aber auch nicht den Blick von ihr – was die gesamte Situation nicht unbedingt vereinfacht. Da heißt es: Augen zu und durch, weshalb sie ihm ohne weitere Vorrede das Päckchen reicht.

Zum ersten Mal, solange sie ihn kennt, wirkt er verblüfft; wahrscheinlich bringt es sein ganzes Weltbild durcheinander, dass die Hure an so was wie ein Geschenk gedacht hat. Aufmerksam betrachtet er den Gegenstand in seiner Hand, doch anstatt ihn auszupacken, sieht er zu ihr auf und deutet zum Weihnachtsbaum. »Da ist auch eins für dich.« Es klingt gleichgültig, doch seine Augen, heute himmelfarben mit einem leichten Trend zum Eisblau, glänzen. Als sie sich nicht rührt, ihn nur anstarrt – weil es jetzt an ihr ist, verwirrt zu sein –, seufzt er entnervt, steht auf und holt es unter dem Baum hervor. Es handelt sich um einen professionell verpackten Karton mit einer riesigen Schleife – eindeutig von seiner Sekretärin besorgt. Vielleicht eine Vase oder ein weiteres altmodisches, grottenhässliches Kleid mit großen Blumen und in Pastell. Im Moment ist ihr selbst diese grausige Aussicht egal. Allein die Tatsache, dass er ein Geschenk hat, stimmt sie ziemlich ... *froh*. Allerdings macht Tony keine Anstalten, es zu öffnen, sondern schaut ihn erwartungsvoll an. »Mach schon!«

Er stutzt, zieht eine bissige Bemerkung in Erwägung, darauf hätte sie ihren Hintern verwettet, doch anstatt die auch rauszulassen, hellt sich seine Miene auf und er grinst.

»Okay. Beide zusammen, in Ordnung?«

* * *

Es ist ein brauner Teddybär.

Einer, wie er bereits seit Langem nicht mehr hergestellt wird, so viel erkennt Tony sofort. Nicht besonders groß, garantiert nicht höher als dreißig Zentimeter, aber mit treuen dunklen Augen und einem wunderbaren Lächeln. Außerdem ist er flauschig weich – ein Kuscheltier, das man nur lieb haben kann. Ohne die geringste Ahnung, was sie jetzt sagen soll, betrachtet sie das Stofftier. Für Tony ist es das wundervollste Geschenk; käme es von Susan, von Danielle, als die noch lebte, oder eben von Tim, hätte sie sich überschwänglich bedankt und wäre wirklich glücklich gewesen. Ihn jedoch von *diesem* Mann zu bekommen, stürzt sie in gigantische Konflikte. Will er sie damit aufziehen – vielleicht sogar beleidigen? Tony kann sich nicht vorstellen, dass so etwas für ihn den gleichen Wert besitzt wie für sie. Eher versuchsweise sieht sie zu ihm auf, direkt in sein erwartungsvolles Gesicht.

»Du hältst mich für einen emotionslosen Klotz.« Es klingt beiläufig und er zuckt mit den Schultern. »Das ist ein Spielzeug aus meiner Kindheit und ich dachte, vielleicht würde es dir zeigen, dass ich auch mal so klein wie Matty war.«

Etwas anderes als ein »Danke!« fällt ihr beim besten Willen nicht ein, doch es genügt wohl, denn sein Lächeln wirkt aufrichtig. »Gern.«

Nun widmet er sich endlich Tonys Päckchen. Atemlos gespannt beobachtet sie, wie er das Papier entfernt – das dauert seine Zeit – oh Mann! Mit der ihm eigenen Sorgfalt löst er die Schleife, dann den Klebestreifen und erst danach macht er sich an das eigentliche Auswickeln. Bei dem Tempo hätte Matty mindestens fünf Geschenke bewältigt und nebenbei noch den Festtagsbraten vernichtet. Allmählich bildet sich kalter Schweiß auf ihrer Stirn. Matty hat aufgehört, mit seinem neuen Auto zu spielen und blickt aufmerksam zu ihnen hinüber. Auch er will wissen, was sich unter der Verpackung verbirgt. Und als Edward endlich die antik anmutende Schallplatte in den Händen hält, sagt er minutenlang nichts. Es handelt sich um eine herrliche

Aufnahme von Tim mit dessen Bild auf dem Cover. Als er damals täglich ins Tonstudio fuhr, waren Danielle und er längst verheiratet. Und er war besonders gerührt, weil sein Werk auf diese – doch bereits gestorbene – Art veröffentlicht wurde. Eine Liebhaberauflage von 100 Stück, seine besten Songs. Tony kennt jedes Lied, muss nur die Augen schließlich, um sich sofort in den wundervollen Klängen wiegen zu können. Auf welchen verschlungenen Wegen es ein Exemplar davon in die kleine mexikanische Hafenstadt geschafft hat, werden sie wohl niemals erfahren. Doch als Tony sie sah, fühlte sie, dass es ein Fingerzeig des Schicksals war. Sie musste sie einfach kaufen, denn das Cover zeigt Tim, so wie er war, bevor ihm das gemeine Schicksal die Frau nahm. Lebensfroh und lächelnd, hübsch, glücklich – nachdenklich, und sie enthält das, was ihm neben seiner Familie am wichtigsten war: seine Musik.

Irgendwann schaut Edward zu ihr auf – er wirkt sehr ernst. »Woher ...?«

»Du würdest es nicht glauben.«

Andächtig berührt er das Cover. »Ich werde sie mir anhören. Mein Bruder war offenbar sehr begabt.«

»Ja, ein aufsteigender Künstler, von den Kritikern als *das* Talent bejubelt«, entgegnet Tony, zieht den Kleinen an sich, der herangetreten ist und die Schallplatte betrachtet. Er sagt nichts und Tony rechnet mit Tränen, die überraschenderweise ausbleiben. »Daddy konnte gut Geige spielen, huh?«

Sein Onkel sieht ihn an. »Ja, das konnte er mit Sicherheit.«

Matty nickt, lässt seine Finger über das Cover gleiten, schlingt seine Ärmchen um den Hals seiner Tante, drückt sie flüchtig und rauscht davon. Offenbar hat er seinen Frieden gemacht.

Noch einmal vergehen einige Minuten, in denen Edward

ausschließlich die Schallplatte anstarrt. Es scheint, als würden die Knöchel seiner Finger weiß hervortreten, aber das ist sicher nur Einbildung. Denn als er aufsieht, wirkt er gefasst wie üblich, nur seine Stimme klingt einen Tick rauer. »Danke. Damit hast du mir eine echte Freude bereitet.«

»So war es gedacht«, erwidert sie schlicht.

* * *

Gegen Mittag wird der Junge müde. Tony bringt ihn ins Bett, deckt ihn zu und betrachtet sein glückliches Gesicht. Ja, es sind wirklich schöne Weihnachten für ihn. Wenigstens das.

Dann geht sie wieder hinab, obwohl sie nicht recht weiß, wie sie sich verhalten soll. Edward ist nett – sicher ... im Moment. Aber das bedeutet nicht, dass seine Stimmung nicht innerhalb der nächsten Sekunden umschlagen kann. Außerdem ist nett ja auch immer gefährlich; sie hat es nicht vergessen. Auf dem langen Weg vom Kinderzimmer hinunter in die Salonhalle hämmert sie sich in den Kopf, das bitte – bitte – auch nicht zu tun. Und wenn er noch so gut aussieht.

Er sitzt noch an der gleichen Stelle, an der sie ihn zurückgelassen hat, hält ein Glas und sieht auf, als sie eintritt. »Schläft er?«

Wortlos nickt sie und nimmt Platz. Auf dem Weg zum Mund verharrt seine Hand in der Luft und er mustert sie ungläubig. »Was ist los? Kein dämlicher Spruch heute?«

Tony verzieht das Gesicht. »Es ist Weihnachten!«

»Ach, und zu diesem Anlass ist dir bekannt, wie du dich zu benehmen hast?«

Einen Herzschlag später wütet in Tony der Zorn. Nachdem sie ihr bereitgestelltes Glas in einem Zug geleert hat, setzt sie es mit lautem Knall ab. »Du wirst das nicht für möglich halten, aber ich weiß auch sonst, wie man sich benimmt!«

Spöttisch lacht er auf. »Also, *das* halte ich für ein Gerücht!«

»So, tust du das?« Die mahnende Stimme in ihr hat bereits wieder den Finger erhoben und fleht Tony an, es bitte nicht zu übertreiben! Doch sie will nicht aufhören; anscheinend ist gerade etwas endgültig in ihr zerbrochen, das schon seit Langem erstaunliche Risse aufgewiesen hat. »Du glaubst, ich wäre irgendeine Schlampe, die nichts anderes im Kopf hat, als es mit reichen Männern zu treiben, um an deren Kohle zu kommen! Nebenbei bin ich blöde, von Niveau hab ich sowieso noch nie was gehört, meine Fähigkeiten als Mutter sind unter aller Sau, ich besitze keinen Stil, kleide mich unmöglich ... Habe ich irgendwas vergessen?«

»Du bist erschreckend vorlaut«, hilft er aus.

»Ja, stimmt, das ist mir doch glatt entfallen. Ich bin ...« Sie verstummt und mustert ihn. »Du hältst das für einen Witz! So, wie du mich überhaupt für einen dämlichen Scherz hältst! Dir würde natürlich niemals in den Sinn kommen, dass es scheiße ist, ständig beleidigt zu werden! Es ist unfair, wenn du mich ansiehst, als wäre ich ein Monster!«

Damit nimmt sie einen großen Schluck von ihrem Punsch – das Glas ist auf wundersame Weise wieder voll – und fährt erneut zu ihm herum. »Und es ist nicht fair, wenn du mich behandelst, als bräuchtest du nur einmal mit dem Finger schnippen und hättest mich in deinem Bett!«

Anstatt mal was zu erwidern oder so, fixiert er sie interessiert und sein Blick wandert an ihr hinab – als hätte Tony ihm nicht gerade eindeutig verklickert, dass sie das hasst. Schließlich sieht er auf. »Dafür, dass du bereits ein Kind bekommen hast, bist du bemerkenswert schlank, Anthonia.«

Scheiße, er weiß es! Entsetzt starrt sie ihn an, doch er wirkt völlig arglos; die Augen sind noch immer dunkler als gewöhnlich, und nichts deutet darauf hin, dass er soeben im Begriff ist, sie der gemeinsten Lüge zu überführen, derer sie sich jemals schuldig gemacht hat.

Etwas mühsam zwingt sie sich zu einem gleichmütigen Schulterzucken. »Ich hatte Glück, schätze ich.«

»Du bist sehr jung für ein Baby!«

»Das täuscht, in Wahrheit gehe ich mit strammen Schritten auf die Vierzig zu.«

Das bringt ihn zum Lachen, er beruhigt sich aber schnell wieder. »Du bist ... so anders.«

»Ach ja?« Fragend legt sie den Kopf zur Seite, und er wird schlagartig ernst.

»Ja, anders als alle Frauen, die ich kenne.«

»Wie anders?«

»Anders!« Edward wendet sich ab und füllt ihre Gläser nach. Das Zeug ist alkoholfrei, also verbirgt sich diesmal mit Sicherheit kein Versuch dahinter, sie betrunken und willig zu machen. Weshalb Tony mit einem Nicken ihr Glas entgegennimmt und es an die Lippen setzt, nur um irgendetwas Sinnvolles zu tun – Durst hat sie keinen.

Edward lehnt sich zurück und betrachtet sie kalkulierend. »Gib es zu, du dachtest, ich würde das Weihnachtsfest vergessen.«

»Ich habe die Möglichkeit in Betracht gezogen«, erwidert sie vorsichtig.

»Und bist damit ziemlich auf die Nase gefallen«, erwidert er selbstgefällig.

»Ich hatte meine Gründe, das anzunehmen.«

»Warum?«

»*Warum?* Du ...« Resigniert winkt sie ab.

»Nein! Sag es! Ich würde das zu gern hören.«

Nun lacht Tony zur Abwechslung laut auf. »Ich werde den Teufel tun und dir meine Meinung sagen! Die Spuren unserer letzten freundlichen Auseinandersetzung kannst du jetzt noch auf meinem Arm ausmachen.«

Sichtlich verwirrt lehnt er sich vor. »Spuren?«

Sie deutet auf ihren Arm, erstarrt jedoch in der Bewegung und betrachtet ihn fassungslos. »Du merkst das nicht mal, oder?«

»Was?«

»Dass du ziemlich ... gewalttätig bist.«

»Das bin ich mit Sicherheit nicht!«, knurrt er.

Tony seufzt. »Gut, vielleicht nicht ganz, aber du bist grob.«

In seinem Gesicht arbeitet es. »Zeig mir das!« Es kommt kaum hörbar.

»Nein!«

»Anthonia! Ich will es nur sehen! Also könntest du bitte ein einziges Mal ...«

»Nein!«

Edward presst die Lippen aufeinander – erfahrungsgemäß ein echt mieses Zeichen. Und tatsächlich! In der nächsten Sekunde schnellt seine Hand vor und liegt auf ihrer. Schmerzhaft drückt er zu. »Anthonia!«

Unter enormen Anstrengungen gelingt es ihr, nicht zurückzuweichen. »Du tust es schon wieder«, informiert sie ihn leise.

Entgeistert schaut er auf ihre Finger hinab und lässt sie ruckartig los. »Sorry.«

»Ist okay«, erwidert sie gleichmütig.

Eine ganze Weile schweigen die beiden. Edward scheint mit der Erkenntnis, in Sachen Gewalt manchmal über die Stränge zu schlagen, ein bisschen überfordert zu sein, was Tony in die totale Fassungslosigkeit treibt. Das hat er nicht bemerkt? Wie geht das? Weiß er nicht, wie viel Kraft er besitzt? Oder gab es vielleicht noch nie derartige Situationen? Ohne sie zuvor zu überdenken, platzt sie mit der sich nun zwangsläufig ergebenden Frage heraus. »Hast du eine Freundin?«

Schlagartig ist sein Blick spöttisch. »Nein, habe ich nicht oder hast du hier irgendwo eine Frau ausgemacht?«

Mit etwas Mühe geht sie nicht auf sein Kriegsangebot ein. »Warst du schon mal verheiratet?«

Ohne sie aus den Augen zu lassen, schüttelt er den Kopf.

»Aber du hattest Freundinnen?«

Das bringt ihr ein bellendes Lachen ein. »Ich bin 38 Jahre alt, sicher hatte ich Frauen! Was glaubst du?«

Doch sie lässt sich nicht beirren. »Hast du mit ihnen zusammengelebt?«

»Mit der einen oder anderen, ja«, erwidert er langsam.

»Und du warst nie so zu ihnen?« Sie deutet auf ihre Hand.

Kalkulierend mustert er sie und befeuchtet mit der Zunge seine Unterlippe. »Nein.«

»Aber bei mir ...«

»Du bist nicht meine Freundin, Anthonia«, erinnert er sie sanft, seine Augen blitzen.

»Nein.« Als sie sein Grinsen registriert, ergänzt sie: »So hatte ich es nicht gemeint!«

»Nein?«, haucht er. »Wie meintest du es dann?«

»Ich denke ...« Weiter kommt sie nicht, denn plötzlich streichelt er mit seinem Handrücken über ihre Wange. »Ich *kann* zärtlich sein«, raunt er. Sein Mund ist ihrem mit einem Mal unglaublich nah. »Du unterscheidest dich von anderen Frauen – du forderst mich heraus. Das bin ich nicht gewöhnt, aber ich versichere dir, in der Liebe bin ich ein sehr einfühlsamer Mann.«

Oh ja, das kann sie sich lebhaft vorstellen. *Zu* lebhaft – um genau zu sein. Tony schweigt und beißt sich auf die Lippe, um nicht doch noch zu seufzen.

Seine Hand liebkost immer noch ihre Haut, wandert unerwartet tiefer, legt sich äußerst sanft um ihren Hals und seine Lippen berühren ihr Ohr. »Sag ja und ich beweise es dir.« Zärtlich küsst er die empfindliche Vertiefung darunter. Tony schließt die Augen. »Ich habe meine Meinung nicht geändert. Ganz im Gegenteil«, murmelt er. »Wir könnten jede Menge Spaß miteinander haben.«

Mit einem Mal wünscht sie sich, er würde sie wieder wie an jenem Abend anfassen und so küssen wie im Krankenhaus. Es kommt so abrupt, dass sie wie vom Donner gerührt ist. Verdammt! Er ist wirklich gut, das muss sie ihm lassen! Und sie würde ihren Arsch darauf verwetten, dass er selbst sein Aftershave nur benutzt, um ihr noch den letzten Funken klaren Verstandes zu rauben! Doch Tony hat sich geschworen, es diesmal nicht zu vergessen, egal, was er aus der Trickkiste zieht. Edward Capwell ist ein Despot, der sie wie eine Schlampe behandelt und *nicht* ausstehen kann – begehrt, vielleicht, mehr aber auch nicht –, der Kerl bringt es nicht mal auf ein simples Mögen. Sie hat sich ihre Unschuld nicht so lange und unter derartigen Anstrengungen bewahrt, um sie in einem geistlosen Moment einem Mann vor die Füße zu schmeißen, der sie für menschlichen Abschaum hält. Dann hätte sie auch mit Jonathan schlafen können, der sie *angefleht* hat. An Tonys Weigerung war ihre Beziehung zerbrochen – trotz Blowjob; es folgten vier echt harte Wochen, aus denen sie gestärkt hervorging. Mit der Erkenntnis, dass er keine Träne wert und ihre Entscheidung die richtige gewesen war. Eben weil er ihre Beziehung vom Sex abhängig machte. Aber eines wusste sie schon damals: Sie hätte gern mit Jonathan geschlafen und es fiel ihr verflucht schwer, nicht schwach zu werden. Aber sie lässt sich nun mal nicht zum Sex erpressen; wäre er es cleverer angegangen, vielleicht ...

All das miese Geheule wegen dieses Jungen hat sie nicht überstanden, um sich nun diesem Mann an den Hals zu werfen, der sie lieber von hinten als von vorn betrachtet. Ihre Abreise ist beschlossene Sache, sie werden sich nie wieder sehen – *Tony* wird ihn nie mehr treffen! Will sie es auf diese Art? Nein! So hat sie sich das nicht vorgestellt. Gerade bei ihm muss sie sogar extrem aufpassen, damit sie am Ende nicht verdammt unglücklich wird. John besaß diese Art von Macht nie, doch wenn sie nicht aufpasst, wird Edward unbegrenzte Kontrolle über sie haben. Er hat jetzt schon mehr, als ihr lieb sein kann, und sie wird niemals zulassen, dass sie sich noch stärker emotional an ihn bindet.

Und deshalb, *nur deshalb,* legt sie langsam ihre Hände auf seine Schultern – verflucht muskulöse, wohlgeformte, übrigens –, schiebt ihn von sich, schaut in blaue funkelnde Augen und schüttelt langsam den Kopf.

»Nein! Tut mir leid. Ich möchte nicht!«

10. Flucht

Er sagt keinen Ton, auch das Blitzen taucht nicht wieder auf, stattdessen lehnt er sich zurück, nimmt sein Glas und betrachtet interessiert den Inhalt. Gut, in Wahrheit gibt Tony ihm nicht viel Gelegenheit, ihre Abfuhr zu kommentieren; kaum sieht er sie nicht mehr an, springt sie auf und hastet wortlos zum Ausgang des Salonsaaldings. Nie zuvor hat sie dessen Ausmaße so verflucht, denn bis sie endlich die elende riesige Flügeltür erreicht, vergeht noch mal eine verdammt lange Weile, in der sie befürchtet, er könnte doch noch zum Gegenschlag ausholen.

* * *

Vorsichtshalber bleibt sie für den Rest des Nachmittags in ihrem Zimmer. Als Matty wach wird, hält sie ihn im Bett und spielt dort mit ihm. Irgendwann kommt Mrs. Knight, die an diesem Tag erst am Mittag aufgetaucht ist, und ruft sie zum Dinner. Die Dame ist übrigens nicht halb so verknöchert wie anfänglich vermutet; wenn sie lächelt, wirkt sie gleich um einiges jünger, fast sympathisch.

Tony lässt sich Zeit, während sie Matty anzieht, und achtet darauf, halbwegs ordentlich gekleidet zu erscheinen. Es ist ja schließlich Weihnachten. *Halbwegs ordentlich* bedeutet für eine Anthonia Benett, dass sie ihr Hemd bis zum Kragen schließt, damit ihr Aufzug etwas offizieller ist. Außerdem bewahrt das zuverlässig vor Blicken in ihren Ausschnitt.

Als sie die Salonhalle betreten, ist Edward noch nicht anwesend, der Tisch allerdings gedeckt. Erst, nachdem sie bereits sitzen und Mrs. Knight den riesigen Truthahn serviert hat, erscheint er; ignoriert Tony, legt Matty flüchtig eine Hand auf die Schulter und setzt sich an die Stirnseite der Tafel.

Wie üblich wird das Dinner schweigend eingenommen; Tony hält den Kopf gesenkt und vermeidet es beharrlich, Edward anzusehen, spürt jedoch, dass er sie nicht aus den Augen lässt. Verwirrt – eindeutig. Trotz der Melancholie, die sie immer mehr in Beschlag nimmt, kann sie sich ein boshaftes Grinsen nicht ganz verkneifen. Ihr Verhalten passt so gar nicht zu seiner Meinung von ihr, oder? Warum lehnt sie ihn ab, wenn sie doch mit dem Bruder alles getan hat, was zwei Menschen nur miteinander treiben können? Tony will sich gar nicht ausmalen, was genau dieser Typ ihr andichtet. Sie muss ja eine echte Kanone im Bett sein, so wie der sich ins Zeug legt, um sie exakt dorthin zu bekommen. Das ist nicht sehr edel! Bruderneid ist eine ziemlich fiese Sache, findet sie, und muss nur noch mehr grinsen. Wirklich, in Wahrheit bewahrt sie Edward nur vor einer herben Enttäuschung! Eine Kanone wird sie mangels Übung garantiert nicht sein – zumindest nicht beim ersten Mal! Hoffentlich wurde sein Selbstbewusstsein nicht in Mitleidenschaft gezogen, denn das würde ihr ehrlich, ehrlich leidtun.

Nein ... würde es nicht, er hat es verdient! Wenigstens das. Andererseits wird er nie erfahren, wie viel sie diese

Zurückweisung gekostet hat. Das ist ihr kleines Geheimnis, mit dem sie ihn für immer verlassen wird.

Bald ...

* * *

Edward geht auch in der Woche zwischen Weihnachten und dem Silvesterfest arbeiten. Jedenfalls nimmt Tony das an, denn er verlässt an jedem Morgen das Haus und kehrt am Nachmittag zurück. Sein Benehmen ihr gegenüber hat sich währenddessen verändert: Es ist eisig, allerdings nicht gespickt mit der üblichen Geringschätzigkeit. Stattdessen scheint er sie zu beobachten. Heimlich – offiziell ignoriert er sie ja. Doch wann immer er sich sicher fühlt, betrachtet er sie und das stets mit diesem nachdenklichen, argwöhnischen, beinahe lauernden Ausdruck. Tony hat keine Ahnung, was das bedeutet, es macht sie nur zunehmend nervös, darum befiehlt sie sich irgendwann, nicht mehr darüber nachzudenken.

Abends jedoch, wenn sie allein ist und die Wehmut ungehindert von ihr Besitz ergreift, gesteht sie sich ein, wie sehr sie sein Verhalten verletzt. Eigentlich müsste Tony froh sein, dass die Beleidigungen, die Anzüglichkeiten und nicht zuletzt die Verachtung verschwunden sind. So hat sie es doch gewollt, oder? Aber was dies abgelöst hat, ist kaum erträglicher, auch wenn sie sich verbissen einredet, dass es so das Beste ist.

Das Silvesterfest verbringen Tony und ihr Neffe allein – er fragt nicht, wo sein Onkel ist, weshalb sie schätzt, dass der sich bei ihm mit irgendeiner Ausrede entschuldigt hat. Auch am Neujahrstag lässt Edward sich nicht blicken, stattdessen taucht er nach drei Tagen auf, wünscht ihr mit unbeteiligter Miene ein gesundes neues Jahr, geht zu Matty und schließt die Tür hinter sich, sodass sie die Unterhaltung der beiden nicht belauschen kann.

In der ersten und zweiten Januarwoche verändert sich auch nichts an der derzeitigen Stimmung, nur, dass Capwell wieder pünktlich am Morgen verschwindet und abends zum Dinner erscheint, das schweigend eingenommen wird. Überhaupt spricht er nur das Allernotwendigste mit Tony. Und so kommt es schon mal vor, dass sie tagelang gar kein Wort miteinander wechseln. Nur mit Matty unterhält er sich regelmäßig, und solange der liegen muss, besucht Edward ihn in seinem Zimmer, sobald er heimkommt. Als der Doktor endlich Entwarnung gibt, lässt Edward es sich nicht nehmen, seinen Neffen an einigen Abenden persönlich ins Bett zu bringen.

Und schließlich begreift Tony, was das alles zu bedeuten hat: Er wartet darauf, dass sie freiwillig das Feld räumt. Aus welchem Grund ist ihr nicht klar, aber offenbar hat er beschlossen, sie nicht einfach vor die Tür zu setzen und fährt stattdessen den Herausekelkurs, indem er ihr demonstriert, wie gut er mit Matty auskommt, wie sehr sich der Junge an *ihn* gewöhnt hat und wie wenig Tonys Anwesenheit noch erforderlich ist. Vermutlich ist es nur noch eine Frage der Zeit, bis er mit einer *geschulten* Nanny auftaucht, um ihr die Arbeit abzunehmen.

Und als ihr das erst mal klar ist, wird aus ihrer Melancholie langsam aber sicher ernsthafte Trauer. Verliert sie Matty, dann ist alles verschwunden, was sie an Familie besitzt, denn es wird ein Abschied für immer sein, da macht sie sich nichts vor. Die zunehmende Traurigkeit setzt ihr stetig mehr zu. Tony kann damit nicht umgehen; sie weiß nicht, wie sie in New York zur Tagesordnung übergehen soll. Aus jetziger Sicht erscheint ihr das unmöglich. Edward sagt nie etwas, weshalb sie ihm nicht mal Unhöflichkeit vorwerfen kann; doch auch er ist offenbar zu dem Schluss gekommen, dass es angezeigt ist, getrennte Wege zu gehen. Trotz dieses neuen Wissens gelingt es ihr trotzdem, weitere 14 Tage durchzuhalten und das aus einem einzigen Grund: Sie weiß nicht, wie sie es Matty beibringen soll.

Mit jedem Tag fühlt sie sich unwohler, verlässt kaum noch ihr Zimmer und entschuldigt sich öfters beim Dinner, um Edwards Blicken zu entgehen. Jetzt hat sie diese nämlich als das erkannt, was sie sind: *auffordernd!* Nicht argwöhnisch oder nachdenklich. *Lauernd.*

Edward wartet darauf, dass sie sich endlich an ihren Deal hält und abhaut. Und eines Abends in der ersten Februarwoche, scheint es schließlich so weit zu sein.

Es hat sich so eingebürgert, ohne dass zuvor eine Absprache stattfand – vergleichbar mit der Macht der Gewohnheit: Zunächst bringt Edward Matty ins Bett und verabschiedet sich von ihm, dann Tony – so läuft es bereits seit Wochen.

Nur heute Abend kam sie ihm zuvor. Als Capwell das Zimmer betritt, steht Tony hastig auf und geht; er nickt ihr knapp zu, die Miene wie üblich mit dem Lauern und der versteckten Aufforderung gespickt – doch sobald er Matty sieht, verzieht sich sein Mund zu einem sanften offenen Lächeln. Tony kann das nicht ertragen, weshalb sie in ihren Raum stürzt, auf ihr Bett fällt, zur Decke starrt und sich dabei *die Frage* stellt, die sie schon seit geraumer Zeit quält: Wie lange noch?

Erst, als sie die beiden leisen Stimmen hört, erkennt sie, dass die Verbindungstür zu Mattys Zimmer nicht richtig geschlossen ist. Angestrengt lauscht sie und diesmal hört sie, was gesprochen wird.

»Was hältst du davon, wenn wir vor dem Schulbeginn einen schönen Urlaub unternehmen?« Es ist seine »Mattystimme«. Nur mit ihm spricht er auf diese liebevolle, besorgte, bemühte Art.

»Das wäre echt cool!«

Edwards leises Lachen ertönt. »Ich dachte mir, dass ich mit diesem Vorschlag deine Zustimmung finden würde.«

»Auf die Insel?«

»Nein, diesmal würde ich gern an einen anderen Ort reisen. Vielleicht viel weiter weg. Australien, Afrika ...«

»Ahhh ...« Australien, Afrika, das sind für Matty nicht wirklich greifbare Begriffe.

»Wann fliegen wir denn?«

»Wir werden sehen.«

»Du weißt es noch nicht?«

»Es hängt davon ab ...« Edward verstummt, doch Matty lässt nicht locker und Tony beginnt zu ahnen, wovon *genau* es abhängt. »Es hängt davon ab, wie lange deine Mom noch hier ist.«

»Das kapier ich nicht.«

»Was kapierst du nicht?«

»Fährt sie woanders hin?«

Edward seufzt. »Sie wird nicht ewig bleiben. Das wusstest du.«

»Du magst sie nicht!« Es ist keine Frage.

»Natürlich mag ich sie.«

»Nein!«

»Matty, so einfach ist das nicht. Erwachsene funktionieren nicht immer auf diese Art. Deine Mom ist hier, solange du sie brauchst, dann wird sie gehen. So war es von Anfang an geplant!« Inzwischen klingt er etwas unwirsch. Es ist das erste Mal, dass er in diesem Ton mit seinem Neffen spricht.

»Aber ...«

»Nein!« Es kommt endgültig. »Es ist höchste Zeit, dass du dich mit der Realität abfindest. Sie wird nicht hierbleiben. So ist das nun mal.«

Kurz darauf geht die Tür und Tony schließt die Augen.

Es ist also so weit.

* * *

Tony braucht noch einen Tag, um sich auf das Gespräch vorzubereiten, doch als sie abends an Mattys Bett sitzt und in seine großen Augen schaut, weiß sie, dass eine Vorbereitung gar nicht möglich war. Dies wird mit Sicherheit nicht einfach werden. Behutsam streicht sie ihm das Haar aus der Stirn; er hat nicht mal 14 Tage gebraucht, um gesund zu werden. Komplikationen sind keine aufgetreten; bereits seit knapp drei Wochen ist er wieder der Alte. Das ist gut. »Matty?«

»Hmmm?«

Tony zögert. »Gefällt es dir bei deinem Onkel?«

»Ja, er ist cool!«

Unter einigen Anstrengungen bringt sie ein Lächeln zustande. »Das ist wirklich toll. Sehr.«

Als sie eilig seine Schläfe küsst, sieht er argwöhnisch auf. »Was ist los?«

Am liebsten würde sie genau *jetzt* gehen, doch es hilft nichts, irgendwann muss sie mit ihm sprechen. Kneifen gilt nicht! Warum nicht heute? Edward hat ganz recht, Matty wird sie vergessen, schließlich ist er ein Kind und die lassen die Dinge schnell hinter sich. Sein Onkel liebt ihn und er wird alles tun, damit ihm die Trennung so leicht wie möglich fällt. Die Idee mit dem Urlaub ist gut: Beste Voraussetzungen, um auf andere Gedanken zu kommen. Und auch Tony wird sich daran gewöhnen, wieder allein zu sein, denn eigentlich ist es doch exakt das, was sie will, oder? Endlich frei über sich selbst bestimmen zu können und nicht mehr von diesem arroganten Kerl abhängig zu sein? Ja! Genau das ist ihr Wunsch! Und deshalb wird sie das jetzt durchziehen!

Trotzdem klingt ihr Räuspern etwas rau, bevor sie anhebt. »Ich muss langsam daran denken, nach New York zurückzugehen.«

»Nein!« Es kommt keine Frage, keine Bitte – nur dieses eine Wort und das ist endgültig.

»Ich muss!«, murmelt sie.

»Nein! Du hast es versprochen!«

»Matty ... Ich gehöre nicht hierher! Wir hatten uns darauf geeinigt, dass ich so lange bleibe, bis du dich eingelebt hast. Und du bist gern hier. Ich muss irgendwann wieder mein eigenes Leben führen, verstehst du das nicht?«

»Du lebst hier auch!«, erwidert er trotzig.

»So leicht ist es nicht, Baby.« Als sie ihn in die Arme ziehen will, widersetzt er sich und beharrt darauf, sie anzuschauen. »Du darfst nicht gehen!«

»Warum nicht?«

»Weil ...« Sein Blick irrt in dem großen Raum umher, bis er erneut auf ihr strandet. »Weil ich will, dass du hier bleibst. Wenn du gehst, bin ich ... traurig.« Das kommt widerwillig.

Beim erneuten Versuch lässt er sich umarmen. »Ich weiß«, wispert sie.

»Dann geh nicht!«

»Das funktioniert nicht so einfach.«

»Doch! Du bleibst hier! Du und Onkel Edward und ich. Wir sind eine Familie und gut!« Er ist von ihr abgerückt und mustert sie eindringlich. Als wolle er sagen: *Das ist doch logisch! Wie kann man denn so blöd sein und das nicht sehen?*

Unfreiwillig muss sie über seine kindliche Naivität lächeln. Ja, es hört sich alles so verdammt leicht an. Für ein Kind … »Ich glaube nicht, dass Onkel Edward begeistert wäre, wenn ich für immer hierbleiben würde.«

»Aber er hat gesagt, dass er dich mag!«

»Ja, aber es gibt verschiedene Arten, jemanden zu mögen. Ich habe auch viele Freunde, die ich mag, deshalb wohne ich aber nicht mit ihnen zusammen, verstehst du?«

»Aber wir wohnen doch schon zusammen!«

»Ja. Aber das *funktioniert nicht für immer!*« Tony stöhnt, denn sie ist viel zu laut geworden; so etwas ist ihr bei Matty noch nie passiert. »Sorry.«

Unvermittelt rückt er von ihr ab und wispert: »Bitte geh nicht.« Tränen glitzern in seinen blauen Augen.

»Glaub mir, so ist es das Beste.«

»Aber …«

»Glaub mir, so ist es das Beste, Matty! Ich werde …«

… mit deinem Onkel sprechen, wollte sie sagen. Besuche aushandeln, vielleicht an Weihnachten oder in den Ferien eine Woche. So lautet nur leider nicht der Deal, nicht wahr? Wenn sie geht, dann für immer. Ein Zurück gibt es nicht – genau so hat er sich ausgedrückt. Fein! Somit bleibt absolut nichts, womit sie Matty trösten kann. Nichts!

»Schlaf jetzt.«

Doch er macht keine Anstalten, zu gehorchen, sondern

betrachtet sie düster. »Wann?«

»Morgen, schätze ich. Sobald ich alles geregelt habe.«

Tony zwingt ihn, sich hinzulegen, deckt ihn zu, drückt ihm einen Kuss auf die Lippen, löscht das Licht und geht, ohne sein Schluchzen zu beachten.

Knallhart, das ist die einzige Möglichkeit.

* * *

Kurz darauf sitzt Tony wieder in ihrem Zimmer, ohne den Hauch einer Ahnung, was sie jetzt tun soll.

Noch heute Abend muss sie mit Edward reden. Bis zu ihrer Unterhaltung mit Matty war ihr der Zeitpunkt nicht bekannt; erst, als er direkt fragte, ging ihr auf, dass es keinen Grund gibt, die Abreise weiter aufzuschieben. Es ist alles getan, alles gesagt – nun, *fast* alles. Seufzend sieht sie sich im Raum um. Packen wäre wohl angebracht. Womit sie noch ein paar Minuten herausschinden kann, bis sie gezwungen ist, ihm ihre Anwesenheit aufzudrängen. Sie wird sich echt ins Zeug legen müssen, damit er sie überhaupt ansieht ...

Tony hat gerade ihren Rucksack am Wickel, als die Tür aufffliegt und Edward im Rahmen auftaucht. Seine Augen blitzen, die Lippen sind nur ein schmaler Strich, die Fäuste sind geballt und die Kiefernmuskeln führen wie so häufig den berühmten irren Tanz auf.

Bevor sie einen Ton hervorbringen kann, hat er sie bereits an ihren Schultern die Treppe hinuntergezerrt. Ihr bleibt nicht mal Zeit, ihre Tasche fallen zu lassen. Erst nachdem sie sich in einem Raum befinden, den sie nicht kennt und er die Tür mit lautem Knall geschlossen hat, lässt er sie los und wirbelt zu ihr herum.

»Du ziehst es also wirklich durch, ja?«

»Was?«

Mit einem bellenden Lachen wirft er den Kopf zurück. »Sicher, warum auch nicht? Jetzt stellt sie sich wieder dämlich!«

Kaum begonnen erstirbt sein Gelächter und er starrt sie an. Glühende Wut liegt in seinem Blick. »Ich hätte nie gedacht, dass du ihm das wirklich antun würdest! Natürlich hab ich geahnt, dass du deinen Abgang vorbereitest, aber ich hätte nicht gedacht, dass du es auf diese miese Tour durchziehst!«

»Aber wovon redest du denn?« Tony ist nicht wütend, sondern nur absolut ... *ratlos!* »Wie soll ich es denn sonst tun? Hast du eine Idee? Er wird es nie verstehen, weder heute noch in einer Woche!«

Als Edward antwortet, spricht er gefährlich leise. »Und das gibt dir natürlich nicht zu denken, nein?«

Vorübergehend fehlen ihr glatt die Worte und es dauert eine Weile, bevor Tony diesen besonderen Nonsens verdaut hat. »Ich muss gehen!«

»Ach so? Weshalb?«

Langsam wird sie doch wütend. Was soll der Scheiß? »Ich gehöre nicht hierher! Das weißt du und ich auch. Ich bin ein Eindringling. Kannst du nicht verstehen, dass ich irgendwann keine Lust mehr habe, hier das geduldete Übel zu geben?«

Das lässt ihn für einen kurzen Moment ungläubig zurück, dann verziehen sich seine Lippen zu einem ironischen Lächeln. »Wenn dir nichts anderes einfällt, kommst du mit dieser Nummer, ja? Ohhhh, alle sind so gemein zu mir, und das ist so grausam, dass ich meinem eigenen Sohn das Herz brechen muss!« Die letzten Worte kommen als dumpfes Knurren.

Tony starrt ihn immer noch an, unfähig, einen Ton

hervorzubringen. Ehrlich, auf so viel Bullshit fällt ihr keine Erwiderung ein.

ER will, dass sie geht!

ER hatte umfassend dafür gesorgt, dass sie sich wie eine Aussätzige vorkommt!

ER will mit ihr nichts zu tun haben!

Nur, weil sie sich endlich stark genug fühlt, diese Realität anzuerkennen, hat er kein Recht, ihr jetzt Gewissensbisse einzureden! Ihr geht es bereits scheiße genug, verdammt! Er darf es ihr nicht noch schwerer machen, als es für sie sowieso schon ist. Das ist ... unfair!

Aber Edward ist weit davon entfernt, den Mund zu halten. Wieder einmal steht er vor ihr wie der personifizierte Racheengel, sein Finger deutet nach oben, in die ungefähre Richtung, in der Mattys Zimmer liegt ... und ihres auch. »Er weint sich in seinem Bett die Augen aus!«, donnert er. »Und das lässt dich völlig kalt?«

»Nein, tut es nicht!«

»Dann unternimm was dagegen!«

»Das *kann* ich nicht!«

Ungläubig mustert er sie und dann – unvorhersehbar – packt er ihren Arm und zerrt sie zur Tür. Eindeutig in der Absicht, sie zu dem weinenden Matty zu zwingen. Und das ist mehr, als Tony verkraften kann. Sie ist so schon am Ende. Absolut!

Wild entschlossen stemmt sie sich gegen ihn. »Nein!«

»Du kommst mit!«

»NEIN!«

»Anthonia, komm jetzt, sonst schleppe ich dich hinauf!« Seine Augen wirken riesig und die Kiefer sind zusammengepresst. »Dürfte dir doch leicht fallen, ihm den

Bullshit noch einmal ganz genau auseinanderzunehmen. Denn! Es! Interessiert! Dich! Ja! Nicht!«

Tony ist panisch; und je mehr sie sich der Tür nähern, desto größer wird ihr Ausnahmezustand. Sie versucht, sich gegen ihn zur Wehr zu setzen, obwohl sie weiß, dass sie keine Chance hat, denn er ist einfach viel zu stark. In ihrer Not sucht sie nach einem Gegenstand, an dem sie sich festhalten kann – doch da ist nichts. Und als ihr nichts anderes einfällt, tut sie das Einzige, was Sinn ergibt. Tony fletscht die Zähne, holt weit aus ...

... und ...

* * *

Klatsch!

* * *

Im nächsten Moment weiß sie, dass sie tot ist.

Auch wenn zunächst mal alles glänzend läuft. Edward lässt sie sofort los; nichts deutet darauf hin, dass sie ihn soeben ziemlich hart geschlagen hat – abgesehen von seinem Blick. Tony wagt nicht mal zu atmen, wie versteinert starrt sie ihn an und wartet auf das Ende, auch wenn ein winziger Teil von ihr erleichtert ist, weil er wenigstens vorübergehend die Versuche aufgegeben hat, sie nach oben zu schleifen. Sie sieht, wie seine riesigen blitzenden blauen Augen immer größer werden, weiß, dass sie verspielt hat, und senkt die Lider. Man muss dem Tod ja nicht auch noch ins Gesicht schauen.

Doch anstatt des Schmerzes auf ihrer Wange nimmt sie unvermutet den Duft herben Aftershaves wahr; Finger schließen sich um ihren Hals, drücken allerdings nicht zu, das übernehmen die Lippen, die sich plötzlich auf ihren Mund legen. Nicht zärtlich, wie in der Klinik, sondern hart und unbeugsam. Rücksichtslos pressen sie sich auf ihre, eine Zunge erzwingt sich gewaltsam Einlass, Zähne streifen ihre Lippen und reißen zarte Haut auf.

Die Panik, kurzzeitig durch Todesangst ersetzt, stellt sich wieder ein. Tony schwankt, unternimmt einen unwillkürlichen Schritt zurück; eine zweite unnachgiebige Hand sorgt jedoch dafür, dass sie nicht fällt. Schwer und schmerzhaft ruht sie auf ihrer Schulter, als versuche sie, Tony in den Boden zu rammen. Und währenddessen wütet er in ihrem Mund. Da sind immer noch die Zähne, die ihre Lippen drangsalieren, die Zunge, die das Gleiche an anderer Stelle tut, eine Faust, die ihr Haar unerschütterlich festhält.

Er tut ihr weh! – und sie kann es nur über sich ergehen lassen, was die schlimmste Erfahrung in Tonys kurzem Leben ist.

Bis hierher zumindest ...

Irgendwann gibt er sie frei: Sein Mund verlässt ihren, die Hände ihren Körper und Tony taumelt benommen nach hinten, ein Handrücken auf ihren Lippen, die Augen groß, voll von ungewollten Tränen.

Wortlos starrt er sie an – kalt und berechnend. Er ist zurück, der eisige, vernichtende Ausdruck, den sie bereits verloren geglaubt hat. *Endlich* – denn das vereinfacht die Dinge um einiges. Für eine gefühlte Ewigkeit stehen sie sich gegenüber; die Tränen rinnen inzwischen an ihren Wangen hinab; der Handrücken liegt immer noch auf ihren blutenden, brennenden Lippen. Spuren davon kann sie auf seinen sehen. Doch die Mordlust ist trotz des Eises und der Verachtung nicht ganz aus seinem Blick verschwunden. Und diese Erkenntnis führt dazu, dass sie plötzlich ihre Beine bewegen kann.

WEG HIER!

Tony hebt den Rucksack auf, den sie zwischenzeitlich fallen gelassen hat, wirbelt herum, stürzt zur Tür, reißt sie auf und rennt kopflos los.

Und währenddessen betet sie:

Bitte folge mir nicht. Lass mich einfach gehen!

Tony hastet aus der Haustür, dann den unendlich großen Park entlang. Ewigkeiten scheinen zu vergehen, bis sie schließlich das riesige, eiserne, schwarze und offen stehende Tor vor sich sieht. Als sie es etliche Minuten später erreicht, ist sie außer Atem und der Schweiß steht ihr auf der Stirn.

Nachdem sie auch die schweren Eisenflügel hinter sich gelassen hat und hinaus auf die Straße tritt, erkennt sie verzweifelt, dass er ihr tatsächlich nicht folgt.

Scheiße!

11. *In letzter Sekunde*

Nur weg!

Mit leerem Kopf eilt sie die dunkle Straße entlang, Seitenstechen macht ihr zunehmend zu schaffen, sie ist außer Atem, kalter Schweiß bedeckt ihre Stirn und das Hemd klebt ihr am Körper. Nur weg von ihm und all dem, was sie verwirrt, verletzt, demütigt und in ein totales Chaos stürzt. Tony fühlt, dass sie dem für keine Sekunde länger gewachsen ist. Sie ist *ihm* nicht gewachsen! Es ist höchste Zeit, sich das endlich einzugestehen.

Ziellos rennt sie die Straße hinunter, hat keine Ahnung, was nun geschehen oder wohin sie gehen wird. Es gibt wirklich nur diesen einzigen Gedanken:

Fort!

* * *

Nach einer Dreiviertelstunde Fußmarsch breiten sich so etwas wie die Anfänge der Zivilisation vor ihr aus. Jedenfalls Zivilisation, mit der sie etwas anfangen kann, keine in ihrer eigenen Welt lebenden, reichen, anmaßenden, elenden, despotischen Mistkerle. Wo vorher nur vereinzelte, wirklich selten gesetzte Laternen die riesigen Tore einschüchternder

Anwesen ankündigten, häufen sie sich nun, sodass sie nicht mehr in absoluter Dunkelheit in der Gegend umherstolpern muss. Die Villen, die man vorher aufgrund der Größe der Grundstücke nur als kleine Lichtflecken ausmachen konnte, werden, je länger sie läuft, zwar kleiner, dafür allerdings sichtbarer, bis sie abseits ältere Einfamilienhäuser entdeckt. Dann endlich passiert sie einen kleinen Drugstore, neben einem winzigen Vorstadtkino, und findet schließlich das, wonach sie die ganze Zeit gesucht hat. Obwohl ihr das nicht unbedingt bewusst gewesen ist: eine Bar.

Ohne lange zu zögern, stürzt sie hinein und an den Tresen. Der Barkeeper mustert sie fragend und grinst, als sie »Gin Tonic ohne Eis!« bestellt und sich entschlossen auf einen der Hocker setzt.

Während das Gewünschte zubereitet wird, schaut Tony sich um und bemerkt erst jetzt die auf ihr liegenden zahlreichen Männerblicke. Gleichfalls geht ihr auf, dass sich das Stimmengewirr gelegt hat. Kein Problem für Tony! Direkt neben sich registriert sie auch so ein Exemplar von Mann, das sie wie das achte Weltwunder anstarrt, und betrachtet ihn abweisend. »Ist was?«

Er hebt eine Braue, nimmt beschwichtigend eine Hand hoch, brummt »Nichts, nichts!« und widmet sich wieder seinem Bier. Für die anderen spontanen Interessenten scheint Tonys Abfuhr allgemein verbindlichen Charakter zu besitzen. Denn alle lenken die Aufmerksamkeit ihrem Bier, Whisky, dem Billardspiel oder auch ihrer Freundin zu. Es funktioniert immer und überall. Tony kennt sich da aus.

Beim zweiten Glas Gin Tonic wippen ihr Füße im Takt zur Rockmusik, die die Musikbox unaufhörlich ausspuckt. Ein Mann mittleren Alters scheint es sich zur Aufgabe gemacht zu haben, sie unter allen Umständen am Laufen zu halten. Denn er füttert sie pausenlos mit Münzen. Nebenbei entspannt sie sich und kehrt zur Normalität zurück – zumindest ein wenig.

Das ist gut, denn es ist höchste Zeit, sich der verfahrenen Situation zu stellen. Und die ist sogar ziemlich verfahren. Ihr ist nämlich ein verdammt mieser Fehler unterlaufen, was sie erst jetzt, während sie über alles nachdenkt, allmählich erkennt: Tony hat sich auf dieses Theater eingelassen, ohne daran zu denken, dass es irgendwo noch eine Realität gibt. Eine, in der sie in einem Drugstore ihren Lebensunterhalt verdient, ähnlich dem, der in diesem kleinen Kaff existiert. Viel Auswahl hatte sie bei der Jobsuche nicht, sie musste ihre Arbeitszeiten den Öffnungszeiten der Vorschule anpassen. Es ist noch ein bisschen Geld vom Erbe ihrer Eltern und Danielles Lebensversicherung übrig, doch das wird nicht ewig reichen. Deshalb hat sie in weiser Voraussicht diesen Ekeljob überhaupt angenommen. Okay, der Idiot Snider hat sie gefeuert, aber Tony schätzt, dass er sie schon wieder nehmen wird, denn sie ist zuverlässig und hat nie Anstalten gemacht, sich an den Medikamenten zu bedienen. So was findet man nicht häufig. Vielleicht sollte sie darüber nachdenken, ihr Studium fortzusetzen und danach den Beruf ergreifen, den sie immer ausüben wollte.

»Hey, du ...«

Die sanfte Stimme gehört einem jungen, blonden Typ, der sich von Tony unbemerkt neben sie gesetzt hat. Seine Miene wirkt offen und sympathisch, genau wie sein Lächeln. Tony erwidert es halbherzig. »Selber ...« Dann fixiert sie wieder ihr Glas.

Leise glucksend winkt er dem Barmann. »Gin Tonic!«, was Tony einigermaßen überrascht. Ein Mann, der Gin trinkt, ist ungewöhnlich, doch eigentlich ist auch das egal. Sie ist mit Sicherheit nicht hierher gekommen, um sich Gedanken über die seltsamen Trinkgewohnheiten von Floridas Ureinwohnern zu machen, sondern um ihren Frust und ihren Kummer im Alkohol zu ersäufen – oder so was in der Art.

Wieder nippt sie an ihrem Glas und mustert interessiert das Holz des betagten Tresens.

* * *

Er heißt Martin, ist 25, stammt aus New York und verbringt ein paar Tage unter »Floridas heißer Sonne«, um den Collegestress ein wenig hinter sich zu lassen. Tony begrüßt die Ablenkung, denn er ist unkompliziert, lacht viel und oft und sieht gut aus. Nicht wie die anderen anwesenden Männer. Außerdem redet er in *ihrer* Sprache.

Nach Monaten im goldenen Käfig, mit dem ewig mies Gelaunten, Eisigen und Gemeinen, ist das eine willkommene Abwechslung.

»Wie heißt du eigentlich«, will er wissen. Tony, bereits bei Gin Tonic Nummer vier angelangt, grinst breit: »Tony ...«

* * *

Bei Gin Tonic Nummer sechs oder sieben, irgendwann hat sie das Zählen aufgegeben, zeichnet sich allmählich ab, dass Martin nicht halb so nett ist wie zunächst angenommen. Möglicherweise ist er durch den Alkohol aber auch nur mutig geworden, jedenfalls ist seine Nase ihrer plötzlich erstaunlich nah. Dunkle, leuchtende

Augen starren in ihre und seine Hand tastet sich auf ihrem Knie nach oben. »Tony«, wispert er. »Was hast du heute Abend noch so vor?«

Um die Wahrheit zu sagen, weiß sie das selbst nicht so genau; mit steigendem Alkoholpegel sonnt sie sich mehr und mehr begeistert in ihrer Unwissenheit. Auf diese interessante Frage wird sie später zurückkommen – vielleicht auch erst, wenn der nächste Tag längst angebrochen ist.

Hat sie zumindest gedacht, denn als sie in die erregten Augen sieht, geht Tony auf, dass Martin wohl ganz anderer Meinung ist. Sie weicht zurück und schiebt energisch seine Finger von ihrem Bein. »Ich bin nicht auf der Suche nach Sex. Sorry.«

Blöderweise wirkt Martin ganz und gar nicht in sich gekehrt. »Das mag vielleicht nicht dein Ziel gewesen sein, als du hier ankamst, aber die Dinge können sich ändern.« Im nächsten Moment liegen seine Lippen auf ihrem Mundwinkel und seine vorwitzige Hand, eben noch auf ihrem Knie, grapscht nach ihrer Brust. »Komm schon«, knurrt er heiser.

Aus Erfahrung klug geworden, verpasst Tony ihm keine Ohrfeige, so wie sie es unter Umständen noch vor ein paar Wochen getan hätte. Stattdessen fetzt sie seinen Arm herunter, rückt entschieden von ihm ab – mittlerweile sitzt sie ziemlich schräg auf dem Barhocker – und zischt ihm wütend in das aufgeregte Gesicht: »Ich sagte nein!« Dann sieht sie zum Wirt. »Zahlen!«

Schon als sie zur Tür geht, ahnt Tony, dass es so einfach wohl nicht werden wird, denn der Kerl sieht nicht so aus, als würde er sich schnell geschlagen geben. Sein Blick liegt auf ihr, in der Hand hält er das halb geleerte Glas und sein Mund hat sich zu einem Lächeln verzogen, eines von der Art, die sie inzwischen sehr gut kennt. Arrogant und wissend. *Und ich bekomme dich doch, Honey.*

Kaum hat sie die Bar verlassen, öffnet sie ihren Rucksack, plötzlich unendlich dankbar, dass sie das Teil nicht vor lauter Überraschung fallen ließ, als Edward wütend in ihr Zimmer rauschte. Und dass sie es später wieder aufhob, nachdem er ... Sie holt tief Luft. Als anständige New Yorkerin hat sie natürlich ihr Pfefferspray dabei. Das kramt sie heraus und hält es schon mal in der rechten Hand, falls sich ihre gruseligen Vorahnungen bestätigen.

Die frische Luft tut ihr gut; der Ginnebel, der ihr Gehirn so wunderbar und gewollt umwölkt, verzieht sich ein wenig und lässt sie wieder klarer denken. Unsicher sieht sie sich um. In der Ferne kann sie die Lichter der Großstadt ausmachen. In *weiter* Ferne – jedenfalls für einen Fußgänger. Das sind mindestens zehn Meilen, wenn nicht mehr. Momentan befindet sie sich am Rand eines kleinen Vorortes von Miami, der anscheinend nicht besonders viel Wert auf Straßenbeleuchtung legt. Neben der Bar befinden sich links und rechts noch zwei Laternen, aber ab dort erwartet sie gähnende Finsternis. Dunkel erinnert sie sich daran, dass geradezu die Siedlung mit den Einfamilienhäusern liegt, rechts geht es nach Miami, links zurück.

Zurück kann sie nicht; zu den Einfamilienhäusern zu gehen, ergibt keinen großen Sinn, also lenkt sie ihre Schritte in Richtung Stadt, während sich nebenbei allmählich ein Plan in ihrem Kopf formt.

Sie hat noch ausreichend Geld, um sich in Miami ein Bahnticket nach New York zu kaufen. Dort warten auf ihrem Konto noch etwas mehr als 5000 Dollar. Die Atelierwohnung gehört Tim oder wem auch immer – wahrscheinlich jetzt Matty. Demnach ist sie zunächst nicht obdachlos. Dennoch gehen ihr mit wachsendem Entsetzen zwei Dinge auf: Tony will nicht weg, möchte weder Matty verlassen noch ihn! Trotz dieser ganzen Scheiße, trotz allem, der Beleidigungen, des Anbrüllens, seines gemeinen Kusses.

Normal wären jetzt Tränen gewesen, die bleiben jedoch aufgrund ihrer zweiten Erkenntnis aus: Martin, der Grapscher folgt ihr.

Keine drei Minuten, nachdem sie die Bar verlassen hat, ist die Tür erneut aufgegangen. Umgedreht hat sie sich nicht, wollte nur so schnell wie möglich aus dem Licht gelangen, damit er sie nicht mehr ausmachen kann.

Und genau das ist ihr erster Fehler.

Tony hat gerade den Lichtkegel der kümmerlichen Laternen hinter sich gelassen und damit die undurchdringliche Dunkelheit betreten, als sie seine raschen Schritte hinter sich vernimmt.

»Tony!«

Prompt läuft sie schneller, immer weiter in die totale Finsternis hinein, obwohl sie weiß, dass es absolut dämlich ist. Dort wird sie garantiert nicht in Sicherheit sein. Verdammt!

»Warte doch mal!«

Ohne stehen zu bleiben, schaut sie über ihre Schulter und muss erschrocken feststellen, dass sie inzwischen nur noch wenige Meter trennen. Tendenz rapide fallend. »Verpiss dich!«, sagt sie mit leicht schriller Stimme.

Darüber muss er lachen, wenngleich Tony das überhaupt nicht witzig findet. Ganz im Gegenteil! Als seine Schritte immer lauter werden und sie schließlich auch seinen Atem hört, weiß sie, dass ihre Flucht hiermit beendet ist. Abrupt stoppt sie, schließt die Augen, holt tief Luft und wendet sich zu ihm um. Mittlerweile trennen sie nur noch anderthalb Meter, weshalb sie hastig ihren rechten Arm hebt und die kleine Spraydose offenbart. »Noch einen Schritt näher und du kannst die Nacht in der Notaufnahme verbringen und dir die Glupscher verarzten lassen!«

Er ist stehen geblieben, beäugt kritisch ihren erhobenen Arm und demonstriert ihr seufzend seine offenen Handflächen – was erst mal Entwarnung bedeutet.

… denkt Tony und begeht damit den zweiten folgenschweren Fehler dieses Abends.

Denn als sie den Arm langsam senkt, verschwinden die offenen Handflächen ganz plötzlich und werden zu geballten, riesigen Fäusten. Mit einem großen Schritt ist er bei Tony und schlägt ihr das Pfefferspray aus der Hand. Im nächsten Moment landet sie auf dem Rücken; schmerzhaft schlägt ihr Kopf auf dem Asphalt auf und Tony sieht zum ersten Mal Sterne. Nur einen Herzschlag später liegt er auf ihr, seine Lippen berühren ihr Ohr. »Hast du vergessen, dass ich aus New York komme?«, wispert er, während er bereits an ihrem Hemd zerrt.

Benommen schüttelt Tony den Kopf, um wieder klar zu werden, versucht nebenher, nicht in Panik zu verfallen, während er sie mit seinem Gewicht unerbittlich auf den Boden drückt und keucht: »Dein Scheißspray kannst du vergessen!«

Bevor sie sich wehren kann, hält er ihre Handgelenke eisern fest und zwingt ihre Arme über den Kopf. Ein Mund presst sich auf ihren, ein Knie gegen ihren Unterleib. Außer Atem richtet er sich auf und starrt auf sie hinab. »Hältst du still oder willst du es auf die andere Tour?«

»Fick dich!«, spuckt sie ihm entgegen und will ihm gleichzeitig das Knie zwischen die Beine rammen, womit er blöderweise rechnet. Denn im nächsten Moment dröhnt ihre linke Schläfe, kurz darauf ihre Wange und noch weitere Treffer landen irgendwo auf ihrem Gesicht. Sie kann sie inzwischen nicht mehr genau ausmachen. Der Typ hat sie nicht etwa geohrfeigt, sondern unter Aufbietung aller Kräfte mit der Faust zugeschlagen. Weshalb Tony zum zweiten Mal Sterne sieht – diesmal so stark, dass sie vorübergehend nichts mehr wahrnimmt.

Das heftige Reißen von Leinenstoff und Fingernägel, die schmerzhaft über ihre Haut kratzen, holen sie in die Realität zurück. Ihr Hemd wird gerade zerfetzt, und wenn sie sich nicht täuscht, muss ihr BH gleich mit dran glauben. Der kühle Luftzug, der kurz darauf ihre Brüste berührt, bestätigt ihre Vermutung. Dann macht er sich brutal daran, ihre Hose zu öffnen.

»Tony, Tony, Tony Baby ...«, japst er. »So willst du es also ... nichts leichter als das.«

Immer angestrengter versucht Tony, ihre Hände zu lokalisieren. Der Kerl muss sie losgelassen haben, sonst hätte er sie nicht schlagen und sich an ihren Klamotten zu schaffen machen können. Also kann sie sich widersetzen, wenn sie nur erst einmal ihre Arme gefunden hat. Sie beißt die Zähne zusammen und schmeckt warmes Blut auf ihren Lippen. Mittlerweile sind seine Finger bereits weit vorgedrungen, denn die kühle Brise streift jetzt auch den unteren Bereich ihres Bauches und seine Last verschwindet ein wenig, als er sich aufrichtet, wahrscheinlich, um die Jeans von ihren Beinen zu zerren.

Doch so weit kommt es nie.

Plötzlich hebt sich das Gewicht von ihr und sie hört gedämpfte Schläge, kurz darauf Schreie und dann eine leise, von Wut verzerrte Stimme. »Ich mach dich kalt!«

Tony hat sich noch nie in ihrem Leben so sehr gefreut, diese Stimme zu hören – *noch nie!* Weitere Schläge folgen, die von lauteren Schmerzensschreien untermalt werden. Sie wagt nicht, die Augen zu öffnen, liegt einfach da und wartet auf das, was geschehen wird. Inzwischen haben sich ihre Hände wieder eingefunden, Wangen und Schläfen kleben und das rechte Handgelenk tut scheiße weh. Zunächst fehlt ihr für Letzteres jede Erklärung – vielleicht hat er zu hart zugepackt. Dann fällt ihr die Faust ein, mit der er das Pfefferspray weggeschlagen hat, und sie stöhnt leise auf.

So eine Scheiße!

Irgendwann verstummen die eindeutigen Geräusche, die entstehen, wenn jemand die Tracht Prügel seines Lebens kassiert, und Schritte nähern sich, bevor sich jemand neben sie kniet. »Anthonia?« Das klingt beunruhigt und eine Hand streichelt sanft ihre Wange. Doch als sie zusammenzuckt, verschwindet sie sofort wieder und mit ihr die besorgte Stimme. »Steh auf!«, knurrt es stattdessen irgendwo über ihr.

Im nächsten Moment wird sie von derben Händen gepackt und auf zittrige Beine gestellt. Tony versucht, durch ihr rechtes Lid zu linsen, und kneift es im nächsten Augenblick zusammen. Ehrlich, sie hat ihn noch nie so scheißewütend gesehen – und das soll neuerdings ja echt etwas heißen. Sein Mund ist nur noch ein schmaler Strich, die Augen wirken riesig und versprühen einen wahren Funkenregen. Der nächste Versuch, ihn anzuschauen, bringt auch kein besseres Ergebnis. Breitbeinig steht er vor ihr, sein verächtlicher Blick wandert an ihr hinab, was ihr in

Erinnerung ruft, dass ihr Hemd so ziemlich zerrissen ist und der BH darunter auch.

Scheiße!

Tony bemerkt erst, dass sie schwankt, als er wieder zugreift. »Verdammt!«, hört sie ihn knurren, und dann wird es wirklich dunkel um sie.

* * *

Sie kommt zu sich, weil auf ihre Schläfe ein Brandanschlag verübt wird. Doch als sie danach tastet, wird sie von energischen Fingern zurückgehalten. »Nicht anfassen!«

»Aber es brennt!«, nuschelt sie. Oh, ihre Lippe fühlt sich komisch an.

»Sicher tut es das.« Das klingt immer noch nicht sehr begeistert. Edward scheint an ihr herumzuhantieren, denn kurz darauf brennen auch ihre Wange und das Kinn. Tony beißt die Zähne zusammen, zwingt sich, keinen Ton von sich zu geben, um ihn nicht noch wütender zu machen. Und irgendwann verschwinden zunächst die Finger und dann das Feuer.

Als er jedoch Anstalten macht, sie am Handgelenk hochzuziehen, schreit sie auf.

»Anthonia?« Die besorgte Stimme ist zurück. »Was ist?«

Mühsam schlägt sie endlich die Augen auf, muss aber mehrfach blinzeln, bis sie auch annähernd etwas sieht. Sie befinden sich in ihrem Wohnzimmer, der Tisch vor der Couch ist mit allerlei Verbandsutensilien bedeckt, Edward sitzt neben ihr und mustert sie fragend.

»Mein Handgelenk«, wispert Tony.

Mit gerunzelter Stirn greift er danach, doch als sie instinktiv zurückschreckt, trifft sie der nächste eisige Blick und er knurrt wieder. »Ich will dir nur helfen.«

Dann begutachtet er ihre Hand. »Nicht gebrochen«, stellt er nach einer Weile fest. »Verstaucht – vielleicht –, möglicherweise auch nur gezerrt.« Ohne sie anzusehen, beginnt er, das Gelenk zu bandagieren.

Tony weiß nicht, wohin sie sehen soll, wenn nicht in sein Gesicht. Vor lauter Verzweiflung konzentriert sie sich auf seine Brust, und erst jetzt geht ihr auf, dass er oberhalb seiner Hose nackt ist. Hastig schaut sie an sich herab. Er hat ihr sein Hemd übergezogen.

Scheiße!

»Es tut mir leid«, flüstert sie, doch er reagiert nicht, sondern beschäftigt sich nur noch intensiver mit dem Scheißverband von der Scheißhand. Nach der neuesten Abfuhr beschließt Tony, lieber zu schweigen, ihr ist nämlich immer noch schwindelig; Übelkeit hat sich hinzugesellt, ihre Lippe scheint inzwischen doppelte Ausmaße zu haben, mit dem linken Auge kann sie nicht wirklich was erkennen, durch das rechte sieht sie alles nur mit rotem Filter und ihre Schläfe brennt nach wie vor.

Irgendwann ertönt seine gleichgültige Stimme. »Dein Rücken hat ein paar Schürfwunden abbekommen. Ich schätze, als der Kerl dich hingeworfen hat. Da kann man nicht viel machen. Allerdings ... gemessen an dem, was hätte passieren können, bist du wohl noch gut weggekommen. Es sei denn, ich habe die Situation missverstanden und dich gerade um ein kleines Abenteuer gebracht.«

Tony beißt sich auf die Unterlippe und stöhnt im gleichen Moment. Das tut weh, verdammter Mist!

Als Edward fertig ist, sieht er auf. »Das war's. Mehr kann ich nicht tun. Ich würde vorschlagen, du gehst ins Bett.«

Wie in Trance nickt sie und versucht aufzustehen. Nur ... es *geht nicht!* Ihre Hände zittern, wenn Tony sie belastet, die Beine gehorchen nicht ihren Befehlen, und sobald sie ihren Kopf bewegt, verdoppeln sich die dröhnenden Schmerzen und ihr wird speiübel.

Edward, der sie beobachtet hat, wie ein Wissenschaftler sein kleines Experiment, stöhnt entnervt auf und hat sie im nächsten Moment von der Couch gehoben. Wortlos trägt er sie in ihr Schlafzimmer, lässt sie ziemlich unsanft auf ihr Bett fallen und verschwindet ebenso stumm aus dem Raum.

Klasse!

* * *

Erst in der Dunkelheit ihres Zimmers wird Tony allmählich bewusst, was überhaupt geschehen ist.

Bis zu diesem Moment haben Schock, Schmerzen sowie Erleichterung überwogen und diese Erkenntnis gnädig zurückgehalten. Doch mit einem Mal prasselt alles auf sie ein. Sie ist tatsächlich gerade einer Vergewaltigung entgangen! Einer äußerst brutalen, um genau zu sein. Irgendwo am Stadtrand von Miami, im Dunkeln, von einer dreckigen kleinen New Yorker Ratte.

Wann immer sie die Augen schließt, hört sie wieder das Reißen, als er ihr Hemd auffetzte. Sie spürt die Fingernägel zwischen ihren Brüsten, während er ihr den BH herunterzerrte, und fühlt das unnachgiebige Knie zwischen ihren Beinen. Je mehr sie versucht, die Bilder aus ihrem Gedächtnis zu verbannen, desto schlimmer wird es. So grausam, dass kalter Schweiß auf ihrer Stirn ausbricht. Verspätet, aber sie bleibt nicht aus – die Todesangst. Tony weiß nicht, was sie dagegen tun soll. Hilflos zieht sie die Beine an den Körper und schlingt ihre Arme darum. Erst jetzt fällt ihr auf, dass sie zittert, als könne sie nie mehr aufhören. Angst prügelt zunehmend auf sie ein, weshalb sie ums Verrecken nicht allein sein mag. Tony will ihre Mom, Danielle oder Susan. Diese Stille und Einsamkeit, wobei sich ständig mehr Details des brutalen Überfalls in ihr vorderstes Bewusstsein vorkämpfen, machen sie fertig. Als das Zittern so grauenhaft wird, dass ihre Zähne aufeinanderschlagen, versucht sie mit Macht, sich auf etwas anderes zu konzentrieren.

Irgendwie ist ihre Abreise wohl nicht geglückt ...

Ratsch! – Mit einem Handstreich hat er alle Knöpfe ihres Hemdes abgerissen.

Tony holt tief Luft, ihre Hände umschlingen fester ihre Knie. Sie ist immer noch hier! Obwohl sie ganz genau weiß, dass sie nicht darf! Sie muss ...

Seine ekelhafte Zunge in ihrem Mund, sie kann sie spüren. Sein heißes, hektisches Luftholen auf ihrer Haut, es ist, als wäre er wieder da. Tony vernimmt sein Keuchen: »Tony, Tony ...«

Mittlerweile geht ihr Atem sehr schnell, trotz des rhythmischen Aufeinanderschlagens ihrer Zähne, das stetig schlimmer zu werden scheint.

Oh Gott!

Tony – gefangen in ihrer persönlichen Hölle – bekommt nichts davon mit, was in ihrer Umgebung geschieht, dass irgendwer ihr Zimmer betritt, dass er ein Glas und Aspirin auf ihren Nachttisch stellt, dann reglos vor ihrem Bett steht und sie betrachtet. Ihr entgeht auch, dass sich jemand zu ihr legt. Erst, als sanfte Hände sie an ihren Schultern umdrehen und sie kurz darauf an eine warme, tröstende Brust sinkt, registriert sie, dass er da ist. Mehr will sie nicht wissen und mehr kann sie auch nicht verarbeiten. Verzweifelt klammert sie sich an ihn, bemerkt, wie sich das Zittern noch einmal verstärkt, und kämpft verbissen gegen die Tränen an. Doch als er vorsichtig über ihr Haar streichelt, hat sie nichts mehr, womit sie noch kämpfen kann.

Sie kommen nicht einfach so – ein paar Tränen und dann ist es wieder gut. Stattdessen kündigen sie sich erst langsam an, in einem trockenen, immer wiederkehrenden lauten Schluchzen. Es bricht in tiefen, krampfartigen Schüben aus ihr heraus, wie ein Erdbeben, das in unendlich vielen, grausamen kleinen Etappen das Land heimsucht. Tony achtet nicht auf ihre Finger, die sich in seinen nackten Schultern festkrallen, weiß nicht, ob sie ihm wehtut oder nicht. Und als endlich, *endlich* die erlösenden Tränen eintreffen, ist es eine grenzenlose Erleichterung.

Er hält sie fest, streichelt ihr Haar, wiegt sie sanft und sagt keinen einzigen Ton. Und irgendwann, nach gefühlten Stunden, kann sie in seinen schützenden Armen einschlafen.

12. Entscheidungen

Tony erwacht, weil etwas Sanftes ihre Wange streichelt. Einige Sekunden lang sonnt sie sich noch glücklich in ihrer Unwissenheit; die zarte Berührung führt sogar dazu, dass ihr Mund sich zu einem Lächeln verzieht.

Doch dann fühlt sie den Schmerz, dessen Signale ihr Körper von zahlreichen Stellen zum Gehirn sendet. Die Einzige, die sie sofort lokalisiert, ist ihr Kopf. Der dröhnt nämlich dermaßen, dass sie Angst hat, einen vernünftigen Gedanken zu formulieren. Sie schwört, dass ein einziger genügen würde, um ihren Schädel endgültig zu sprengen. Aufhalten ist trotzdem unmöglich, denn schlagartig ist alles zurück: Dieses verdammte Schwein und all die Ereignisse der vergangenen Nacht. Und schon macht sie auch wieder die einzelnen massakrierten Zonen aus: ihr Gesicht, der Rücken, auch die andere Seite.

Sie will die Augen aufreißen, um zumindest die Bilder nicht mehr sehen zu müssen, erkennt jedoch mit wachsendem Grauen, dass sie damit ernsthafte Schwierigkeiten hat. Irgendwie kann sie nur ihr rechtes Lid bewegen, das linke weigert sich standhaft. Das sorgt für zusätzliches Entsetzen. Hilflos, blind und mit wachsender Panik versucht sie, auszumachen, WO verflucht noch mal sie ist! Dann wird ihr wieder das sanfte Etwas auf ihrer

Wange bewusst und endlich bringt sie sich wenigstens davor in Sicherheit, indem sie zurückweicht.

Als sie im nächsten Moment ihr komisches Auge aufschlägt, stellt sich die vermeintliche Bedrohung als ein kleiner Junge mit besorgtem – aber trotzdem seligem – Gesicht heraus. In den großen, ernsten Augen funkelt grenzenlose Freude. »Sie ist wach!«

»Das ist doch schon mal ein Anfang«, erwidert eine beherrschte, dunkle Stimme und Tony lenkt ihren eingeschränkten Blick in deren Richtung.

Edward trägt ein Tablett mit etlichem Geschirr beladen, und als sie seine ausdruckslose Miene betrachtet, fällt ihr schlagartig die vergangene Nacht ein. Leise stöhnend senkt sie das funktionstüchtige Lid. Sie hat sich bei ihm ausgeheult! Schlimmer noch: Er hat sie vor diesem Bastard gerettet! Tony will sich gar nicht ausmalen, wo sie nun wohl liegen würde, wäre er nicht aufgetaucht. Das wird er ihr für immer und ewig vorhalten und es gegen sie verwenden. Es muss für ihn doch ein gefundenes Fressen sein! Tony kann ihn bereits hören:

Wäre ich nicht gekommen, würdest du jetzt endlich wieder dort sein, wo du meiner Ansicht nach auch hingehörst: in der Gosse! Kaum lässt man dich unbeaufsichtigt, verfällst du wieder in deine alten Gewohnheiten, oder? Hast du es wirklich so verdammt nötig, dass du keinen Tag klarkommst, ohne dir den nächsten Kerl zu angeln? (Sein wütendes Gesicht nähert sich etwas und er atmet angewidert durch die Nase ein.)

Rieche ich da richtig? GIN? Also hattest du nichts Besseres zu tun, als in die nächste Saufhöhle zu stürzen und dich volllaufen zu lassen? Ich habe das total fehleingeschätzt! Du WOLLTEST es, ja? Tut mir ehrlich leid, wenn ich dir die Tour vermasselt habe. (Abwertende Musterung von oben bis unten, einschließlich blitzender Augen.)

Ich weiß nicht, was genau dein Plan war, aber wenn du dem nächsten Idioten ein Kind andrehen wolltest, hast du dir eindeutig die falsche Bar ausgesucht! Meines Wissens verkehren dort keine Reichen und Mächtigen, eher die unterste Mittelschicht. Ich schätze, du hast deine Zeit verschwendet. Hättest du mich gefragt, hätte ich dir ein paar gute Adressen nennen können! Ich helfe gern, wenn ich kann! (Der nächste verächtliche Blick, Hände, die sich zu Fäusten ballen, Augen, in denen mittlerweile ein Feuerwerk stattfindet).

Ich habe noch nie so eine unfähige Mutter gesehen! Du bist ekelhaft und ich kann es kaum erwarten, dass du endlich verschwindest! Lass Matty und mich in Ruhe!

»Das wollte ich!«

Erst, als ihr Beitrag im Raum verhallt ist, wird Tony bewusst, dass sie laut gesprochen hat. Mit wachsender Verzweiflung mustert sie die verwirrten Mienen. Verdammt! Jetzt halten die beiden sie garantiert für irre! Aber irgendwie kommt sie sich ja auch so vor.

Sie weiß nicht, wie sie mit dieser Situation umgehen soll; um die Wahrheit zu sagen, hat sie nicht mal eine Ahnung, ob sie ihm jemals wieder in die Augen schauen kann, und sie fragt sich mit zunehmender Hysterie, weshalb sie nichts richtig erkennt. Ihre Worte sind auch ziemlich undeutlich gewesen, mal davon abgesehen, dass sie sich total mies fühlt.

Mieser als mies.

Scheiße!

So fühlt sie sich. Wie gottverdammte, stinkende Scheiße.

Als sie hastig an sich herabsieht und erkennt, dass sie nach wie vor sein Hemd trägt, fühlt sie sich gleich noch ein wenig beschissener. Tony spürt die Tränen kommen und drängt sie energisch zurück, nur, um kurz darauf festzustellen, dass sie chancenlos ist. Daher schließt sie jenes treue Lid, das noch ihrem Willen gehorcht, und hofft, wenigstens der Mist würde den beiden verborgen bleiben. Eines hat sie nämlich in der Zwischenzeit gelernt: Schwäche vor Edward Capwell zu zeigen, ist mit Abstand das Dämlichste, was man tun kann. Kaum gedacht geht ihr auf, dass es wohl kaum möglich ist, noch mehr vor ihm zu zeigen und sie schnaubt leise auf.

Schöne Scheiße!

Wenn sie bisher nicht der Überzeugung war, total hinüber zu sein, jetzt ist es amtlich. Damit wird sie nicht ungeschoren davonkommen. Und richtig, kaum ist dieses Detail durch ihre Hirnwindungen geflossen, ertönt seine leise Stimme. »Matty, du solltest zu Mrs. Knight hinuntergehen und dir etwas Orangensaft geben lassen. Ist das okay?«

Unsicher sieht der Junge zwischen Tante und Onkel hin und her. Erstere bringt diesmal kein Lächeln zustande, unmöglich. Je länger sie es versucht, desto grausamer fällt das Ergebnis aus. Schätzt sie zumindest, denn was sie da fühlt, ist alles, nur keine aufmunternde Miene. Und die Art, mit denen die beiden sie betrachten, wird auch immer argwöhnischer. Irgendwann nickt der Kleine jedoch und verschwindet.

Kaum hat sich die Tür hinter ihm geschlossen, stellt Edward das Tablett auf ihren Nachttischschrank. Tony bemüht sich, nicht zu ihm zu sehen, es gelingt ihr leider nicht, obwohl sie weiß, was kommt. Irgendwie glaubt sie nur nicht, heute besonders herzhaften Attacken gewachsen zu sein. Blöderweise ist sein Blick wie meistens unlesbar, als er sich schließlich mit dem Rücken zu ihr setzt.

»Was wolltest du?« Sie mustert seinen Rücken, der stets so verflucht gerade ist. Hat der einen Stock verschluckt? Und außerdem, was soll sie denn von sich geben? Was sie will?

Weg!

Das ist doch klar, oder? Als sie nicht antwortet, betrachtet Edward sie über die Schulter. Kaum sieht er sie direkt an, verfinstert sich seine Miene und er wendet sich ab.

Klasse!

Heiser räuspert Tony sich, ahnt, dass sie irgendetwas sagen muss, und hat gleichzeitig keinen Schimmer, was das sein soll. »Es tut mir leid«, flüstert sie, wobei ihr sofort einfällt, dass sie diesen Punkt bereits angebracht hat – mit eher mäßigem Erfolg. Wieder blickt er zu ihr, meidet jedoch sorgfältig ihre Augen.

»Was tut dir leid?«

»Dass ich ... er ... ich wusste das nicht«, wispert sie. Tony hat diesen Kerl nicht angemacht, sondern war nur da! Sie war nur ...

»Natürlich wusstest du es nicht!«, erwidert er bissig.

»Es tut mir leid«, wiederholt sie störrisch.

»Hör auf!«, presst Edward zwischen den Zähnen hervor und schaut inzwischen interessiert aus dem Fenster.

»Ich hätte gleich gehen sollen«, murmelt sie und fixiert ihre Hände, von denen eine verbunden ist ... stimmt ... das Handgelenk.

»Ach ja? Wohin denn, Anthonia? Meinst du, in der nächsten Bar wäre es nur einen Deut besser gelaufen?«

Da! Jetzt geht es los! War ja nicht anders zu erwarten. Doch Tony will nicht mehr – sie *kann* nicht. In den vergangenen

Stunden hat sich die gesamte Situation verändert. Wenn sie ihr Auge schließt, sieht sie diesen Kerl vor sich. Sie spürt seinen Körper auf sich, hört seine Stimme, selbst das Geräusch seiner Faustschläge ist allgegenwärtig. Als es geschah, hat sie es nicht gehört – dachte sie zumindest. Was jedoch nicht ganz der Wahrheit entspricht, ihr Unterbewusstsein hat nämlich jedes Stöhnen und ihre Schreie, als er auf sie einschlug, mitgeschnitten. Und ihr Gehirn macht sich einen Spaß daraus, ihr jedes noch so winzige Detail wieder und wieder unter die Nase zu reiben. Tony ist zu müde, um weiter zu kämpfen, sich zu rechtfertigen, und viel zu erschöpft, um sich Edwards Vorwürfe zu stellen oder ihn gar anzuschauen. Dass sie da sind, weiß sie – ob berechtigt oder nicht. Nein, sie ist dem nicht länger gewachsen.

Vielleicht war sie das ja nie.

Tony ballt ihre Hände zu Fäusten, schließt das Lid, zählt sehr langsam bis zehn und befiehlt sich, alles zu ignorieren: die Kopfschmerzen, ihre Müdigkeit und das Gefühl, ihr Körper sei eine einzige wunde Stelle. Als sie Edward wieder ansieht, schiebt sie entschlossen die Bettdecke zurück und will aufstehen.

»Was tust du da?«, erkundigt er sich überrascht – was besser als eisig ist.

»Ich gehe duschen.«

»Gute Idee, schätze ich.«

»Ja«, murmelt sie, während sie sich mühsam aus dem Bett kämpft. »Ich haue ab, irgendwie. Ich hätte gar nicht wiederkommen dürfen. Ich muss weg. Weg!«

Ihr Wahrnehmungsvermögen hat anscheinend auch leicht gelitten, denn nachdem sie erfolgreich ein paar Zentimeter bewältigt hat, hört sie ein Knurren, spürt Hände, die sie an den

Schultern packen, sie freundlicherweise bei ihren Bemühungen unterstützen, und findet sich kurz darauf im Bad vor dem Waschbecken wieder.

Die Finger bleiben an Ort und Stelle. »So willst du verschwinden, ja?«, erkundigt er sich leise knurrend.

Tony, die nach wie vor der Frage nachgeht, wie sie so schnell hier gelandet ist, hebt widerwillig den Kopf und erstarrt.

Sie hat nicht den geringsten Schimmer, wer das da im Spiegel ist, eines ist jedoch sicher: Diese bedauernswerte Person hat eine ziemlich beschissene Nacht hinter sich. Das linke Auge ist keines mehr, nur noch eine rot/violette dicke Masse, die zugeschwollen und verklebt ist. Die gesamte linke Gesichtshälfte schimmert bläulich, die Lippen sind geschwollen, an einigen Stellen blutig und nur teilweise verschorft. Von ihrem Körper sieht sie nicht viel, doch das wenige Erkennbare ist blau.

Alles – sie – ist ... BLAU!

Edward steht hinter ihr und starrt sie mit verkrampftem Kiefer an. Seine Anwesenheit bringt sie überhaupt zu der miesen Überzeugung, dass das da sie ist. Er hat nicht vor, sie zu schonen. Nein, warum auch? Denn anstatt sie gehen zu lassen, erscheinen plötzlich seine Finger im Spiegel, wo er erstaunlich behutsam ihr Hemd – das nach wie vor seines ist – ein wenig auseinanderzieht und somit für einen besseren Blick auf ihren Körper sorgt. Zwischen ihren Brüsten ziehen sich schmale, aber tiefe Risse entlang – ahh, das hat so wehgetan, womit dieses Geheimnis auch gelöst ist.

Als sie zitternd ihre Hand hebt, um sich das schmutzige und mit Blut verklebte Haar aus dem Gesicht zu streichen, entdeckt sie erneut den Verband. Und genau dieser ist eine visuelle

Information zu viel – das so unschuldige Weiß des Mulls gibt ihr den Rest.

Tony schwankt mit einem Mal und schluchzt trocken auf, doch Edward legt mit einem grimmigen Schnauben seine Arme um sie und verfrachtet sie wieder in ihr Bett. Seine Miene ist eisig, die Lippen immer noch aufeinandergepresst und die blauen Augen blitzen so unvorstellbar grell, dass Tony sich hastig abwendet, aus Angst, versehentlich das Verbliebene ihrer Sehkraft einzubüßen. Und weil er so unendlich sauer ist.

Wie gern würde sie fliehen, endlich weg von ihm und seinem vernichtenden Zorn. Aber er hat recht, sie kann nicht, verdammt. Jedenfalls nicht derzeit.

»Es tut mir so leid«, flüstert sie, obwohl sie ahnt, dass die endlose Wiederholung dieses Satzes ihn auch nicht besänftigen wird. Nichts vermag das – zumindest nicht, solange es von ihr stammt.

Wortlos breitet er die Decke über ihr aus.

»Ich wollte das echt nicht.«

»Sei still, Anthonia!«

»Es tut mir wirklich leid!«

Anstatt etwas anzumerken, starrt Edward auf sie herab – mit dem bekannten, verächtlichen Ausdruck, bevor er kehrtmacht, aus dem Zimmer marschiert und Tony zurücklässt.

Allein, einsam und ziemlich fertig.

* * *

Tony muss eingeschlafen sein, denn als sie das nächste Mal bewusst etwas mitbekommt, steht die Sonne um ein Vielfaches tiefer. Anscheinend ist der Winter verschwunden, wenn man die Pseudokälteperiode in Florida überhaupt so bezeichnen kann.

Durch das weit geöffnete Fenster dringen Vogelgezwitscher und warme Luft herein.

Als sie leise Stimmen vernimmt, hält sie ihr Auge geschlossen und lauscht.

»Mehr kann ich nicht für sie tun. Um Näheres zu wissen, müsste ich sie in ein Krankenhaus ...«

»Nein!«

»Ich verstehe. Die Hand ist geschwollen, aber das ist das geringste Problem. Mehr Sorgen bereitet mir da ihr Kopf. Die Schläfe. Soweit ich das nach der sporadischen Untersuchung sagen kann, ist es keine Fraktur, nur eine sehr starke Prellung – doch man weiß es nie mit Sicherheit, ohne zu röntgen. Sie sagen, es kam nicht bis zum Äußersten?«

»Nein, das konnte ich verhindern.«

»Das ist gut. Der Täter ist ...?«

»Darum habe ich mich gekümmert.«

Für einen Moment tritt Stille ein, bis erneut die fremde Stimme ertönt. »Sie dürfte Schmerzen haben; geben Sie ihr von diesen zwei, sofern sie danach verlangt.«

»In Ordnung.«

»Ich werde morgen wieder vorbeischauen.«

»Ja.«

»Gut, dann ... wünsche ich Ihnen einen schönen Tag.«

Wenig später klappt die Tür, Edward hat sogar noch frostiger geklungen, was Tony ehrlich Angst macht. Ihr Schädel fühlt sich anders an, schwerer, wenn sie das korrekt einschätzt. Möglicherweise ein neuer Verband. Mit einigen Mühen befeuchtet sie mit der Zunge ihre Lippen, was zwar brennt, aber wenigstens verhältnismäßig gut funktioniert. Leider bleibt diese Aktion nicht unbemerkt, Schritte nähern sich ihrem Bett.

»Bist du wach?«, erkundigt Edward sich laut, aber nicht eisig. Dennoch wagt sie nicht, ihn anzusehen, nur um herauszufinden, dass sie sich getäuscht hat, weil ihr Ohr auch in Mitleidenschaft gezogen wurde und ihr Gehör seitdem nicht mehr richtig funktioniert. Tony kneift die Augen zusammen und registriert kurz darauf sein entnervtes Stöhnen.

»Anthonia!«

»Ich bin nicht wach!«, verkündet sie, ohne ihn anzuschauen, was ihn tatsächlich zum Lachen bringt. Na ja, jedenfalls halbwegs, denn das Geräusch verschwindet schnell. »Der Arzt war hier. Er hat dich untersucht und ließ Tabletten für dich da. Magst du eine?«

Auch eine Art, sich zu erkundigen, ob sie Schmerzen hat. Und sie hat welche. Oh jaaaa. Ihr Kopf dröhnt, als wäre sie gegen eine Eisenwand gelaufen, und zwar mit vollem Karacho, ihre Hand tut weh, der Rücken brennt. Aber am schlimmsten ist diese bleierne Müdigkeit. Tony will schlafen. Schlafen. Nur noch schlafen.

Heiser räuspert sie sich, achtet sorgfältig darauf, ihr Auge ja geschlossen zu halten, und murmelt: »Wenn es dir nichts ausmacht.«

»Nein, das tut es nicht.« Das klingt entnervt und ziemlich sauer.

Entmutigt seufzt sie, denn er soll nicht mehr wütend sein, und wenn es notwendig ist, dass sie verschwindet, damit er endlich wieder gut wird, dann wird sie eben endlich gehen. Egal, was es sie kostet. Sie kann das einfach nicht länger ertragen. In der nächsten Sekunde versucht sie erneut, aufzustehen, ohne echte Überlegung, einfach nur aus dem Impuls heraus, es gut zu machen. Auch wenn sie nicht genau weiß, was eigentlich. Allmählich geht ihr auf, dass sie sich nie zuvor in ihrem Leben so sehr geschämt hat, obwohl sie im Grunde überhaupt nichts getan hat. Doch bevor sie irgendetwas Falsches tun kann, entweder aufstehen, heulen oder was auch immer, spürt sie eine Hand in ihrem Nacken, die Tony unerbittlich nach oben drückt, und selbst das schmerzt. Auch wenn der Griff diesmal zwar stark, jedoch bestimmt nicht grob ist.

»Du müsstest schon die Augen öffnen, sonst wird das nicht funktionieren.« Es ist nicht die Feststellung, die sie aufhorchen lässt, sondern der veränderte Ton. Edward spricht beherrscht und nicht entnervt – Tony sind nie mehr Steine von der Seele gefallen. Niemals!

Unter wilden Anstrengungen zwingt sie ihr funktionstüchtiges Lid auf und schaut kurz darauf in sein ausdrucksloses Gesicht.

»Wunderbar«, murmelt er und schiebt ihr zwei Pillen zwischen die Zähne, bevor er ein Wasserglas an ihre Lippen hält. Das Schlucken ist aus Gründen, die sie nicht ganz nachvollziehen kann, ziemlich schwierig, geht am Ende aber irgendwie. Danach drängt er sie zurück, immer noch mit dieser unbeweglichen Maske, die sein Gesicht im Allgemeinen darstellt. Sie mustert ihn durch ihr verschwommenes Blickfeld. »Es tut mir ...«

Eine Hand schweißt sich auf ihren Mund; Tony zuckt zusammen und stöhnt, weil selbst das verteufelt wehtut. Was ihm wohl entgeht, denn er beugt sich zu ihr vor. »Hör auf damit, Anthonia«, bemerkt er ätzend. »Ich warne dich!«

Das reicht, um die nächsten Tränenflut loszutreten, aber sie schluckt verbissen dagegen an, kann das Desaster aber nicht vor ihm verbergen, was echt Mist ist. Nun wird er erst richtig wütend werden und dann ...

Erstaunt hört sie ein resigniertes Stöhnen, ehe er ihr behutsam über die Stirn streicht. »Es tut *mir* leid. Ich hätte früher kommen müssen. Ruh dich jetzt aus.«

Eine gute, echt grandiose Idee, doch bevor sie das tut, macht sie etwas völlig anderes: Tony heult, was übrigens hervorragend mit nur einem Auge funktioniert. Ihre Arme liegen um seinen Hals, die Wange an seiner Schulter, und dann ...

Dann gelingt es ihr endlich, zu schlafen.

* * *

Die folgende Zeit vergeht in einem Schleier aus Tränen, Schlaf, Schmerzen und den regelmäßigen Besuchen des Arztes; Tony sieht ihn zum ersten Mal nach drei Tagen. Dr. Baker ist ein älterer Mann, der sie sehr höflich und zuvorkommend behandelt. Täglich erneuert er ihre Verbände und versorgt die Wunden, die zahlreich ihren Körper bedecken. Ihr linkes Lid kann sie nach einer halben Woche ein wenig öffnen, auch wenn das, was sich darunter befindet, eine blutunterlaufene, matschige Masse ist. Dies bleibt es eine ganze Woche so, und bis hierhin sind die Dinge noch halbwegs erträglich, doch damit beginnen die unerträglichen.

Zunächst und am meisten betrifft es ihren Neffen und dessen Onkel. Matty, weil er sich aufführt, als wäre sie ein rohes Ei, ihr selten von der Seite weicht, während Tony dabei ständig das Flehen in seinen Augen sieht: *Bitte, bitte, geh nicht!*

Sie hat Edward gefragt, wie er ihr Monsteraussehen erklärt hat, und als er antwortete, zeigte er wie üblich keine Regung. »Autounfall! Das Teil hat dich ziemlich gemein erwischt, aber du hattest riesiges Glück. Er hat es akzeptiert, ohne eine weitere Frage zu stellen.«

Was für ein Wunder!

Edward selbst ist das nächste Problem: Sie hätte vermutet, er würde die Haushälterin mit Tonys Pflege betrauen oder vielleicht eine Schwester engagieren, denn inzwischen ist Tony davon überzeugt, dass Geld für diesen Mann nicht die geringste Rolle spielt. Nur passiert weder das eine noch das andere. Anstatt wie sonst in seine Firma zu fahren, sorgt er höchstpersönlich dafür, dass sie unter die Dusche kommt. Auch wenn er es stets versteht, sich aus dem Bad zu stehlen, bevor sie sich auszieht.

Edward serviert ihr das Essen, schüttelt ihr das Kissen auf und kümmert sich um Matty. Doch er spricht so gut wie nie mit ihr und wann immer er sie ansieht, blitzt die Wut in seinen Augen auf. Meist allerdings vermeidet er es ohnehin, sie direkt anzuschauen. In der Regel klingt er eisig; wenn sie großes Glück hat, nur ausdruckslos. Heult sie jedoch, verlässt er sofort das Zimmer und das so schnell, dass sie nicht die geringste Chance hat, seine Miene zu sehen. Nicht, dass dies erforderlich ist, sie weiß auch so, was sie darin finden würde: Abscheu, Verachtung, Zorn. Eine wundersame Kombination.

Diese untragbare Situation zwischen ihnen beiden belastet sie so sehr, dass sie manchmal keine Luft bekommt. Besonders, wenn er wieder einmal den Raum betritt, ihr etwas bringt und geht, ohne sie angeschaut oder ein Wort mit ihr gewechselt zu haben. Tony kann das nicht mehr ertragen! Womit sie bereits bei ihrem dritten Problem angelangt ist, die alle eng miteinander verwandt sind: Irgendetwas ist in ihr zerbrochen. Bisher war sie stets lebensfroh und bewältigte all die Katastrophen in ihrem Leben mit ihrem unermüdlichen Optimismus. Nie gab sie auf, immer machte sie weiter – aber jetzt ist es anders.

Betrachtet sie den Jungen mit dem flehenden Blick, fühlt sie sich schuldig; mustert Edward sie mit dem nie verschwindenden

Zorn, fühlt sie sich noch schuldiger. Sie spürt, dass sie nicht hier sein darf; tatsächlich hätte sie Matty niemals begleiten dürfen. Sein Onkel kümmert sich rührend um ihn; dies ist sein Zuhause – er gehört an diesen Ort. Das ist seine Zukunft, und zwar eine gute, eine helle, glückliche – aber nicht ihre. Tony ist und bleibt eine Fremde, ein Eindringling. Und diesmal nicht, weil Edward sie so seltsam behandelt, sondern weil sie ahnt, dass es die Wahrheit ist. Je länger sie da ist, je mehr sie sich an all das, an ihn, gewöhnt, desto schlimmer wird es am Ende werden. Da gibt es die Lüge, die zwischen ihnen steht. Tony weiß, dass er ihr das nie verzeihen wird. Schon immer glaubte sie, jede Menge Fantasie zu besitzen, doch wie dieser Mann reagiert, wenn er dahinter kommt, dass sie sich mit einer riesigen Schwindelei bei ihm eingeschlichen hat ... dafür fehlen ihr die erforderlichen Voraussetzungen. Eines weiß sie mit Bestimmtheit: All das, was sie bis hierher erduldet hat, war ein Spaziergang, ein Kinderspiel im Vergleich dazu – nicht der Rede wert. Inzwischen ist sie davon überzeugt, dass er die komplizierteste Person ist, der sie jemals begegnet ist. Keiner, der wie die anderen reagiert; sein Verhalten ist so seltsam, so entgegengesetzt zu seiner Gestik und Mimik, dass ihr schwindlig wird, sobald sie auch nur den Versuch startet, es zu verstehen. Er ist wortkarg, gefühlskalt – wenn es nicht seinen Zorn betrifft –, behandelt sie mit unendlicher Verachtung und pflegt sie dennoch bereits seit knapp zwei Wochen mit stoischer Gelassenheit. Und eben *weil* das so unverständlich ist, fühlt Tony, dass sie nicht das Recht hat, sich von ihm umsorgen zu lassen, denn sie ahnt, dass er dies nicht für jeden Menschen tun würde. Irgendwie bezweifelt sie sogar, dass er das überhaupt schon mal getan hat. Tony missbraucht ihn und kommt sich verdammt schlecht dabei vor. Seine Aufopferung steht ihr nicht zu, denn sie gehört der Frau, die er einmal heiraten, derjenigen, die irgendwann bei Matty die Mutterrolle einnehmen wird.

Nicht ihr!

Gleichzeitig ist allein die bloße Vorstellung, die beiden zu verlassen, unerträglich. Tony weint immer öfter, bald sind es täglich mehrere Stunden, ohne es stoppen zu können. Weil niemand sonst da ist, liegt sie mit ihrem Teddy im Arm zusammengerollt im Bett und versucht krampfhaft, irgendetwas gegen die Tränen zu unternehmen – erfolgreich ist sie nie.

Währenddessen heilen die Wunden nach und nach, und die vielen Blutergüsse, die ihren Körper bedecken, werden grün, gelb, bis sie schließlich kaum noch zu erkennen sind.

Als sie eines Morgens in ihr kleines Bad tritt und ihr eine müde, jedoch normal wirkende Tony aus dem Spiegel entgegensieht, weiß sie, dass sie nicht länger warten darf.

* * *

Diesmal denkt sie nicht, schmiedet auch keine Pläne oder legt sich ihre Worte zurecht – sie handelt rein mechanisch, beinahe wie in Trance. Tony duscht und zieht sich ihre Jeans, Leinenhemd und Doc Martens an, wobei sie jeden überflüssigen Blick in den Spiegel meidet.

Schließlich geht sie hinunter – zum ersten Mal seit zwei Wochen – und findet Onkel und Neffe am Frühstückstisch vor. In trauter Einigkeit. Wie Vater und Sohn.

Gleichzeitig schauen beide auf, als sie im Türrahmen erscheint, und in den so verschiedenen Gesichtern blitzt die identische Überraschung und Freude auf. Das macht die Dinge nicht unbedingt einfacher.

Tony setzt sich, ringt sich ein Lächeln ab und nimmt dankend den Kaffee, den ihr eine eilfertige Mrs. Knight vorsetzt. Dann mustert sie zunächst Mattys strahlende und Edwards inzwischen wieder seltsam argwöhnische Miene, holt tief Luft und sieht in ihre Tasse. »Es ist höchste Zeit, dass ich nach New York zurückkehre. Heute noch!«

13. Bittere Erkenntnisse

Im Raum herrscht atemlose Stille.

Selbst die Haushälterin, die eben noch im Kühlschrank hantierte, rührt sich nicht mehr. Sie ist es jedoch, die sich als Erstes erholt. »Ich gehe dann mal ...«, murmelt sie und verschwindet durch die Tür.

Zurück bleiben drei Menschen, von denen zwei den dritten mit riesigen Augen anstarren. Scheint fast so, als habe Tony gerade die ultimative Bombe hochgehen lassen.

Als Nächstes zeigt Matty eine Regung, er sagt nichts, stattdessen sammeln sich dicke Tränen und in der folgenden Sekunde schluchzt er hemmungslos.

»Matty«, wispert sie und will seine Hand nehmen, aber er schüttelt heftig und in deutlicher Ablehnung den Kopf und reißt sie weg. »Nein!« Als er aufschaut, ist seine Miene trotz der Tränen auf den Wangen unglaublich zornig. Tief und bebend holt er Luft und brüllt los, direkt in ihr Gesicht. *»Lass mich in Ruhe!«* Damit springt er von seinem Stuhl und stürzt aus dem Raum.

Tony sitzt da wie betäubt und hat keinen Schimmer, was sie tun soll. Als wäre das alles noch nicht genug, kämpft sie bereits wieder gegen das Weinen, das sie doch unter allen Umständen vermeiden will, verdammt!

Obwohl sie weiß, dass es ein Fehler ist, sieht sie zu Edward. Der betrachtet sie mit der üblichen unbewegten Miene. Mit wachsender Anspannung lauert sie auf seinen Tobsuchtsanfall, darauf, dass er sie anbrüllt, sie die mieseste Mutter des Universums schimpft, es kommt nur nichts.

Nach einer Weile steht sie auf, denn offensichtlich ist alles geklärt. »Ich gehe packen.«

Er folgt ihr nicht.

* * *

Als Tony mit ihrem Rucksack und nur einer weiteren Tüte bewaffnet hinuntergeht, trifft sie niemanden. Direkt vor dem Haus wartet ein Taxi auf sie. Tony sieht weder Matty noch dessen Onkel, nicht mal die Haushälterin, den beschissenen Gärtner oder wenigstens einen der vielen schwarzen Punkte kann sie ausmachen, was sie schon wieder akut mit den Tränen kämpfen lässt. Aber so hat sie es doch gewollt, nicht wahr? Einen schnellen und reibungslosen Abgang. Voilá! Da ist er! Also, reibungsloser geht nicht!

Warum nicht die bisher einmalige Gelegenheit nutzen und endlich verschwinden? Sie nickt langsam vor sich hin, wird mit jeder neuen Kopfbewegung entschlossener, bis sie sich schließlich überzeugt hat. Ausreichend genug jedenfalls, um den nächsten Schritt zu unternehmen. Sie steigt in das Auto, nennt dem Fahrer ihr Ziel, lehnt sich zurück und schließt die Augen.

Weg!

Nur, ganz, ganz schnell weg!

* * *

Während der Fahrt schweigt Tony, und auch der Taxifahrer hat nichts zu erzählen, wofür sie außerordentlich dankbar ist. Sie ist die New Yorker Ausgaben gewohnt: Wenn man Pech hat, erwischt man einen mit unglaublich großem Mitteilungsbedürfnis. Der schwafelt dann in einer Tour. Offenbar sind die Mietchauffeure in Florida anders gestrickt. Gut. Heute hätte sie kein sinnloses Geschwätz ertragen können.

Als sie, am Bahnhof angekommen, die 20 Dollar blechen will, schüttelt er den Kopf. »Schon bezahlt.«

Aha, das hat also der stinkreiche Oberguru übernommen, fein! Tony ist zu müde und zu niedergeschlagen, um sich ernsthaft darüber Gedanken zu machen. Und so schleppt sie sich an den erstbesten Schalter und kauft ein Ticket für den nächsten Zug nach New York.

Der fährt in etwas über zwei Stunden, womit das eingetreten ist, was sie besser vermieden hätte: Tony ist gezwungen zu warten und das, wo sie doch so dringend weg will. Seltsam, dieser extreme Fluchtwunsch ist noch nicht verschwunden; sie hat wohl noch nicht ausreichend Meilen zurückgelegt. Die vielen Menschen bedrängen sie, stören sie in dem unendlichen Kummer, der Trauer, die sie nicht bis in jedes Detail exakt definieren kann. Sie möchte mit ihrem Schmerz allein sein, bevor sie das jedoch darf, liegen noch mehr als sechs Stunden vor ihr.

Die Ersten verbringt sie in der überfüllten Wartehalle voller Touristen, Geschäftsleuten, lärmenden Kindern und Studenten, die ihre Semesterferien in Florida verbringen, um ein wenig Sonne zu tanken, abends in Bars zu gehen und ... So schnell wie möglich verbannt sie diesen verbotenen Gedanken und konzentriert sich ausschließlich auf ihre Suche nach einem Platz. Da alles besetzt ist, hockt sie sich schließlich auf den Bahnsteig an einen der Kioske gelehnt und schließt erneut die Augen. Eine dämliche Idee, denn sofort tauchen *ihre* Gesichter auf:

Der kleine, süße Matty, der sich nicht mal von ihr verabschiedet hat, und der schöne, ewig mies gelaunte Edward, der sie ohne ein Wort ziehen ließ. Allmählich wächst in ihr die Gewissheit, dass sie keinen der beiden jemals wiedersehen wird. Auch wenn Edward sie weder zur Unterzeichnung einer Verzichtserklärung gezwungen oder mit einem dreckigen Scheck gewedelt hat, ist das der Deal. Tony hat es nicht vergessen. Inzwischen gibt sie selbst zu, dass es so richtig ist, denn sie ist das letzte Relikt, das ihren Neffen am Verarbeiten hindert. Das letzte Fragment aus seinem alten Leben, wo er doch gerade im Begriff ist, mit seinem Onkel ein neues zu beginnen. Ein gutes. Bestimmt wird Edward irgendwann heiraten, vielleicht hat er ja sogar eine Freundin, sie hat nach einer Frau gefragt – nicht nach einer Fickpartnerin. Tony weiß es nicht. Tatsächlich ist ihr überhaupt nichts bekannt; in all den Wochen ist es ihr nicht gelungen, diesen Mann wirklich kennenzulernen, egal, was er ihr erzählt hat, als er versucht hat, sie ins Bett zu bekommen. Sie hat keine Ahnung, ob es die Wahrheit war.

Das lässt die Tränen noch schneller fließen. Niemals hat sie sich einsamer und verlassener gefühlt. Sie will von ihnen weg und gleichzeitig so unglaublich dringend zu ihnen zurück. Nur leider erwartet sie dort nicht das, was sie möchte, und das ist das ganze Problem.

Tony hat das sorgsam vor sich geheim gehalten. Dachte vom Verliebtsein, weil sie das andere – die Wahrheit – nicht einmal zu denken wagte und sich anfänglich sogar dafür verabscheute. Wie kann man jemanden lieben, der so seltsam ist? Der gar nichts Liebenswertes an sich hat, der sie immer mit Verachtung behandelt und von sich stößt? Sie weiß es nicht, vielleicht existiert für so was auch keine rationale Erklärung. Denn Fakt ist: Trotz allem liebt sie ihn.

Er ist es!

Möglicherweise ist die Ursache, dass man sich so was nicht aussuchen kann, und stattdessen die Liebe die bedauernswerten Personen infiziert, sie mit dieser Emotion bestraft und dann im Regen stehen lässt. Woher sollte Tony es wissen? Leider erwidert Edward ihre tiefen Gefühle nicht, nicht mal ein kleines bisschen, weshalb sie endlich diesen unwiderstehlichen Wunsch wirklich versteht, so schnell wie möglich zu verschwinden. Es liegt an seiner Nähe, die nur dummerweise keine ist; sie sehnt sich so unvorstellbar nach seiner Zuneigung, dass es wehtut, bei ihm zu sein und sie nicht zu bekommen. Wann immer sie Matty angeschaut hat, wusste sie, dass sie ihn verlassen muss; sie erblickte *ihn* und ihr wurde klar, dass sie ihn nie wiedersehen wird. Auch das war Grund für die Tränen, die sie in den vergangenen Tagen immer häufiger gequält haben. Diese Gewissheit des Verlassenseins, obwohl sie doch *da* waren.

Für sie!

Trotzdem machte sich zunehmend die Ahnung in Tony breit, dass niemand ihr helfen kann; am wenigsten diese beiden Menschen. Darüber hinaus tobt in ihr diese ohnmächtige Wut, die auf unglaubliche Weise mit Scham angereichert ist, denn sie hat diese Katastrophe an jenem Abend auf der einsamen Straße zugelassen, ohne sich verteidigen zu können. SIE – Anthonia Benett! Die starke, schlagfertige Tony, die sich stets gegen jeden erfolgreich zur Wehr setzt – ha! Was für ein Witz!

… und dann hat ER sie auch noch so gefunden; warum musste das ausgerechnet ihr passieren? Das ist so unfair!

Vermutlich hat sie ihn deshalb verloren, auch wenn die Vernunft in ihrem Kopf wispert, dass man nicht verlieren kann, was man nicht besitzt. Doch sie ist momentan nicht in der Lage, darauf zu hören; lieber glaubt sie der hysterischen, ewig jammernden Stimme, die ihr panisch empfiehlt, sich zu verkriechen, auch wenn sie es nicht zustande bringt.

In ihr herrscht das perfekte Chaos; ein wirrer Gedanke wechselt einen noch abstruseren ab. Über allem steht jedoch die grausame Erkenntnis: Sie hat beide verloren und sie wird sie niemals wiedersehen!

Heulend sitzt sie inmitten der Menschen am Boden und ihr ist egal, wie ihr Umfeld das aufnimmt. Sie hat allen Grund zu weinen, weil sie nämlich alles, ehrlich alles, was ihr etwas bedeutet, soeben eingebüßt hat. Die Tränen rinnen herab und das Schluchzen erschüttert ihren Körper. Es scheint mit jeder Minute zuzunehmen.

Taschentuch!

Tony braucht unbedingt ein Kleenex, denn nicht nur ihre Augen laufen über, sondern auch die Nase. Hektisch kramt sie in ihrem Rucksack und findet nichts. Stattdessen versucht sie es in ihrem Parka, den sie zum ersten Mal seit Wochen trägt. Hier ist ihre Suche erfolgreicher. Und als sie sich schließlich ihre triefende Nase putzt, blickt sie auf und erstarrt.

* * *

Er steht vor ihr, weniger als einen Meter entfernt und betrachtet sie ausdruckslos. Doch das spielt keine Rolle und wenn er wütend wäre, tobend – es wäre ihr egal. Schon fließen die Tränen noch schneller, ihr Beben nimmt beängstigende Formen an, bis er sich endlich neben sie kniet und sie heulend in seine Arme sinkt.

Wortlos hält er sie fest und gibt ihr Gelegenheit, sich auszuweinen – für Ewigkeiten, so scheint es zumindest. Bis Tony sich irgendwann so weit beruhigt hat, dass sie wenigstens in der Lage ist, ihn anzusehen. Kaum wird sie mit seiner ernsten Miene konfrontiert, senkt sie den Blick. »Ich sehe garantiert furchtbar aus.«

Sein leises Lachen lässt sie erneut aufschauen; und dann tut er etwas, was sie total umwirft. Behutsam säubert er mit den Daumen ihre Wangen. Tony bewegt sich nicht, beschwört sich, nicht die Augen zu schließen, so sehr sie es auch will. Denn mit einem Mal wirkt er sanft und so zärtlich, wie er sonst nur bei seinem Neffen ist. Das darf sie sich unmöglich entgehen lassen.

Sein Lächeln verschwindet. »Ich wusste, dass es dir nicht leichtfallen würde, Matty zu verlassen.«

Eilig nickt sie und kämpft bereits mit den nächsten Tränen.

»Vielleicht sollten wir vereinbaren, dass du ihn besuchst? Ab und an? Er vermisst dich, Anthonia, er weint ...«

»Ich weiß«, wispert sie.

»Du wirst deine Gründe haben, weshalb du gehst.« Sein erhobener Finger bringt Tony zum Schweigen, ehe sie etwas erwidern kann. »Ich bin nicht hergekommen, um dir Vorwürfe zu machen. Mir ist nicht entgangen, wie unglücklich du in meinem Haus warst.« Ein Schatten legt sich flüchtig auf sein Gesicht; bevor Tony ihn greifen kann, ist er verschwunden. »Es tut mir leid, weil ich es dir so schwergemacht habe. Ich schätze ...«, leicht verunsichert befeuchtet er mit der Zunge seine Unterlippe, »... ich war manchmal nicht ganz fair.«

»Nein ...«, haucht sie. »Ich war es nicht ... Ich habe ...« Sie schluckt und senkt den Kopf. Hier hat sie die Chance, diese Lüge endlich aus der Welt zu schaffen, und es ist wichtig, dass sie es tut. *Jetzt!* Denn eine weitere Gelegenheit wird sie wohl nicht bekommen. Mit Mühe sieht sie ihn wieder an und plötzlich liegt ihre Hand an seiner Wange – absolut ungewollt und ungeplant, und sie erschrickt wegen ihres Vorstoßes. Edward scheint es nicht mal zu bemerken, stattdessen mustert er sie fragend.

Okay.

»Ich bin nicht Mattys Mom, sondern seine Tante, Danielles Schwester. Sie starb vor einem Jahr und deshalb ist Tim ... Sie haben sich so geliebt, Edward!« Erneut kommen Tränen, doch sie wischt sie unwirsch beiseite. »Es tut mir so leid, dass ich dich belogen habe. Als ich dich kennenlernte, dachte ich, dass ich Matty nicht mit dir alleinlassen kann. Und da habe ich ...« Bebend holt sie Luft. »Da habe ich es eben dabei belassen. Es tut mir so leid, ich hätte das niemals tun dürfen. Aber bevor ich gehe, musst du das wissen. Ich ...«

Tony verstummt und senkt den Arm; das war es; jetzt ist es raus – nach ihr die Sintflut. Ergeben schließt sie die Augen und wartet auf seinen Zorn, der gleich auf sie niedergehen wird.

Nur ...

Der bleibt aus. Als Edward nach einer Weile immer noch kein Wort von sich gegeben hat, betrachtet sie ihn vorsichtig. Sein Gesicht zeigt keine Verwunderung, nicht das geringste Erstaunen, nichts! Es wirkt absolut gelassen.

Ihre Augen werden groß, denn trotz ihres zunehmend denkunfähigen Gehirns weiß sie sogar ganz genau, was das nur bedeuten kann. »Wie lange?«, flüstert sie.

»Seit einigen Tagen«, erwidert er ruhig.

»Aber ...« Hektisch sieht sie sich um und schließlich abermals ihn an. »Woher ...?«

Sein Gesicht wird zu einer wütenden Grimasse. »Dieser ... Typ neulich Abend nannte dich Tony. Das machte mich hellhörig. Es bedurfte nicht viel, um hinter die Wahrheit zu gelangen.«

Langsam nickt sie, betrachtet ihn dabei intensiv, doch dann blickt sie hinab und erkennt, dass er ihre Hände hält; sie erinnert sich nicht, wann er sie genommen hat. Hastig befreit sie sich und hebt den Kopf. »Warum hast du es mir nicht gesagt?«

»Dazu war bisher keine Gelegenheit.«

Tony spürt die Übelkeit kommen und blinzelt. Er hat es gewusst und nichts gesagt ...

Der Satz wiederholt sich immer und immer wieder in ihrem so müden Schädel.

Er wusste es und hat nichts gesagt.

»Anthonia ...?«

Endlich sieht sie ihn wieder an. »Du wolltest mich wegen meiner Lüge bestrafen, richtig?«

Edward runzelt die Stirn. »Nein, ich ...«

»Tu nicht so blöd!«, zischt sie. »Du wolltest es mir genüsslich heimzahlen, ja? Niemand belügt dich ungestraft und führt dich an der Nase herum! Du hast den Showdown bestimmt von langer Hand geplant, um es mir schließlich um die Ohren zu hauen, oder? Und dann hättest du mir den Rest gegeben. So, wie du es schon die ganze Zeit vorhast. Der Kerl ...« Erneut verstummt sie; plötzlich sind die Kopfschmerzen zurück, die Müdigkeit sowieso, und was bis jetzt vielleicht noch in ihr heil war, zerbricht in diesem Moment. Die nächsten Tränen kündigen sich an, gepaart mit dem unbegreiflichen Verlangen, ihn zu schlagen.

Für alles. Weil sie ihn liebt und er sie hasst, weil sie nie eine Chance hatte, denn er kannte die Wahrheit und verachtete sie trotzdem. Er hat es ihr nicht gesagt, sie wahrscheinlich unentwegt beobachtet, darauf gewartet, dass sie einen Fehler begeht und sich selbst verrät. Edward hat sich einen Spaß daraus gemacht, den Zeitpunkt zu wählen, wann er sie hinauswirft, möglicherweise ist sie ihm nur um Stunden zuvorgekommen. Sie schätzt, der einzige Grund, weshalb er es bisher nicht getan hat, ist, weil sie krank war. Das muss es sein; einen lahmen Hund jagt man ja auch nicht vor die Tür!

Ihre Wut und die unsagbare Enttäuschung verleihen ihr die Kraft, aufzuspringen. Sie starrt auf ihn hinab. Sein unlesbarer Blick ist ihrer Bewegung gefolgt. »Du ...« Mit einem bebenden Finger deutet sie auf ihn, die Tränen fluten ihre Wangen und sie merkt nicht, dass etliche gelangweilte Reisende sie inzwischen anglotzen. Tony schluckt noch mal mühsam, macht kehrt und stürzt davon.

Und auch dieses Mal folgt er ihr nicht.

14. New York

Wenn Tony sich später fragt, wie genau sie in New York gelandet ist, fehlt ihr darauf jede erschöpfende Antwort. Sie hat wohl den Zug genommen, denn irgendwann erreichte sie ihr Ziel. Und irgendwie ist sie vom Hauptbahnhof auch nach Hause – sprich: in die einsame Atelierwohnung – gelangt. Möglicherweise in einem Taxi – sie erinnert sich nicht. Was sich dazwischen befindet, ist nur eine Zeitspanne von vager Länge, in der sie ihr unbekannte Dinge getan hat.

In der Wohnung angekommen, verbessert sich die Lage nicht gravierend. Der graue Schleier bleibt, nur dass sie jetzt wenigstens weiß, wo sie ist. In etwa.

Für die folgenden Stunden – keine Ahnung, um wie viele es sich in der Gesamtheit handelt – schläft sie, und als sie schließlich mit einem unterdrückten Schrei erwacht, geht es ihr noch beschissener als zuvor. Ihr Kopf dröhnt, sie kann sich kaum bewegen, die Glieder scheinen eingerostet und die Augen sind zugekleistert – als hätte sie besonders viel Make-up aufgelegt und vergessen, es vor dem Schlafengehen zu entfernen.

Das ist aber nicht das Hauptproblem, denn richtig dumm wird es, als ihr klar wird, dass sie völlig hilflos ist. Ihr ist absolut schleierhaft, was sie tun soll; sie hat nicht den geringsten Plan, was nun wird. Ihr ist durchaus bewusst, dass nur sie selbst all die anstehenden Entscheidungen treffen kann. Und genau diese Erkenntnis paralysiert sie, bedeutet es doch, dass Tony allein ist.

Mutterseelenallein auf der Welt.

* * *

Nach einem eher schleppenden Rundgang durch die Wohnung stellt sie fest, dass der Kühlschrankinhalt eine stinkende, mit Pelz besetzte, undefinierbare Substanz ist. Sie hat zwar den Strom abgestellt, bevor sie ging, nur dachte sie zu diesem Zeitpunkt weder daran, das Teil vorher auszuräumen, noch, es zumindest offen stehen zu lassen. Sekundenlang starrt sie auf das Ekelzeug, schlägt schließlich die Hand vor den Mund und geht erst mal ausgiebig kotzen.

Nachdem ihr Magen seinen Inhalt wieder hergegeben hat, kniet sie neben der Toilette und hat ernsthafte Schwierigkeiten, aufzustehen. Es liegt an fehlender Kraft, ja, doch diese Krise hätte sie irgendwann überwunden. Wenigstens so viel Stärke, um dieses Bad verlassen zu können, ist bestimmt irgendwo vorhanden, wenn sie nur angestrengt genug danach sucht. Nur: Tony will eigentlich nicht aufstehen, denn sie sieht keinen Sinn darin. Ebenso wenig möchte sie irgendetwas anderes. Hier auf den eingestaubten Kacheln zu liegen, erscheint ihr wie eine superklasse Idee, die nicht näher hinterfragt werden muss.

Und so tut sie das dann einfach: Tony bettet ihren heißen, nach wie vor schmerzenden Kopf auf die Fliesen, schließt die Augen und denkt nichts mehr.

Nach einer Weile, deren Dauer sie nicht einschätzen kann, fällt ihr der Kühlschrank wieder ein.

Es ist natürlich auch möglich, dass die übel riechenden, unaufhörlich ins Bad driftenden Schwaden dabei eine nicht unwichtige Unterstützung darstellen. Sie kommen in stetig wiederkehrenden Etappen und stinken ekelhaft nach inzwischen von Schimmel und kleinen Tieren reinkarnierten Lebensmitteln. Tony versucht, sich davon zu überzeugen, dass es für eine Säuberung wohl höchste Zeit ist. Eine weitere undefinierbare Zeitspanne später hat sie sich insofern motiviert, einen erneuten Ausflug in die Küche zu wagen.

Dort angekommen zerrt sie Einweghandschuhe über ihre Hände, nimmt sich einen Müllsack, kneift die Augen zusammen, atmet nur durch den Mund und verfrachtet alles, was sie greifen kann, in den Sack. Einiges fühlt sich ziemlich ... äh ... *fluffig* an.

Das führt dazu, dass sich wieder ihr Magen hebt, aber diesmal kann sie das Würgen kontrollieren, bevor es zum Äußersten kommt. Als sie nichts mehr ertastet, greift sie sich – immer noch ohne wirklich hinzuschauen – eine Flasche aggressiven WC-Reiniger und entleert diese in den Kühlschrank. Und danach ist sie fertig, schleppt sich zu ihrem Bett, wirft sich hinein und ... heult.

Sie weint, weil sie so unglaublich einsam ist, weil sie Matty vermisst und ... Edward auch. Tony weint, weil sie alles verloren hat. Kurz darauf fließen die Tränen schneller, als ihr aufgeht, dass sie nichts besitzt, was man verlieren könnte. Sie jammert, weil sie an jenem Abend in diese verdammte Bar gegangen ist, und weint wenig später lauter, als sie erkennt, dass das doch *normal ist!* Nie hat sie es anders gehalten. Sie heult, weil dieses Arschloch sie nicht in Ruhe gelassen hat, und dann, weil Edward sie so sehen musste. Mit zerrissenem Hemd, zerfetztem BH, offener Jeans. Tony weint, weil sie, wann immer sie die Augen schließt, das hektische, aufgeregte Keuchen vernimmt und das Geräusch, wenn seine Faust ihr Gesicht trifft. Mittlerweile glaubt sie, dass es sie nie wieder verlassen wird. Bis zum Ende ihres Lebens wird sie es hören. In jeder unachtsamen Sekunde. Sie ist todunglücklich, weil er ihr nicht sagte, dass er die Wahrheit kennt, und Tony ist ebenfalls über alle Maßen traurig, weil er sie nicht zurückgehalten hat. Nur, um kurz darauf in ihren Tränen fast unterzugehen, als ihr bewusst wird, dass er das nicht *konnte*. Nicht mal Matty hätte sie aufhalten können, nichts und niemand hätte das vermocht.

Das Chaos ist nicht nur mit aller Härte zurückgekehrt, sondern scheint sie langsam aber sicher zu übernehmen, und Tony ist dem absolut hilflos ausgeliefert. Sie heult in ihrem Bett und schläft, isst und trinkt so gut wie nichts, geht nicht vor die Tür, macht die Wohnung oder sich nicht sauber, liegt stattdessen einfach nur so da und will ...

NICHTS.

* * *

Nach endlosen Stunden, Tagen, Wochen, Monaten, klopft es stürmisch.

Tony schreckt hoch, versucht, durch ihre standardmäßig verquollenen Augen wenigstens so etwas wie die Tageszeit auszumachen und scheitert. So weit, die Rollos vor den großen Fenstern hochzuziehen, ist sie nie gekommen. Kurz darauf weiß sie nicht mehr, was sie überhaupt geweckt hat; sie sinkt stöhnend in die Kissen zurück und schließt die Augen.

Das wieder einsetzende Hämmern ist sowohl eine ziemlich lautstarke Erinnerung als auch der zarte Hinweis, dass da wohl jemand zu ihr will. Ernsthaft überlegt sie, ihn dort zu belassen, wo er ist, denn Tony mag niemanden sehen. Okay, niemanden, der in New York lebt, jedenfalls. Und die beiden, die sie wirklich – *ehrlich, wirklich*! – gern willkommen heißen würde, werden sich hier nie blicken lassen. Also, warum soll sie sich die Mühe machen?

»Tony, verdammt!«

Das reißt sie schlagartig aus ihrem Dämmerzustand, denn diese Stimme kennt sie.

Susan!

Scheiße!

Nicht scheiße!

Doch scheiße!

Mit erheblicher Mühe kämpft sie sich auf die Füße und bekommt sofort Kreislaufprobleme. Mit halb offenen Lidern hält sie sich an ihrem Bett fest, bis sich die Dunkelheit etwas gelichtet hat. Dann fixiert sie die braune, schwere Eingangstür, die sie trotz des dichten mit roten Blitzen durchtränkten Nebels noch ausmachen kann, und wankt dorthin. Immer genau darauf zu. Als sie endlich das kühle Metall unter ihrer Handfläche spürt, atmet sie auf. Bedeutet es doch, dass sie die erste Etappe bewältigt hat. Mittlerweile steht ihr der kalte Schweiß auf der Stirn.

Dann benötigt Tony nur ungefähr fünf weitere Minuten, um die in New York standardmäßigen vier Sicherheitsschlösser zu entriegeln, und reißt schließlich die Tür auf.

Susan steht vor ihr: Blond, groß und hübsch wie üblich, und starrt sie entgeistert an. Es vergeht eine geraume Weile, bevor sie ihre Stimme wiederfindet. »Oh, scheiße Mann!«

* * *

Schon sind die Tränen zurück. Inzwischen brennt Tonys gesamtes Gesicht, einschließlich der Augen, wann immer die Teile auftauchen. Und ›wann immer‹ ist mit einem vorsichtigen: ›wenn sie wach ist‹, näher definierbar.

Susan, die sich noch nicht ganz vom ersten Schock erholt hat, ist wenigstens geistesgegenwärtig genug, sie zu stützen und zur Couch zu geleiten.

Als Tony sitzt, sieht ihre Freundin sich suchend um und geht kurz darauf entschlossen in die Küche. In solchen Fällen ist Tee das Beste, findet sie zumindest.

Tony hat nichts dazu beizutragen, ändert nach ein paar Sekunden lediglich ihre Position von der sitzenden in die liegende. Sitzen strengt definitiv zu sehr an. Kaum liegt sie auf dem bunten Sammelsurium aus Decken und Kissen, werden ihre Lider schwer. Die Reise zur Tür und zurück, hat sie echt erschöpft. Susans Anwesenheit ist längst vergessen, und es dauert keine zwei Minuten, da ist sie auch schon eingeschlafen.

Daher entgeht ihr deren legendärer Aufschrei doch glatt. »UGHHHHHH!«, als Susan den Fehler begeht und in den Kühlschrank blickt.

Susan

Mit wachsender Ungeduld und Sorge hat Susan auf die Rückkehr ihrer besten Freundin gewartet. Abgesehen von einem hastigen, einsilbigen Anruf von Tonys Handy, bei dem sie ihr mitteilte, dass sie Matty fürs Erste zu dessen Onkel begleiten wird, hat sie seit Monaten nichts mehr von ihr gehört. Weder an Weihnachten noch zum neuen Jahr. Und als dann im Februar, an ihrem Geburtstag, immer noch kein Lebenszeichen erfolgte, wurde sie langsam wirklich unruhig.

Das war nicht Tony und es sah ihr gar nicht ähnlich! Irgendetwas musste mit ihr geschehen sein.

Einen Anhaltspunkt gab es nicht; Tonys Telefon ist tot und die Adresse dieses Verwandten kennt sie nicht. Susan weiß nur, dass er irgendwo in Florida lebt, und das ist verdammt groß. Daher blieb ihr nichts anderes übrig, als täglich zu dem alten Lagerhaus zu gehen, in dem sich die ausgebaute Atelierwohnung befindet.

Über vier Wochen geschah das vergeblich, bis sie heute – endlich – das offenstehende Badfenster entdeckte. Inzwischen hat sie die Fensterfront so oft angestarrt, dass es ihr umgehend auffiel, und umso enttäuschter ist sie, weil Tony sich nicht sofort gemeldet hat. Von den knapp vier Monaten Funkstille will sie erst gar nicht sprechen. Bis vor Kurzem hätte sie nicht geglaubt, dass so etwas überhaupt möglich wäre. Denn Tony und Susan sind das Powerteam, unzertrennlich – sie treten nur im Doppelpack auf.

Irgendwie hat sie geahnt, dass Tony da ist, weshalb sie sich nicht geschlagen gab, sondern unermüdlich auf die Tür einschlug. Und nachdem bereits ihre Fingerknöchel wund waren, wurde ihr sogar geöffnet.

Nur war derjenige, der dies vollbrachte, kein Mensch, jedenfalls nicht im herkömmlichen Sinne. Und schon gar nicht handelte es sich hierbei um ihre witzige, hübsche, von allen Typen begehrte und doch so standhafte Freundin Tony.

Rote, verheulte Augen schauten ihr aus einem mageren Gesicht entgegen. Die Nase war auch ziemlich gerötet, das Haar verfilzt, es roch selbst auf die Entfernung nicht besonders gut. So wie übrigens die gesamte Erscheinung.

Sie trug ein altes, ausgebeultes T-Shirt, das ihr bis zu den

Schenkeln reicht, und schmutzige, ehemals weiße Socken, hält unsinnigerweise einen Teddybären in der Hand und glotzt sie an, als hätte sie Susan noch nie gesehen.

Ohhhh, scheiße Mann!

* * *

In den folgenden zwei Tagen versucht Susan, irgendetwas aus Tony herauszubekommen, was sich nur leider schwierig gestaltet, weil ihre Freundin jede Kommunikation eingestellt hat. Sie antwortet, wenn überhaupt, nur einsilbig, scheint sie kaum zu verstehen und schläft die meiste Zeit.

Susan versucht, so gut es geht zu helfen, setzt ihre Freundin trotz massiver Gegenwehr in die Badewanne, sorgt für Ordnung in der Wohnung, entkeimt selbst den Kühlschrank weiter und ist danach über drei Wochen mit einem besonders schönen, blühenden Herpes gezeichnet. Es gelingt ihr sogar, Tony zu überreden, hin und wieder etwas zu sich zu nehmen. So oft sie allerdings mit ihr ein Gespräch beginnen will, scheitert sie. Tony ist zu keiner Aussage zu bewegen. Um ehrlich zu sein, hat dieser Zombie absolut nichts mit der Anthonia Benett gemein, die Susan seit mehr als zehn Jahren kennt.

Bereits in der Highschool waren sie unzertrennlich, haben dort gemeinsam ihren Abschluss gemacht und bemühten sich erfolgreich, auf die gleiche Uni gehen zu können. Daher war Susan Zeuge all der Schicksalsschläge, die Tony in ihrem jungen Leben heimgesucht haben. Vereint standen sie am Grab ihrer Eltern, weinten um Danielle, später um Tim. Bei all diesen verheerenden Katastrophen geriet eines jedoch niemals ins Wanken:

Tony.

Wie ein Fels in der Brandung trotzte sie jeder noch so großen Herausforderung und war mit einem Optimismus gesegnet, den Susan heimlich immer bewunderte. Was auch geschah, Tony brauchte genau eine Flasche Gin und sehr wenig Tonic, um sich wieder zu fangen. Mit Ausnahme vom Tod ihres Vaters und ihrer Mutter hat sie auf diese Art alles überwunden und ertragen, ohne ernsthaft zu straucheln.

Was nichts anderes bedeutet als: Ganz egal, was passiert ist, es muss schlimmer gewesen sein als das Ableben beinahe sämtlicher Familienmitglieder.

Und was das sein soll ... also ehrlich, darauf fällt Susan beim besten Willen keine Antwort ein.

Tony gibt sie ihr jedenfalls nicht; sie reagiert nämlich nicht auf ihre zunehmend ratlosen Fragen, heult stattdessen und wenn nicht das, schläft sie. Wäre Susan nicht live dabei gewesen, hätte sie nicht geglaubt, dass so was überhaupt möglich ist. So viel Schlaf kann unmöglich gut sein!

Einmal, als das Wesen, das Ähnlichkeit mit ihrer Freundin hat, gerade wach ist, fragt Susan, ob es vielleicht an der Trennung von Matty liegt und provoziert sofort den neuesten Heulkrampf. Danach rät sie nicht weiter, denn diese ewige Weinerei kann sich auch nicht wirklich positiv auf den Allgemeinzustand des Heul/Schlafdings auswirken.

Als sie nach zwei Tagen einsehen muss, dass sie nicht besonders viel ausrichtet, beginnt sie, in Tonys Sachen zu wühlen. Zunächst in der Jeans, die sie beim Aufräumen im Bad am Boden gefunden hat, dann im Hemd, über das sie zuvor in der Küche gestolpert ist. In den Taschen findet sie nichts, was irgendeinen Hinweis auf den Grund für diese Katastrophe gibt. Als Nächstes und inzwischen mit einem gigantischen schlechten

Gewissen macht sie sich daran, im Rucksack ihrer Freundin zu stöbern, was auch nicht von Erfolg gekrönt zu sein scheint. Sie ist bereits kurz vor dem Aufgeben, als ihr Blick auf das Mini-Täschchen an der Außenseite fällt. Es ist eher zur Zierde gedacht und fasst nicht mehr als möglicherweise einen Autoschlüssel oder ein sehr kleines Handy. Doch nachdem sie den einfachen Druckknopf gelöst hat und mit drei Fingern hineinlangt, wird sie endlich fündig.

Es ist nur ein winziger Zettel, enthält jedoch alles, was sie benötigt:

Anthonia,
sollte irgendetwas nicht in Ordnung sein; du eventuell Hilfe brauchen
– EGAL WAS! –
Melde dich.
Bitte!
Rufnummer: 202- 38317
Edward

15. Susan

Tony

Tony weiß, dass sie sich unmöglich benimmt, ahnt auch, dass sie Susan einen riesigen Schrecken eingejagt hat. Außerdem plagen sie ehrliche Gewissensbisse wegen des Kühlschranks. Den hat sie bestimmt nicht sehr sorgsam und auf die vom Hersteller empfohlene Weise behandelt, als sie ihn so gemein mit WC-Reiniger einbalsamierte. Nebenbei vermutet sie auch, dass sie an die Zukunft denken muss. Ihr Geld geht zur Neige – schätzt sie, so genau weiß sie es nicht, denn sie hat so gar keine Lust, zur Bank zu gehen, um sich darüber zu informieren, ob es tatsächlich an dem ist. Tony ist nicht das logische Denkvermögen abhandengekommen, nur der Antrieb, das Ergebnis ihrer Überlegungen in die Tat umzusetzen. Wäre jemandem eingefallen, sie zu fragen, was sie wolle, hätte Tony mit zwei Dingen geantwortet: »Meine Ruhe und schlafen!«

Natürlich fragt niemand und man hätte ohnehin nicht auf sie gehört. Stattdessen wird sie täglich von der überaus aufgekratzten und dadurch nervenden Susan überfallen. Die zwingt sie, das Bad aufzusuchen, die Kleidung zu wechseln, zu *essen*!

Ugh!

Zu allem Überfluss sind gerade auch noch Semesterferien, weshalb diese Frau so unglaublich viel Zeit hat. Sie scheint wild entschlossen, diese ausschließlich dafür zu nutzen, Tony das Leben zur Hölle zu machen. Und das ist es doch schon ohne Susans Hilfe, verdammt! Tony hasst diese Wohnung, sie hasst New York, will heim, fühlt sich, als wäre sie durch Zufall in der Fremde gestrandet und fände aus irgendwelchen Gründen den Weg nach Hause nicht. Dabei kennt sie ihn doch! Das ist der einzige Gedanke, der sie beflügelt. Wann immer er ihr kommt, macht sie Anstalten, aufzustehen, sich anzuziehen, in den nächsten Flieger zu steigen und ...

Aus!

Das ist dann der Moment, in dem sie die neueste Heulattacke einholt, weil ihr nämlich genau an dieser Stelle aufgeht, dass sie nicht zurück kann/darf/was auch immer.

Sie wird die beiden nie wiedersehen. Denn der Weg zurück ist versperrt von einer riesigen, unüberwindlichen Mauer an Gesetzen, Deals, nicht vorhandenen Gefühlen, Absprachen und dem ganz normalen Wahnsinn, der ihr Leben seit vier Monaten bestimmt.

Aber das allein hätte Tony nicht so fertiggemacht. Wäre es nur das gewesen, hätte sie es irgendwie verkraftet, ihren normalerweise so unerschütterlichen Optimismus wieder belebt und sich zum Weitermachen gezwungen – so wie üblich.

Die Erinnerungen an die kurzen Minuten auf dieser dunklen Straße in einem Vorort von Miami erledigen den Rest. Bisher gab es nie etwas, wovon sie Susan nichts erzählen konnte, diesmal ist es anders. Tony schafft es nicht, denn dafür hat sie keine Worte. Jedes Mal, wenn sie auch nur den Versuch unternimmt, schnürt es ihr die Kehle zu. Nicht imstande, das Erlebte zu formulieren, spürt sie sofort erneut diese vernichtende Schuld und das Bewusstsein, es provoziert zu haben, obwohl sie es hätte besser wissen müssen. Sie fühlt sich so schlecht, so schmutzig, so schwach, dass sie es nicht ausdrücken kann und schon gar nicht will, denn im Grunde möchte sie doch nur allein sein.

Und schlafen.

Susan

Susan hat immer noch nicht die geringste Ahnung, was nun eigentlich das Problem ist; nicht mal ein Hauch der Erleuchtung ist ihr bisher gekommen. Auch weiß sie nicht, ob ihr Telefonat überhaupt einen Effekt hatte. Dieser Mann hörte sich besorgt an, und ging bereits nach dem ersten Klingeln ans Handy. Nicht mit einem:

»Hallo?«

Sondern mit:

»Anthonia?«

Als hätte er auf ihren Anruf gewartet. Er hat versprochen zu kommen, allerdings ist Susan nicht sicher, ob das die ersehnte Hilfe bringen wird. Wenn sie ihre ehemalige Freundin – derzeit willenloses Subjekt – so betrachtet, wie sie mit dem lächerlichen uralten Teddy im Arm in ihrem Bett oder wahlweise auf der Couch liegt, weiß sie nicht, ob es überhaupt etwas gibt, das ihr helfen kann.

Die Semesterferien neigen sich dem Ende zu, weshalb Susan zunehmend verzweifelt. Denn wenn das neue Studienhalbjahr beginnt, wird sie sich nicht mehr um die offensichtlich Lebensmüde, Depressive kümmern können. Längst ist ihr die gesamte Angelegenheit über den Kopf gewachsen.

An diesem Abend versucht sie wieder vergeblich, etwas Nahrhaftes in die Kreatur mit dem strähnigen Haar und der rauen Stimme zu bekommen, doch diese lehnt alles angewidert ab, was sie ihr anbietet. Schweren Herzens beschließt Susan, noch den kommenden Tag abzuwarten, bevor sie Hilfe holt. Sie hat den ominösen Kerl gestern angerufen und er versprach, sofort zu kommen. Keine Ahnung, was ihn aufhält, aber steht dieser mysteriöse Onkel bis morgen Mittag nicht auf der Matte und zeichnet sich ab, dass er in Sachen Tony Rat weiß, dann ...

Ein energisches Klopfen unterbricht ihre missmutigen Gedanken. Susan hastet durch den winzigen, finsteren Flur, reißt die Tür auf und starrt den Neuankömmling mit offenem Mund an.

Oh, scheiße Mann!

Tony

Tony träumt.

Es ist stets der gleiche, wiederkehrende Ablauf: Sie befindet sich in einem unvorstellbar riesigen Haus – es muss mindestens 300 Zimmer umfassen, wovon jedes einzelne so groß wie eine mittelmäßige Lagerhalle ist. Mit wachsender Verzweiflung stürzt sie von einem Raum in den nächsten und fahndet nach einem kleinen Jungen und dem Mann, der sich mit ihm irgendwo verbarrikadiert hat.

Um sie zu ärgern – immer nur, um sie zu ärgern.

Als Nächstes hört sie sein dunkles Lachen und kurz darauf ein Wispern, das aus drei Richtungen gleichzeitig zu stammen scheint: »Komm, Anthonia! Komm und ich zeige dir die Liebe ...«

Ja! Das ist gut!

Inzwischen läuft sie bedeutend schneller und hält verzweifelter Ausschau, doch wo sie auch eintritt, es ist leer.

Aber das ist nicht das eigentliche Problem, obwohl Sorge, Einsamkeit und Sehnsucht ihr so langsam die Luft rauben.

Während sie sucht und ihr die Tränen über die Wangen laufen, folgt ihr jemand und der raunt weder, noch wispert er, dafür keucht er stetig dichter hinter ihr: »Tony, Tony bleib stehen! Du willst es so, dann bekommst du es so! Nichts leichter als das!«

Je schneller sie rennt, desto lauter wird das Keuchen, bis sie seinen Atem im Genick spürt. Es ist so grauenhaft, weil sie nie eine Chance hat – egal, wie schnell sie ist; sie kann ihm nicht entkommen. Irgendwann fühlt sie eine Hand auf ihrem Rücken. Eine mit fünf langen Krallen im Freddy-Krüger-Style, die ihr Hemd mit einem gigantischen Ruck zerfetzen. Tony schreit: »Edward!«

... und wacht auf ...

Und ist jedes verdammte Mal enttäuscht! Denn anstatt Mr. Capwell sind da nur der kleine Teddy in ihrem Arm und Susan, die sich besorgt über sie beugt.

Was zwangsläufig zur nächsten Heulattacke führt.

* * *

Wieder einmal hetzt Tony durch die vielen riesigen, von Sonnenlicht durchfluteten Zimmer. Eine leichte Brise bewegt die Gardinen an den geöffneten Fenstern und weht sie in den weiten, unmöblierten Raum. Demnächst wird es dunkler werden; es ist immer nur eine Frage der Zeit, bevor das unweigerlich eintrifft. Sie hört: »Komm, Anthonia! Komm ...« Kurz darauf: »Tony, bleib stehen!«

Der nächste Raum ist bereits finsterer, der übernächste noch etwas matter; sie spürt, wie ihr die Luft wegbleibt, wie sie, *obwohl es doch nur ein verdammter Traum ist,* Angst vor dem Kommenden hat. Gleich werden erneut diese grauenvollen Krallen auftauchen und dann ...

»Anthonia!«

Sie runzelt die Stirn. Eine Neuerung im sonst so starren Ablauf, denn üblicherweise ruft er nur einmal und dann nie wieder. Das ist ja die Scheiße!

»Anthonia!« Eine Hand hat ihren Oberarm gepackt, und zwar eine grausam bekannte, auch wenn sie diesmal nicht den geringsten Druck ausübt, schon gar keinen schmerzhaften.

Ihr Stirnrunzeln vertieft sich; dies gehört in Wahrheit nämlich alles mit zu der Show: *Und nun machen wir Tony aber mal so richtig fertig!*

Die Nummer kennt sie schon. Wenn – und sie betont dieses *Wenn* außerordentlich –, wenn sie jetzt die Augen aufschlägt, wird sie bestenfalls Susans bange und zunehmend entnervte Miene sehen, wenngleich die sich alle Mühe gibt, Letzteres vor ihr zu verbergen. Was unweigerlich die nächste Flut auslösen wird.

Innerhalb der vergangenen Tage hat Tony versucht, gegen die Tränen vorzugehen, musste jedoch bald resigniert feststellen, dass sie auf verlorenem Posten kämpft, was ehrlich dumm ist. Neben ihren dauerhaft brennenden Augen und der wunden Nase, die diese verfluchte Heulerei mit sich bringen, dröhnt nun auch noch beinahe ständig ihr Kopf. Daher beschließt sie, ihre Augen schön geschlossen zu halten, denn mittlerweile hat sie gelernt, sich dieser seltsamen Situation anzupassen.

Und so zieht sie die Beine an, dreht sich auf die Seite, nimmt ihren Teddy noch etwas fester in den Arm und versucht, wieder einzuschlafen. Erfahrungsgemäß startet der Traum dann erst mal von Neuem und lässt ihr somit ein wenig Aufschub.

Schlafen ...

»Anthonia! Ich weiß, dass du wach bist! Sieh mich endlich an! Was soll denn die Scheiße?«

Das ist kein Traum – verdammt! So was steht definitiv nicht im Skript. Während sie ein unvorstellbares Gefühl in der Brust spürt, so unglaublich, dass es sie vor lauter Glück zu zerreißen droht, reißt sie schließlich doch die Augen auf ...

... und sieht in sein wütendes Gesicht.

Na klasse!

* * *

Er kniet neben ihrem Bett und starrt sie an, als wäre sie irgendein ganz dreckiges, aber ehrlich dreckiges, Insekt. Eines, das bereits vor langer Zeit zum Aussterben verurteilt worden ist und nur den Termin verpasst hat – verschlafen, tippt Tony.

Seine blitzenden Augen verengen sich. »Warum hast du nicht angerufen?« Es ist dieses Wispern, das sie schon kennt ... und in ziemlich unangenehmer Erinnerung hat. Doch diesmal kann sie seinen Vorwurf wirklich nicht begreifen.

»Was?«, will sie sagen, aber alles, was Tony zustande bringt, ist nur ein heiseres Krächzen. Als sie aufsieht, entdeckt sie Susan, die in einem Meter Entfernung mit verschränkten Armen steht und die Szene argwöhnisch und mit verkniffenem Mund beobachtet.

»Nicht ›WAS‹!«, knurrt der Inquisitor. »WARUM. HAST. DU. NICHT. ANGERUFEN?«

Verwirrt mustert sie ihn doch wieder und versucht dabei ehrlich, hinter den Sinn seiner Frage zu gelangen. Alles, worauf sie sich allerdings konzentrieren kann, ist, dass er da und wütend ist – immer wütend. Egal, was sie tut oder sagt, selbst, wenn sie schweigt, ja, sogar, während sie schläft! Edward ist immer wütend auf sie! Was den neuesten Tränen Vorschub leistet, die sie schon lange nicht mehr bekämpft. Sie schlägt die Hände vor das Gesicht, damit er sie nicht auch noch deshalb ausschimpft und ...

... heult.

* * *

Irgendwann hört sie sein dumpfes Grollen. »Wo sind ihre Sachen?«

»Was wollen Sie tun?«, ertönt Susans spröde Stimme.

»Na, was wohl?«

Tony überlegt, ob sie ihrer Freundin vielleicht eine Warnung zukommen lassen sollte. Der Kerl ist standardgemäß mies drauf, wenigstens, sobald sie in der Nähe ist, und das muss Susan nun ausbaden, weil Tony gerade nicht einsatzfähig ist.

Weiter geht das Geknurre: »Ich bringe sie nach Hause!«

Wohin?

»Ähhh ...« Susan hat keine Ahnung, mit wem sie es zu tun hat, weshalb sie doch tatsächlich widerspricht. Äußerst mutig, befindet Tony ... »*Dies* ist ihr Zuhause!«

»Ist es nicht!« Das ist wieder der zornige Knurrer. »Es ist ein stinkendes Loch, und offenbar scheint es ihr hier nicht sonderlich gut zu gehen, oder wie schätzen Sie das ein?«

»Hören Sie mal!« Susan läuft allmählich zur Höchstform auf. Obwohl Tony es nicht sieht, weiß sie, dass die Fäuste längst in schmale Hüften gestemmt und die dunklen Augen inzwischen sehr, sehr groß sind. »Ich habe alles getan, was ich konnte!«

»Das ist mir bewusst, darum danke ich Ihnen durchaus. Allerdings hätte ich es wirklich begrüßt, wenn Ihre Benachrichtigung etwas früher erfolgt wäre.« Die Stimme hat sich ein wenig entfernt – aus welchem Grund auch immer, Tony wagt nicht, die Hände zu senken.

»Fein!« Das ähnelt einer wütenden Klapperschlange kurz vor dem ultimativen Biss. »Ich wusste gar nicht, dass es jemanden gibt, den man informieren kann. Meines Wissens ist Matty der Einzige, den sie noch hat. Und der ist bei seinem ...«

»... Onkel ...«, unterbricht er sie trocken. »Sie sagen es. Wenn ich die Sachlage korrekt deute, impliziert das erstens, dass Anthonia eben nicht nur Matty hat und zweitens, dass Sie eine hohle Nuss sind. Was mich ehrlich gesagt nicht sehr verwundert.«

»HÖREN SIE MAL!« Spätestens jetzt hat das Zischen auch die passende Lautstärke, um echt gefährlich zu wirken.

»Gut, die hohle Nuss nehme ich zurück. Dann sind Sie eben nur ziemlich langsam.« Die Stimme nähert sich wieder und Tony wird an den Schultern in eine aufrechte Position gezogen.

»Ich hatte keine Nummer. Die fand ich nur durch Zufall, als ich ihren Rucksack durchwühlt habe! Hier wusste nämlich keiner, wo Tony überhaupt abgeblieben ist! Ich persönlich habe auf Kidnapping getippt und je länger ich mir diese Scheiße reinziehe, desto mehr glaube ich, dass ich richtig lag!«

Jemand macht sich an Tonys T-Shirt zu schaffen und gleichzeitig hört sie sein bellendes Gelächter. Flüchtig, dann ist es verschwunden und hat dem Knurren Platz gemacht.

»Jetzt nimm die Hände runter, Anthonia!«

Einen Teufel wird sie tun! Sie hat kein Verlangen danach, seine Wut zu sehen, sie zu hören reicht Tony bereits voll und ganz. Danke der Nachfrage! Leider ist ihre private Meinung wie so oft nicht von Bedeutung, denn wenig später werden ihre Arme grob heruntergezerrt und sie kneift hastig die Augen zusammen.

Wieder ist sein humorloses Lachen zu hören. »Du bist unmöglich!«

Als er jedoch Anstalten macht, ihr das T-Shirt auszuziehen, greift Susan ein. »Das übernehme ich wohl besser!«

Keine Ahnung wie, aber sie ist erfolgreich. Nichts ertönt, weder ein Schnauben noch ein Knurren, was Tony den erforderlichen Mut verleiht, es abermals zu wagen. Kurz darauf starrt sie erneut in ein wütendes Augenpaar, es blitzt auch; diesmal ist es allerdings braun und nicht himmelblau. Susan nimmt ihre Hand, zieht sie auf die Füße und donnert: »Waschen!«

Was ist Tony froh, den Raum und damit den zornigen Edward verlassen zu können. Der hat übrigens inzwischen Susans ursprünglichen Posten bezogen. Mit verschränkten Armen steht er ein wenig abseits und beobachtet sie mit unergründlicher Miene. Anscheinend hat soeben ein verrückter Rollentausch stattgefunden.

Genau zwei Meter.

Zwei Meter lässt sie sich mitziehen, dann bleibt sie stehen, weshalb Susan langsam etwas ungeduldig wird. »Was ist jetzt wieder?«

Schüchtern mustert Tony ihn; er wirkt nicht mehr wütend, nur noch unbewegt – wie üblich –, was vielleicht als Fortschritt zu werten ist. »Ich bin gleich zurück.«.

Er nickt.

»Nur ganz kurz.«

Knappes Nicken.

»Dauert echt nicht lange.«

Entnervt stöhnt Edward auf. »Ich gehe nicht weg!«

Das wollte sie hören.

* * *

»Willst du wirklich mit ihm gehen?« Besorgt beäugt Susan ihre Freundin, während sie diese auszieht.

Tony schweigt.

»Ich weiß nicht, aber dieser Kerl ist irgendwie ... komisch.«

Schweigen.

Sie drückt Tony auf die Toilette und zerrt ihr Socken und Slip runter. Dabei sieht sie zu ihr auf. »Mir ist überhaupt nicht wohl, wenn du ihn begleitest.«

Schweigen.

»Und bei *dem* lebt Matty jetzt?«

Keine Antwort.

Seufzend schiebt Susan sie unter die Dusche und danach herrscht für eine Weile Funkstille, in der nur das Rauschen des Wassers zu vernehmen ist.

Als Tony gewaschen ist, schlingt Susan ihr ein Handtuch um und mustert sie ernst. »Du wirst trotzdem mitgehen, oder?«

Auch darauf gibt es nicht die geringste Reaktion, und Susan trocknet ihre Freundin resigniert ab. »Bringt es was, wenn ich sage, dass du einen großen Fehler begehst?« Diesmal wartet sie nicht erst, sondern beantwortet ihre Frage gleich selbst. »Nein, natürlich tut es das nicht.«

Dann zieht sie Tony frische Sachen über – Unterwäsche, Hemd, Jeans, Doc Martens – und betrachtet sie erneut. »Hättest du nicht jemanden nehmen können, der wenigstens *freundlich* ist?«

Tony schenkt ihr nach wie vor keine Aufmerksamkeit, doch die Tränen, die immer da sind und nur in der Intensität variieren, laufen wieder schneller, und Susan legt seufzend einen Arm um ihre Schulter.

»Ich weiß«, sagt sie leise. »Als ob man sich das aussuchen könnte.«

* * *

Tony hört nichts von Susans zunehmend besorgten Äußerungen Edward betreffend. Auch bekommt sie kaum etwas davon mit, dass sie abgetrocknet und angezogen wird, und ihr entgeht beinahe, dass sie irgendwann wieder im Wohnzimmer ist.

Beinahe.

Denn ihr erster Blick gilt der großen Gestalt, die noch exakt dort steht, wo sie diese vor wenigen Minuten zurückgelassen hat.

Und während der gesamten Zeit rinnen die Tränen über ihre Wangen. Sie hat sich daran gewöhnt, Susan auch, Edward nur leider nicht. Erneut mit der heulenden Tony konfrontiert, platzt ihm endlich der Kragen. Wütend starrt er Susan an. »Was zur Hölle hast du mit ihr angestellt?«

»Genau das Gleiche könnte ich dich fragen!«, zischt Susan. »Solange sie hier war, war sie in Ordnung. Dann verschwindet sie für ein paar Monate, niemand weiß, wo sie ist, und zurück kommt ... *das hier!*« Anklagend weist sie auf die weinende Tony.

Edward betrachtet sie noch wütender und tritt zu der Permanentheulerin. Sein Ton ist eisig. »Wie gesagt, ich nehme sie mit nach Hause.« Damit holt er eine Visitenkarte aus seiner Hemdtasche. »Das sind Adresse und Rufnummer meines Büros.«

Unwirsch fetzt Susan ihm die Karte aus der Hand. »Die Telefonnummer habe ich! Schon vergessen? Wie hätte ich denn sonst anrufen können?«

Er zuckt mit den Schultern und nimmt Tonys Rucksack. »Du kannst es gern unter der anderen Nummer versuchen, aber ich befürchte, dort dürftest du nicht sehr erfolgreich sein. Wenn du wissen willst, wie es Anthonia geht, empfehle ich dir, dich an diese zu halten.« Knapp deutet er in Richtung Adresskarte und schlingt seinen Arm um Tony.

»Moment!«, donnert hinter ihm eine ziemlich verwirrte Susan. Sie eilt zu ihnen hinüber und umarmt ihre heulende Freundin. An ihrem Ohr wispert sie vernehmlich: »Melde dich, wenn irgendwas ist, wenn du reden willst, *abhauen* – du weißt, wo ich zu finden bin.«

Edward verzieht keinen Muskel. »Können wir dann jetzt?« Als Susan mürrisch nickt, legt er wieder einen Arm um den schmalen Körper und führt Tony aus dem Appartement.

* * *

16. Von allen Männern auf diesem Planeten ...

Bereits auf dem zweiten der fünf Podeste geben ihre Knie nach. Das bestürzt Tony, weil sie nicht wusste, dass es ihr so schlecht geht; Edward macht es mal wieder wütend. Was auch sonst?

Bevor sie fallen kann, hat er zugefasst, ist längst stehen geblieben und starrt sie finster an. Als sich ihre Augen mit Tränen füllen – die letzten hat sie ungefähr sechs Stufen zuvor verloren –, stöhnt er leise auf. Im nächsten Moment liegt sie in seinen Armen und er trägt sie hinab. »Ich hoffe, irgendwann wirst du mir mal genau erklären, was du dir dabei gedacht hast!«, knurrt er dumpf und ganz bestimmt sauer.

Doch all das kann Tony nichts mehr anhaben, stattdessen legt sie ihre Arme um seinen Hals, ihre Finger verkrallen sich im Stoff seines Hemdes, lehnt ihre Stirn an seine Wange und schließt die Augen.

Das ist es – jetzt ist alles gut.

* * *

Nur leider nicht sehr lange, weil sie wenig später das Auto erreichen, wo Tony unsanft auf den Rücksitz verfrachtet wird.

Ohne sie anzusehen, schließt er die Tür und taucht kurz darauf hinter dem Lenkrad auf. Dann riskiert Edward wie üblich einige Unfalltote, weil er ohne Rücksicht auf Verluste losfährt und in einem atemberaubenden Tempo die New Yorker City durchquert, besonders, wenn man bedenkt, dass gerade Rushhour ist.

Unablässig schaut Tony zu ihm, spürt die Tränen laufen und macht sich nicht mehr die Mühe, sie wegzuwischen. Während der gesamten Fahrt verliert er kein einziges Wort, mustert sie nur manchmal im Rückspiegel. Dabei wirkt er nicht wütend ...

Das ist gut, schätzt Tony.

Es handelt sich wieder um den Jet. Diesmal geht die Abfertigung sogar noch schneller, was vielleicht am entnervten Ton ihres Begleiters liegt und an dessen drohendem Ausdruck. Denn Tony weigert sich standhaft, sich auf einen der Plastikstühle abparken zu lassen. Daher ist Eile geboten, lange aufrechthalten kann sie sich nämlich nicht, obwohl Edward sie mit einem Arm hält. Möglich ist natürlich auch, dass ihm das heulende Mädchen unter all den Menschenmassen ein bisschen peinlich ist.

Doch eigentlich ist Tony selbst das egal.

Als sie im Innern des Flugzeugs stehen, streikt sie ein zweites Mal.

»Nein!«

Er hat sie in einen der Sessel gedrückt und befindet sich gerade auf dem Weg in den vorderen Teil des Fliegers, stoppt abrupt und legt den Kopf in den Nacken. Sie schwört, dass seine Augen geschlossen sind und er langsam bis zehn zählt. Eine echt gute Technik; Tony greift häufig darauf zurück, denn es beruhigt ungemein.

Irgendwann wendet er sich zu ihr um, betrachtet sie für einen langen Moment undurchdringlich, und kurz darauf wird sie ins Cockpit getragen. Edward sagt nichts, seine Miene lässt weder Zorn, Ungeduld oder etwas anderes Negatives erkennen, weshalb sie die Gelegenheit schamlos ausnutzt, wieder ihre Arme um seinen Hals zu schlingen und sich an ihn zu lehnen. In der Zwischenzeit hat sie sich angewöhnt, Chancen zu nutzen, wenn sie sich ihr bieten.

Oh, ihr ist bewusst, dass sie sich hochgradig dämlich benimmt – so grausam wie seit Jahren nicht mehr. Außerdem schätzt sie, dass sie mit diesem Verhalten bei ihm mit Sicherheit keine Pluspunkte sammelt, denn ganz offensichtlich hat er es mit einem Kleinkind zu tun. Nur bleibt ihr nicht die geringste Wahl. Es geht ihr schlecht; ist er jedoch da, fühlt sie sich verhältnismäßig gut. Die vergangenen Tage – von denen sie nicht mal weiß, um wie viele es sich handelt – waren zu schrecklich. Sie braucht ihn und ihr bleibt nur die instinktive Handlung. Selbst ihre Intuition empfiehlt ihr dringend, seine Nähe zu suchen.

Was sie daher einfach tut – und den eventuellen Konsequenzen mit einem gelassenen Lächeln begegnet.

Wortlos platziert er sie in den Sitz des Co-Piloten. Auch Edward sitzt kurz darauf, gurtet sich an und stülpt sich die Kopfhörer über. Als er aufsieht und erkennt, dass sie ihn reglos betrachtet, hebt er eine Braue. »Anschnallen?« Es kommt leise, keineswegs feindselig, und Tony gibt ihr Bestes. Aber dieser Verschluss ist absolut dämlich! Da gibt es bedeutend mehr Metall, als sie es gewöhnt ist, und egal, welche Möglichkeit sie versucht, keine will funktionieren.

Irgendwann hört sie neben sich ein resigniertes Stöhnen; er setzt die Kopfhörer ab, schnallt sich ab und übernimmt die Erledigung des komplizierten Verfahrens. Wobei er Tony verteufelt nahekommt, sie aber nicht direkt anschaut, was ihr ganz recht ist. Denn mit einem Mal fühlt sich ihr Gesicht heiß an. Sie ist noch nie mit diesen blöden Dingern klargekommen, mit Ach und Krach schafft sie es *manchmal* in einem Auto. Bei denen hier, die die fortgeschrittene Variante darstellen müssen, hatte sie nie eine Chance.

Kurz darauf sitzt er wieder, und Tony wird zum ersten Mal tatsächlich bewusst, dass sie sich im Cockpit eines riesigen Jets befindet. Von hier aus hat man eine fantastische Sicht über beinahe die gesamten Rollfelder, die sich in ihre Richtung erstrecken. Sie beobachtet die übrigen Flugzeuge beim Landen und Abheben, macht die winzigen Menschen auf den Gangways aus, erblickt andere, die mit Transportern voller Gepäck das Areal überqueren. Es ist ehrlich faszinierend – interessiert sie nur nicht wirklich: Zu viele Eindrücke, die sie momentan nicht verarbeiten kann und will. Daher lehnt Tony sich bald in ihrem superbequemen Sitz zurück und mustert ausschließlich ihn. Ihr entgeht weder, wie er Kontakt mit dem Tower aufnimmt, noch, als die Turbinen aufheulen oder dass er unzählige Tasten bedient, und sie ist ... beruhigt.

Zufrieden schließt sie die Augen und bemerkt nichts davon, dass sie nur zehn Minuten später abheben und das kalte, triste New York für immer hinter ihr verschwindet.

* * *

Als Tony erwacht, liegt sie in einem Bett; das Fenster steht offen, durch welches das beruhigende Zwitschern der Singvögel zu ihr dringt, und sie riecht die laue Abendluft. Um zu wissen, dass sie endlich zu Hause ist, muss sie nicht erst die Augen öffnen. Es ist dieser Duft von frisch gemähtem Gras, Sonne, Wärme und einer *winzigen* Note herben Aftershaves, das ihr diese und gleichzeitig die nächste Gewissheit verleiht: Edward befindet sich im Raum.

Würde es dabei bleiben, hätte sie ihn sogar angesehen; doch neben seinen langen, gleichmäßigen Atemzügen hört sie auch die kürzeren, die nur einem Kind gehören können. Und sie ist noch nicht bereit, mit Matty zu sprechen – um genau zu sein, ist sie zu überhaupt nichts bereit. Tony weiß nur, was sie will, und je klarer ihr das wird, desto wild entschlossener ist sie, es sich zu holen.

»Siehst du, sie ist wirklich da«, ertönt ein dunkles Wispern in der Stille.

»Aber sie ist krank«, erwidert eine helle Stimme.

»Ja. Deshalb müssen wir sie jetzt allein lassen, damit sie schlafen kann. Ist das okay?«

»Aber sie geht doch nicht mehr?«

»Nein.«

Das Kind entgegnet nichts, aber Tony weiß, dass Matty keineswegs von Edwards Beteuerungen überzeugt ist. Dennoch wird nach einer Weile die Tür geöffnet und schließt sich keine Sekunde zu früh, denn die nächsten Tränen sind eingetroffen. Anscheinend haben sie die Zeit genutzt, um neue Kraft zu tanken.

Gott, sie hat Matty so unvorstellbar verletzt!

Kurz darauf öffnet sich wieder die Tür und diesmal sind lediglich die tiefen, ruhigen Atemzüge zu hören. Das Bett bewegt sich, als er sich setzt.

»Entwarnung, er ist weg«, sagt er irgendwann.

Tony antwortet nicht, sondern tastet sich behutsam und etwas verschämt vorwärts, stetig in Richtung Wärme, bis sie auf leichten Stoff trifft. Von dort aus bedeutet es nur ein Kinderspiel, hinauf zu seinem Hals zu gelangen. Und als sie den gefunden hat, tut sie endlich das, was sie will und braucht. Tony zieht, auch wenn ihr sehr genau und erschreckend klar ist, dass sie nicht die geringste Chance hat, wenn er sich weigert. Darüber zerbricht sie sich aber nicht den Kopf – er *hat* einfach zu wollen! Würde er sich so fühlen wie sie sich jetzt, dann wäre sie auch für ihn da – immer!

Edward wehrt sich nicht, weshalb Tony ihn umarmt, sich an ihn klammert – heulend –, natürlich. Doch selbst das ist ihr egal. Er hat ihr so unvorstellbar gefehlt.

So sehr!

Wie üblich gibt er keinen Ton von sich, unternimmt allerdings auch keine Anstalten, sie zurückzuweisen, sondern legt stattdessen seine Arme um sie und presst sie an sich. Sein Kinn liegt auf ihrem Kopf und sie schließt die Augen.

* * *

Noch ganze drei Tage vergehen, bis Tony endlich in der Lage ist, mit Matty zu sprechen. Bis dahin sieht sie nur eine Person: Edward.

Es dauert nicht lange und sie leidet wieder unter ihrem schlechten Gewissen, denn wann immer er sie anschaut, blitzt der Zorn in seinem Gesicht auf. Edward mag es nicht, wenn sie sich so gehen lässt, total klar, doch sobald sie versucht, sich zusammenzureißen, wird es noch schlimmer, weshalb sie irgendwann derartige Experimente unterlässt.

Wie er es bereits zuvor getan hat, sorgt er für sie, spricht allerdings nicht häufig mit ihr, sagt nur das Notwendigste, und auch das immer in dem altbewährten Knurren. Seine Wut ist allgegenwärtig, zermürbt sie langsam und vernichtet all die guten Ansätze, die sie nach den ersten Tagen gezeigt hat. Immer wenn sie glaubt, es ginge bergauf, begeht sie den Fehler, ihn zu mustern und alles ist wieder beim Alten. Sie will weg, hier bleiben, fort, sich verkriechen, auf ihn zugehen – alles gleichzeitig. Dieses schier unüberwindliche Chaos der Gefühle droht, Tony zu vernichten, und lange Zeit findet sie kein Rezept dagegen, weiß nicht, was sie tun soll, um sich zu retten, bis ihr endlich aufgeht, dass sie allein das nicht *kann*!

Noch einmal einige Tage später – die benötigt sie zum Mut sammeln – fasst sie sich schließlich ein Herz und spricht ihn an. Edward hat soeben das Zimmer betreten, diesmal mit einem Tablett beladen, auf dem sich wie so häufig irgendwas Essbares befindet. Dabei ist sie überhaupt nicht krank, nur müde und ehrlich körperlich erschöpft. Aber wenn sie aufstehen will, hält er sie stets zurück.

»Nein!«

»Edward, ich kann ...«

Sobald das kommt, blitzt er sie wütend an. »NEIN!«

Was die Angelegenheit auch nicht gerade vereinfacht.

Als er das Tablett neben ihrem Bett abstellt – wie immer mit der üblichen unbeteiligten Miene –, platzt endlich das aus ihr heraus, was ihr seit gefühlten Ewigkeiten zusetzt. »Du bist sauer auf mich!«

Mit Bedacht sorgt er dafür, dass alles sicher steht und nichts hinunterfallen kann, ordnet noch die drei Kleenexschachteln, die üblicherweise auf dem kleinen Tisch stehen, und blickt dann auf. »Nein!«

»Doch!«, beharrt sie heftig. »Weil ich heule! Es tut mir leid! Ehrlich, ich gebe mir Mühe, das in den Griff zu bekommen. Es wird besser!«, fügt sie hinzu und wird sofort Lügen gestraft, da sich die nächsten Tränen ankündigen.

Scheiße!

Stöhnend lässt sie sich zurückfallen und bekommt einen dieser wütenden Blicke zugeworfen, bevor er aus dem Raum marschiert.

Und Tony heult Rotz und Wasser. Warum muss er sich so verhalten? Weshalb kann er nicht sein wie alle anderen Menschen, die sie kennt? Sie macht immer – *immer* – alles falsch, wenn es ihn betrifft.

Alles!

Weinend nimmt sie ihren Teddy, dreht sich auf die Seite und versucht, zu schlafen.

* * *

»Anthonia!«

Seine laute, entnervte Stimme zerrt sie aus ihren Träumen. In denen sucht sie übrigens nach wie vor, obwohl sie doch längst zurück ist. Anscheinend hat ihr Unterbewusstsein das noch nicht begriffen.

Benommen reißt sie die Augen auf und sieht Edward neben ihrem Bett stehen. »Du musst essen«, sagt er leise.

Sie schüttelt den Kopf. »Ich hab keinen Hunger, danke.«

Bevor sie sich umdrehen kann, packt er ihre Schulter. »Jetzt hörst du zu!«, knurrt er. »Hier geht es nicht darum, ob du Hunger hast oder nicht, sondern um lebenserhaltende Maßnahmen. Kapiert?«

Damit wird sie ruckartig aufgesetzt und ihr ein Sandwich entgegengehalten. »Iss!«

Vorsichtig mustert sie die genervte Miene und schluckt langsam.

Seine Augen werden groß und er hebt hastig die Hände. »Ich bin nicht wütend! Ich will nur, dass du was isst, okay?« Dann arbeitet es in seinem Gesicht und irgendwie gelingt ihm so was wie ein Lächeln.

Tony nickt mechanisch, auch wenn sie nichts verstanden hat. Aber sie weiß, dass er darauf wartet, und will nicht gleich den nächsten Anschnauzer riskieren. Zögernd greift sie zum Brot, beißt hinein und vernimmt ein sehr eigenartiges Geräusch. Ein ... *Aufatmen*? Hastig betrachtet sie ihn und es scheint fast so, als wäre er ... erleichtert.

Erleichtert?

Bevor sie was sagen kann, hat er sich von ihr abgewandt und fuhrwerkt erneut mit den Kleenexboxen umher. Und ganz langsam gehen Tony so etliche Dinge auf.

* * *

Das ist der Auftakt zu dem, was sie letztendlich aus diesem tiefen Loch befreit. Denn Tony hat plötzlich eine Aufgabe für sich entdeckt: Sie will dahinterkommen, was dieser Mann *wirklich* denkt. Nicht was sie *glaubt* zu sehen, sondern was er sorgfältig vor ihr verbirgt.

Sobald sie ihn unter diesem neuen Aspekt beobachtet, fällt ihr so einiges an ihm auf, was ihrer Aufmerksamkeit bisher total entgangen ist. Oft wendet er sich unvermittelt ab, hantiert sinnlos mit irgendwelchen Gegenständen und verlässt manchmal total abrupt den Raum. Letzteres trifft meist dann ein, wenn sie ihre Tränen nicht zurückhalten kann, was leider immer noch sehr häufig geschieht. Meist – zumindest in letzter Zeit – kehrt er kurz darauf zurück, auch das ohne einen bestimmten Grund, und sucht hin und wieder das Gespräch. Möglicherweise, um seine Anwesenheit zu rechtfertigen. Ganz plötzlich meint Tony zu wissen, weshalb das alles so abläuft: Er will nicht, dass sie erahnt, was er denkt oder ... *fühlt*.

Das ist das schlichte und gleichzeitig so komplizierte Geheimnis, dessen Entlarvung Tony dazu bringt, gedanklich die vergangenen Monate aufzuarbeiten. Jede Auseinandersetzung, jeden Streit, auch das andere.

Vieles, bei dem die Erklärung bisher ihrer Meinung nach feststand, erscheint mit einem Mal in einem anderen Licht. Es besteht durchaus die Option, alles aus einer völlig geänderten Perspektive zu betrachten. Natürlich ist sie nicht sicher, ob sie mit ihren äußerst kühnen Vermutungen richtig liegt, dazu kennt sie ihn zu wenig und ihr Edwardstudium dauert noch nicht lange genug an. Doch inzwischen ist sie überzeugt, dass er an jenem Tag, als dieser miese Kuss geschah, nicht wollte, dass sie geht. Warum hat er es nicht einfach gesagt? Es hätte nichts geändert – auch dessen ist sie sich bewusst, doch alles Nachfolgende wäre anders gekommen. Also, weshalb hat er es nicht einfach gesagt, wenn es sein Wunsch war?

Dieser Frage hängt sie mit Abstand am meisten nach, während sie ihn heimlich mustert, sobald er sich in ihrer Nähe aufhält. Es beschäftigt sie so sehr, dass sie darüber manchmal sogar ihre Tränen vergisst und irgendwann die einzige, plausible Antwort findet. Die trifft aber nur zu, wenn ihre gesamten Vermutungen stimmig sind, was in der Summe ein ziemlich gewagter und wackliger Vorstoß ist.

Trotzdem!

Was ist, wenn Edward es nicht sagen *kann* – aus welchen Gründen auch immer? Was, wenn er nicht in der Lage ist, derartigen Dingen Ausdruck zu verleihen?

Was ist dann?

***

Tony braucht Edward.

Neben ihrer Liebe zu ihm gelingt es ihr, sich auch endlich das einzugestehen. Egal, wie abweisend, gemein und irrational er sich verhält, es ändert nichts daran. Ihr Zusammenbruch, denn das ist es gewesen, auch das gesteht sie sich ein, ist nicht nur auf diesen brutalen Kerl und ihre Trennung von Matty zurückzuführen, sondern auch darauf, weil sie den Mann, der für sie alles bedeutet, verlassen musste. Ihren ganz persönlichen Traumprinzen – das ist er nämlich. Am Ende konnte sie sich doch nicht vor ihm schützen und bereut das für keine Sekunde. Allmählich beginnt sie allerdings zu ahnen, dass sie bisher nichts von ihm weiß und dass sich hinter diesem seltsamen Mann vermutlich noch jemand ganz anderes verbirgt. Dieser jedoch – und genau hier übernimmt ihre jämmerliche Hoffnung – hat sie vielleicht nicht nur zu Matty geholt.

Vielleicht.

Matty – die nächste Problemzone.

Nach drei Tagen – an ihrem vierten Morgen wieder zu Hause – hält Tony Edward zurück, als dieser den Raum verlassen will.

»Hol Matty!«

»Ich glaube nicht, dass das eine gute Idee ist«, wehrt er ab. »Er hat deinen ... Fortgang nicht sehr gut verkraftet. Wenn er ...«

Sofort ist sie alarmiert. »Was ist passiert?«

Unwirsch winkt er ab. »Das ist nebensächlich. Es geht ihm gut.«

»Edward! JETZT SAG MIR, WAS LOS WAR!«

Tony hat sich aufgesetzt und starrt ihn wütend an. Flüchtig blitzen seine Augen auf, ehe er gleichmütig mit den Schultern zuckt. »Gut, wie du meinst. Aber heule nicht wieder!«

Nachdem sie mutig den Kopf geschüttelt hat, setzt er sich seufzend auf ihre Bettkante, starrt blicklos vor sich hin, und es vergeht eine geraume Weile, bevor er auch spricht: »Als ich mit dir am Bahnhof war, erlitt er einen bösen Anfall. Mrs. Knight musste den Arzt holen.«

Resigniert schließt sie die Augen, ohhh, verdammt!

»Er brauchte eine Weile, um sich zu erholen; was der Grund ist, weshalb ich ...« Anstatt weiter zu sprechen, ordnet er das Geschirr auf dem Tablett.

»Weshalb was?«

»Es ist nebensächlich, vertrau mir. Nicht von Interesse!« Damit steht er auf und verlässt den Raum.

Sinnierend betrachtet sie die geschlossene Tür.

Und wenn das nicht von Interesse ist, dann bin ich die Hure, die du mir immer andichten wolltest – irgendwie. Denn ganz so überzeugt warst du davon ja auch nie, oder, Edward?

Nach einer Weile wirft sie sich entnervt in ihr Kissen.

Von allen – allen – verdammten Männern, die diese Welt beherbergt, musste sie sich den mit Abstand kompliziertesten aussuchen!

* * *

Matty ist sehr blass und zurückhaltend, als er eine halbe Stunde später von Mrs. Knight ins Zimmer geführt wird. Letztere lächelt und verschwindet, nachdem sie das Kissen aufgeschüttelt hat, was Tony ehrlich langsam auf die Nerven geht. Sie ist nicht krank! Jedenfalls nicht mehr.

Als die Haushälterin die Tür hinter sich geschlossen hat, mustert Tony den Kleinen. »Komm her!«

Argwöhnisch wagt er einen winzigen Schritt – was leider nicht genügt.

»Näher ...«

Ein Schritt folgt. »Näher ...«, wispert Tony.

Er riskiert noch einen, und sie bekommt seine Hand zu fassen, zieht ihn in ihre Arme und überhäuft sein Gesicht, die Wangen, Nase und Augen mit kleinen Küssen. Als die Tränen planmäßig einsetzen, ist sie so dankbar, weil sie diesmal echt mal angebracht sind. »Es tut mir so leid. So leid«, murmelt sie und küsst ihn weiter.

Der Junge lässt die Folter über sich ergehen, ohne mit einer Wimper zu zucken – er hat verdammt viel von seinem Onkel in sich, das muss Tony ja mal sagen! Aber irgendwann legen sich die schmalen Ärmchen um ihren Hals, er lehnt seinen Kopf an ihre Schulter und schluchzt leise. Beinahe ist es gut – jedoch nicht völlig. Das wird Tony in den folgenden Tagen und Wochen erfahren, denn es braucht seine Zeit, bevor Matty ihr wieder traut, etwas länger, ehe er nicht panisch wird, wenn sie das Haus verlässt, und sehr lange, bis er sie nicht mehr nachts sucht. Als er endlich vollständig beruhigt ist und wieder *weiß*, dass sie für ihn da ist, muss Tony ihn zum zweiten Mal verlassen.

Ohne eine Wahl zu haben und diesmal für immer.

Am nächsten Morgen steht Tony entschieden auf. Als Edward ihr Zimmer betritt und sie in ihrer üblichen Jeans mit dem üblichen Hemd sieht, leuchten seine Augen auf, ehe er eine angewiderte Grimasse zieht. »Du bringst es nicht fertig, dir irgendetwas Normales anzuziehen, oder?«

Mit gerunzelter Stirn schaut sie an sich hinab. »Ich bin 22 Jahre alt. Das *ist* normal!«

Er reagiert nicht – natürlich, ihm muss ihr Alter inzwischen bekannt sein –, stellt stattdessen das Tablett mit ihrem Frühstück auf dem Nachttisch ab und stemmt seine Hände in die Hüften. »Angemessene Kleidung hat nichts mit dem Alter zu tun, und ich betrachte es nun mal als *etwas* seltsam, dass du dich ständig wie ein Mann anziehst, das ist alles.«

»Was, passt dir das nicht?«

»Nein, um ehrlich zu sein, überhaupt nicht!«

»Ach! Warum denn nicht?«

»Weil ich es gewohnt bin, eine Frau als solche zu erkennen, wenn ich sie ansehe. Bei dir fällt mir das ausgesprochen schwer. Außerdem will mir nicht in den Kopf, wieso du nicht ein bisschen femininer sein kannst!«

»Weißt du ...« Auch Tony hat ihre Fäuste in die Seiten gestützt und mustert ihn wütend. »Ich finde, ich bin feminin genug, danke der Nachfrage!«

Entnervt verzieht er das Gesicht; sein Blick wandert flüchtig über ihr Hemd und verharrt für eine winzige Sekunde direkt auf dem letzten offenstehenden Knopf, aber ganz und gar nicht verächtlich, dann wendet er sich zur Tür und sie hört ihn brummen:

»Wo sie recht hat ...«

An diesem wunderbaren Märztag scheint die Sonne und es herrschen warme 23 Grad, weshalb Tony mit Matty in den »Garten« hinausgeht. Endlich kommt sie dahinter, was diese schwarzen, beweglichen Punkte zu bedeuten haben: Es handelt sich um Männer. Große, starke, breite Typen, die anscheinend das Gelände ablaufen. Offensichtlich um es zu bewachen, was sie ernsthaft verwirrt. Tony hätte mit einer Alarmanlage gerechnet, die sind bei den Stinkreichen normal, so viel ist selbst ihr bekannt. Aber so was ... Ihr fällt ein, dass Edward auf sie den Eindruck eines Mafiabosses gemacht hat – ja, dazu passt so was schon eher. Doch Mattys Onkel als boshaften, mordenden Gesetzesbrecher ... das kann sie sich auch nicht vorstellen. Verdammt, was für eine Firma besitzt denn dieser Mann, dass er meint, derart für seine Sicherheit sorgen zu müssen? Und Mattys, ganz klar.

In diesem Moment trifft sie ein Ball am Kopf, von einem aufgedrehten, verzogenen Bengel geworfen, und für die nächsten Stunden sind ihre Grübeleien auf Eis gelegt.

Nachdem sie Matty an diesem Abend zum ersten Mal seit mehr als zwei Wochen ins Bett gebracht hat, weiß Tony nicht, was sie tun soll. Zu ihm gehen? Kann sie das, auch wenn er wieder abweisend werden sollte, wovon sie inzwischen überzeugt ist, denn er kann anscheinend nicht anders? Ist sie dem wirklich schon gewachsen? Besser noch: Wird sie dem jemals gewachsen sein?

Ein Geräusch an der Tür lässt sie aufsehen und erkennen, dass ihr die Entscheidung abgenommen wird. Denn Edward steht im Rahmen und beobachtet sie. Verdammt! Klopft dieser Kerl eigentlich nie an?

»Ich wollte dich auf ein Glas einladen«, beginnt er tonlos.

Was nicht etwa reine Information ist, sondern die Frage, die er nie stellen würde, nur arglos verpackt. Tony tut, als müsse sie sein Angebot sorgfältig abwägen, doch als seine Miene unmerklich länger wird, zeigt sie Erbarmen. »Okay ...«

Er nickt knapp, macht kehrt und geht.

Mit offenem Mund starrt sie ihm nach und schüttelt irgendwann resigniert den Kopf. Offenbar soll sie wohl jetzt folgen. Und während sie die vielen Flure und Treppen hinter ihm herschleicht, denkt sie sich – noch immer mehr als entmutigt: *Ehrlich, von ALLEN Milliarden Männern, die diesen Planeten bevölkern ...*

17. Alles auf eine Karte

Erst, als sie den Raum fast erreichen, erkennt Tony, wohin die Reise geht: in genau das Zimmer, in dem sie damals – vor einigen Wochen – ihre bislang härteste Auseinandersetzung geführt haben. Sie erinnert sich kaum noch an ein Detail, weiß nur, dass es dort nichts gibt, an dem man sich wirklich festhalten kann, wenn ein großer, starker und wütender Mann versucht, einen die Treppe hinauf zu zerren.

Heute realisiert sie, dass es ein ... Nun ja, und hier beginnen die Probleme. Es ist kein Wohnzimmer im klassischen Sinne. Denn anstatt der üblichen Ausstattungsgegenstände (Couch, Tisch, Sessel, Technik und Kamin) existieren nur zwei bequeme Fernsehsessel, die vor einem gigantischen Bildschirm platziert sind. Zwischen ihnen steht ein winziger Tisch, auf dem Edward zwei Gläser bereitgestellt hat. Der Raum ist klein – kleiner als alle anderen, die Tony bisher in diesem Haus zu Gesicht bekommen hat. Im Schätzen war sie nie sonderlich gut, aber mehr als fünfzehn Quadratmeter umfasst er garantiert nicht. Außerdem ist es total ... gemütlich.

Urgemütlich sogar.

Hier scheint Edward er selbst zu sein; das ist sein Reich. Verstohlen schaut sie sich um und betrachtet das winzige

Paradies unter diesem neuen – besonderen – Aspekt. Sein Stil ist relativ einfach, obwohl die wenigen Möbel hochwertig sind, doch es herrscht nicht der Luxus, der einen ansonsten in diesem Palast zu überwältigen droht. Nirgendwo sonst existiert so was wie Normalität, und in einem Gebäude, in dem das Kinderzimmer aus drei separaten Räumen und einem riesigen Bad besteht, wirkt dieser hier geradezu spartanisch. Sicher ist er geschmacklich weit von Tony entfernt; sie schätzt, ihr Altersunterschied fordert seinen Tribut, denn sie hätte das Zimmer heller eingerichtet, die Wände vielleicht in einem warmen Orange gehalten, nicht in dem dunklen Holzton. Das ändert nichts daran, dass es ihr gefällt – auch dies ist ein passendes Teil zu dem Puzzle, das in der Gesamtheit Edward Capwell ergibt.

Edward Capwell – so, wie er wirklich ist.

Unsicher blickt sie über ihre Schulter und entdeckt ihn im Türrahmen, wo er sie mit verschränkten Armen beobachtet, die Miene wie immer unergründlich – aber nicht kalt und abweisend. Ihr leises Räuspern bringt ihn zum Grinsen, was die Situation schlagartig entspannt, bevor er zu einem der Sessel deutet: »Setz dich!«

Das scheint zunächst mal eine nachvollziehbare und zweifellos sinnvolle Sache zu sein, weshalb Tony eilig Platz nimmt. Edward wählt den verbliebenen Einsitzer und hält ihr das Glas mit der durchsichtigen Flüssigkeit entgegen. Obwohl sie eigentlich nichts trinken will, akzeptiert sie es dankbar. Ihre vorübergehende Antipathie resultiert nicht aus mangelndem Appetit, sondern weil ihr letzter Gin-Tonic-Ausflug Folgen hatte, die sie möglicherweise ihr Leben lang begleiten werden.

Heute braucht sie ein bisschen Alkohol, denn sie weiß zwar, was sie tun will, hat nur leider bisher noch keinen Schimmer, wie sie das bewerkstelligen soll, weshalb sie hofft, im Gin ein paar nützliche Hinweise zu finden.

Felix Felicis für Muggle.

Bei diesem Gedanken muss sie kichern und prompt verengen sich seine Augen. »Was ist so witzig?«

»Du würdest es nicht verstehen«, erwidert sie – sofort wachsam.

»Wie kommst du darauf?« Seine Stirn liegt in tiefen Falten.

Tony seufzt. »Weil das eines der vielen Dinge ist, die uns nun mal unterscheiden.«

»Versuch es!«

Er macht auf sie den Eindruck, als wolle er mit allen Mitteln eine besonders schwere Aufgabe lösen, was sie gleich wieder zum Lachen bringt. Doch als seine Augen blitzen, geht ihr auf, dass sie sich gerade ziemlich dämlich benimmt. Unter Garantie denkt er, sie wolle ihn verarschen, und das, wo er sich die allergrößte Mühe gibt, sich zu beherrschen. Es entgeht Tony keineswegs und ihre Hoffnung erhält noch mal einen großen Schub.

»Es ist ...« Sie überlegt. »Ich habe mein Verhalten mit einer bestimmten Sache assoziiert, die du nicht kennen wirst.«

»Versuch es«, wiederholt er.

Als sie hastig zu ihm aufsieht, ist das zornige Funkeln verschwunden. »Ein Kinderbuch«, murmelt sie. »Wann hast du das letzte gelesen?«

Nach einigem Grübeln lacht er trocken auf. »Okay, abgesehen von den Geschichten, aus denen ich Matty rezitiere, also Charlie-Tschuff-Tschuff ...«, auf seine entnervte Grimasse hin muss sie grinsen, »... dürften das einige Jahre sein ...« Diese Aussage scheint er noch einmal überdenken zu müssen, ehe er finster hinzufügt: »Mach Jahrzehnte daraus.«

Tony nickt. »Du würdest es nicht verstehen.«

Seufzend widmet er sich seinem Whiskyglas.

Die Stimmung kippt bereits wieder, und Tony beschwört sich, diesen Trend aufzuhalten, ehe es zu spät ist. Hastig nimmt sie einen weiteren Schluck vom durchsichtigen Felicis. »Der Teddy ...«

»Was ist damit?« Aufmerksam begutachtet er seinen eigenen bernsteinfarbenen Zaubertrank.

»Gehörte er wirklich dir?«

»Ja«, erwidert er nachdenklich. »Er war eines meiner Spielzeuge ...« Jetzt schaut er zu ihr auf. »Wie ich es dir sagte. Ich belüge dich nicht.«

Sofort wird sie rot. »Ich konnte nicht anders, ich musste ...«

»So hatte ich es nicht gemeint! Ich kann nachvollziehen, warum du mich nicht in meiner Überzeugung berichtigt hast. Und ...« Das nächste trockene Schmunzeln folgt. »Das alles hätte nie passieren dürfen! Es ist allein meine Schuld!«

»Weil deine Meinung nur auf Vorurteilen basiert ...«

Ein bellendes, humorloses Lachen unterbricht sie. »Nein! Anthonia! Du vergisst, mit wem du es zu tun hast! Vielleicht weißt du es auch immer noch nicht! Was glaubst du denn, wie ich im Normalfall reagiert hätte, nachdem ich Timotheus' Brief erhielt? Du hättest keine Chance gehabt, mir vorzugaukeln, Mattys Mom zu sein. Mir wäre sogar bekannt gewesen, in welche Grundschule du gingst – einschließlich deiner Blutgruppe und deines Zahnstatus'!« Er schüttelt den Kopf. »Inzwischen nehme ich dir ab, dass du nichts von Tims ›wahrer Identität‹ ...«, spöttisch verzieht er das Gesicht, »... wusstest. Du weißt nicht viel – im Grunde gar nichts. Und Danielle – meine Schwägerin –

auch nicht.«

Damit verstummt er, nimmt einen Schluck von seinem Whisky, und starrt finster vor sich hin. Erst nach einer Weile räuspert er sich und betrachtet sie wieder, nun sind seine Züge eisig. »Meine Familie ist eine der ältesten, finanzstärksten und einflussreichsten der Vereinigten Staaten. Meinst du, es ist ein Zufall, dass mir der Name deiner Schwester nicht vertraut war? Timotheus war nicht dumm; er vermied es, die Identität der Personen preiszugeben, mit denen er sich umgab. Auch mir! Und er tat gut daran! Wären mir mehr Details geläufig gewesen, hätte ich die üblichen Maßnahmen ergriffen ...«

»Was bedeutet?«

Gleichmütig zuckt er mit den Schultern. »Ich hätte so lange in ihrer Vergangenheit nach dunklen Stellen gesucht, bis ich genügend gegen sie in der Hand gehabt hätte, um sie gegebenenfalls unter Druck zu setzen, wenn sie dieses wilde Verhältnis zu meinem Bruder nicht freiwillig beendet hätte. Oder aber, um an sein Kind zu gelangen, als Tim verstorben ist. Matty ist Erbe dieses Himmelreiches.« Ironisch breitet er seine Arme aus. »All das wird eines Tages ihm gehören.«

»Du hättest sie niemals trennen können«, sagt Tony entschieden.

»Bist du dir da so sicher?«, erkundigt er sich ironisch, bevor er lacht. »Du hast keine Ahnung vom Wesen der Menschen. Dafür bist du mit Abstand zu jung und zu ...«

»... dumm, richtig.«

»Mit dieser Aussage war ich etwas voreilig, was ich gern einräume.« Knapp neigt er den Kopf, doch sie erkennt, dass seine Augen blitzen.

»Sehr nett.«

Ihr Spott berührt ihn nicht. »Ich kenne die Noten deines Highschooldiploms; dich dumm zu nennen, wäre nicht angebracht.«

Fassungslos starrt Tony ihn an, das muss sie erst mal verkraften, doch dann seufzt sie resigniert. »Du wusstest, wo Tim wohnt. Du hättest auch so alles über ihn herausbekommen können.«

Wieder lacht er und diesmal klingt es sogar verdammt bitter, bevor er sie ernst mustert. »Genau das, du sagst es! Aber ... ich tat es nicht. Ich ließ weder Erkundigungen über Timotheus einholen noch über die Menschen, die in seiner unmittelbaren Nähe lebten. Auch, als mir dein Name bekannt und Tim längst tot war. Ich war kurz davor ... So kurz ...« Er hat seine linke Hand erhoben. Daumen und Zeigefinger berühren sich beinahe. »Ich tat es nur nicht! Daddy wäre nicht stolz auf mich ...« Zynisch schüttelt er den Kopf.

»Warum nicht?«

Flüchtig schaut er auf, erwidert jedoch eine ganze Weile nichts, und als er schließlich antwortet, kommen die Worte sehr zögernd. »Bei Tim ... Ich wusste, dass er Musik studieren wollte, dass er ein Musiker war. Damals, als er ging, war ich ... nun für alle Dinge zuständig, die die Sicherheit betreffen. Meinem Vater war nicht bekannt, dass ich Kontakt zu Tim hielt. Ich wollte das Vertrauen meines Bruders nicht missbrauchen. Es war dumm ...« Erneut sieht er auf, diesmal etwas anhaltender. Dann runzelt er die Stirn und senkt den Blick. »Ich hätte ihn zu anderen – besseren – Ärzten bringen können, wäre mir seine Erkrankung bekannt gewesen.« Sein Grinsen fällt recht schief aus. »Du siehst, Stalking hat durchaus auch seine Vorteile ...«

»Kein Arzt hätte ihm helfen können. Er wollte sterben.«

»Hör auf! Alles ist heilbar! Nun, zumindest fast alles. Ich bin davon überzeugt, dass ein guter Arzt ...«

»Nein! Er wollte nach Danielles Tod nicht mehr leben! Er ...« Sie mustert seine mit einem Mal verschlossene, beinahe versteinerte Miene und stöhnt. »Vergiss es. Vielleicht hast du ja sogar recht. Aber er ist tot und ...«

Edward leert sein Glas und nickt entschlossen. »Genau, er ist tot. Das Leben geht weiter, die Dinge sind nun einmal so, wie sie sind. Kein Grund, sich überflüssige – weil unsinnige – Gedanken darüber zu machen.«

Ja, das sind die Weisheiten, die ein Dasein in totaler Blindheit erst möglich machen, nicht wahr? Als er nichts hinzufügt, fragt sie leise: »Warum hast du nicht bei mir ...?«

Nachdenklich fixiert er sie. »Keine Ahnung, um ehrlich zu sein. Ich wollte nichts mit dir zu tun haben. Was beinhaltete, nicht mehr als unbedingt erforderlich von dir zu erfahren, mich nicht in deinen Müll mit hineinziehen lassen ...« Seine Stirn legt sich in Falten. »Nein, falsch! Das habe ich nie befürchtet. Ich meine, dass du mich mit deinem Müll überhaupt behelligst. Ich wollte nichts mit dir zu tun haben. Und Ende!« Damit steht er auf, meidet wie immer, wenn ihm das Thema nicht passt, ihren Blick, nimmt ihr Glas, das inzwischen auch leer ist, und tritt zu der kleinen Bar, um nachzuschenken.

Tony zwingt sich, ihn dabei nicht zu beobachten, sondern wartet, bis er wieder sitzt, bevor sie sein attraktives Gesicht betrachtet. »Und nun?«

»Was?«

Nach einem großen Schluck von ihrem Gin, holt sie tief Luft. »Willst du jetzt etwas mit mir zu tun haben?«

Interessiert mustert er den Inhalt seines Glases. »Du bist Mattys einzige weibliche Bezugsperson. Er braucht ...«

»Nein!« Innerlich gratuliert sie sich zu ihrem bombastischen Mut dank Felix Felicis für Muggle. »Nicht Matty! Ich will wissen, was *du* denkst! Ich bin die Tante, nicht die Mom! Ich kann nicht ewig bei ihm bleiben. Nicht, wenn ...«

»Wenn was ...?«

Noch mal muss der Glückstrank dran glauben, ehe sie ihn ansieht. »Wenn du nicht auch willst, dass ich hier bin.«

Mit einem Mal wird sein Ausdruck bedauernd, als würde ihm das, was er im Begriff ist zu sagen, schon jetzt leidtun, und Tony erschrickt. Der Schock geht ihr durch Mark und Bein. Für eine winzige Sekunde ist sie versucht, ihn aufzuhalten, denn er wird Dinge sagen, die sie nicht hören will. Sie kann nicht ertragen, dass er sie abweist. Alles, aber nicht das.

Aber Tony schweigt, schließt die Augen und wartet auf das Ende. Ergeben, ohne Widerstand – eine Verhaltensweise, die bis vor wenigen Wochen nicht in ihrem Denken existierte; Kapitulation ohne vorherigen Kampf.

Seine leise Stimme dringt an ihr Ohr und sie konzentriert sich auf das, was er sagt.

»Du bist so jung – ich im Verhältnis zu dir alt. Wir sind so verschieden, so anders. Ich ... erwarte gewisse Eigenschaften von einer Frau, die du nicht erfüllen willst und es auch nicht kannst. Würde ich sie von dir verlangen und du dich vielleicht anpassen, dann wärst du nicht mehr du – das, was dich ausmacht. Du und ich ... das ist ... unmöglich.«

Ein langer Vortrag – vernichtend, mit Sicherheit. Aber kein Nein.

Tony weiß, dass er nicht die geringsten Schwierigkeiten mit

der knallharten Wahrheit hat. Besonders nicht bei ihr. Er hat ihr die Gründe aufgezählt, weshalb es nicht vernünftig ist; Einwände, die sie auch kennt. Doch das wichtigste Argument fehlt. »Das beantwortet nicht meine Frage«, wispert sie und sieht ihn an. »Ich will nicht erfahren, welche Dinge dagegen sprechen. Die sind mir bekannt ... Wenigstens einige, okay?«, fügt sie angesichts seiner spöttischen Grimasse hinzu.

Auch darauf erwidert er nichts, lässt sie jedoch für keine Sekunde aus den Augen. Tony nimmt einen großen Schluck von ihrem Gin und betrachtet ihn entschlossen. »Ich möchte wissen, was *du* willst.«

Prompt schüttelt er den Kopf. »Das ist in diesem Fall nicht von Relevanz, Anthonia.«

»Warum?«

Seine Miene verhärtet sich. »Weil ich ...« Er zögert, lehnt sich unerwartet zurück und beobachtet sie eisig, begutachtet ihr Gesicht, ganz besonders intensiv ihren Mund. Sein Blick wandert langsam tiefer, strandet auf ihrem Ausschnitt, den er mit wachsendem Interesse fixiert, und als er schließlich wieder zu ihr aufschaut, ist sein Ausdruck voller Verachtung, Eis und ... *Hass*.

Ihr bleibt nicht einmal Zeit, über die Gründe für sein Verhalten nachzudenken. Kaum tut er das, was sie mehr fürchtet als die Hölle selbst, verliert Tony die Beherrschung. Und all das, was sie in den vergangenen Tagen mühsam aufgebaut hat, bricht wie ein Kartenhaus zusammen. Als sich ungewollte Tränen lösen, verschwinden schlagartig Hass, Verachtung und Eis. »Deshalb«, bemerkt er leise.

»Du wusstest es nicht besser«, schluchzt sie.

»Bullshit!«, braust er auf. »Ich wusste schon am ersten Abend, dass irgendetwas nicht stimmen kann. Dafür warst du mit

Abstand nicht gerissen genug. Ich bin kein kleiner Junge, sondern ein Mann, Anthonia! Einer, der fast dein Vater sein könnte, vergiss das nicht! Ich wusste, dass meine Vorstellungen fehlerhaft sein mussten. Du hast mich keine Sekunde lang erfolgreich getäuscht. Zumindest nicht, was diese Tony-Angelegenheit betrifft.«

»Aber ...?« Mit einer bebenden Hand wischt sie sich die Nässe von den Wangen.

»Eben: ›Aber‹! Das ist eine gute Frage, oder?«, erwidert er seufzend. »Sieh es ein, Tony, du bist zu jung für mich. Viel, viel zu unerfahren. Du hättest niemals auf mich treffen dürfen, denn an dieser Begegnung wärst du beinahe zerbrochen ...« Er hält inne, runzelt die Stirn. »Nein! *Ich* hätte dich beinahe zerbrochen. Nennen wir die Dinge doch besser beim Namen.«

»Aber du bist doch jetzt anders!«, begehrt sie auf.

Mit zur Seite geneigtem Kopf betrachtet er sie spöttisch. »Ach ja? Bin ich das? Woher nimmst du diese Überzeugung?«

»Du tust *es* nicht mehr!« Wieder setzt er dieses undurchdringliche Pokerface auf, doch Tony ist verzweifelt und das macht sie mutig. Ohne darüber nachzudenken, mustert sie ihn herausfordernd. »Sag, dass du mich nicht willst!«

Eine geraume Weile lang geschieht nichts, bis er seinen Kopf langsam hin und her bewegt, ohne dass sein Blick ihren verlässt. »Das kann ich nicht. Es wäre eine gigantische Lüge.« Das nächste trockene Gelächter ertönt. »Ich meinte ernst, was ich sagte.«

»Aber ...?«

Und wieder lacht er auf. »Ich denke nur, dass sich unsere Ziele etwas unterscheiden, Anthonia.« Edward spricht ihren Namen auf ganz besondere Weise aus, als würde er jeden

Buchstaben streicheln, nur ein dunkles, verführerisches Hauchen, das ihr wie üblich durch Mark und Bein geht.

Ziele sind Tony egal – die können sich ändern. Sie weiß nur, was sie will, und das lässt sich in einem Wort zusammenfassen.

Ihn!

In einem finalen Zug leert sie ihr Glas und steht auf, während er ausdruckslos beobachtet, wie sie zu ihm tritt. Als sie direkt vor ihm steht, macht sie sich daran, ihr Hemd aufzuknöpfen. Obwohl ihre Hände zittern, verrichten sie ihre Arbeit: ein Knopf nach dem anderen ...

Es dauert einen Moment, bevor er verarbeitet, was genau sie beabsichtigt, und abwehrend die Arme hebt: »Nein, Anthonia!«

Doch sie lässt sich nicht beirren; noch ein Knopf verliert den Halt in der stofflichen Öse, gleichzeitig verlässt Tony der Mut – kein Zaubertrank wirkt unendlich. Und als ihre Brüste längst überwunden sind, nur noch zwei Knöpfe bis zur Vollendung fehlen, ist auch das letzte bisschen davon aufgebraucht.

Resigniert lässt sie die Hände sinken und meidet sein fassungsloses Gesicht, in dem plötzlich dunkelblaue, warme Augen wohnen. »Wenn das so ist ...«

Weiter kommt sie nicht; innerhalb einer Nanosekunde ist er bei ihr und umarmt sie, hüllt sie mit seinem Duft ein. Kurz darauf verlieren ihre Füße den Kontakt mit dem Boden, seine Augen sind noch eine Spur dunkler, als er auf sie hinabschaut und einen Kuss auf ihre Lippen haucht. »Ich hoffe, du weißt, was du tust, Anthonia.«

Tony könnte ihn nicht fester ansehen, denn ja, sie weiß sogar ganz genau, was sie tut – viele Jahre hat sie sich auf genau diesen Moment vorbereitet.

... und sie ist sich einhundertprozentig sicher.

* * *

Edward trägt sie in sein Schlafzimmer, das neben dem kleinen, gemütlichen Was-auch-immer liegt.

Tony erwidert seinen Blick, auch wenn die Aufregung ihr allmählich die Kehle zuschnürt. Unzählige Male hat sie sich diese Situation ausgemalt und muss jetzt feststellen, dass sie nicht die geringste Ahnung hat, was passieren wird. Seine Miene ist ernst, das Eis, die Verachtung, all das, was sie über so viele Monate gequält und verletzt hat, verschwunden.

Hoffentlich für immer! Ganz nebenbei betet Tony, dass Edward ihr Geschenk als das zu würdigen weiß, was es für sie darstellt, und ahnt, dass dieser Mann – genau dieser – wie dafür geschaffen ist.

Nachdem er sie auf das große Bett gelegt hat, streift er sich langsam die Hose runter, das Hemd folgt, dann die Boxershorts, und Edward zeigt nicht die geringste Verlegenheit, während Tony nicht weiß, wo sie als erstes hinsehen soll. Als er fertig ist, mustert er sie verwirrt. Soll sie sich etwa auch ausziehen? Einfach so? Scheiße! Tony hat nicht die geringste Chance! Unter seinem intensiven Blick senkt sie ihren, hofft, *fleht* sogar ein bisschen, dass er sie bitte, bitte nicht weiterhin so auffordernd anglotzt, und ist trotzdem überrascht, als sie kurz darauf seinen warmen, nackten – so muskulösen – Körper neben sich spürt, der herbe Duft hüllt sie wie ein leichter Baldachin ein. Eine Hand umfasst ihr Kinn, sein Blick versinkt flüchtig in ihrem, und dann küsst er sie. Wie damals im Krankenhaus. Seine Lippen pressen sich leidenschaftlich auf ihre, eine feste Hand in ihrem Haar, seine Zunge erobert ihren Mund.

Dankbar schlingt sie ihre Arme sich um seinen Hals, sie hört ihr tiefes, sehnsüchtiges Stöhnen, als seine Hände unter ihr Hemd schlüpfen, ihre Brüste streicheln, bevor er die beiden verbliebenen Knöpfe löst und den Stoff über ihre Schultern schiebt. Seine Haut an ihrer, die Lippen auf ihren, zerrt er das Hemd unter ihr hervor und wirft ihn achtlos beiseite. Von ihm berührt zu werden – auf diese Art und Weise –, seine weichen Finger auf ihrem Körper zu spüren, setzt eine ganz neue Flut an Emotionen in ihr frei. Ihr Herz rast teils vor Aufregung und teils vor unbändigem Verlangen nach ihm, was sie beinahe von innen heraus auffrist. Langsam küsst er sich an ihr hinunter, seine Lippen umschließen ihre festen, kleinen Brustwarzen, mit dem Daumen streicht er über die weiche Haut, dann gleitet seine Hand weiter, an ihrer Seite hinab, über ihre Taille, die Hüfte und die Schenkel bis hin zu ihrem Knie, das er um seine Hüfte schlingt.

Oh Gott!

Sie legt intuitiv ihre Hände auf seine Wangen, zwingt ihn wieder hoch und starrt ihn für einen langen atemlosen Moment an. Die Augen ein funkelndes Feuerwerk, die feucht glänzenden Lippen geteilt – so unglaublich heiß und männlich! Sein Haar ist etwas unordentlich, er hat noch nie besser ausgesehen, mit der Leidenschaft, die in seinen Augen brennt. Dann küsst sie ihn wieder, weil sie einfach muss. Als sie seinen Mund erkundet, wirbelt er sie herum, sodass sie auf ihm liegt, und lässt seine Hände an ihrem Rückgrat hinaufwandern. Sie wühlt mit den Fingern in seinem seidigen Haar, und als sie sich hinabstehlen, an ihm endlangstreichen, seinen herrlichen Körper erkunden will, intensiviert er den Druck seiner Lippen noch mal und stöhnt dunkel in ihren Mund. Für Tony ist es kaum zu glauben, dass sie – SIE – es schafft, diesen Mann auf diese Weise stöhnen zu lassen ... und sie genießt es.

Irgendwann dreht er sich wieder mit ihr, und sie landet auf dem Rücken. Er küsst sich an ihr hinab. An ihrer Kiefernlinie entlang, über ihren Hals, zwischen ihren Brüsten entlang – genau dort, wo sich die verblassenden Narben befinden. An keiner Stelle verweilt er länger, küsst weiter, leckt hier und da und nimmt ihre starren Nippel zwischen die Lippen, saugt daran, was den nächsten Stromstoß durch ihren Körper jagt. Dann richtet er sich auf, betrachtet sie mit diesem glühenden Blick, der sie zu entzünden scheint und zieht ihr die Jeans und ihren Slip aus. Schließlich liegt sie vor ihm und er kniet zwischen ihren aufgestellten Beinen. Tony kann kaum noch atmen vor Verlangen, stumm fleht sie ihn an, doch Edward lässt sich Zeit. Er neigt den Kopf zur Seite und legt einen Finger auf den heftig pochenden Puls an ihrem Hals, sein Daumen zeichnet ihre feuchten Lippen nach, und dann fährt er mit beiden Händen über ihren Körper, ihre Kurven, hinab zu ihrer Taille und ihren Hüften, an den Schenkel vorbei und endlich in die Mitte.

Schon als er die Innenseiten berührt, meint sie, zu verbrennen, und als er endlich ihre intimste Stelle erreicht, zielstrebig darüber fährt und dann ihren Lustpunkt findet, bricht das nächste Stöhnen aus ihr heraus und sie vergräbt hastig die Zähne in der Unterlippe.

Fuck!

Hingerissen wirft sie den Kopf zurück, hebt ihren Hintern seiner Hand entgegen, während er langsame Kreise zieht, immer direkt um ihre Klit. Dann spürt sie, wie er einen Finger in sie hineingleiten lässt, und sie hält den Atem an, als er immer und immer wieder in sie hineinstößt. Ein Daumen auf ihrem Lustpunkt, kurz darauf zwei Finger in ihr, die sich an ihren engen Wänden entlangarbeiten. Das ist exquisit!

Aber es reicht nicht.

Als sie aufsieht, schwebt sein Gesicht nur wenige Zentimeter über ihrem, bittend hebt sie die Arme und Edward zögert nicht, sondern sinkt in ihre Umarmung; eine Hand vergräbt sich in ihrem Haar, während seine Lippen ihren Mund suchen und finden. Tony hört sein dunkles Stöhnen und drängt sich an ihn, spürt seine Erregung an ihrem Bauch, spürt seinen heftigen Herzschlag und seine seidige Haut direkt an ihrer. Überwältigende Hitze nimmt sie in Besitz und lässt ihren gesamten Körper glühen. Zwischen ihren Beinen pocht es verlangend und sie nimmt deutlich das Zittern ihrer Finger wahr. Sie will diesen Mann! Noch nie war sie sich SO sicher, es zu wollen. Er ist genau der richtige für sie, das spürt sie, während seine Lippen sich drängend und gleichzeitig samtweich auf ihren bewegen.

Ihre Beine machen ihm automatisch Platz, und er gleitet zwischen sie. Das alles fühlt sich so richtig an, so selbstverständlich, als hätten sie es schon tausendmal getan. Okay, das hat er wahrscheinlich auch, aber für Tony ist es, als würden sie das perfekte Team bilden. Es passt einfach!

Als sie ihn an ihrem Eingang fühlt, wo sie ihn dringender spüren will, als sie erklären kann, stockt nicht nur IHR Atem. Eine gefühlte Sekunde schaut er in ihre Augen, sein Blau glitzert und funkelt und dann schiebt er seine Hüften vor und stößt in sie hinein. Zielstrebig und mit unvorstellbarer Macht. Der Genuss, den sie erwartet hat, bleibt vorerst aus, denn was sie spürt, als Edward in ihr ist, ist ein stechender Schmerz, der sie aufschreien lässt. Sie verkrampft sich und hört ihn im gleichen Moment:

»NEIN!«

Es klingt so endgültig und hasserfüllt, dass es nicht zu dieser Situation passen will. Entsetzt reißt sie die Augen auf und begegnet seinem kalt blitzenden Blick – er ist so eisig, dass sich sofort eine dichte Gänsehaut auf ihrem Körper bildet.

Dann verschwindet er. Erst verlässt er ihren Körper und in der nächsten Sekunde das Bett.

Nein!

Tony denkt es nur, während sie sich hastig aufrichtet und wie neben sich stehend beobachtet, wie er seine Hose überzieht, ohne sie anzusehen oder ein Wort zu verlieren.

Als er Anstalten macht, den Raum zu verlassen, kann sie sich nicht länger beherrschen. Der Schrei bricht über ihre Lippen.

»Edward!«

Er wendet sich nicht mal zu ihr um, hebt nur einen Finger, der ihr befielt, zu schweigen, und schließt hinter sich die Tür.

18. Bliss

Gefühlte 20 Ewigkeiten liegt Tony da und weiß nichts mehr. Das ist so entgegen all dem, was sie sich vorgestellt hat, was ihrer Ansicht nach im Bereich *des Möglichen* ist, verdammt!

Sie hat mit allen Reaktionen kalkuliert, sogar mit gar keiner, um ganz ehrlich zu sein. Aber was nie in ihrem Denken vorkam, ist das.

Dass er einfach geht.

Irgendwann zerreißt das Aufheulen eines Motors die nächtliche Stille vor dem geöffneten Fenster.

Kurz darauf hört Tony, wie sich ein PS-starker Wagen laut und mit beachtlicher Geschwindigkeit entfernt. Er ist also weg ... Na ja, inzwischen verwundert sie nicht mal das noch sonderlich. Als sie allmählich tatsächlich realisiert, was geschehen ist, kommen endlich die Tränen, wofür sie wirklich dankbar ist, denn sie beseitigen etwas von der Enge in ihrer Kehle. Am Ende hat sie ihr Glückstrank wohl doch im Stich gelassen, aber echt, Tony kann sich nicht vorstellen, dass es so etwas schon mal gegeben hat. In all den Jahrtausenden, in denen Männer und Frauen miteinander Sex hatten, ist wahrscheinlich noch nie eine verlassen worden, weil sie noch Jungfrau war.

Noch nie!

Darauf hätte sie ihren Arsch verwettet. Trotz des Weinens und der ... Fassungslosigkeit, in der sich alle negativen Gefühle dieser Welt vereinigen, muss sie plötzlich grinsen. *Und, Miss Benett, ihr Freund hat Sie verlassen. Noch in der ersten Nacht. Was war der Grund?*

Ich war noch Jungfrau! Ha!

HAHA!

Sie schluchzt, lacht, schluchzt wieder und denkt schließlich trocken: *Na ja, wenigstens das wird dir nie wieder passieren.*

Diese Überlegung lässt die Tränen schneller fließen und verbannt für eine lange Weile alles andere aus ihrem Kopf. Wieder liegt sie Ewigkeiten einfach nur da und hat keine Gedanken mehr. Doch irgendwann, gefühlte Stunden später, zieht sie sich an und macht sie sich auf den beschwerlichen Weg zurück in ihr eigenes Bett. Dort angekommen nimmt sie ihren Teddy, denn etwas anderes hat sie nicht, und fällt kurz darauf in einen tiefen, erschöpften und vor allem traumlosen Schlaf.

* * *

Als sie wach wird, weiß sie zunächst nichts.

Inzwischen muss es Nacht geworden sein, denn der helle Mond steht hoch am Himmel und scheint durch ihr Fenster. Tony braucht einen Moment, um sich zu orientieren, auch, bis ihr einfällt, was geschehen ist. Ehe sie jedoch in der alten – neuen – Trauer erneut versinken kann, spürt sie seine Gegenwart. Und bevor sie die Möglichkeit hat, was zu sagen oder wahlweise zu schreien, schieben sich Hände unter sie und sie fühlt sich an eine warme, muskulöse, seidige Brust gehoben.

Der Duft herben Aftershaves steigt ihr in die Nase und sie

fühlt ein Herz, das ruhig und gleichmäßig in seiner Brust schlägt. Mit allem Mut, den sie noch aufzubieten imstande ist, erwidert sie seinen auf ihr liegenden Blick. Trotz der Dunkelheit macht sie darin den seltsamsten Ausdruck aus, den sie jemals auf einem Gesicht entdeckt hat. Es ist, als hätte er sie nie zuvor gesehen, als wären sie sich gerade begegnet – als sei er zufälligerweise über ihr Bett gestolpert und habe beschlossen, sie mal mitzunehmen.

Während er sie durch das Haus trägt und sie dabei ununterbrochen fixiert, spürt sie, wie diese unerträgliche Verbitterung langsam von ihr abfällt und dass der graue Trauerschleier sich hebt, der sie wie eine zweite Haut umhüllt, ihr den Atem und jede Zuversicht geraubt hat. Tony konzentriert sich nur auf diesen Moment und ignoriert alle äußeren Einflüsse. Denn sie fühlt, dass dies wichtig ist.

Wichtiger als alles Bisherige in ihrem Leben.

Edward bringt sie nicht in sein Schlafzimmer, stattdessen findet Tony sich kurz darauf in einem riesigen Bad wieder. Sie sieht sich nicht um; alles, was sie im Augenwinkel wahrnimmt, ist ein warmes Licht, das scheinbar aus allen Richtungen gleichzeitig kommt. Der schwere Duft von Badeöl erfüllt die Luft und wird nur von einem leichten Wachsgeruch untermalt. Letzterer stammt von einigen wenigen Kerzen, die im Raum verteilt sind. Fragend mustert sie Edward, doch in seinem Gesicht bewegt sich kein Muskel. Er ist so ernst, dass sie es spätestens jetzt mit der Angst zu tun bekommen hätte, wäre es nicht er gewesen.

Nachdem er sie auf einen gigantischen, marmornen, mittig stehenden Waschtisch gesetzt hat, tritt er einen Schritt zurück und betrachtet sie stumm. Irgendwie gelingt es ihr sogar, seinem Blick standzuhalten, obwohl sie mittlerweile mit echter Atemnot kämpft. Als Tony davon überzeugt ist, unter seinem forschenden Ausdruck in der nächsten Sekunde zu krepieren, ertönt schließlich seine eisige Stimme.

»Du hast mir bedingungslos vertraut, das habe ich inzwischen begriffen. Ist das noch der Fall? Vertraust du mir, Anthonia?«

Wenigstens ein Nicken bringt sie ohne große Probleme zustande.

Er tritt hinter sie, seine Hände legen sich auf ihre Schultern, und sie spürt gleichzeitig seine Lippen an ihrem Ohr. »Schließ die Augen.«

Tony gehorcht.

Als sich ein kühles, seidig weiches Tuch über ihre Augen legt, zuckte sie zusammen und hält hörbar die Luft an. Edward scheint ihre wachsenden Zweifel nicht zu bemerken; rasch befestigt er den Stoff an ihrem Hinterkopf und nimmt dann ihr Gesicht in seine Hände; seine warmen Lippen küssen sie. »Still!«

Ihr Hemd wird aufgeknöpft und verschwindet, als Nächstes muss ihr Slip dran glauben. Dann hebt er sie vom Tisch und kurz darauf fühlt sie laues, seidiges Wasser auf ihrer Haut, in dem sie zum Liegen kommt. Ihr Kopf wird zurückgelehnt, bis er auf dem Wannenrand ruht. Inzwischen atmet Tony schnell und flach, während sie sich bemüht, die drohende Panik abzuwenden. Als seine Stimme unerwartet an ihrem Ohr ertönt, zuckt sie leicht zusammen. »Vertrau mir, Anthonia. Entspann dich ...«

Tony versucht es.

Dann verschwindet er, und kurz darauf spürt sie warmes Wasser auf dem Teil ihres Körpers, der nicht davon bedeckt wird. Zart beträufelt er ihre Wangen, geht dann zu ihren Schultern über, weiter hinab, erreicht ihre Brüste, die Hüften. Mit aller Zeit der Welt. Tony denkt nichts mehr, sie überlässt sich vollständig diesen fähigen Händen. Als dieser Genuss endet und Lippen ihr einen kaum merklichen Kuss schenken, bevor sie aus dem Wasser gehoben wird, schluckt sie hart an ihrem Protest.

Kurz darauf sitzt sie – möglicherweise wieder auf dem Waschtisch. Ein flauschiges Handtuch wird um sie gewickelt und er hebt sie wieder in seine Arme. Diesmal dauert die Reise länger, und sie kann sich nicht mal an ihm festkrallen, weil sie unter dem Stoff gefangen sind. Tony fühlt sich wie ein Schmetterling in seinem Kokon. Als seine Arme sie verlassen, liegt ihr Kopf auf einem weichen Kissen. Seines. Sie erkennt es sofort an seinem Duft. Edward trocknet sie ab, das Handtuch verschwindet, und dann nimmt er ihr Gesicht in seine Hände. Lippen berühren ihren Mund, ihre Nasenspitze, die Wangen, die Stirn. Instinktiv schlingen sich ihre endlich befreiten Arme um seinen Hals.

»Nein«, murmelt er an ihrem Mundwinkel. Sanft und trotzdem mit unwiderstehlicher Kraft zwingt er ihre Hände an ihre Seiten. »Lieg still, Anthonia«, wispert er an ihrem Ohr. Seine Lippen gleiten an ihrem Hals hinab, unter ihrem Kinn entlang, bis sie ihr anderes Ohr erreichen. Dann verschwindet er, und kurz darauf erfüllt wieder der schwere Geruch parfümierten Öls die Luft.

Tonys Atem beschleunigt sich, und als sich seine Hände erneut auf ihre Wangen legen, zuckt sie zusammen. »Keine Angst.« Sein dunkles Stöhnen ertönt, als seine Hände langsam an ihrer Kehle hinabwandern. Mit stoischer Ruhe massiert er das Öl in ihre Haut, begonnen bei ihrem Kopf, über den Hals, die Schultern – ihren gesamten Körper –, nicht die kleinste Stelle lässt er aus. Tony reagiert auf diese Verführung, den ruhigen Atem, seinen Duft, den sie trotz der öligen Flüssigkeit nach wie vor wahrnimmt. Ihr Körper erinnert an eine summende, bis zum Äußersten sensibilisierte Masse, die unter seinen Berührungen immer mehr vibriert. Immer hektischer atmet sie, ihr Verlangen steigt mit jeder Sekunde, sie fühlt, dass sie immer feuchter wird, will ihn dorthin dirigieren, drängt sich ihm entgegen, und stöhnt zufrieden, wenn er ihre Wünsche erfüllt.

Schließlich dreht er sie um, setzt die Massage auf ihrer Rückseite fort. Und Tony meint, vor Gier nach ihm zu verbrennen. Irgendwann kann sie nicht mehr ruhig liegen; unermüdlich bewegen sich seine Hände über ihre Haut; ihr Körper scheint ihm zu gehören und unter seinen Fingern zu Gelee zu werden. Immer schneller arbeiten seine Hände, immer größere Flächen berühren sie gleichzeitig und verlassen sie nur, wenn ihm das Öl auszugehen droht, massieren ihren Hintern, berühren die heiße Feuchtigkeit zwischen ihren Beinen und die Ansätze ihrer Brüste an den Seiten. Tony beißt sich auf ihre Lippe, um nicht zu schreien. Doch dann helfen auch ihre Zähne nicht mehr; der Schrei bricht unaufhaltsam aus ihr heraus.

»Edward!«

An den Schultern dreht er sie herum und kurz darauf verschwindet das Tuch. Edward wartet, bis sich der Nebel vor ihren Augen gelichtet hat und sie wieder deutlich sehen kann, dann küsst er sie. Leidenschaftlich und intensiv. Irgendwann richtet er sich auf und mustert sie – stets mit diesem ernsten Ausdruck, bevor er ihr sanft eine Strähne aus ihrer Stirn streicht.

»Vertrau mir.«

Nachdem sie genickt hat, startet er die Folter von vorn. Aber jetzt bewegen sich Lippen auf ihrer Haut und arbeiten bald so perfekt wie die Finger zuvor. Wo immer sie Tony berühren, scheint sie unter Strom zu stehen. Ihre Hände tasten nach ihm, und sie streckt sich seinem Mund entgegen– erwartungsvoll, hungrig. So hungrig. Immer tiefer küsst er sich vor, konzentriert sich bald auf ihr linkes Bein. Wieder schreit Tony auf, doch diesmal bemerkt sie es nicht, denn er erreicht ihren Fuß, wandert an der Innenseite entlang – über die empfindliche Haut in der Mitte.

»Bitte ...«, stöhnt sie.

Dann umschließt warme Feuchtigkeit ihren Zeh, seine Zunge wirbelt über die Haut, er saugt und Tony explodiert. Die Welle der Emotionen bricht über ihr zusammen, während sie schreiend kommt.

Sehr anhaltend ist er nicht und Tony ist nicht lange befriedigt. Sie will das noch mal. Und danach noch mal. Und wieder.

Die feuchte Wärme verschwindet und Edward taucht über ihr auf. Er küsst sie, wobei sich seine Hände wieder auf die Reise über ihren Körper begeben. Sanfte, kaum vorhandene Berührungen, die nur langsam an Intensität zunehmen. All das, während er ihr einen dieser gigantischen Küsse schenkt. Gierig nimmt sie ihre Beine auseinander, schiebt sich gegen ihn, spürt ihn, seine Erregung, will sie – ihn – und stöhnt hilflos.

Ihre Fingerspitzen wandern über seine Brust, sie tastet sich zu seinen Schultern vor, bevor sie seinen Rücken erreicht. Dann löst er seine Lippen, richtet sich auf und platziert sich an ihrem Eingang. Schließlich gleitet er in sie hinein – ganz ohne Schmerz –, arbeitet sich an ihren engen Wänden vorbei, seine Stirn liegt in Falten und er fixiert sie forschend. Ihre Zähne graben sich in ihre Unterlippe, sie schließt die Augen, und als sich zurückzieht, um erneut in sie hineinzustoßen, winkelt sie stöhnend den Kopf nach hinten an.

Irgendwann schlägt sie die Augen auf und betrachtet ihn. In tiefer Konzentration, die Stirn noch immer gefurcht, beobachtet er sie. Es scheint, als suche oder warte er auf irgendetwas. Seine Lippen sind zusammengepresst, der Atem nur geringfügig beschleunigt, und Tony erschrickt. Da liegt so viel Entschlossenheit in seinem Blick. Keine Freude ist zu finden, nichts, was darauf hinweist, dass er ebenfalls dieses doch so unvergleichliche Vergnügen fühlt, das er ihr gerade schenkt. Ihr Atem wird hektischer, und in der nächsten Sekunde fluten Tränen ihre Augen. Tony agiert rein instinktiv, als sie seinen Kopf zu sich hinabzieht. Er lässt es geschehen – seine Hände sind währenddessen nach wie vor rechts und links neben ihren Schultern aufgestützt – und bewegt sich dabei fortwährend in ihr. Mit so viel Kraft und Ausdauer, die ihr Lust und Entzücken unbekannten Ausmaßes bereiten, was sie leider nicht mehr genießen kann. Nicht allein.

Tony haucht einen Kuss auf seinen Mund und mustert diese utopisch blauen Augen. Sein Stirnrunzeln verstärkt sich ein weiteres Mal und er schüttelt energisch den Kopf, wobei er die Lippen aufeinanderpresst, immer fester. Kein Vergnügen, stattdessen macht sich Niedergeschlagenheit in ihr breit. Nur am Rande bemerkt sie, dass ihre Körper sich nach wie vor im Gleichklang bewegen.

»Ich liebe dich«, wispert sie.

Seine Augen werden groß, er wirft den Kopf in den Nacken und schließt die Augen, bewegt sich ein letztes, gewaltiges Mal in ihr und dann stöhnt er dunkel auf, während er sich in ihr ergießt.

Keine endlose Ewigkeit folgt, in der er sie atemlos in den Armen hält. Stattdessen starrt er zornig auf sie hinab, die Falten auf seiner Stirn verdoppeln sich, und dann stößt er hervor: »Es tut mir leid.«

19. Ein letztes Mal ...?

Tony hat wie üblich keinen Schimmer, was überhaupt geschehen ist, weshalb sie in seinem Gesicht nach irgendeinem Hinweis sucht, obwohl sie sicher ist, da garantiert nichts zu finden. Schließlich – als wie so häufig zuvor die Verzweiflung droht – entscheidet sie, einen äußerst ungewöhnlichen Vorstoß zu wagen: einfach fragen.

Den Mut dazu bringt sie auch nur auf, weil die Situation an sich ziemlich seltsam ist, denn sie spürt ihn immer noch in sich; er liegt halb auf ihr und seine Hände sind immer noch neben ihrem Kopf aufgestützt. Bislang glaubte Tony, er würde danach in ihren Armen liegen; so hat sie es jedenfalls in unzähligen Lovestorys gesehen, wenn der Sex in dieser Stellung stattfindet. Doch er ist ihr fern. So sehr, wie es nur irgendwie geht, während zwei Körper so ziemlich eins sind.

»Was tut dir leid?«, haucht sie.

Sein Stirnrunzeln verstärkt sich noch mal, bevor er die Augen verdreht. »Du solltest enttäuscht sein, Anthonia.«

Äh ... okay ... Eben hat sie das unglaublichste, unvorstellbare Erlebnis gehabt – okay, eigentlich hat bisher ihre Vorstellungskraft nicht so weit gereicht. Um ehrlich zu sein, glaubt sie derzeit nicht, dass es noch besser sein kann, und ahnt gleichzeitig nicht nur, sondern *weiß*, dass dies nur der spektakuläre Auftakt zu einer unheimlich interessanten Geschichte war. Um das mal ganz vorsichtig auszudrücken. Würde es jetzt nach Tony gehen – was es natürlich nicht tut, und wobei Edward, so, wie der momentan aussieht, auch garantiert nicht mitspielen würde –, aber *würde* es jetzt nach ihr gehen, hätte sie das Ganze auf der Stelle wiederholt und dann gleich noch mal. Denn irgendwie will sie doch zu gern noch einmal explodieren – einmal ist ihr zu wenig.

Zweimal übrigens auch.

EXPLODIEREN!

Mit einem Mal hat sie die Erleuchtung, weshalb dieser Typ meint, sie enttäuscht zu haben. Ihre Augen werden groß, doch ehe sie etwas sagen kann, erstarrt sein Gesicht plötzlich wieder zu dieser eisernen Maske, die sie inzwischen mehr fürchtet als den Tod. Und das will was heißen, denn vor diesem miesen Bastard hat sie sogar ekelhafte Angst.

Er zieht sich aus ihr zurück, hinterlässt dabei das Gefühl gähnender, verzweifelter Leere, legt sich neben sie, auf einen angewinkelten Arm aufgestützt, und sein Finger hebt ihr Kinn, bevor er sie für eine gefühlte Ewigkeit mustert.

»Warum hast du mir nicht gesagt, dass du noch Jungfrau bist?«

Sofort ist sie rot, weil er ihren gewesenen Zustand so ungeniert beim Namen nennt, doch er ignoriert es. Unverwandt liegt sein forschender Blick auf ihr, und das, wo ihr echt keine Antwort darauf einfällt. Tony ahnt, dass es falsch wäre, ihn mit der schlichten Wahrheit zu konfrontieren: *Weil du der Richtige bist. Ich habe nach dir gesucht. So ein paar Jahre ... Äh, vielleicht ist dir das vorhin entgangen, in all dem Trubel und so ... Edward, ich liebe dich.*

Dabei vermutet sie, dass er diesen Teil durchaus registriert hat – und zwar jedes ihrer Worte –, es ihm nur leider absolut nicht passt, oder dass er sich einfach weigert, ihr zu glauben. Es ist nur eine Vermutung, ja.

Aber sie liegt richtig.

Seufzend schüttelt er den Kopf, während sein Finger immer noch ihr Kinn am Senken hindert. »Du hättest es mir sagen müssen, Tony.«

Ihr entgeht nicht, dass er ihren Spitznamen verwendet, wie heute bereits einige Male zuvor. Und das von einem Mann, der erklärter Gegner aller Namenskürzel ist. Nennt er sie in Gedanken so? *Manchmal?*

»Ich hätte dir wehtun können.« Kurzes Stirnrunzeln ... »Ich *habe* es getan. Wieder mal.« Das Letzte kommt mit Selbsthass und Resignation gespickt.

Endlich verschwindet der Finger und gleichzeitig sein forschender Blick. Er legt sich zurück, starrt zur Decke, und Tony wagt nicht, etwas zu erwidern. Sie ahnt, dass er noch nicht fertig ist.

Auch damit liegt sie goldrichtig.

Es dauert eine Weile, aber schließlich spricht er wieder. »Hätte ich es gewusst, dann ... wäre es nicht dazu gekommen.«

Ein kalter Schauder rieselt langsam über Tony hinweg.

»Es ... war nicht richtig, Anthonia, denn diese Rolle stand mir nicht zu. Du hättest auf den Richtigen warten sollen, anstatt mir deine Unschuld so unüberlegt vor die Füße zu werfen.«

Um nicht aus der Rolle zu fallen, beißt sie sich auf die Lippe.

»Ich ... begehre dich, das leugne ich nicht. Und ich mag dich. Sehr. Aber die Dinge, die uns trennen, ändern sich dadurch nicht. Wir werden nie ein Paar sein; ich dachte, das hätte ich dir vorhin verdeutlicht.« Nach einer Kunstpause fährt er auf die gleiche tonlose, wie üblich, wenn er sich nicht in die Karten schauen lassen will, gestelzte Art fort. »Du verdienst einen Mann, der dich ... *versteht*. Vor allem einen, der besser zu dir passt. Ich brauche eine Frau, die meinen Anforderungen entspricht; sie muss bestimmte Kriterien erfüllen, die du nicht erbringst. Nicht erbringen kannst, weil du viel zu jung bist.«

Wieder verstummt er, und als er das nächste Mal anhebt, klingt er eisig. »Was du glaubst, für mich zu empfinden, ist nichts als eine Illusion. Dass du sie noch hast – haben kannst –, ist der beste Beweis für deine Jugend und Unreife. Du wirst früh genug hinter deinen Irrtum gelangen, und es tut mir sehr leid, dass ...«

Als er diesmal mitten im Satz abbricht, weiß Tony, dass er nicht weitersprechen wird. Das ist auch nicht nötig. Immer stärker foltert sie ihre Lippe, betet, so die Tränen zurückzuhalten, die wieder mal ungeniert nach vorn drängen, und hofft wie üblich vergebens. Hastig wendet sie sich ab und macht Anstalten, aus dem Bett zu steigen und endlich zu gehen. Tony glaubt nicht, es auch nur noch eine Sekunde länger in diesem Raum auszuhalten. Doch er hält sie an ihrem Handgelenk zurück. »Bleib!«

Ohne ihn anzusehen, schüttelt sie den Kopf und versucht, sich aus seinem Griff zu befreien, obwohl sie aus Erfahrung weiß, dass es unmöglich ist.

Nach einem eher sanften Ruck liegt sie erneut neben ihm und er lehnt sich über sie; die Miene ist zärtlich. So liebevoll, wie Tony sie nie zuvor erlebt hat.

Sorgfältig küsst er die Tränen von ihren Wangen. »Ich hatte

dir gesagt, dass ich dich sehr mag. Auch das war die Wahrheit, und ich will dich heute Nacht bei mir. Ganz bestimmt dulde ich nicht, dass du jetzt niedergeschlagen durch das Haus irrst. Dies wird eine einmalige Sache bleiben, weil du etwas Besseres verdienst, als das ... *mich*. Aber ich werfe dich nicht aus meinem Bett.« Damit küsst er sie, streicht ihr danach behutsam über das Haar und betrachtet sie erneut. »Mit Sicherheit nicht.«

Tony weiß nicht, was sie sagen soll, aber er scheint auf keine Erwiderung zu warten, denn er umarmt sie und schweigt – wie üblich. Still fließen die Tränen, während Tony sich in seine Arme schmiegt, weil sie ahnt, dass sie nicht mehr oft die Gelegenheit dazu bekommen wird.

Als draußen bereits der Morgen graut, ist Tony mutig und egoistisch genug, sich noch mal zu nehmen, was sie so dringend will. Immer und immer wieder. Doch nur mit ihm – davon ist sie fest überzeugt.

Sie riskiert alles und gewinnt ...

Für den Moment.

* * *

Als er wieder ihre Wange küsst, wendet sie sich ihm blitzschnell zu, sodass ihre Lippen sich berühren. Er erstarrt, mustert sie erst fragend, dann ablehnend. »Nein!«

Flehend sieht sie ihn an, vergisst ihren Stolz, alles, was sie daran hindern kann, sich jetzt durchzusetzen, und legt ihre flachen Hände auf seine muskulöse Brust.

Behutsam fährt sie mit einem Finger an seinem Kinn entlang, das inzwischen dunkler und unebener ist, als sonst. Sie zeichnet seine feine, gerade Nase nach, die Brauen, die Stirn, bis ihre Hand in seinem Haar versinkt.

Edward seufzt. »Tony.«

Der Druck ihrer Finger in seinem Haar nimmt zu. Mit einem Mal scheint er das gleiche Ziel zu verfolgen, denn auch er packt ihr Haar. Tony befiehlt sich, alles zu vergessen und nur noch für diese Sekunden zu leben. Er verstärkt den Griff, zieht sie zu sich, noch näher, als sie längst ist. Als er sich von ihr löst, hat auch sein Atem sich beschleunigt. Mit vor Lust verhangenem Blick betrachtet er sie, die Schultern, die Ansätze ihrer Brüste. »Anthonia ...« Dann gibt er ihren Kopf frei und küsst sich an ihr hinab.

Atemlos liegt sie in seinen Armen, spürt die Tränen und wehrt sich nicht mehr dagegen. Es ist ein lautloses, manchmal fast glückliches Weinen, denn während ein Teil von ihr bereits um den kommenden Verlust trauert, darf sie ihn gleichzeitig ein letztes Mal spüren.

Und diesmal gibt sie ihre Seele. Sein Mund wandert über ihren Körper; er umfasst ihre Brüste und saugt an ihren Nippeln. Die andere Hand arbeitet sich weiter hinab, berührt ihren Luspunkt, lässt einen Finger um ihn kreisen und Tony bäumt sich auf. Längst hält sie seine Schultern umklammert, doch diesmal ist sie mutiger, die Verzweiflung hilft ihr. Irgendwo – tief in ihr – hämmert dieser eine Satz, unentwegt und immer wieder ...

Das letzte Mal! All das hier hast du zum letzten Mal! Also nimm dir, soviel du bekommen kannst! Nimm dir alles! Bescheidenheit und Scheu wären echt blöde, Tony!

Sie küsst jeden Zentimeter seiner Haut, den sie erreichen kann, erkundet ihn dabei weiter, stöhnt, als sie wieder sein Haar packt und eine Faust bildet. Sein Verlangen scheint mit jeder Sekunde zu steigen – so wie ihres. Er küsst, leckt, beißt sogar, was Tony zu einem überraschten Aufschrei treibt.

Irgendwann setzt er sich auf und zieht sie mit sich auf seinen Schoß, und küsst sie wieder. So leidenschaftlich, fast verzweifelt mit ...

... einem unbekannten Gefühl, das nicht Liebe sein kann, weil er die ja nicht für sie empfindet.

Dann schiebt er sie an der Taille zurück und platziert seinen Schwanz an ihrem Eingang. »Lehn dich zurück!«, kommandiert er heiser.

Ihr Herz schlägt so laut, dröhnend und vor allem schnell, dass ihm das unmöglich entgehen kann. Tony schließt die Augen und beißt sich in die Unterlippe, als er sich langsam in sie schiebt.

»Fuck!«, stöhnt er, als er sie zurückdrängt, um dann wieder in sie hineinzustoßen, und seine Lippen verschließen hungrig ihren Mund. Sehr schnell versteht Tony, wie es funktioniert, und noch schneller kommt sie dahinter, wie gut es erst wird, wenn sie sich mit ihm bewegt. Bald hat sie sich seinem Rhythmus angepasst, den seine Hände und Hüften dirigieren. Sie umfasst seine Schultern, zieht ihn tiefer in sich.

Als er allmählich das Tempo steigert, werden seine Lippen fordernder, die Zunge stürmischer, und sie packt erneut sein Haar, während sie gleichzeitig seine Finger in ihrem Nacken spürt. Unaufhörlich nähert sie sich dem Höhepunkt, und als sie weiß, dass es unausweichlich ist, nimmt sie wieder seinen Kopf zwischen ihre Hände. Der Anblick befördert sie mit einem mächtigen Schlag näher an ihr Ziel.

Diesmal gibt es keine zusammengepressten Lippen, stattdessen sind sie leicht geöffnet. Sein Atem ist schnell und die Augen sind geschlossen. Niemand gibt ihr den Befehl, nicht mal sie selbst, als sie sein Gesicht mit Küssen bedeckt, überall, während sie sich immer weiter bewegen. Bis er schließlich die

Augen aufreißt, sie mit einer geschmeidigen Bewegung auf den Rücken befördert, tief wie noch nie in sie eindringt und sie damit ins Ziel bringt ...

Als ihr die Sinne schwinden, hört sie ihn.

»Fuck!«

Und dann landet er in ihren Armen.

* * *

Er lässt sie nicht los. Kein einziges Mal für den Rest dieser Nacht. Und obwohl Tony unendlich erschöpft ist, wehrt sie sich erfolgreich gegen den Schlaf. Genau wie Edward.

Immer wieder, fast beiläufig, küsst er ihre Schläfe, ihre Wangen, die Schultern, den Hals, wobei seine Arme sie in einer festen Umarmung halten. Nach einer Weile wirft Tony die letzten Skrupel über Bord und tut es ihm nach. Als aus der Dämmerung allmählich ein heller Morgen wird und ihre Zeit mit ihm zu Ende geht, umfasst sie ein letztes Mal liebevoll sein Gesicht. Mit zur Seite geneigten Kopf fixiert sie seine Augen, die nicht mehr dunkel sind, nur noch ... müde.

Dann küsst sie ihn, legt all ihre Liebe in diesen einen Kuss und hämmert sich ein, das Gefühl nicht zu vergessen. Schließlich sieht sie ihn fest an. »Es war kein Fehler, das sollst du wissen. Es war meine Entscheidung und die habe ich nicht einfach so getroffen. Und ...« Sie holt tief Luft und schließt die Augen, weil sie die Tränen kommen spürt. Zu früh! Als sie ihn wieder ansieht, liegt sein Blick unverwandt auf ihr. Ein letztes Mal haucht sie einen Kuss auf seine reglosen Lippen. »Ich tat es, weil ich dich liebe. Ob du das akzeptierst oder nicht, ist egal, denn es wird dabei bleiben.«

Damit löst sie sich aus seiner Umarmung, steht auf, und geht zur Badtür. Von dort blickt sie sich ein letztes Mal zu ihm um. Seine Miene ist ausdruckslos; doch ihm entgeht keine ihrer Bewegungen. Nach einem knappen Nicken betritt sie den großen, ausladenden, gefliesten Raum, zieht sich Hemd und Slip über und gratuliert sich dabei für ihre verhältnismäßig ruhigen Finger.

Danach geht sie schnurstracks zum Ausgang und hütet sich, ihn noch einmal anzusehen.

Doch als sie die Tür zu seinem Zimmer hinter sich schließt, ist ihr Herz nur noch ein Haufen Asche …

20. Eine glückliche Familie ...

Am nächsten Morgen am Frühstückstisch ist alles anders. Vielleicht sind es die müden Gesichter von Tony und Edward, vielleicht auch die Tatsache, dass sie sich bemühen, höflich und zuvorkommend miteinander umzugehen, oder es liegt an den geschwollenen Augen seiner Tante.

Auf jeden Fall weiß Matty schlagartig, dass etwas ganz Furchtbares passiert ist.

Er ist erst fünf, deshalb kann er dieses *Furchtbar* nicht näher definieren. Doch er ist davon überzeugt, dass irgendetwas absolut nicht stimmt. Das hat es nie wirklich, was ihm auch nicht verborgen geblieben ist. Selbst wenn er seine Eltern nicht sehr lange erleben durfte, weiß er, wie Menschen miteinander umgehen, wenn sie sich lieb haben – und das ist so ganz anders, als bei den beiden vor ihm. Dass sie sich aber trotzdem mögen, weiß er ebenfalls, und er ahnt mit seinem untrüglichen, kindlichen Instinkt stets, wenn die Zeichen auf Sturm stehen. Diesmal ist es sogar noch viel, viel beängstigender, denn der Sturm scheint sich auf Nimmerwiedersehen verzogen zu haben.

Immer wieder sieht er von einem müden, höflichen Gesicht

ins andere. Beide betrachten ihn nicht öfter als unbedingt erforderlich. Gegenseitig wagen sie übrigens auch keinen Blick, jedenfalls, solange es sich irgendwie vermeiden lässt. Okay, dass sie sich nicht beachteten, ist nichts Neues, daran hat sich Matty längst gewöhnt. An diese angespannte Stille auch. Nur ... bisher ist es eben *anders gewesen!* Er kann es nicht in Worte fassen, dafür ist sein Vokabular nicht ausgeprägt genug. Aber er fühlt, dass die einzigen Menschen, die er auf der Welt liebt und noch hat, gerade ein riesiges Problem wälzen. Miteinander, so wie es scheint. Und das gefällt ihm absolut nicht.

Denn eines hat Matty inzwischen begriffen: Haben die beiden Probleme, dann er auch.

Sobald er seine Cornflakes heruntergewürgt hat, springt er auf, bereit, das Feld zu räumen.

Sofort richten sich zwei Augenpaare auf ihn. »Bist du schon satt?«, erkundigt sich Edward.

»Ja, danke! Ich bin draußen!« Im nächsten Moment ist Matty verschwunden. Er findet, das Beste ist es, sie allein zu lassen, damit sie ungestört reden können. Matty ist nämlich auch nicht verborgen geblieben, dass sie das nur tun, wenn er nicht dabei ist. Erwachsene sind eben komisch, da kann man nichts machen. Das Einzige, was ihm bleibt, ist, dafür zu sorgen, ihnen nicht im Weg zu stehen, wenn es drauf ankommt.

* * *

Zurück in der Küche bleiben Tony und Edward.

Letzterer wartet, bis sich die Tür hinter Matty geschlossen hat, bevor er sie ansieht. »Ich will etwas mit dir besprechen.«

Tony sieht nur flüchtig auf.

»Du hast das nie so gesehen, das weiß ich, deshalb will ich es dir noch einmal in aller Deutlichkeit auseinandernehmen«, fährt er fort. »Matty ist mein Neffe, du warst die Schwägerin meines Bruders, womit du Teil meiner Familie bist. Es ist nicht so, dass du niemanden mehr hast.«

Sie schweigt.

»Ich möchte wetten, dass du dir schon wieder Gedanken darüber machst, wie du hier am besten verschwindest.«

Damit liegt er richtig; Tony ist klar, dass sie gehen muss. Jetzt! Während der wenigen Stunden bis zu Mattys Erwachen hat sie alle verfügbaren Möglichkeiten sorgfältig gegeneinander abgewogen, sehr viele sind es ja nicht. Und eine Tatsache hat sich immer wieder abgezeichnet, egal, von welcher Seite aus sie die beschissene Situation betrachtete: Ihre verbliebene Zeit an diesem Ort ist begrenzt.

»Du warst nicht dabei, hast es nicht gesehen, wie es war, als du nicht hier warst, deshalb kann ich nur hoffen, dass du mir glaubst. Matty braucht dich. Du magst dich nur für seine Tante halten, aber so sieht er dich nicht.«

Langsam schüttelt sie den Kopf.

»Was?«

Notgedrungen zwingt sie sich, zu ihm aufzusehen und dieses lächerliche Gefühl endlich beiseitezuschieben, das ihr zusetzt. Neben all dem anderen wälzt Tony nämlich ein weiteres, im Vergleich eher winziges Problem: Vor nicht ganz vier Stunden hat sie mit diesem Mann in einem Bett gelegen und mit ihm Dinge erlebt, die sie noch mit keinem Menschen zuvor erlebt hat. Sie hat es genossen, sich frei und mutig gefühlt, auch traurig, aber das spielt nur eine untergeordnete Rolle. Es erscheint ihr ... *bizarr*, jetzt mit ihm am Tisch zu sitzen und irgendwelche

Belanglosigkeiten zu diskutieren. Das ist so ... *seltsam*. Unentwegt wartet sie auf irgendetwas, ein Zeichen, ein Wort, irgendeine Geste, die ihr beweist, dass es wirklich geschehen ist. Dass sie das nicht nur geträumt und dass es auch für ihn etwas Außergewöhnliches gewesen ist. So außergewöhnlich wie für sie.

Aber diese Geste erfolgt nicht – in Wahrheit kommt nichts! Mit keinem Blinzeln lässt Edward erkennen, dass sich ihr Verhältnis von gestern zu heute verändert hat, und das verletzt Tony so wahnsinnig, dass sie ihn nicht mal ansehen kann. Einen Tag zuvor noch hätte sie vielleicht geglaubt, es wäre ihr peinlich, aber nein, das ist es nicht, und es geht auch nicht darum, dass er sie nicht liebt oder keine Beziehung mit ihr führen will. Tonys Problem ist, dass es ihm offenbar nichts bedeutet hat, wo es doch für sie alles war. Das ist sehr, sehr hart und es verletzt sie auf eine Weise, die sie bisher auch nicht für möglich gehalten hätte. Nur spielt das alles keine Rolle mehr, oder? Von ihr wird erwartet, dass sie sich erwachsen benimmt.

Okay!

Dann wird sie sich mal erwachsen benehmen. Nicht, dass Edward am Ende noch durcheinander kommt oder so. Das kann sie unmöglich riskieren. Mit allem, was sie hat und was sie ausmacht, zwingt sie sich, von ihrem ursprünglichen Plan nicht abzugehen, der lautet:

Cool bleiben! Lass dir nichts anmerken. Geh mit ihm normal um. Er kann nicht wirklich was dafür, dass er dich nicht liebt. Es war dein Risiko, nur deins, denn er hat es dir gesagt, schon vergessen? Er war fair, also sei du es jetzt auch! Du wirst nicht mit hängenden Schultern durch die Gegend schlurfen und den Märtyrer geben, sondern stolz sein, dein Kinn heben und ihm mit offenem Blick begegnen, so wie er auch.

Anscheinend hat ER damit absolut keine Schwierigkeiten.
Also, Tony! Ehemals Jungfrau, jetzt frisch Sitzengelassene: DEIN RISIKO! Erinnerst du dich? Und nun sieh ihn an und dann kämpfe um deinen Stolz!

Tony bewältigt ihn – mit unvorstellbarer Anstrengung und Selbstüberwindung vollführt sie an diesem Morgen den ersten Schritt in die Unabhängigkeit. Endlich schaut sie auf, direkt hinein in die blauen Augen, verbannt all die vielen Bilder, die sich sofort in ihr Bewusstsein drängen, hier aber nichts zu suchen haben, und sagt fest:

»Er nimmt, was da ist. Was bleibt ihm anderes übrig? Ich war da.« Sie zuckt mit den Schultern. »Solange ich hier bin, suggeriere ich ihm, ich wäre ... seine Mom oder so was. Das ist nicht fair! Auch dir gegenüber nicht; irgendwann wirst du garantiert heiraten, eigene Kinder haben. Wie soll deine Frau ...«

»Darüber brauchst du dir keine Sorgen zu machen, denn das ist ausschließlich mein Problem«, erwidert er eisig. »Du bist es, die gehörig etwas unterschätzt. In mehrfacher Hinsicht. Zunächst: Matty braucht dich; damals, als deine Schwester starb, übernahmst du ihren Job. Du kannst nicht kündigen, weil du plötzlich keine Lust mehr hast. Verpflichtung! Sagt dir das was? Du bist nicht mehr einfach austauschbar!«

Es hat keinen Sinn, ihm die gesamte Litanei von Kindern und dem Vergessen zu erklären, denn er würde es sowieso nicht hören wollen. Doch der Vorwurf der Verantwortungslosigkeit lastet schwer; es ist gemein, ihr so was zu unterstellen. Dazu besitzt er kein Recht! Sie hat alles aufgegeben! Alles!

Als die Wut eintrifft, begrüßt Tony sie begeistert, denn sie schiebt für ein paar selige Minuten all die anderen neuen und so grausam sehnsüchtigen, vernichtenden Gefühle beiseite. Mit verengten Augen beugt sie sich zu ihm über den Tisch. »Fein! Dann erkläre mir jetzt mal ganz genau, wie du dir die Zukunft vorstellst. Wir drei wohnen in einem Haus, ich kümmere mich den lieben langen Tag um Matty, du gehst arbeiten, kehrst abends heim oder auch nicht, und wenn der Kleine erwachsen ist, gehen wir getrennter Wege und alles ist gelaufen.« Seine Augen blitzen verdächtig und er will etwas einwerfen, doch sie kommt ihm zuvor. »Nein! *Darauf* will ich nicht hinaus. Ich habe verstanden, keine Sorge, ich werde dir nicht mehr zu nahe treten.«

Das Funkeln nimmt noch mal beachtlich an Intensität zu. »Ich habe keine Sorge, dass du mir zu nahe treten könntest, Anthonia.«

Sie lehnt sich zurück und verschränkt die Arme. »Logisch nicht.« Wenn auch mit Anstrengungen gelingt es ihr, seinen wütenden Blick zu ignorieren und ihn trotzdem weiterhin anzusehen. »Ich bin 22 Jahre alt und kann nicht in den nächsten zehn, fünfzehn Jahren in diesem Haus leben. Ohne eine Aufgabe, ohne was zu tun.«

Schlagartig ist die Wut verschwunden und er wieder ganz in seinem Element. »Darüber habe ich mir selbstverständlich Gedanken gemacht, und du hast eindeutig recht: Wir müssen an deine Zukunft denken. An die Zeit … *danach*. Warum setzt du dein Studium nicht fort? Miami beherbergt ein durchaus renommiertes College.«

»Edward, ich kann unmöglich …«

»*Warte!* Ich weiß, was jetzt folgt. Du wirst mir einen Vortrag über Studiengebühren halten, dass deine Möglichkeiten begrenzt sind … und so weiter und so fort. Damit erzählst du mir nichts

Neues! Mir ist dein derzeitiger finanzieller Status bestens bekannt.«

Sicher ist er das; Tony verzieht das Gesicht. Aber Edward scheint es gar nicht zu bemerken. Mit einem Mal wirkt er konzentriert; offenbar hat er sich genau überlegt, was ihnen die nächsten Jahre so bringen sollen. Super! Da ist er nämlich bedeutend schlauer als Tony.

»Du glaubst, du dürftest kein Geld von mir annehmen, aber *selbst wenn* ich es von der völlig emotionslosen und vor allem logischen Perspektive aus betrachte, bin ich dir das schuldig. Du hast dein Studium abgebrochen, um meinen Bruder und meinen Neffen zu versorgen, hast für sie alles hingeworfen. Es ist nur recht und billig, dir diese Schuld zurückzuzahlen.« Tony will etwas erwidern, doch er ist schneller: »Ich sagte, selbst *wenn* man es nur aus der pragmatischen Perspektive betrachtet«, wiederholt er leise. »Ich bitte dich, das zu tun! Vergiss alle emotionalen Überlegungen und denke einmal logisch! Glaubst du wirklich, ich könnte es mir nicht leisten, deine Ausbildung zu finanzieren?« Lachend wirft er den Kopf in den Nacken. »Es fällt nicht auf, vertrau mir – tue es einmal! Ich kann das unter Spesen abrechnen. Es ist kein ›Opfer‹ oder ein unangebrachtes Geschenk.« Sein Ausdruck wird finster. »Es ist nur das Begleichen einer Schuld.«

Während Tony ihn mustert, überlegt sie angestrengt, wie sie sich ihm verständlich machen soll, doch er scheint heute unter die Gedankenleser gegangen zu sein. »Das kannst du vergessen!«, knurrt er. »Es hat absolut *nichts* damit zu tun! Ich habe nicht vor, dir einen Scheck auszustellen, um dich zum Schweigen zu bringen oder vielleicht für deine sexuellen Dienste zu entlohnen! Lass das!«

Damit lehnt er sich zurück und auch er verschränkt defensiv

die Arme. »Da gibt es noch etwas anderes, was wir dringend besprechen müssen. Ich hielt es bisher für nicht erforderlich, aber so, wie die Dinge liegen ...« Sein Blick huscht über ihr Gesicht und wird hart. »Als Mitglied meiner Familie – und das bist du nun mal, Anthonia, ob du das jetzt einsehen willst oder nicht – obliegst du gewissen Risiken. Wir müssen uns seit Jahren, ach *Jahrzehnten*, immer wieder vor Anfeindungen, oftmals sogar massiven Anschlägen schützen. Das bringt das Geschäft so mit sich.« Bellend lacht er auf. »Ich schätze, in der Blumenbranche wäre es bedeutend einfacher.« Dann bemerkt er ihre stumme Frage und schüttelt in sichtlicher Fassungslosigkeit den Kopf. »Mein Gott!«

Als sich die Fragezeichen auf ihrer Stirn vervielfachen, seufzt er. »Du hast geglaubt, ich wollte dich und Matty auf der Insel einsperren, vielleicht sogar in Geiselhaft halten.« Seine Augen verengen sich. »Das war nicht ganz richtig, denn ich muss nun mal für einen bestimmten Schutz sorgen. Manchmal – so wie zu dem Zeitpunkt, als ich Carlos auf die Insel abbestellte – empfiehlt es sich, diesen zu verstärken. Ich erwarte von dir, dass du dich meinem Urteil unterordnest, denn ich weiß, wovon ich spreche und leide gewiss nicht unter Paranoia oder versuche mit irgendeinem miesen Trick, dich in deiner Unabhängigkeit einzuschränken.«

Fuck! Anscheinend kann dieser Mann tatsächlich ihre Gedanken lesen. Dann muss er sich ja derzeit köstlich amüsieren!

»Du wirst dich nicht so frei bewegen können, wie du es aus New York gewohnt bist. Das ist der Preis; ich kann es nicht ändern. Aber ich versichere dir, dass ich deinen Wünschen entsprechen werde. Was immer du begehrst, wohin auch immer du willst, ein Wort und es wird erfüllt.«

»Also, verstehe ich das richtig ...«, fasst sie nach einer langen Weile zusammen, in der sie einander stumm fixiert haben. »Du erwartest von mir, dass ich in deinem Haus lebe, mir von dir mein Studium finanzieren lasse, natürlich auch auf deine Kosten meinen Lebensunterhalt bestreite, und wenn ich etwas unternehmen will, ist das kein Problem, ich muss nur Bescheid sagen?«

Stirnrunzelnd überdenkt er das Gesagte und nickt knapp.

Fassungslos schüttelt sie den Kopf. »Dann bist du ehrlich noch verspleenter, als ich jemals befürchtet habe.«

Und damit rauscht sie aus dem Raum.

* * *

Er folgt ihr nicht und bringt in der kommenden Woche das Thema nicht erneut auf den Tisch. Aber Tony geht so langsam auf, dass sie dringend einige Entscheidungen treffen muss. Sie betrachtet Matty und weiß, dass sie ihn nicht verlassen kann, doch dann mustert sie sich im Spiegel, entdeckt die dunklen Schatten, die plötzlich wieder unter ihren Augen aufgetaucht sind, und weiß, dass sie weg muss. Egal, was sie sich einredet, sie kann auf die Dauer mit diesem Mann nicht unter einem Dach leben. Irgendwann wird sie um die längst fällige Konsequenz nicht mehr herumkommen. Aber spätestens, wenn sie Matty sieht, wird diese Einschätzung von der anderen übertrumpft. Ihn derzeit alleinzulassen, erscheint ihr unmöglich. Später, wenn er größer ist, vielleicht.

Später ...

Ein unerträgliches Dilemma, dabei gibt sich Edward wirklich Mühe – wenigstens für seine Verhältnisse. Die wütenden Episoden bleiben so gut wie aus. Sein Verhalten zu ihr ist freundlich und zuvorkommend, wenn auch total unpersönlich. Eines kehrt nie zurück: diese unendliche Verachtung. Niemals! Weder das noch der dazu passende Tonfall. Nur leider schaut er Tony mittlerweile so gut wie überhaupt nicht mehr an. Wenn sie früher unter seinen anzüglichen Blicken gelitten hat, dann geschieht das jetzt aufgrund seiner Ignoranz. Nicht Edward Capwell – ihr selbst ernannter Verwandter – fehlt ihr, sondern Edward, der Mann, den sie liebt. Zunehmend fühlt sie sich verstoßen, beginnt sich sogar zu fragen, ob sie in dieser Nacht was falsch gemacht hat, ob er Besseres gewohnt ist und sie vielleicht sogar heimlich für ihre Unerfahrenheit verspottet.

Apropos Nacht:

So sehr sie sich auch bemüht, nicht mehr daran zu denken, es gelingt ihr nicht. Besonders, sobald sie abends in ihrem Bett liegt, tauchen ungewollt die Bilder vor ihrem geistigen Auge auf. Immer wieder sieht sie ihn vor sich, mit dieser entrückten Miene und der vollkommenen Ruhe. Irgendwann kommt sie sogar dahinter, was sie daran so fasziniert hat: Dieser bittere Zug um seinen Mund war verschwunden. Zunächst hat sie ihn nie bemerkt, weil er bis zu diesem Zeitpunkt nie weg war; als wäre er in seinem Gesicht festgewachsen. Aber so ist es oft im Leben, erst wenn etwas nicht mehr existiert, fällt einem auf, dass es da war. Mit einem Mal wirkte er wie ein ... Mensch mit Gefühlen. Ein verletzlicher, sensibler Mann. Jeder, der ihn ähnlich kennengelernt hat wie Tony, wird ihm das mit absoluter Überzeugung absprechen, aber als er mit ihr zusammen war, da waren alle Bitterkeit und Härte wie weggewischt.

Auch wenn sie am darauffolgenden Morgen frisch gestärkt zurückgekehrt sind.

Normalität legt sich über das riesige Haus in Miami. Unmerklich, denn den Begriff *normal* hat Tony vor ungefähr fünf Monaten ersatzlos aus ihrem Wortschatz gestrichen. Morgens fährt Edward zur Arbeit, kehrt abends zurück, ist liebevoll zu Matty und unverändert höflich zu ihr. Kaum bemerkt man, wie die Zeit vergeht. Aus dem März wird April, der grellen Sonnenschein und sommerliches Wetter bringt.

Viele Stunden verbringt Tony mit Matty am Pool oder in dem gigantischen Park, erforscht das Terrain, findet endlich den Bach, den sie einst von ihrem Fenster aus der Ferne gesehen hat, durchstreift mit dem Kleinen die Wälder ... und ist unglücklich.

So sehr, dass sie mitunter nicht mehr aus noch ein weiß. Sie heult wieder häufiger, ahnt, wo das enden wird, und kann trotzdem nichts dagegen tun. Weder Matty noch Edward bleibt das verborgen, weshalb sie angestrengt versucht, sich zusammenzureißen, was ihr anfänglich sogar gelingt. Auf jeden Fall verschwinden die Sorgenfalten von Mattys Stirn und der entnervte Ausdruck aus den Augen seines Onkels, mit dem er sie manchmal in unbeobachteten Momenten betrachtet.

Wirklich interessant wird es, als Edward irgendwann so was wie ein Unterhaltungsprogramm einführt.

Eines samstags wird Tony aus unruhigem Schlaf gerissen. Und zwar durch einen aufgeregt schnatternden Matty und einen dunkel lachenden Edward. Anscheinend sind mal wieder alle Anstandsregeln außer Kraft gesetzt worden, denn als sie die Augen aufreißt, blickt sie in die Gesichter der beiden, die sich direkt vor ihrem Bett postiert haben.

»Mommy!« Matty ist nicht dazu zu bewegen, auf diese Bezeichnung zu verzichten, obwohl Tony ihm längst gesagt hat, dass das Spiel vorbei ist. Edward reagiert nicht darauf und daher hat sie es dabei belassen. Wenn er sich besser fühlt, warum nicht?

»Rate, wohin wir gehen!«

»Keine Ahnung.« Tony gähnt, dehnt und streckt sich, und als sie die Augen öffnet, schaut sie in Edwards dunkelblaue. Was diese Färbung zu bedeuten hat, weiß sie inzwischen genau. Hastig zieht sie die Decke höher, und als sie ihn vorsichtig ansieht, ist seine Miene so unbewegt wie zuvor.

Matty währenddessen lässt endlich die Katze aus dem Sack.

»Disneyland!«

Na klasse!

So, wie es sich geziemt, legen sie die knapp dreieinhalb Autostunden Fahrzeit nicht etwa mit dem Maybach zurück, sondern nehmen stattdessen den Helikopter und überwinden die Distanz in einer guten halben Stunde. Tony weiß nicht, was sie erwartet hat, ganz bestimmt jedoch nicht den ausgelassenen, wunderschönen Tag, der folgt. Matty ist glücklich, Edward beinahe unbeschwert; sie schlendern über das riesige Gelände und amüsieren sich bei leckerem Eis, von dem selbst Tony nicht genug bekommen kann, obwohl sie eigentlich überhaupt keine Eiscreme mag.

Die drei besuchen jedes Haus, egal, ob es Schneewittchen gehört oder Mickey Mouse. Letztere dürfen sie sogar persönlich begrüßen, denn irgendwann tritt sie ihnen entgegen und schüttelt begeistert ihre Hände. Zum ersten Mal sieht Tony Edward aus vollem Halse und ohne Bitterkeit oder Ironie lachen.

Matty denkt nicht mal daran, müde zu werden; Tony hat angenommen, er würde dieses Spektakel keine zwei Stunden überstehen. Spätestens nach der Wildwasserfahrt ist sie jedenfalls gründlich erledigt. Matty nicht, Edward scheint ebenfalls über eine beachtliche Konstitution zu verfügen, und da Tony noch nie ein Spielverderber war, lässt sie sich nicht lumpen. Gemeinsam schlendern sie weiter – der Junge in ihrer Mitte. Edward hält seine rechte, Tony die linke Hand. Darauf besteht der kleine Spinner, der angestrengt Familie spielt. Als sie vorsichtig zu Edward hinüber späht, weiß sie, dass er das Gleiche vermutet. Er bemerkt ihren Blick und zuckt mit den Schultern. *Lass ihm den Spaß!*

Das tut sie, auch wenn es ihr grausam zusetzt. Es ist nämlich kein Spaß, auch kein Spiel, sondern reine Folter. Denn nicht nur Matty spielt furchtbar gern – nein ...

Tony auch.

Sie essen in einem der vielen Restaurants Pommes frites und Hamburger und fahren dann mit der Achterbahn – was sich eindeutig als die falsche Reihenfolge erweist. Die Fahrt mutiert zu einem der grausamsten Erlebnisse in Tonys bisherigem Leben. Während der Wagen seine Loopings und scharfen Links- und Rechtskurven vollführt, glaubt sie ernsthaft, zu sterben. Edward und Matty versichern ihr danach aufrichtig, noch nie – ehrlich, noch nie – so ein leuchtend grünes Gesicht gesehen zu haben. Erst nach einer ganzen Weile geht es ihr besser und sie schwört, niemals wieder an einem solchen Anschlag auf ihr Leben teilzunehmen – nicht einmal für ihren verzogenen Neffen.

Am Nachmittag, als sie die Heimreise antreten wollen, werden sie von einem der vielen Fotografen aufgehalten. Es kostet Matty nur wenig Überzeugungskraft, ehe sich Edward und Tony breitschlagen lassen. Der nette Mann knipst sie zu dritt, dann jeden einzeln, und als sie schon die Adresse mitgeteilt haben, zu der er die Abzüge schicken soll, und sich zum Gehen wenden, ruft er sie noch mal zurück.

»Warum machen wir nicht noch ein Foto nur von Ihnen beiden?«, erkundigt er sich vergnügt.

Bevor Tony energisch ablehnen kann, hat Matty sich bereits eingemischt. »Ja! Das wäre sooo toll!«

Unsicher schaut sie zu Edward, doch der zuckt gleichmütig mit den Schultern, wie immer, wenn Matty irgendeinen Wunsch äußert. In der Zwischenzeit wettet Tony, dass der Bengel auch seinen Porsche bekommen würde, wenn er nur auf die Idee kommen würde, darum zu bitten. Die entsprechende flehende Miene hätte wohl auch gereicht.

Seufzend stellt sie sich an die niedrige Backsteinmauer, hinter welcher der Springbrunnen vor sich hin plätschert. Edward befindet sich direkt neben ihr.

Der Fotograf sieht durch die Kamera. »Ein wenig näher zusammen!«, kommandiert er. »Es soll ja fröhlich wirken.«

Sicher, denkt Tony finster und zuckt zusammen, als Edward ihre Hand nimmt. Hastig blickt sie zu ihm auf, doch seine Miene ist wie immer unbewegt – ja, er hat natürlich keine Schwierigkeiten, warum auch?

»Sehr schön!«, jubelt der nervende Fotograf und dieser verzogene Bengel klatscht begeistert in die Hände.

»Mach noch eins, wenn sie sich küssen!«

Der Fotograf zwinkert dem falschen Paar zu. »Sie haben Ihren Sohn gehört.«

Das ist zu viel: Tony holt tief Luft, bevor sie jedoch was sagen kann, legen sich zwei Hände um ihren Unterkiefer, heben ihr Gesicht, und sie schaut in funkelnde blaue Augen. »Gönn ihm das Vergnügen«, wispert er heiser.

Sein Kuss dauert nicht mal fünf Sekunden; kaum spürt sie seine Lippen, sind sie auch schon wieder verschwunden. Matty klatscht noch begeisterter, der Fotograf grinst und Edward ist mal wieder gelassen, lächelt sogar, wobei seine Augen nach wie vor funkeln.

Doch Tony ist speiübel. So sehr wie seit Langem nicht mehr. Verdammt! Kann er diesem Jungen nicht einmal was abzuschlagen? Egal, wie bescheuert dessen Wunsch auch immer ausfällt?

Und warum, warum, muss Edward es immer auf die Spitze treiben? Weshalb kann er sie nicht in Ruhe lassen? So, wie er es die meiste Zeit über tut, wenn er sie nämlich einfach ignoriert?

Warum?

21. In aller Stille ...

Als Tony erwacht, scheint die Sonne bereits durch ihr geöffnetes Fenster. Doch sie hält absichtlich die Augen so lange wie möglich geschlossen. Denn sie will ganz, ganz dringend zurück in den Traum, der so verdammt authentisch gewirkt hat, dass sie beim Aufwachen ehrlich geschworen hätte, es sei die Realität.

Nach drei Sekunden hat sie die echte, ekelhafte Wirklichkeit eingeholt und aus ist es mit den heiß geliebten Illusionen.

So. Ein. Scheiß!

Innerhalb der vergangenen vier Wochen hat sich viel verändert, und doch ist im Grunde alles beim Alten geblieben. Jedenfalls das, was für Tony von Bedeutung ist.

Doch halt, nein, das stimmt so nicht ganz, da gibt es doch die eine oder andere Veränderung, die nicht total an ihrem Interesse vorbeigegangen ist.

Zunächst einmal: Sie hat ihr Studium wieder aufgenommen. Was nicht heißt, dass sie sich mit Edwards seit neuestem bestehenden Bedürfnis, sich für die Begleichung ihrer finanziellen Anliegen verpflichtet zu fühlen, besonders angefreundet hat. Eher gibt sie damit ihrem wachsenden Bedürfnis nach, diesem gigantischen, unpersönlichen Haus wenigstens stundenweise den Rücken kehren zu können.

Matty besucht seit drei Wochen wieder die Vorschule, die ihn auf den Einstieg in die Grundschule vorbereitet. Eigentlich ist er ein ganzes Jahr zu spät, doch da er so klein und schmächtig ist, fällt das unter seinen Mitschülern nicht sehr ins Gewicht. Edward wiederum fährt wie immer jeden Morgen in die Firma, und somit ist Tony allein.

Inzwischen weiß sie übrigens auch, was genau die ›Capwell Group International Inc.‹ darstellt. Das Ergebnis ist zugleich Erklärung für das bombastische Sicherheitsaufgebot als auch eine ziemlich kalte Dusche. Es handelt sich hierbei um eines der führenden Unternehmen innerhalb der riesigen amerikanischen Waffenlobby. Die Adresse, wenn es um effiziente, hochmoderne und stinkteure Gegenstände aller Art geht, die dazu dienen, das Leben von Menschen vorzugsweise sehr blutig zu beenden.

Tony, deren Eltern zur 68er-Generation gehörten, ist pazifistisch erzogen worden, weshalb sie anfänglich enorme Schwierigkeiten hatte, mit dieser Tatsache fertig zu werden. Plötzlich kann sie Tims Fortgang bis ins kleinste Detail nachvollziehen. Er war gegen jede Form von Gewalt, liebte und propagierte den Frieden und die Liebe, und das mit wachsender Begeisterung. Wie muss er sich in einer solchen Familie gefühlt haben – mit der wenig erfreulichen Aussicht, einmal in die Fußstapfen des Vaters zu treten?

Darüber hinaus bekommt Tony Angst um Matty, denn wie hat Edward es formuliert? Momentan ist er der einzige Erbe, was nichts anderes bedeutet, als dass er irgendwann einmal diese Mordfirma übernehmen darf. Ganz gleich, ob er das will oder nicht, denn das Vermächtnis der Ahnen kann nicht so einfach den Bach runtergehen, oder? Auf Edward hat auch niemand Rücksicht genommen. Vielleicht wollte er das alles ja gar nicht und hätte sich eine andere Zukunft viel lieber gewünscht.

Vielleicht. Vielleicht aber auch nicht.

Sie hätte ihn dafür verachten können, möglicherweise wäre es sogar erlösend gewesen, doch das kann sie nicht. Wie auch? Diese Killerfabrik besteht seit Ewigkeiten, Edward ist nicht ihr Gründer, sondern nur der bedauernswerte Nachfahre, der die Familientradition fortsetzt. Und wenn dieses abgefuckte Land auf eines besonders viel Wert legt, dann auf seine Familien und deren Traditionen.

Nach einer Woche hat Tony die Einsamkeit in dem großen Haus nicht mehr ertragen und bemühte sich ernsthaft um einen Studienplatz. Interessant war die Erkenntnis, dass bereits einer existierte. Auf vakanter Position, sozusagen. Edward hat die Gebühren längst beglichen und sie vormerken lassen; nur die Frage des Antrittszeitpunktes musste Tony noch klären. Ohne Zeit zu verlieren, begann sie am nächsten Montag.

Und so besucht sie mit einem Mal wieder die Uni, befindet sich unter Gleichaltrigen, sitzt in Vorlesungen, muss daheim Arbeiten erledigen, isst in der Mensa ...

... und fühlt sich verdammt schlecht dabei.

Nichts ist wie früher. Zunächst einmal fehlt Susan – bislang fester Bestandteil beinahe jeder Unterrichtsstunde und Vorlesung, an der Tony jemals teilgenommen hat. Mit der telefoniert sie seit Neuestem zwar täglich, doch das kann deren Fehlen nicht wirklich wettmachen. Dann hat sich insofern so einiges geändert, weil sie morgens mit einer Limousine zur Uni gefahren wird. Die wartet auch pünktlich nach Vorlesungsschluss vor den Toren des Colleges, um sie nach Hause zu bringen.

Glücklicherweise chauffiert sie wenigstens Carlos, sonst hätte Tony möglicherweise – nur möglicherweise – augenblicklich die Nerven verloren und sich in einem hysterischen Anfall gewälzt.

Außerdem heißt sie hier Josefine Smith – das findet sie witzig, doch gleichzeitig sorgt es dafür, dass ihr die Geschichte relativ unwirklich erscheint. Sie ist nicht mehr irgendeine austauschbare Studentin wie alle anderen. Stattdessen scheint man allgemein der Überzeugung zu sein, sie wäre stinkreich. Und Tony macht zunehmend die leidvolle Erfahrung, dass man als Stinkreiche ziemlich einsam ist. Es gibt zwar unzählige Bewunderer, die sich mit ihr brüsten wollen, aber echte – normale – Freunde findet sie keine. Ist ja auch kein Wunder, denn allein ihre Klamotten sind ein Vermögen wert.

Apropos Klamotten ...

Nachdem Tony ihren Rucksack intensiv durchforstet hat, musste sie feststellen, dass sie *nichts anzuziehen hatte*! Das brachte sie in echte Konflikte, denn sie wollte nicht zu Edward gehen und ihn bitten, ihr ein Auto zur Verfügung zu stellen, damit sie in einen Laden fahren konnte, um sich ein paar Jeans und Hemden zu kaufen. Andererseits würde sie aber unmöglich auf Dauer mit zwei Jeans und drei Hemden zurechtkommen.

Was auch nicht erforderlich war, denn Edward schien mal wieder unter die Gedankenleser gegangen zu sein. Eines Nachmittags, vier Tage nach ihrem unerfreulich geendeten Ausflug in Disneyland, bat er sie beim Dinner höflich, noch zu bleiben. Er würde Matty ins Bett bringen. Tony dachte sich nichts dabei – nicht wirklich. Abgesehen von dem Herzrasen ging es ihr auch halbwegs gut. *Ehrlich!*

Bis diese total affige, überschminkte Tussi auftauchte, um mit ihr Kataloge durchzugehen.

Klamottenkataloge.

Bis zu diesem Tag war Tony nicht bewusst, dass es tatsächlich Hosen gibt, die mehr kosten als ihre gesamte Garderobe. Okay, die Sachen, die sie bis vor Kurzem noch besessen hat. Die von Edward auf der Insel gekaufte Kleidung, hat sie nie wiedergesehen. Offenbar blieb sie zurück – wofür sie echt dankbar ist.

Auf ihre Frage, ob sie vielleicht auch noch was Preiswerteres und weniger Auffälligeres auf Lager hätte, kassierte sie einen pikierten Blick und die noch affektiertere Auskunft, dass man in ihrem Hause überhaupt nichts auf Lager habe. Es handele sich hierbei um Modelle, die bei Bestellung nach Maß angefertigt würden.

Tony hielt das für reichlich übertrieben und entschied sich schließlich seufzend für einige Jeans (Kostenpunkt ab 1.500 Dollar aufwärts, DAS STÜCK!).

Soweit zu den Hosen, womit allerdings noch nicht die Hemdfrage geklärt war.

Nach längerer Suche durch Blusen, Tops, Shirts und irgendwelche Seidenteile gab sie auf und verlangte den Herrenkatalog. Die überschminkte Tussi strahlte. »Ohhhh!«, jauchzte sie. »Da wird sich Mr. Capwell aber freuen!«

»Das glaube ich weniger«, murmelte Tony finster, und schon, um ihm diese elende Verschwendung heimzuzahlen, wählte sie kurz darauf einige männlich aussehende Hemden aus der Herrenkollektion aus.

Als sie der arroganten Modefrau dann erklärte, dass ihr Shoppen beendet sei, wirkte die für einen Moment relativ fassungslos, fing sich jedoch ziemlich schnell, nickte deutlich enttäuscht und stand auf.

Womit erst die wahre Folter begann.

Die war zweigeteilt: Zunächst wurde bei Tony tatsächlich Maß genommen! Diese Prozedur dauerte ungefähr eine Stunde. Danach folgte noch einmal eine halbe Stunde äußerst anstrengender Diskussion, weil der Tussi endlich aufging, dass die Hemden nicht wirklich für »Mr. Capwell«, sondern für »Miss Benett« gedacht waren. Nach 30 Minuten und zunehmender Hysterie der Dame erkannte Tony, dass nur ein Machtwort helfen würde. Und genau das sprach sie dann auch aus. Ihr Kinn hob sich. »Hören Sie, Miss ...?«

»Meyer.«

»Es obliegt meiner Entscheidung, was ich trage und was nicht. Das sehen Sie doch ähnlich, oder ...?«

»Sicher, Miss Benett.«

»Fein!« Tony lächelte. »Dann sind wir uns doch einig! Wann kann ich mit der Lieferung rechnen?«

Die Antwort folgte wie aus der Pistole geschossen. »In einer Woche, Ma'am.«

»Noch besser«, murmelte Tony.

Damit ging sie und ließ die seltsame Frau dort, wo sie war. Wenn sie Glück hatte, würde sie sogar den Weg hinausfinden. Wenn nicht ... nun, zur Not gab es jede Menge Fenster, von denen aus man einen Hilferuf starten konnte.

Tony kannte sich da aus.

Anstatt auf ihr Zimmer zu gehen, lenkte sie ihre Schritte zu jenem Raum, den sie bisher genau zweimal betreten hatte. Wütend genug war sie, sonst hätte sie den Mut dazu niemals aufgebracht. Inzwischen sorgte nämlich allein sein Anblick dafür, dass ihr kotzübel wurde. Übel vor Sehnsucht – bis vor Kurzem hätte Tony auch nicht geglaubt, dass es so etwas gibt.

Ohne lange nachzudenken, klopfte sie und war überrascht, als kein »Herein« oder »Ja!«, sondern ein »Anthonia?« ertönte.

Edward saß in seinem Sessel und musterte sie fragend, dann musste er wohl die Verwirrung auf ihrem Gesicht identifiziert haben, denn er zuckte mit den Schultern. »Dies sind meine Privaträume. Niemand hat Zutritt und niemand außer dir wäre ... äh ... mutig genug, mich hier zu stören.«

Na, das war doch mal ein Wort! Tony machte sich nicht die Mühe, seine *Privaträume* auch zu betreten, sondern baute sich im Türrahmen auf, beschwor sich, ihn nicht direkt anzusehen, besann sich auf die tobende Wut, die eben noch in ihr geherrscht hatte, öffnete den Mund, und heraus kam ...

Nichts.

Scheiße! *Nichts!*

Kein Zorn mehr vorhanden, von dem Tony etwas gewusst hätte. Sie hielt den Blick gesenkt, schaute ihn nicht an und versuchte wieder zu sich zu kommen. Erst seine leise, fragende Stimme befreite sie aus ihrem Delirium. »Anthonia?«

Ihr Kopf flog hoch und sie sagte das Erste, was ihr in den Sinn kam. »Diese Meyer ist eine blöde Tussi. Ich habe mir Herrenhemden bestellt, das Stück zum Schnäppchenpreis von 750 Dollar. Und wenn dir das nicht passt, dann hast du einen Scheiß!«

Dann machte sie kehrt und flüchtete.

Erfolgreich, denn er kam ihr nicht nach. Die Zeiten ihrer verbalen und körperlichen Auseinandersetzungen sind lange vorbei.

Die der Provokationen auch.

Tony – immer noch in ihrem Bett – schließt ermattet die Augen.

Es ist so ... grausam, niemals hätte sie geglaubt, sich einmal so todunglücklich und vor allem hilflos zu fühlen. Sie will unbedingt weg, dieses Haus hinter sich lassen, ganz besonders diesen Mann, während sich gleichzeitig allein der Gedanke, ihn nie wieder zu sehen, so anfühlt, als bahne sich der nächste Todesfall in der Familie an, und zwar diesmal ihr eigener.

Seufzend erschafft sie wie stets in solchen Momenten Mattys Bild vor ihrem geistigen Auge, holt tief Luft und springt kurz entschlossen aus ihrem Bett ...

... als sie zu sich kommt, liegt sie auf dem Boden, direkt davor, und sie hat nicht den geringsten Schimmer, was jetzt wieder passiert ist. Bis ihr die Geschwindigkeit, in der sie aufgestanden ist, einfällt.

Kreislaufprobleme, ja, die sind ihr noch aus den ruhmreichen Tagen ihres Zusammenbruchs vertraut.

Also, lass es langsamer angehen, Anthonia!

Yessir!

Das tut sie dann auch, und anfänglich funktioniert alles bestens. Als sie sich aufrappelt, geschieht das wie in Zeitlupe, ihr ist übel, doch daran hat sie sich in der Zwischenzeit gewöhnt. Was bisher nicht ins Tagesgeschehen übergegriffen hat, ist, dass sich die Übelkeit in einen Brechreiz verwandelt. Das passiert heute zum ersten Mal. Sie schafft es gerade so ins Bad und über die Toilette, bevor sie geräuschvoll ihren Mageninhalt von sich gibt.

Und als sie mit zitternden Knien auf den Fliesen hockt, kommt ihr ein grausamer Gedanke.

* * *

Später wird Tony sich für ihre Naivität beschimpfen, denn sie hätte es viel früher als das erkennen müssen, was es ist. Wenn man sich ohne zu verhüten mit einem Mann einlässt, ist das Ergebnis wohl eher zwangsläufig. Das hat sie offenbar in dem ganzen Trubel übersehen – oder übersehen wollen. Sie ist schwanger! – ganz klar. Daran gibt es nichts zu rütteln. Womit Tonys Welt, die bisher bereits von Schwierigkeiten überhäuft war, mit einem riesigen, lauten Knall erneut in sich zusammenbricht.

Ein paar Minuten braucht sie, um sich zumindest ansatzweise mit dieser völlig unerwarteten Situation auseinanderzusetzen. Das gelingt ihr in diesem Moment nicht wirklich, doch ein paar Dinge kann sie vergleichsweise schnell für sich festmachen.

Zuallererst und am wichtigsten: Ganz gleich, welche Konsequenzen das haben wird, sie liebt dieses Kind. All die verzweifelte Liebe, die sie für dessen Vater empfindet, projiziert sich von nun an auf das kleine Wesen, das in ihr wächst. Und sie schwört sich, es zu beschützen. Egal, welche Veränderungen das mit sich bringt – und die wird es geben. Gravierende. So viel steht schon jetzt fest.

Edward darf davon nichts erfahren. Das ist Tatsache Nummer zwei, die ihr aufgeht, noch während sie vor der Toilette kniet und sich in ihr Schicksal ergibt. Inzwischen bildet sie sich ein, ihn relativ gut einschätzen zu können: Es handelt sich um den Mann, der zu ihr zurückkehrte, um ihre Entjungferung zu einem zufriedenstellenden Ergebnis zu bringen. Tony hat nur ein paar Tage gebraucht, um sein seltsames Verhalten verstehen zu können, und ehrlich, die Realität ist nicht sonderlich schmeichelhaft. Der Umstand, dass es ihm nicht gelungen ist, sie umgehend zum Höhepunkt zu vögeln, war für Edward Capwell – Idiot vor dem Herrn – die totale Niederlage.

Fein!

Und Edward Capwell – Idiot vor dem Herrn – wird sie sofort zur Abtreibung zwingen, wenn er von dem Bastard erfährt, oder warten, bis der geboren ist und ihn dann von ihr entfernen, oder sie heiraten, um sie dann für den Rest seines Lebens zu hassen, weil es ihr am Ende ja doch gelungen ist, ihm ein Kind anzudrehen. Da keine der Alternativen besonders prickelnd anmutet, bedeutet dies zwangsläufig, dass Tonys Tage in Miami gezählt sind.

* * *

Ab diesem Moment organisiert sie ihre Abreise.

Sie beschäftigt sich oft und ausgiebig mit Matty, beobachtet Edward plötzlich mit aufmerksamem Interesse, prägt sich sein Aussehen ein, seine Mimik und Gestik, alles, was sie an ihm liebt. Und sie grübelt darüber nach, wie sie die bevorstehende Trennung für ihren Neffen so erträglich wie möglich gestalten kann. Je länger sie nachdenkt, desto mehr wird ihr allerdings bewusst, dass alles nicht halb so leicht werden wird wie ursprünglich erhofft.

Zunächst werden sie sich nicht sehen können – nicht nur Edward darf nichts von ihrer Schwangerschaft erfahren, auf den Kleinen trifft dies ebenfalls zu.

Dann ihr Aufbruch selbst. Fakt ist, dass sie sich hier so ziemlich unter Dauerbeobachtung befindet. Das große Tor wird Tag und Nacht bewacht, sie kann nicht einfach dort auftauchen und hoffen, man wird sie passieren lassen, ohne Fragen zu stellen. Wie sie in jener verdammten Nacht gehen konnte, ist ihr bis heute ein Rätsel. Und sie will – *nein, sie muss* – von Edward unbemerkt verschwinden. Dafür gibt es jede Menge vernünftiger Gründe; einer jedoch überragt alle anderen und der hat mit

Vernunft und der von Edward so viel und hochgelobten Logik nichts zu tun: Es wird ihr bereits schwerfallen, Matty zu verlassen, doch wenn dessen Onkel sie bittet, zu bleiben, dann wird sie ihm nicht widerstehen können. Matty wird sie wiedersehen – Edward nicht. Sooft Tony sich auch einredet, dass es so das Richtige ist, dass sie einen Teil von ihm – möglicherweise den bedeutendsten und besten – mit sich nimmt, es ist kein wirklicher Trost.

Daher versucht sie in den kommenden Monaten, während sie skeptisch ihren zunehmenden Bauch belauert, sich auf ihren endgültigen Abschied von Edward vorzubereiten.

Und diesmal ist sie erheblich besser.

* * *

Eines Abends, Anfang Juli, als sie fühlt, dass ihr nicht mehr viel Zeit bleibt, setzt sie sich zu Matty aufs Bett und umarmt ihn.

Sofort wird sein Blick argwöhnisch, denn er hat sie bereits seit Längerem mit wachsender Furcht in den Augen gemustert. Ganz im Gegensatz zu Edward, dem nichts aufzufallen scheint, ist Matty offenbar viel empathischer, als Tony lieb sein kann. Allerdings hat er nie gefragt und Tony dieses Gespräch so lange wie möglich hinausgeschoben. Jetzt kann sie ihn nicht länger schonen, es ist höchste Zeit.

»Matty ...«, beginnt sie. Er macht Anstalten, von ihr wegzurücken, doch ihre Arme legen sich fester um ihn. »Nein, bleib hier!«, befiehlt sie.

Als er erstarrt, spricht sie sofort weiter.

»Ich werde gehen. Nicht für immer und nicht weg von dir! Das schwöre ich. Das Einzige, was passiert, ist, dass ich dieses Haus verlasse. Ich muss, Matty. Ich werde mit deinem Onkel ein

Besuchsrecht aushandeln; das funktioniert aber erst, wenn ich mir was Neues aufgebaut habe. Damit du später auch bei mir übernachten kannst, weißt du? Bis dahin wird es ungefähr ein halbes Jahr dauern, in dem wir uns nicht sehen können. Aber wir telefonieren. Täglich.« Zärtlich küsst sie seine Stirn. »Es tut mir so leid, aber es geht nicht anders.«

»Warum nicht?«

Die Antwort auf diese Frage bleibt Tony ihm schuldig, denn was soll sie schon sagen? Für Matty ist doch alles bestens, was will er mehr? Er hat seine kleine Familie; von all den Dingen, die ihr gerade das Leben schwer machen, kann er nichts wissen. Schlimmer noch. Wüsste er etwas von dem Baby, wäre die Freude höchstwahrscheinlich groß.

Ja, fein.

Ganz unerwartet wird ihr der Grund für die endgültige Flucht auf dem Silbertablett serviert. Einer, den auch ihr Neffe sofort und ohne Diskussionen akzeptiert, auch wenn Tony gern, wirklich sehr gern, auf diese Erfahrung verzichtet hätte.

Bereits öfter hat sie sich gefragt, warum Edward in diesem gigantischen Haus wohnt, wo doch die meisten Zimmer leer stehen. So wie sie das sieht, wird der Südflügel gar nicht genutzt, sondern dient nur als Staubfänger, der von den riesigen Putzkolonnen beseitigt wird, die zweimal wöchentlich wie Ameisen über das Gebäude herfallen.

Ein Irrtum.

Als sie einige Tage nach ihrem Gespräch mit Matty auf der Terrasse sitzt, erscheint Edward auf der Bildfläche. Inzwischen bereitet ihr das Sitzen ernsthafte Schwierigkeiten – noch nie hat Tony ihre weiten Hemden so geliebt wie in dieser Zeit. Nur leider sind die Jeans nicht weit geschnitten. Sie ist jetzt Anfang des fünften Monats und das bedeutet, dass sie ohne Hemd so ziemlich ... *schwanger* aussieht. Die Jeans lässt sie offen stehen, um sich überhaupt bewegen zu können, aber das hilft auch nur bedingt. Alles ist für ihren Fortgang bereit; in den letzten Wochen hat sie die Uni nicht mehr besucht, sondern stattdessen die erforderlichen Vorkehrungen getroffen. Ohne Carlos wäre sie aufgeschmissen gewesen. Doch der hat nur mit den Schultern gezuckt, als sie ihn behutsam bat, sie anstatt in die Uni, zu all den anderen Orten zu fahren. »Die Anweisung lautet, Sie dorthin zu bringen, wohin Sie wollen.« Sein Blick war sehr warm und verständnisvoll – zu verständnisvoll für Tonys Geschmack. Aber er hat nie mehr gesagt, und dafür ist sie ihm dankbar.

Edwards Auftauchen wäre für sie normalerweise der Startschuss, zu verschwinden, nur funktioniert das bei ihr nicht mehr so einfach wie früher. Mittlerweile muss alles viel langsamer vonstattengehen. Aufspringen und davonstürzen ist nicht möglich, weil die Jeans dann nämlich unweigerlich ihren Abgang machen würde. Außerdem wäre selbst Edward irritiert, wenn er realisiert, dass sie sich inzwischen aus dem Stuhl *rollen* muss. Einfach so aufstehen geht auch nicht mehr – jedenfalls nicht aus einem Liegestuhl.

Also bleibt sie sitzen und sieht ihm mit hoch erhobenem Kopf und entschlossen entgegen.

Und erst jetzt fällt ihr auf, dass er nicht allein ist.

In seiner Begleitung – genau genommen an seinem Arm – befindet sich eine attraktive Brünette. Sie mag einige Jahre älter als Tony sein, so exakt lässt sich das nicht auf den flüchtigen Blick feststellen. Ihr Äußeres ist makellos, das Make-up perfekt, den Temperaturen entsprechend trägt sie ein leichtes, luftiges

Sommerkleid zu hübschen hohen, offenen Schuhen. Um ihre Schulter hängt ein goldenes Handtäschchen und auf ihrem Gesicht liegt ein unpersönliches Lächeln.

Fassungslos betrachtet Tony zunächst den Arm, den sie um Edwards gelegt hat, dann ihn. Er zeigt keine Regung, kein lauerndes Blitzen, kein Bedauern oder vielleicht – Tony wagt kaum, das Wort auch nur zu denken – *Verlegenheit!*

Da ist nichts!

Ohne zu zögern führt er die Fremde zu Tonys Stuhl, die sich gerade mit aller Macht ans andere Ende der Welt wünscht. Matty, der bisher lautstark im Pool gebadet hat, ist verstummt und taucht kurz darauf neben seiner Tante auf. Die weiß, dass sie ihn jetzt abtrocknen sollte, doch sie kann sich nicht bewegen. Alles, was sie fertigbringt, ist, abwechselnd auf den Arm der fremden Frau zu starren und dann in Edwards Miene.

Die Brünette mit dem unpersönlichen Lächeln mustert sie mit verdammt klugen Augen, die sich dabei um einen Bruchteil verengen; dann blickt sie zu Edward und betrachtet den ebenso aufmerksam wie Tony und Matty.

Allein Edward scheint von der unerträglichen Situation nichts zu bemerken, denn er nickt knapp. »Guten Abend. Aurora, das ist Anthonia. Anthonia, das ist Aurora; sie wird ab sofort hier wohnen.«

Auroras Mund verzieht sich etwas mehr; wie in Trance nimmt Tony deren Hand. »Freut mich, Sie kennenzulernen, Anthonia.« Ihre Stimme ist nicht gekünstelt oder verschnupft, sondern klingt warm und keineswegs unsympathisch. Genau wie ihr Lächeln weder unecht noch abstoßend wirkt. *Sie* ist es nicht. Tony hat immer gewusst, dass dieser Tag kommen wird, denn Edward dürfte wohl kaum für den Rest seines Lebens allein bleiben. Aber in Gedanken sah sie stets aufgedonnerte, gefärbte Blondinen, Frauen, die keine Klasse besitzen und die sie daher mit einem spöttischen Grinsen als Dreck abtun kann. Diese Frau ist keine Tussi. Sie wirkt auch nicht billig und ganz gewiss nicht ungebildet, sondern sehr angenehm, und passt aufgrund ihres Äußeren perfekt zu dem Mann an ihrer Seite. Es kostet Tony nichts, sich die beiden in jeder Lebenslage miteinander vorzustellen. Fraglos wird sie ihn glücklich machen, mehr, als Tony es jemals vermocht hätte.

Diese Fremde ist der letzte Tropfen, den sie noch braucht, um endlich gehen zu können. Was ihr zunehmend gewölbter Bauch nicht fertigbrachte, jene Frau schafft es. Matty scheint übrigens auch nicht gerade erfreut zu sein, denn er übersieht Auroras Hand einfach. Und als Edward ihm ein Badetuch entgegenhält, fetzt er es ihm aus den Fingern, misst ihn noch einmal mit einem vernichtenden Blick, macht kehrt und stürzt ins Haus.

Sein Onkel schaut ihm finster nach und seufzt leise, doch Tony ist bereits nicht mehr wirklich anwesend.

Die Würfel sind gefallen.

* * *

Aurora bezieht den Südflügel, womit dessen Existenzberechtigung schließlich geklärt ist. Sie erscheint auch beim Dinner, das schweigend eingenommen wird. Niemand sieht den anderen an, nur Edward unterhält sich mit seiner neuesten Mitbewohnerin, welche die angespannte Stimmung mit kühler Professionalität bewältigt. Tony beglückwünscht sie für diese Fähigkeit, denn sie kann das leider nicht, genauso wenig wie Matty. Der lässt nach dem fünften Bissen klirrend die Gabel fallen, verkündet ein »Ich bin satt!« und verschwindet.

Tony ist froh, einen Grund zu haben, ebenfalls vorzeitig den Tisch zu verlassen. Sie bringt Matty ins Bett und hat sich – wie schon seit Wochen – längst zurückgezogen, wenn Edward erscheint, um ihm eine gute Nacht zu wünschen.

Er bleibt nicht lange. Tony ahnt, dass der Lieblingsneffe sehr wortkarg ist. Und als sich die Tür zu Mattys Zimmer ein zweites Mal geschlossen hat, beginnt sie zu packen. Viel Zeit nimmt es nicht in Anspruch, denn sie geht mit den Dingen, mit denen sie gekommen ist: ihrem Rucksack.

Das Schreiben an Edward platziert sie auf ihrer Matratze, wissend, dass er es dort finden wird.

Angespannt wartet sie eine ganze Stunde, bevor sie sich zu dem kleinen schlafenden Jungen schleicht, ihren Brief neben dem Päckchen mit dem Handy auf den Nachttisch legt und ihm sanft die Stirn küsst.

Keine Träne kommt – nicht eine einzige –, denn sie hat sich diesmal wirklich gut vorbereitet.

Zurück in ihrem Raum greift sie zum Telefon; inzwischen verfügt sie über ihren eigenen Anschluss.

Tony klingt leise, aber fest.

»Susan? Es ist so weit.«

22. Zweieinhalb Jahre später

»... *der amerikanische Multimilliardär und Unternehmer Edward Jayden Capwell, Vorstandsvorsitzender der Capwell Group International Inc., wird seit den frühen Abendstunden vermisst. Er befand sich auf dem Rückflug von Phoenix/Arizona, als über den Everglades der Funkkontakt zu seinem Privatflugzeug abbrach. Capwell, der seit dem Tod seines Vaters, Jayden Capwell, den Familienkonzern leitet, galt seit Längerem als hochgradig anschlagsgefährdet. Die ...«*

Das Klirren zerberstenden Porzellans übertönt die etwas nasale, gleichgültige Stimme des Nachrichtensprechers.

Susan hastet in die sonnendurchflutete Küche und findet Tony, die wie gelähmt in den kleinen Fernseher auf dem Küchentresen starrt. Jade sitzt in ihrem Kinderstuhl und begutachtet mit großen blauen Augen die Schweinerei am Boden, die noch bis vor wenigen Minuten ihre Frühstückscornflakes waren. Dann kichert sie los.

»Mommy hat putt gemacht!«, jauchzt sie und klatscht in die Patschhändchen. Ihr Grinsen reicht mittlerweile von einem Ohr zum anderen.

Die beiden Frauen ignorieren sie. »Wann willst du los?«

»Sofort«, erwidert Tony leise.

»Kein Problem. Ich habe noch den Resturlaub.«

Tony nickt, doch sie rührt sich nicht. Erst, als Susan fragend eine Augenbraue hebt, erwacht sie aus ihrer Starre und stürzt in den Nebenraum, wo sich ihr Schlafzimmer befindet. Im Gehen greift sie ihren alten Rucksack, den sie schon seit Jahren nicht mehr benutzt hat. Wahllos reißt sie Kleidungsstücke aus ihrem Schrank und stopft sie hinein, bevor sie zurück in die Küche hastet. Susan hat Jade inzwischen aus dem Stuhl gehoben und steht mit ihr am Fenster.

»Ich weiß nicht, wie lange ich fort bin.« Tony eilt in den Flur und zerrt ihre Handtasche von der Garderobe.

»Kein Problem.«

»Kannst du bei Winter anrufen?«

»Mache ich, wenn du weg bist.«

»Sag ihm, dass ich ... Ohhh, Scheiße ...«

Das weckt Jade erneut auf. »Mommy!« Ihre empörte, sehr hohe Stimme dringt in den Flur, doch Tony hat keine Zeit, über ihre altkluge Bemerkung zu lachen.

»Sag ihm irgendwas!« Hastig fährt sie mit der Bürste durchs Haar.

»Okay ...«

Nicht lange darauf erscheint Tony wieder in der Küche und betrachtet ihre Freundin unsicher. »Ich nehme den Wagen, geht das?«

Susan verdreht die Augen. »Natürlich *nicht!* Ich hatte angenommen, du würdest nach Miami laufen.«

Ein Kuss landet zunächst auf ihrer Wange, dann auf Jades rosiger. Sie streicht ihr eine Strähne des schwarzen Haars aus der Stirn und sieht Susan an. »Ich habe euch lieb.«

Die nickt.

»Ich beeile mich«, beteuert Tony, obwohl sie weiß, wie bescheuert es ist, das zu sagen.

Susan erwidert immer noch nichts.

»Es tut mir leid.« Inzwischen ist Tony sogar ziemlich verunsichert.

Schweigen.

»Ich würde wirklich nicht ...«

»GEH JETZT, VERDAMMT!«

Tony schluckt und besinnt sich schließlich. Noch einmal landet jeweils ein Kuss auf einer großen sowie einer kleinen Wange und kurz darauf ist sie aus der Tür.

* * *

Wenige Minuten später sitzt sie in ihrem alten Honda und startet den Motor.

Während sie sich mühsam in der Rushhour von West Palm Beach in den Highwayzubringer fädelt, versucht sie, die Panik herunterzuwürgen. Wenn sie die Nerven verliert, ist nichts gewonnen. So etwas gehört nicht mehr zu ihrem Leben. Tony musste lernen, mit Katastrophen umzugehen, und darüber hinaus, ihre Gefühle im Hintergrund zu halten.

Als sie in jener Nacht und Nebelaktion Edwards Haus verließ und zu Susan in den Wagen stieg, ahnten beide nicht, wie schwer alles werden würde.

Selbstverständlich hatten sie nicht damit gerechnet, dass schlagartig alles gut wird. Aber sie hatten auch nicht mit diesen unvorstellbaren Schwierigkeiten kalkuliert, die auf sie zukamen: erst diese Schwangerschaft, die Tony ab dem sechsten Monat praktisch ans Bett fesselte. Vorzeitige Wehen. Dr. Steiner, ihre

Frauenärztin, war ratlos. »Ich verstehe das nicht. Eine organische Ursache hat es nicht. Alles verläuft bestens. Haben Sie vielleicht seelische Probleme, Miss Benett?«

Was?

NEIN!

Wie denn?

Tony hatte doch keine seelischen Probleme!

Zwar fehlten ihr zwei Menschen wie die Hölle und sie konnte in den ersten Monaten der Trennung kaum einmal die Tränen fernhalten, eine neue Depression fraß sie innerlich auf, aber Probleme sahen anders aus!

Total anders!

Es war eine harte Zeit, und zwar für alle Beteiligten. Trotzdem sie jeden Tag mit Matty telefonierte und während sie miteinander sprachen, sogar die Tränen zurückhalten konnte, litt der Kleine unglaublich unter der Trennung. Auch wenn der niemals abbrechende Kontakt einen neuen Anfall verhinderte. Wenigstens insoweit war Tonys Plan aufgegangen.

Doch jeden Abend, wenn sie mit ihm sprach, kam die Frage, die sie bereits nach wenigen Tagen fürchten gelernt hatte. »Wann kommst du wieder nach Hause?«

Erst, als sie sich ab Januar alle zwei Wochen sehen konnten, wurde es besser.

Susan hatte es schwer, weil sie zunächst allein für ihren Lebensunterhalt sorgen musste. Tony war nicht in der Lage, arbeiten zu gehen – einer der Gründe, weshalb sie heute noch an den Kosten für die Vorsorgeuntersuchungen, die Behandlung während der Komplikationen, der Geburt und die Unsummen für die Therapeutin zahlten.

Zu der hatte Susan ihre Freundin im Oktober gezerrt, als die

Wehen trotz starker Medikamente nicht nachlassen wollten und eine Frühgeburt immer wahrscheinlicher wurde.

Obwohl Tony wusste, dass es ihre Haushaltskasse so ziemlich sprengte und sich deshalb noch schuldiger fühlte, als es ohnehin schon der Fall war, musste sie nach kurzer Zeit einsehen, dass ihr die wöchentlichen Gespräche wirklich halfen. So konnte sie endlich diese Martin-Sache aufarbeiten, sich mit Edward auseinandersetzen, mit Matty, mit dem Tod ihrer Eltern, ihrer Schwester und ihres Schwagers. Dabei wurde sie auch unterstützt, zu sich selbst zu finden, Prioritäten zu setzen. Ausgelacht – wie heimlich befürchtet – wurde sie auch nicht. Weder aufgrund ihrer Liebe zu Edward noch wegen der Schwangerschaft, die sie nicht nur in ihrer Naivität verbockt und nicht mal sofort erkannt hatte, sondern die sie auch noch unter allen Umständen durchstehen und das Kind austragen wollte.

Rose, ihre Therapeutin, hatte nur ernst genickt. »Einen schweren Weg haben Sie da gewählt, Tony. Sie werden viel Energie benötigen, um ihn erfolgreich zu bewältigen.«

Sie ließ sie nicht im Regen stehen, sondern verhalf ihr zu dieser Kraft. Tony bereute keine der etlichen fünfzig Dollar pro Stunde, die sie investiert hatten. Als Jade schließlich an einem strahlend sonnigen 24. Dezember in West Palm Beach das Licht der Welt erblickte, heulten Susan und Tony um die Wette. Vor lauter Freude über dieses wunderschöne Baby, vor Erschöpfung und vor Dankbarkeit.

Denn endlich war die erste Hürde genommen ...

So einfältig sich dieser Gedanke auch zunächst anhörte, er entsprach der Wahrheit. Denn das hatten sie wirklich. Ab diesem Moment ging es bergauf.

Die beiden Frauen sahen nicht blauäugig in diese Zukunft oder überließen auch nur das geringste Detail dem Zufall. Weder der neue Wohnort war aus Versehen ausgewählt, noch die Tatsache, dass sie zusammenlebten. Nur so konnte Tony arbeiten gehen, während das Kind trotzdem versorgt war. Ohne Susan hätte sie es nie geschafft, denn in den kommenden zwei Jahren wechselten sie einander ab. War die eine bei ihrem Job, blieb die andere zu Hause und hütete das Baby.

Ihr Studium legte Susan kurzerhand auf Eis – wie sie es ausdrückte. Keiner von Tonys Protesten fruchtete. »Ich sagte dir, dass ich da bin, wenn du mich brauchst. Hier bin ich!« Das war der einzige Kommentar.

Beide hatten keine großen Schwierigkeiten, eine Anstellung zu finden, wenn auch schlecht bezahlt. Während Susan die Vorzimmerdame in einer kleinen Anwaltskanzlei gibt, sitzt Tony sechsmal in der Woche für fünf Stunden im örtlichen Wal-Mart an der Kasse. Mit Ausnahme des Wochenendes alle 14 Tage, versteht sich.

Edward folgte ihr nicht und unternahm auch sonst keine Anstalten, Kontakt herzustellen. Weder über Matty noch durch seine berühmten Stalkingmethoden. Dennoch dauerte es Monate, bevor die Frauen wagten, etwas aufzuatmen. Susan – mehr noch als Tony – litt stellenweise unter wachsender Paranoia. Jeder Passant, der die Fenster des kleinen Appartements nicht nur flüchtig musterte, war für sie ein potenzieller Spion. Es dauerte lange, bis sie nicht mehr die Leute ankeifte, wenn sie versehentlich bei ihnen klopften, oder bis sie nicht mehr ständig eines der Hinterfenster aufließ. Nur, um eine mögliche Flucht zu beschleunigen.

Je größer Jade wurde, desto mehr wuchs sie ihnen ans Herz. In Wahrheit hat das Baby nicht eine, sondern zwei Moms. Und jede von ihnen würde alles tun, um es vor Edward oder dessen Handlangern zu schützen.

Das ist der Feind, der schwarze Mann, die unsichtbare, lauernde Gefahr, vor der sie sich in Acht nehmen müssen.

Für Susan ist die Geschichte einfach: Sie hasst den Kerl.

Für Tony sieht es etwas schwieriger aus, denn sie hasst ihn nicht, wird sie auch nie. Nach ein paar Monaten und einigen aufschlussreichen Gesprächen mit Rose hat sie jede Hoffnung darauf aufgegeben.

Sie liebt und fürchtet ihn gleichzeitig, denn er besitzt die Macht, ihr das zu nehmen, was ihr neben Matty am wichtigsten auf der Welt ist.

Keine der zahlreichen Ängste bewahrheiteten sich. Tony war nicht sonderlich überrascht, wenn sie ehrlich ist. Aus welchem Grund sollte er ihr nachspionieren? Er muss doch glücklich sein, dass sich das ›Anthonia-Problem‹ so komplikationslos gelöst hat. Knifflig wurde es noch einmal, als Tony irgendwann im Januar mit ihm Kontakt aufnahm. Schriftlich – zu einem Telefonat fühlte sie sich immer noch nicht imstande.

Drei Tage lang saß sie an dem Entwurf, bis sie eine akzeptable Fassung vorzuweisen hatte:

> *Edward,*
> *ich habe meine Angelegenheiten endlich geregelt und würde gern Matty sehen.*
> *Mein Vorschlag ist, dass er alle vierzehn Tage das Wochenende bei mir verbringt.*
> *Selbstverständlich nur, wenn Du damit einverstanden bist.*

Solltest Du eine andere Lösung bevorzugen, teile sie mir bitte mit.
Über Deine baldige Nachricht würde ich mich freuen.
Anthonia

Sie hatte erst mit Tony unterschrieben, das jedoch später noch geändert. Für ihn ist sie nicht mehr Tony, war es möglicherweise nie.

Erstaunt war sie, als nur zwei Tage später die handschriftliche Antwort eintraf:

Anthonia,
ich akzeptiere Deinen Vorschlag.
Allerdings muss ich auf permanenten Personenschutz für Matty bestehen.
Die Sicherheitslage gestaltet sich derzeit etwas schwierig.
Ich will jedes Risiko vermeiden.
Das ist nicht verhandelbar.
Edward.

* * *

Seine Bedingungen machten keine große Änderung in ihren Plänen erforderlich.

Tony hatte ohnehin nie die Absicht, Matty mit zu sich nach Hause zu nehmen. Die Gefahr, dass er sich bei seinem Onkel verplappert, wäre zu hoch. Auch wenn es ihr leidtut, denn sie hätte ihn gern mit seiner Cousine bekannt gemacht. Doch sie will ihn nicht zu einem Leben mit der Lüge verurteilen. Wie das ist – oh, da hat Tony bereits einschlägige Erfahrungen gemacht und macht sie noch. Täglich. So etwas kann sie unmöglich einem

Kind zumuten, weshalb sie gezwungen ist, an jedem zweiten Wochenende zwei Tage fern von Susan und Jade zu verbringen. Das ist sehr hart, besonders für Tony, denn Jade ist auch mit einer Mom durchaus zufrieden. Eine andere Lösung gibt es nun mal nicht.

Und so wurde Matty zu einem Scheidungskind. Alle vierzehn Tage, pünktlich Freitagabend um sechs, fährt Carlos mit ihm vor, während Tony anfänglich erleichtert registrierte, dass Edward nicht dabei ist. Sie hat sich ein Motel in einem Vorort von Palm Beach gesucht, wo sie mit ihrem kleinen Schatz in einem Zimmer schläft, Carlos und später dann sein Partner in dem daneben liegenden.

Nachdem die ersten Berührungsängste vergessen waren, gewöhnten sich alle Beteiligten an diese absonderliche Situation, und keine zwei Monate später schien es, als wäre es nie anders gewesen. Die Wiedersehensfreude bei ihrem ersten Treffen war groß, obwohl sie jeden Tag miteinander telefoniert hatten. Selbst als Tony bereits in den Wehen lag, sprach sie abends noch mit Matty.

Edward wusste davon nichts, so, wie Edward vieles nicht weiß. Eigentlich überhaupt nichts – nicht mehr. Tony bezweifelt stark, dass es ihn interessieren würde.

Sie fragt nie, und Matty spricht nie von ihm, auch wenn es ihm ab und zu Schwierigkeiten bereitet. Manchmal, wenn er sich nicht vorher genau überlegt hat, was er wie ausdrücken will, kann es schon geschehen, dass er einen Satz mit:

»Onkel ...« beginnt. Weiter kommt er nie, denn spätestens dann hat er sich besonnen, verzieht das Gesicht und wechselt hastig das Thema. Es tut Tony weh, sie hätte Matty gern eine unbeschwertere Kindheit ermöglicht – ohne Übernachtungen in einem billigen Motel und zuvor genauestens kalkulierten Sätzen und Gesprächsthemen. Gleichfalls ahnt sie, dass Edward von dieser etwas unorthodoxen Unterbringung seines Neffen nicht besonders begeistert ist. Denn bereits seit dem zweiten Treffen wird Carlos von einem seiner Kollegen begleitet.

Dessen Chef ist wohl nicht sehr überzeugt von der allgemeinen Sicherheitslage eines Freewaymotels, doch er boykottiert die Treffen nie. Sie werden penibel eingehalten und er stellt nie zusätzliche Forderungen oder versucht, Tony unter Druck zu setzen. In Wahrheit pflegen sie überhaupt keinen persönlichen Kontakt.

Matty ist es egal, wo sie übernachten. Er genießt die Tage mit seiner Tante. Die gefürchtete Frage jedoch bleibt mittlerweile aus, denn er hat die Hoffnung aufgegeben, dass Tony noch einmal zu ihnen zurückkehren wird.

Nie wagt Tony, nach Einzelheiten im großen weißen Haus zu fragen, schon gar nicht nach Aurora. Die erwähnte Matty bisher übrigens kein einziges Mal. Allerdings kam Tony dahinter, dass es keine Nanny gibt. Wenn Matty nämlich überhaupt von jemandem spricht, der nicht tabu ist, dann ist es Mrs. Knight.

Die Abschiede an den Sonntagen fallen nie tränenreich aus. Dafür ist Matty zu alt und Tony inzwischen zu abgeklärt. Doch sie sind wehmütig. Diese Wochenenden durchlaufen immer die gleiche Stimmungskurve: rasanter Aufstieg am Freitag, Stagnation in der Höhe am Samstag, totaler Absturz am Sonntag.

In den ersten Wochen nahm sie riesige Umwege in Kauf, bevor sie es wagte, am Sonntagnachmittag wieder in ihr Apartment zu fahren. Wie Susan befürchtete auch sie, verfolgt zu werden, musste jedoch bald erkennen, dass ihre Sorge unbegründet war.

Was auch immer Edward von ihr denkt, und das ist wohl nicht sehr viel: Er lässt sie weder beschatten noch beobachten oder ausspionieren. Das ist gut und beruhigt sie ein wenig. Beide Frauen wussten von Anfang an, dass es ziemlich gewagt ist, in Miamis unmittelbare Nähe zu ziehen. Doch Susan zuckte auf Tonys Bedenken hin grinsend mit den Schultern. »Wenn du vom Lehrer nie aufgerufen werden willst, wo übersieht er dich unter Garantie?«

Darüber musste Tony nicht lange nachgrübeln. »In der ersten Reihe.«

»Siehst du!«

Es ist ein riskantes Experiment, doch die einzige Möglichkeit, Matty zu sehen. Denn einen regelmäßigen Flug von New York nach Miami hätte Tony sich schlicht und ergreifend nicht leisten können – und sie achtet strikt darauf, die Wochenenden mit ihrem Neffen allein zu finanzieren.

Sie wird einen Teufel tun und von Edward auch nur noch einen Cent annehmen!

Inzwischen haben sie sich seit über zweieinhalb Jahren nicht mehr getroffen. Von den gelegentlichen Fotos abgesehen, die Tony in irgendwelchen Zeitschriften aufgegabelt hat, gibt es nichts, was sie an Edward erinnert.

Nun ... *fast* nichts.

Denn obwohl Tony ihr Leben tatsächlich im Griff hat, vergeht keine Minute, in der sie nicht an ihn denkt. Daran konnte die Zeit nichts ändern. Möglicherweise liegt es vorrangig daran, dass sie jeden Morgen in sein Gesicht sieht, wenn sie an Jades Bettchen tritt. Sie wäscht es, pflegt sein Haar, wischt Tränen aus seinen faszinierenden Augen und bewundert so viel öfter als früher sein

Lächeln. Jade sieht ihm so unsagbar ähnlich, hat im Gegenzug kaum etwas von ihrer Mom. Genauso wie Tony es sich gewünscht hat. Und dennoch: Insgeheim hat sie gehofft, dass der Schmerz verschwinden würde – der wilde, unbändige, ja, der hat sie irgendwann verlassen, aber da existiert noch der andere, der immer da ist. In jeder Minute, seitdem sie ihn das letzte Mal sah. Heiß, lebendig und grausam. Alles ist wie in dem Moment, als sie das gigantische Haus für immer hinter sich ließ.

Als wären nur Sekunden vergangen und nicht Jahre.

* * *

Etwas mehr als zwei Stunden benötigt sie, um das große eiserne Tor zu erreichen, vor dem sich etliche Reporter versammelt haben. Kaum erblicken die Tonys Honda, ist sie von einer hektischen, aufdringlichen und vor allem lauten Menge umgeben. Eilig aktiviert sie die Zentralverriegelung. Das hat sie nicht bedacht, verdammt!

Für einen winzigen Augenblick verlässt sie der Mut; um ehrlich zu sein, hat sie nämlich noch keine Ahnung, wie sie sich Zutritt zu dem riesigen Gelände verschaffen soll. Damals – vor 30 Monaten – ist sie nur hinausgekommen, weil sie mit Carlos ganz gut kann. Das Grundstück ist hermetisch abgeriegelt, man kommt weder so einfach hinauf noch herunter.

Nun, offensichtlich ist Tony nicht »man«. Denn bevor sie auch nur annähernd in Verzweiflung geraten kann, öffnet sich das Tor und sie sieht einige dunkle Gestalten die Journalisten abdrängen. Dann erkennt sie den wild winkenden Carlos und tut das Einzige, was ihr einfällt. Sie tritt das Gaspedal durch.

Kaum hat sie die schmiedeeisernen Flügel passiert, werden sie wieder geschlossen und Tony, nachdem sie sich flüchtig von dem

Überfall erholt hat, steigt aus. Carlos kommt ihr entgegen, sein Lächeln fällt diesmal sehr schmallippig aus, doch er scheint über ihr Auftauchen keineswegs überrascht. Während er ihr die Hand reicht, verzieht er leicht entnervt das Gesicht. »Es tut mir leid, Miss Benett. Momentan ist die Lage etwas ... chaotisch.«

»Gibt es was Neues?«

Bedauernd schüttelt er den Kopf. »Unverändert.«

»Matty?«

»Ist im Haus. Bei Miss Montgomery.«

Letztere ist Aurora. Edward lebt noch immer mit ihr zusammen, und wenn man den Klatschzeitschriften Glauben schenken will, dann steht demnächst »die Traumhochzeit des Jahrzehnts« an.

Bisher hat Tony sich geweigert, genauer darüber nachzudenken. Stets wusste sie, dass es eines Tages so kommen würde; um ehrlich zu sein, rechnet sie inzwischen täglich mit der Nachricht. Edward wird nicht jünger, er ist jetzt vierzig. Wie lange will er noch warten? Trotzdem muss sie sich ja nicht damit auseinandersetzen, solange es nicht wirklich spruchreif ist. Sie hat ihn verlassen, aber erst, nachdem er sie verließ. Und das heißt noch lange nicht, dass sie nicht mehr eifersüchtig ist. Diese Emotion, musste sie erkennen, lässt sich nun mal nicht kontrollieren. Und wenn man sich noch so viel Mühe gibt.

Tony ist dahinter gekommen, dass sie sogar rasend eifersüchtig ist.

In gemäßigtem Tempo fährt sie zum Haus.

Irgendwann musste sie ihre Aversionen vor Autos überwinden und den Führerschein machen, einfach, weil es nicht anders ging. Doch sie zeichnet sich stets durch eine äußerst überlegte und bedächtige Fahrweise aus, die Susan und zunehmend auch Matty und Jade in den Wahnsinn treiben. Tony ist es egal, sollen sie sich über sie lustig machen, denn sie weiß zufällig, was alles passieren kann. Außerdem hat das langsame Fahren durchaus seine Vorteile. Wie zum Beispiel den, dass man viel mehr von der Gegend registriert, durch die man sein Auto kutschiert.

Obwohl Tony nie zuvor in ihrem Leben so viel Angst hatte wie im Moment, genießt sie den Anblick der satten, grünen Wiesen und der hohen Bäume, die trotz der Jahreszeit und des Monats in voller Blütenpracht stehen. Sie ist so lange nicht mehr hier gewesen, und irgendwie, nur ganz am Rande, ist es wie eine Heimkehr. Auch wenn sie das Haus immer gehasst hat.

Auf zwei der drei Bewohner trifft dies nicht zu.

Als sie vor dem Gebäude hält, stürzt ihr als Erstes eine verheulte Mrs. Knight entgegen, dicht gefolgt von einem Matty, der nicht weiß, ob er weinen oder lachen soll. Er ist groß geworden, wirkt mit seinen siebeneinhalb Jahren bei Weitem nicht mehr so schmächtig wie als Fünfjähriger. Doch sein Aussehen hat sich kaum verändert; Matty ist nach wie vor der kleine, leicht verträumte, blonde Junge mit den riesigen blauen Augen.

Tony atmet noch einmal kräftig durch und steigt aus.

»Ohhh, Miss Benett«, schluchzt Mrs. Knight und wirft sich ihr entgegen, als hätten sie sich gestern zuletzt gesehen. Etwas hilflos legt Tony einen Arm um ihre Schulter, während sie mit dem anderen Matty einfängt, der immer noch halb lacht und halb heult. Erst dann fällt ihr Blick auf die große Eingangstür und das schmale Lächeln verschwindet. Aurora steht im Rahmen und betrachtet sie gefasst und keineswegs überrascht.

Okay, also empfängt sie schon mal keine tobende Bestie, womit Tony auch nicht gerechnet hat. Die beiden Frauen sind sich nur einmal begegnet, doch sie irrt sich selten mit ihrer ersten Einschätzung. Aurora war damals weder zickig noch aufbrausend und macht auch heute einen gesetzten, ruhigen Eindruck. Trotz des ziemlich traurigen Anlasses, aus dem sie nach so langer Zeit wieder aufeinandertreffen. Tony löst sich von der Haushälterin und geht mit festen Schritten die Treppe hinauf. Auroras Lächeln fällt dünn aus, als sie ihr die Hand reicht. »Anthonia ...«

Tony nickt. »Aurora.«

Das ist alles; jede weitere Bemerkung wäre wohl auch überflüssig.

Und ab diesem Moment beginnt das Warten.

* * *

Es findet im Wohnzimmer statt – einem luxuriös eingerichteten Raum mit allen Schikanen, den Tony, während sie in diesem Haus wohnte, vielleicht zweimal betreten hat. Sie sitzt mit Matty auf der Couch, Aurora in einem der vielen großen Ledersessel, der Nachrichtenkanal im Fernseher läuft ununterbrochen, das Telefon liegt auf dem Tisch und kein einziges Wort wird gesprochen.

Mrs. Knight versorgt sie mit Getränken, später auch mit einem leichten Imbiss, womit alles genannt wäre, was eventuell für Ablenkung sorgen könnte. Für den Rest der Zeit malt Tony sich die grauenvollsten Horrorvisionen aus. Je weiter der Minutenzeiger vorrückt, umso grausamer werden sie und desto klarer wird ihr, dass sie diesen möglichen Abschied nicht akzeptieren kann.

Nicht, ohne ihn noch mal gesehen zu haben.

* * *

Nachdem der erste, der mörderischste Verlustschmerz verschwunden war, spätestens jedoch nach Jades Geburt, ist sie ruhiger geworden. Tony suchte nicht mehr nach ihm, sah ihn nicht mehr in jedem Mann, der zufällig ihren Weg kreuzte, sondern konnte mit der Gewissheit, dass er nur wenige Meilen von ihr entfernt lebt, sehr gut umgehen. Sie hatte sich damit arrangiert, ihn nicht treffen zu können; es ist nicht das Schlimmste, was passieren kann, so viel hat sie mittlerweile begriffen. Außerdem ist sie viel härter geworden. Es gibt sie längst nicht mehr, die Tränenausbrüche, die unüberlegten Aktionen oder die Zusammenbrüche. Vielleicht ist das einfach so, wenn man plötzlich die Verantwortung für ein eigenes Baby trägt, und mit ihr geschah nur das, was sie damals bei Danielle beobachtete.

Die Geburt ihres Kindes hat sie reifen lassen und Verzicht gelehrt. Wenn dieser beinhaltet, dass sie den Mann, den sie liebt, nicht mehr betrachten und sprechen kann, dann nimmt sie das hin. Es tut nicht mehr sehr weh. Dafür hat sie schließlich Jade.

Doch ... erwachsen hin oder her; Vernunft, Logik, Besonnenheit, Würde, Haltung, Verantwortung – all der ganze Scheiß, nach dessen Regeln sie inzwischen lebt ... und gut lebt ...

... irgendwo tief, ganz tief in ihr drin, hat sie stets gehofft.

Eine dumme, naive, teilweise auch gefährliche Regung, sicher. Von der weiß nicht mal Susan; die würde sie dafür wahrscheinlich in der Luft zerfetzen. Aber Tony nimmt an, dass man diese Art von Wünschen nicht einfach aus der Welt schaffen kann. Man hofft so vieles, von dem man weiß, dass die Erfüllung nach allen Regeln der Wahrscheinlichkeit unmöglich ist.

Tony hat immer heimlich gebetet, noch mal mit ihm zusammen sein zu können. Ihn noch einmal spüren, noch einmal schmecken, noch ein einziges Mal in sich fühlen zu dürfen. Sie ahnt, dass sie irgendwann einen Schlussstrich ziehen muss, will sie nicht ihr Leben lang vergebens auf einen Mann warten, der kein Interesse an ihr hat. Und sie ist egoistisch genug, ein solches einsames Schicksal für sich abzulehnen – intellektuell. Rein physisch gesehen ist sie auch nach über zwei Jahren nicht fähig, mit einem anderen Mann auszugehen, geschweige denn, sich ihm körperlich zu nähern.

Susan hat sie immer wieder gedrängt, sich zu verabreden. »Komm auf andere Gedanken! Schlag ihn dir aus dem Kopf! Das beste Mittel, den Alten zu vergessen ist, sich einen Neuen zu suchen. Tony! Das weißt du doch am besten!«

In derartigen Momenten gibt Jade immer ein Geräusch von sich. Sie quakt, lacht oder weint, als wolle sie sich ins Gedächtnis rufen, bevor die Frauen noch Gefahr laufen, einem ziemlich dummen Trugschluss aufzulaufen.

Bei einem dieser Anlässe sahen beide zu ihr, musterten das schwarze Haar, die strahlend blauen Augen, und kurz darauf seufzte Susan. »Ja, ja, vergiss ihn mal, und zwar ganz schnell! Denk einfach nicht mehr an ihn! Schlag ihn dir aus dem Kopf! Er ist es nicht wert; er ist ein Arsch.«

Dann beäugte sie erneut das Baby, verzog das Gesicht, runzelte die Stirn und rieb sich nachdenklich die Wange. Bis schließlich beide laut lachten, denn es war hoffnungslos. Sie kann ihn gar nicht aus ihrem Gedächtnis verbannen. Nicht mit diesem Kind. Und ehrlich?

Dafür ist Tony unendlich dankbar.

* * *

Jetzt, hier, in diesem verhassten Haus und diesem verhassten Raum, wird ihr mit jeder Minute mehr bewusst, dass sie ihn vielleicht nie wieder sehen wird. Dass es im Zweifelsfall keine paar Meilen sind, die es zu überwinden gilt. Dass er nie von seiner Tochter erfahren wird und sie ihm nie sagen kann, wie falsch er gelegen hat. Dass sie nie wieder seine Augen, nie wieder sein Lächeln betrachten wird, so selten es auch da war. Nie wieder wird sie ihn küssen, ohrfeigen oder rasend wütend auf ihn sein. Nie wieder wird sie ihn liebkosen oder ihre Hand in seinem dichten Haar vergraben. Und sie wird nie wieder diesen unglaublichen Duft wahrnehmen, nie wieder beobachten, wie seine Augen blitzen, wenn er zornig auf sie ist, und wie dunkel sie werden, wenn er …

Seltsam, dieses besondere *»Nie wieder«* fühlt sich so anders an als jenes, das bisher gegolten hat. Plötzlich beginnen die Bilder von ihm zu verblassen; in all den Monaten ist das nie geschehen, er war stets bei ihr. Alles ist ihr in lebhafter Erinnerung: jede Geste, jedes Wort, das er jemals zu ihr gesagt hat. Selbst jeden Blick, mit dem er sie je bedachte, die guten wie die schlechten. Mit einem Mal verschwindet alles, wird durchsichtig und verliert an Substanz. Als ob mit dem Begreifen, dass es sich niemals wiederholen wird, auch das Vergessen einsetzt. Und während vor den Fenstern allmählich der Abend den Tag verabschiedet, zieht Tony ihren Neffen in die Arme und blickt starr vor sich hin.

Nein!

Dieses »Nie wieder!« hat sie schon einmal zu oft akzeptieren müssen. Sie will – *kann* – es kein weiteres Mal. Nicht in diesem Fall. Er ist nicht nur irgendein Mann; Susan wird nie verstehen, was er Tony bedeutet. Stellenweise schafft sie das selbst nicht.

Als die letzten Erinnerungen an die Sonne den Himmel längst verlassen haben und sie tiefschwarze Nacht umgibt, beginnt Tony zu beten:

Bitte, lieber Gott! Bitte lass mich ich ihn noch ein einziges Mal sehen. Nur das.

Dann verschwinde ich und tauche nie wieder auf.

Aber bitte!

Ein Mal!

Das ist doch nicht zu viel verlangt, oder?

BITTE!

23. Schicksalsstunden

Dreieinhalb Tage müssen sie warten. Spätestens nach den ersten zwölf Stunden sind Tonys Nerven bis zum Zerbersten gespannt. Und so, wie die Dinge aussehen, Matty und Auroras auch. Mrs. Knight, die mit dem Schluchzen nicht mehr aufhören kann, scheint auch keine großen Reserven aufbieten zu können.

Das Flugzeugwrack wird am zweiten Tag gefunden, jedoch keine Leiche, was allerdings nicht viel zu bedeuten hat. Die Everglades sind ein sumpfiges Gebiet, das sich über mehr als 4000 Meilen erstreckt. Dort wimmelt es von Alligatoren und etlichem anderen Getier, was ein Überleben ohne fremde Hilfe oder wenigstens die erforderliche Ausrüstung über einen längeren Zeitraum unmöglich macht. Im Grunde ist das Warten ab diesem Moment sogar noch grausamer, denn die Vorstellung, dass Edward irgendwo in den tiefsten Sümpfen umherirrt, möglicherweise schwer verletzt, wirkt nicht besonders mutgebend.

Häufig telefoniert Tony mit Susan, die ihr bestätigt, dass alles in Ordnung ist und sie beschwört, um Himmels willen die Ruhe zu bewahren. Diesen Rat hätte sie sich sparen können, denn Tony befindet sich jenseits aller Ausbrüche. Weinen ist ebenso wenig möglich wie jede andere halbwegs menschliche Reaktion. Sie kann nur stumm mit Matty im Arm dasitzen und warten.

Warten ...

Bisher hat Aurora, abgesehen von der Begrüßung, kaum einen Ton von sich gegeben. Hin und wieder spricht sie am Handy mit irgendwelchen Leuten, die Tony nicht kennt. Soweit sie das mitbekommt, gibt Aurora auch eine Presseerklärung heraus – mit der Erklärung, dass es nichts zu erklären gibt.

Ansonsten sitzt sie ähnlich reglos da wie Matty und Tony. Letzterer geht zum ersten Mal auf, dass hier die einzigen drei Personen versammelt sind, denen Edward was bedeutet. Nun, es existiert darüber hinaus eine Vierte, die weiß jedoch noch nichts von ihrem Vater.

Nicht viele Leute, wenn man bedenkt, wie viel Geld und Macht Edward besitzt, auch wie gut er aussieht. Unattraktive Menschen haben immer die schlechteren Karten; das hat Tony bereits im Kindergarten begriffen. Die nach gängigen Maßstäben weniger ansehnlichen Kinder wurden von den Erzieherinnen stets etwas härter behandelt. Hätte man sie darauf angesprochen, wären sie möglicherweise vor Scham im Boden versunken. Ursächlich war keine Hartherzigkeit; sie verhielten sich nur wie alle anderen auch. Und die bevorzugen nun mal ihre hübschen Mitmenschen – kein Problem. Doch all das Geld, die Macht und das gute Aussehen haben Edward nicht viele Freunde beschert.

»Man hat Spuren gefunden, die sich vom Flugzeug fortbewegen.« Auroras dunkle, verhaltene Stimme ertönt plötzlich im Raum. Der Fernseher ist seit Langem auf *stumm* geschaltet, denn die ewigen Wiederholungen hält niemand auf die Dauer aus. Alle drei erkennen inzwischen jeden Beitrag, wenn er anläuft. Sie würden sofort erfassen, sollte es was Neues geben.

Tonys und Mattys Köpfe wenden sich im gleichen Moment zu ihr herum. Sie lächelt. »Nichts deutet darauf hin, dass er verletzt ist.«

Das sind gute Nachrichten.

»Wann ...« Tony räuspert sich. »Wann war das?«

»Vor einigen Stunden. In den meisten Teilen der Everglades gibt es keine Funkverbindung. Per Satellit kommt es immer wieder zu Störungen. Sie müssen erst jemanden in die Randgebiete entsenden, der Kontakt aufnimmt.«

Tony nickt und ignoriert Mattys fragenden Blick. Nichts ist sicher. Gar nichts!

»Die Überlebensausrüstung wurde aus dem Wrack entfernt«, fährt Aurora fort. »Demnach ist er für ungefähr fünf Tage versorgt.«

Wieder kann Tony nur nicken.

»Es sieht also nicht ganz so schlecht aus.«

»Eine Frage«, unterbricht Tony. »Wo genau ... ich meine, wo genau liegt die Absturzstelle? Wie weit ist es bis zur ... Zivilisation?«

Dies scheint Aurora nicht zu gefallen, denn sie runzelt die Stirn. »Ungefähr 200 Meilen.«

Tony nickt und zieht Matty fester an sich.

Er ist exakt in der Mitte dieses verdammten, länglich gehaltenen, endlosen Sumpfes gestrandet. Zweihundert Meilen durch die Everglades bewältigt man nicht innerhalb von fünf Tagen zu Fuß. Unwegsames Marschland, Krokodile, Schlangen, Insekten, eben ein undurchdringlicher Urwald. Dazu die wachsende Entkräftung. Selbst ein gesunder Mensch würde für diese Strecke mindestens zwei Tage mehr benötigen.

Mindestens.

Auch Aurora sagt nichts mehr. Sie starrt vor sich hin, und wieder geht jeder seinen eigenen, immer vernichtenderen Gedanken nach.

* * *

Warten in Verbindung mit unaussprechlicher Sorge erschöpft. So massiv, dass man sich nach ein paar Stunden ausgelaugter fühlt als nach einem 500-Meilen-Marathon. Am Abend des vierten Tages ist keiner der drei Menschen mehr in der Lage, etwas Nahrhaftes zu sich zu nehmen. Tony hat es längst aufgegeben, Matty zu zwingen. Manchmal muss man totale Appetitlosigkeit akzeptieren. Ihr wird inzwischen auch übel, wenn sie nur an die Sandwiches denkt, die Mrs. Knight ihnen in regelmäßigen Abständen vorsetzt.

Im Verlauf des dritten Tages haben sie damit begonnen, in eine Art Wachschlaf zu fallen. Wenigstens Matty und Tony. Was Aurora tut, wissen sie nicht; zumindest scheint die keine großen Haltungsschwierigkeiten zu verspüren. Denn sie sitzt immer aufrecht in ihrem Sessel, fixiert den Fernseher und führt ihre Telefonate.

Zwischen dem leichten, nervösen Schlaf, dem Hochschrecken, wild um sich blicken, weil sie schwört, dass er endlich gekommen ist, der Resignation, einem Schluck Wasser und in den nächsten unruhigen Schlaf sinken, bleibt nicht mehr viel.

Deshalb glaubt Tony in den ersten Sekunden ernsthaft an eine Halluzination, als sie irgendwann in der Dunkelheit aufschreckt und leise Stimmen vernimmt, die aus dem Nebenraum zu ihr dringen.

Soweit sie das einordnen kann, sprechen da zwei Personen. Kein Streit, eher eine sachlich geführte Auseinandersetzung, von der sie kein Wort versteht.

Doch das ist nicht der Grund, weshalb sie schlagartig hellwach ist und ihr Herz – *ihr dummes, dummes Herz* – so laut dröhnt, dass es bis nach Palm Beach zu hören sein muss.

Er ist da!

Oh Gott, er ist wirklich da ...

Zweieinhalb Jahre.

Seit zweieinhalb Jahren durfte sie seine Stimme nicht mehr hören. Und obwohl er eindeutig müde und erschöpft klingt, ist es wie eine Erlösung. Hingerissen lauscht sie dem dunklen, sonoren Klang, während der vernünftige Teil in ihr zunehmend nervend und nachhaltig auf eine Entscheidung pocht. Gehen wäre wohl jetzt das einzig Richtige. Er ist gerettet, hat überlebt, es geht ihm gut – kein Grund mehr, hier zu bleiben.

Mission erfüllt!

So ist es doch, oder?

Doch Tony kann nicht. Sie kann einfach nicht!

Sie wird nicht verschwinden, ohne ihn wenigstens gesehen zu haben – nur das! Das war der Deal! Soll Susan sie erschlagen, es ist ihr egal. Und wenn sie danach drei Jahre lang heult, selbst das ist nebensächlich. Nur seine Stimme zu hören, reicht ihr nicht. Nach dreißig Monaten und der Angst, die sie in den vergangenen Tagen um ihn ausgestanden hat, ist das zu mager. All ihre Vorsätze, ob gut oder weniger gut, verlieren momentan jede Bedeutung. Tony will – muss – ihn sehen.

BASTA!

* * *

Das Gespräch im Nebenraum nimmt ein jähes Ende. Schritte auf erhöhten Schuhen entfernen sich – langsam, ohne Eile. Aurora geht wohl zu Bett.

Na ja, Tony hätte sich die Wiedersehensfreude zwischen zwei demnächst liebenden Eheleuten auch etwas spektakulärer vorgestellt. Zumal Edward gerade dem Tod von der Schippe gesprungen ist. Aber was weiß sie schon?

Wie akut er dem Tod von dessen Schaufel gehüpft ist, geht ihr in der nächsten Sekunde auf.

Da betritt er nämlich den Raum. Obwohl abgesehen vom Mond und dem Flackern des Fernsehers nicht die geringste Beleuchtung vorhanden ist, erschrickt Tony bei seinem Anblick. Egal wo und wann man ihn aufgefunden hat, er hat sich nicht mal die Zeit genommen, sich umzuziehen, geschweige denn zu duschen. Sein Hemd lässt mit viel Fantasie vermuten, dass es mal weiß war, ist jedoch an mehreren Stellen zerrissen, und wenn sie das richtig erkennt, ist die gebräunte Haut darunter ebenfalls nicht mehr unversehrt. Es ist das erste Mal, dass sie ihn tatsächlich mit einem Bart sieht. Kein Vollbart, nein, dazu haben vier Tage nicht genügt. Sein Gesicht wirkt auch nicht dunkler wie, wenn er morgens keine Gelegenheit gefunden hat, sich zu rasieren. Stattdessen sind Wangen und Kinnpartie pechschwarz wie das Haar auf dem Kopf und seiner Brust. Seine müden Augen liegen tief in ihren Höhlen. Überlebensausrüstung hin oder her, er hat mindestens fünf Kilo abgenommen. Von seiner Hose ist auch nicht mehr viel übrig.

Doch für Tony ist er fantastisch – nie hat er besser ausgesehen. Ohne zu blinzeln, starrt sie ihn an, während er nach einigen Metern stehen bleibt und genau das Gleiche tut. Weder sagt er was noch macht Edward Anstalten, sich zu nähern – oder schlimmer, sie anzubrüllen. Noch schlimmer: zu flüchten. Oder mit Abstand am schlimmsten: *zu Aurora zu flüchten.*

Alles, was er tut, ist, dazustehen und sie mit diesem ewig unergründlichen Ausdruck anzusehen. Einer, unter dem Tony nach der ersten Wiedersehensfreude sofort in sich zusammenschrumpft. Er ist sauer! Verdammt!

Okay, nach ihrem erbärmlichen Abgang vor zwei Jahren ist das eher nicht verwunderlich. Aber sie hatten alle geglaubt, er wäre tot! Ist es da nicht möglich, darauf zu verzichten, umgehend die Verhältnisse klarzustellen? Kann er nicht einmal Prioritäten setzen? Nur ein verfluchtes Mal?

Aufmerksam studiert sie seine Miene und entscheidet dann seufzend: Nein, kann er wohl nicht. In der nächsten Sekunde rüttelt sie hektisch an Mattys Schulter. Tony weiß nicht, wie sie sich in Gegenwart dieses Mannes verhalten soll, der anscheinend wieder mal wütend auf sie ist, ohne mit jedem Wort, jeder Silbe, jeder winzigen Bewegung zu verraten, wie sehr er ihr gefehlt hat. Schließlich ist das ja eindeutig gegen die Regeln.

Als er ihre Absichten erkennt, legt er einen Finger an die Lippen und schüttelt energisch den Kopf.

Tony stellt das Schulterrütteln sofort ein, aber es ist zu spät, wie sie kurz darauf feststellt. Denn Matty, seit mehr als 24 Stunden in diesem seltsamen Dauerschlummer gefangen, ist sofort hellwach. Für einen Augenblick irrt sein Blick orientierungslos durch den Raum, dann nimmt er die dunkle Gestalt wahr.

»HAAAAAAAAAAA!«, brüllt er und wirft im nächsten Moment die Arme um seinen Onkel. Der zuckt zwar leicht, wahrscheinlich wegen der Schnitte, grinst aber so breit, wie Tony es noch nie bei ihm gesehen hat.

Zehn Minuten später sitzen sie in der Küche, während eine sichtlich gerührte Mrs. Knight ihnen Tee zubereitet.

Noch immer war keine Zeit für Edward zu duschen, zunächst gilt es, Matty zu beruhigen. Der hat ungefähr 1000 Fragen, die Edward alle irgendwie beantworten muss. Obwohl Tony schätzt, dass er so müde und erschöpft ist, wie seine Stimme zuvor geklungen hat, reißt er sich für Matty zusammen und wirkt wach und recht ausgeruht. Ohne die zahlreichen Wunden wäre kein Mensch darauf gekommen, was er gerade hinter sich hat. Allmählich beginnt Tony sich zu fragen, warum er denn gleich nach Hause gefahren ist und nicht erst mal einen Zwischenstopp in der Klinik eingelegt hat. Kaum ist die Frage gestellt, liefert sie die Antwort auch schon nach.

Matty.

Er wollte so schnell wie möglich zu dem Kleinen, offensichtlich nicht zu Aurora, denn die ist und bleibt verschwunden. Während Edward erzählt und ausschließlich den Jungen ansieht und anspricht, versucht Tony, ihn nicht ständig anzustarren. Das Ergebnis ihrer Bemühungen ist nicht sehr toll, denn in Wahrheit kann sie den Blick nicht von ihm nehmen.

Die Schnitte, die sich in der Dunkelheit des Wohnzimmers nur angedeutet haben, werden jetzt erst wirklich sichtbar. Es sind unzählige, von denen etliche ziemlich tief zu gehen scheinen. Das Hemd ist nur noch ein Fetzen, der an einigen Stellen mit Spucke zusammengehalten wird. Ähnlich sieht es mit seiner Hose aus. Zuvor hat Tony bemerkt, dass sie eingerissen ist, aber nicht, dass sie eigentlich keine Hose, sondern einen Rock darstellt, weil die Hosenbeine beidseitig bis zu den Schenkeln aufgeschlitzt sind. Und auch sein Gesicht hat den einen oder anderen Kratzer abbekommen. Die Lippen sind exakt in der Mitte gespalten, eine

Wange dick verschorft. Er muss unter die Dusche und ins Bett! – befindet Tony. Matty und Edward teilen ihre Meinung ganz und gar nicht. Denn der edle Onkel holt gerade zu einem langen und ausführlichen Bericht aus, in dem er dem aufmerksamen Neffen ganz genau den Absturz beschreibt. Mit sämtlichen Schikanen, Rauch, Feuer, pausenlosem Mayday-Rufen, auf die natürlich niemand antwortet, dem Geräusch, als er in das Holz der Bäume krachte und dem Gefühl, als er schließlich mit unglaublicher Wucht den Boden berührte.

Es klingt so authentisch, dass Tony nachträglich noch eine Gänsehaut bekommt. Matty lauscht mit riesigen Augen. Der Rapport über den folgenden Vier-Tage-Marsch fällt dafür eher spärlich aus. Auf die Frage, woher all die Verletzungen stammen, zuckt Edward nur mit den Schultern. »Riesengras. Ist dort überall. Da rennt man schon mal zufällig hinein.«

»Gibt es auch Alligatoren?«, erkundigt sich Matty ehrfürchtig.

»Riesige«, erwidert Edward knapp. »Viel größer als im Zoo. Wegen der besonderen Nahrung, du verstehst? Und da gibt es Schlangen. Gigantische Monster! Mit meterlangen Fangzähnen. Die hängen von den Bäumen und lauern darauf, dass irgendein Trottel direkt unter ihnen vorbeigeht. Dann winden sie sich mit ihrem schleimigen Körper um ihn und warten, bis er keine Kraft mehr hat. Wenn er bereits völlig erschöpft ist und sich nicht mehr wehren kann, aber noch bei vollem Bewusstsein ist, verschlingen sie ihn. Langsam ... in einem Stück. Das dauert manchmal tagelang. Und wenn er in ihrem Magen angekommen ist, beginnen die Magensäfte damit, ihn nach und nach zu zers...«

»Edward!«

Der verstummt und sieht zu ihr auf; zum ersten Mal, seitdem sie sich an den Tisch gesetzt haben. Dann grinst er, doch seine

Augen lachen nicht. Kein Funkeln, nichts.

»Du solltest ihm nicht solche Horrorgeschichten erzählen!«

Nachdem er das mit gespitzten Lippen überdacht hat, nickt er. »Deine Tante hat recht; im Dunkeln sollte man nichts über die grauenvolle Realität des Dschungels erfahren. Wir holen das morgen früh nach.«

»Aber wie bist du zurückgekommen?« Matty hat anscheinend keine Lust, sich so einfach abwimmeln zu lassen.

Wieder zuckt Edward mit den Schultern. »Irgendwann, da war ich schon so weit, mich endgültig in Tarzan umtaufen zu lassen, tauchte ein Motorboot auf. Ich war gerade dabei, mir einen Fisch zu angeln, was übrigens eine ziemlich heikle Angelegenheit ist. Du hast ja keine Ahnung, diese *riesigen* Alligatoren! Die lauern ...« Er wird immer leiser, Mattys Augen immer größer... und Tony hat genug von dem Blödsinn. Offenbar hat Edward eine Wesensänderung durchgemacht, von hundertprozentig humorlos zum totalen Clown.

»Du solltest jetzt ins Bett gehen, Matty!« Das kommt so gebieterisch, dass sie in der nächsten Sekunde zwei verwirrte Augenpaare mustern. Doch das ist Tony egal, denn sie will sich überhaupt nicht ausmalen, welche Albträume den Jungen foltern werden, wenn er sich diese Storys zu Ende anhören muss.

Keiner der beiden wagt, zu widersprechen, als sie ihren Neffen entschlossen und mit einer Hand in dessen Genick, in sein Zimmer führt. Dort stellt sie ihn unter die Dusche und bringt ihn ins Bett. Als sie ihm den verhassten Gutenachtkuss aufzwingt, betrachtet er sie mit großen, fragenden Augen, doch sie verweigert ihm jede Antwort. Inzwischen weiß Tony sogar ganz genau, wie wichtig Hoffnung manchmal ist, und die kann und will sie diesem Kind nicht nehmen. Warum ihn nicht eine Nacht mit einem Lichtblick leben lassen?

Es tut nicht weh.

Würde er die Frage stellen, müsste sie ihm die Wahrheit sagen. Keine Hoffnung ist es wert, dass sie durch eine Lüge sein Vertrauen verliert. Er erkennt ihren Zwiespalt, darauf würde sie wetten, und er entscheidet sich für das Schweigen. Matty wählt lieber eine Nacht der Illusion als die harte Realität. Aber er seufzt, weshalb Tonys Lächeln etwas wehmütig ausfällt.

Er ist wirklich ein kluger Junge.

* * *

Dann öffnet sie die Tür zu ihrem alten Zimmer und bleibt verblüfft im Rahmen stehen. Es sieht genauso aus wie an jenem Abend vor so vielen Monaten, als sie es verließ. Selbst die Farbe der Bettwäsche ist die gleiche. Okay, was soll sich auch geändert haben? Nach ihr hat es keine neue Nanny gegeben. Diese Überlegung bringt sie zum Lachen. Ha!

Zum ersten Mal hat sie sich als das bezeichnet, was sie damals war: eine Nanny, und so wie es aussieht, die letzte.

Oh ja, Tony. Dir kam die Ehre zuteil, das letzte Kindermädchen der Capwells zu geben. Na, wenn das nicht cool ist.

Nachdem Tony eine Weile unbeweglich dagestanden hat, fällt ihr ein, weshalb sie überhaupt hier ist. Sie betritt das Bad – auch das ist unverändert – und mustert sich im Spiegel über dem Waschbecken. Was jetzt kommt, wird nicht einfach werden, doch sie kann, darf und wird nicht versagen. Schnell wäscht sie ihr Gesicht und besprenkelt es mit jeder Menge kaltem Wasser, um wieder halbwegs wach und klar zu sein. Abtrocknen – das

Handtuch ist frisch. Dann strafft sie sich, betrachtet ein weiteres Mal ihr Spiegelbild, nickt fest, entschlossen und siegessicher ...

... und geht, um sich ein zweites Mal von ihm zu verabschieden.

Und diesmal für immer.

* * *

Als sie die Tür zur Küche öffnet, sieht Edward auf. Mit regloser Miene, wie üblich. Er hat sich nicht gerührt, sitzt auf seinem Stuhl, die Teetasse zwischen den Händen. Erneut stoppt sie direkt auf der Schwelle, und erst als er keine Anstalten macht, etwas zu sagen, räuspert sie sich. »Ich bin froh, dass es dir gut geht.«

Schweigen. In dem mit einem Mal so dunklen Gesicht machen sich seine blauen Augen sogar noch greller als in ihrer Erinnerung aus.

»Ich wäre nicht gekommen, wenn ...«

Wenn was?

Wenn ich mir keine Sorgen um dich gemacht hätte?

Wenn ich gewusst hätte, dass es dir gut geht und du dich nur auf einem kurzen Dschungeltrip befindest?

Wenn ich vorher geahnt hätte, dass sich nichts geändert hat?

Schwachsinn! Sie wäre auf jeden Fall hier aufgetaucht, würde auch erscheinen, wenn er krank ist oder irgendeine andere Katastrophe geschieht. Und wenn das beinhaltet, dass sie neben seiner Ehefrau um ihn bangen muss, würde sie das nicht abhalten. Auch wieder so etwas, wo Stolz, Vernunft, Logik – blablabla – so gar keinen Platz finden. Doch all das kann sie ihm nicht sagen, und das will und wird sie auch nicht. Spätestens an dieser Stelle setzen sich dann Stolz und dieser ganze Blabablamist wieder durch. Was Tony wirklich will, wenigstens ein Teil von ihr, ist, so schnell wie möglich verschwinden, um sich damit aus dieser total unerträglichen Situation zu retten. Nach einem tiefen Luftholen hebt sie erneut an. »Matty schläft. Es geht ihm gut. Ich denke, es ist das Beste, wenn ich jetzt ...«

»Warte!« Seine Hand befindet sich so schnell in der Luft, dass sie die dazu nötige Bewegung nicht mal wahrnehmen konnte; die grellen Augen sind plötzlich übergroß. »Findest du nicht, dass du mir nach so langer Zeit wenigstens noch einen zweiten Tee schuldig bist?«

Tony schnaubt. »Tee? Du hasst das Zeug!«

Verwirrt blickt er auf seine Tasse hinab und stöhnt. »Gut, dann eben ... was weiß ich? Einen Kaffee?«

»Es ist nach zehn. Der wäre wohl unangebracht.«

»Whisky?«

»Trinke ich nicht.«

»Gin?«

»Über den bin ich seit Jahren hinweg.«

»Okay ... Milch!«

Argwöhnisch mustert sie ihn, übertritt die erste ihrer soeben aufgestellten Regeln für einen formvollendeten und reibungslosen Abschied, und setzt sich doch. Direkt neben ihn. »Was willst du wirklich?«

Leise und dumpf lacht er auf, was gleichzeitig die erste normale Reaktion seit seiner Rückkehr ist. Schließlich verstummt er und schüttelt den Kopf. »Keine Ahnung. Nur, dass du nicht gleich wieder verschwindest.« Ernst fügt er hinzu: »Du hast mir gefehlt.«

Tony beißt sich auf die Lippe. Bisher war schier unvorstellbar, dass dieser Mann einen solchen Satz überhaupt artikulieren kann. Jedenfalls nicht, ohne die grausamsten

Schmerzen ausstehen zu müssen. Eher um abzulenken, taxiert sie sein ruiniertes Gesicht und die tiefen Kratzer auf den Armen etwas eingehender. »Warum hast du dich nicht behandeln lassen?«

»Weswegen?« Er folgt ihrem Blick und betrachtet seinen linken Arm. »*Deshalb?*« Wieder lacht er auf. »Das ist nichts, ehrlich. Nichts!«

»Aber du solltest wenigstens duschen.«

Mit einem halben Lächeln mustert er sie. »Warum? Stört dich meine Aufmachung?«

Tony verdreht die Augen. »Nein! Ich meinte doch nur, dass Schmutz in die Wunden gelangt sein könnte und dass ...«

Weiter kommt sie nicht, denn plötzlich ist er ihr sehr nah; eine Hand liegt in ihrem Genick und sorgt dafür, dass sich die Distanz noch weiter verringert. Zerschnittene Lippen wispern an ihren: »Ein Kuss, Tony ... Der steht mir als Überlebender einer Katastrophe zu. Aurora ist gegangen.«

Bevor sie darauf reagieren kann, liegt sein Mund auf ihrem. Sie hört sein Stöhnen und weiß, dass dies kein Laut der Verzückung, sondern des Schmerzes ist. Instinktiv ballen sich ihre Hände und wollen ihn von sich stoßen. Das geht nicht! Das ist gegen die Regeln, und wie kommt er überhaupt auf die Idee, dass sie ihn einfach so küssen wird? Nach allem! Nach AURORA!

Oh, ob zerschnitten oder nicht, seine Lippen fühlen sich noch genauso an wie vor ... so langer Zeit.

Was heißt überhaupt: ›Aurora ist gegangen‹? Wie soll sie denn das verste ...

Vor so verdammt langer Zeit ...

Die andere Hand ist längst in ihrem Haar, ihre Fäuste öffnen sich, und wie von selbst legen sich ihre Arme um seinen so schmutzigen Hals. Gott, sie hat ihn so sehr vermisst ... Tony hört, wie ein Stuhl zur Seite geschoben, spürt, wie sie von ihrem gezogen wird, will nichts mehr wissen, an keine Konsequenzen denken, an keinen Morgen.

Verdammt, sie braucht ihn so sehr. Aber ...
AURORA!

»Halt!« Hastig zieht sie den Kopf weg. Soweit es eben möglich ist, mit den unnachgiebigen Fingern im Nacken. »Was ist mit Aurora?«

»Weg.« Wieder will er sie küssen, doch sie weicht ihm geschickt aus.

»Wohin?«

»Weiß nicht.« Irgendwie scheint er nicht ganz bei der Sache zu sein.

»Aber warum?«

Jetzt schaut Edward sie doch an. »Weil ... sie unsere Beziehung als beendet betrachtet.« Während er spricht, umfasst er ihr Gesicht, als wolle er dafür sorgen, dass sie nicht doch geht. »Sie hat nur noch auf meine Rückkehr gewartet, um es mir persönlich mitzuteilen.« Der Druck seiner Hände verstärkt sich, doch Tony hält ihn an den Handgelenken zurück. »Edward, ich ...«

Ernst sieht er ihr in die Augen. »Bitte, kannst du verstehen ...« In einer verzweifelten Geste presst er die Lippen aufeinander, verzieht schmerzhaft das Gesicht, mustert ihre Hände, die ihn nach wie vor halten, und blickt sie nach einer langen Weile eindringlich an. »Verstehst du mich, wenn ich sage, dass ich dich brauche?« Seine Augen sind dunkel, da ist allerdings auch eine besondere Note, eine, die sie bisher nie bei ihm sah und die so gar nicht zu ihm passt. *Flehend.*

Verdammt, sie braucht ihn auch!

Der Gedanke, ihn zu verlassen, dieses unglaubliche Angebot auszuschlagen, dass doch die Erfüllung ihrer geheimsten Träume ist, erscheint ihr selten dämlich. Aber ist sie bereit, morgen früh mit den Konsequenzen zu leben? Droht sie, wieder in ein tiefes Loch zu fallen, oder ist sie inzwischen stark genug, diese eine Nacht mit ihm zu erleben und danach weiterzumachen, als wäre nichts geschehen? Tony schaut in seine Augen, sieht ihre Tochter, sieht Jade – Gott, die beiden sind sich so ähnlich. Tony lauscht auf ihr Herz, das nach ihm ruft, lauscht ihrem Verstand, der mahnend einen Finger erhoben hat. Tony betrachtet ihn, hin- und hergerissen von all den unterschiedlichen Gefühlen, und weiß nicht, was sie tun soll.

* * *

Am Ende siegt die Liebe …

Bis zum Morgengrauen, und dann wird sie verschwinden. Er braucht sie wirklich; sie kann nur ahnen, was es ihn gekostet hat, das zu sagen. Bis vor wenigen Minuten hätte sie nicht geglaubt, dass er so was überhaupt bringt. Wäre es nicht total dumm, ihm nicht zu geben, was er braucht, wenn sie im Gegenzug das bekommt, wonach sie sich seit – ohhhh verdammt – so langer Zeit sehnt?

Ein Nicken ist nicht erforderlich, denn er entdeckt die Antwort in ihren Augen; ein flüchtiges Lächeln erhellt seine zerschundenen Züge, dann zieht er sie wieder an sich, ihre Hände an seinen Handgelenken sind gegenstandslos geworden. Und als ihre Lippen sich berühren, hört sie sein dunkles Stöhnen …

Diesmal klingt kein Schmerz mit.

* * *

Irgendwann gelingt es ihr, sich von ihm zu lösen und sie nimmt seine Hand. »Du musst erst einmal unter die Dusche!«

»Tony, ich ...«

Gebieterisch verschließt ihr Finger seinen Mund. »Dusche!«, wiederholt sie leise, jedoch bestimmt. Ergeben seufzt er auf; seine Augen schimmern plötzlich noch etwas matter, bevor er sich widerstandslos in sein Bad führen lässt.

Zum ersten Mal seit drei Jahren betritt Tony diesen geschichtsträchtigen Raum. Daher ist es wohl nicht verwunderlich, dass sie einige äußerst unangenehme/angenehme Erinnerungen bestürmen, sobald sie den frei stehenden Marmorwaschtisch sieht. Hastig nickt sie und will hinausgehen. Doch Edward macht keine Anstalten, sie loszulassen. »Ich geh nur ...«

»Nein!«

Als sie ihn eingehender betrachtet, findet sie etwas Neues. Diesmal recht einfach zu identifizieren, deshalb aber nicht weniger erschütternd: Furcht. Erst jetzt und nur Stück für Stück geht Tony auf, was sie bisher so wunderbar verdrängt hat, weil ja alles bestens scheint. Der Mann hat einen Flugzeugabsturz hinter sich. Er ist vier Tage durch die Hölle gegangen, und wenn er sich noch so viel Mühe gibt, es sich möglicherweise sogar mit aller Macht wünscht, das ist nicht spurlos an ihm vorbeigegangen. So emotionslos ist er dann doch nicht. Edward Capwell, sonst kalt wie Stein, hat ganz plötzlich Angst vor dem Alleinsein. Nicht zum ersten Mal fragt sie sich, warum Aurora abgehauen ist, denn es wäre eigentlich ihre Aufgabe, ihn nach so einem Horrortrip in

Empfang zu nehmen und wieder aufzubauen. Nicht Tonys – leider.

Sie grübelt, was das Gefühl in ihr auslöst, den Platzhalter zu geben, und stellt fest, dass die Verbitterung nicht sehr groß ist. Denn diese Erkenntnis ist keineswegs neu, sie kann sie nur bedingt treffen. Momentan sieht es so aus, als wäre ihm nur die gute alte Tony als Notanker geblieben, oder? Er missbraucht sie, so wie sie ihn damals. Tony findet, das ist fair; sie weiß, dass man in solchen Situationen seinen Egoismus nicht kontrollieren kann. Edward braucht nicht primär sie, sondern *jemanden*, weshalb Tony spontan, ohne über die Konsequenzen nachzudenken, beschließt, für ihn heute Nacht dieser Jemand zu sein.

Behutsam entfernt sie die Reste seines Hemdes, was sich als gar nicht so einfach herausstellt, weil viele der rissigen Fasern in den Wunden kleben. Doch Edward zuckt mit keiner Wimper; seine Arme hängen an den Seiten herab und er blickt zur gegenüberliegenden Wand. Erst, als sie den Stoff über seine Schultern streift und er sich unwillkürlich bewegt, kneift er die Augen zusammen und knirscht mit den Zähnen.

»Was ...?« Kaum hat sie die Frage gestellt, sieht Tony es selbst, und bekommt zum ersten Mal ehrlich Angst. Da sind die oberflächlichen Verletzungen, ja, aber was sie zunächst nicht gesehen hat, ist, dass der gesamte Brustkorb blau ist. Bläulich, rötlich, mit Flächen, die dunkler und einigen, die heller sind. Eine Kraterlandschaft aus Rissen, offenen Stellen und einem riesigen Bluterguss, der unter allem anderen liegt. »Edward!«, haucht sie, als sie ihre Stimme wiedergefunden hat. »Was ist das?«

Eher desinteressiert blickt er an sich hinab. »Ich hab einen Flugzeugabsturz hinter mir, schon vergessen? Dabei kommt es unweigerlich irgendwann zum Aufprall.«

»Das ist NICHT WITZIG!«, zischt sie, immer noch fassungslos über so viel ... Unvernunft. »Du hättest nicht herkommen dürfen; das muss untersucht werden. Behandelt, geröntgt, was weiß ich!«

»Nein, muss es nicht. Mir geht es gut.«

»Edward ...«

Wieder ernst nimmt er ihr Gesicht in seine Hände und zwingt sie, ihn anzusehen. »Es ist gut!«, wispert er rau.

Davon ist Tony alles andere als überzeugt, und sie fragt sich langsam, ob vielleicht sein Kopf bei dem Absturz auch eine gehörige Ladung abbekommen hat. Denn die meiste Zeit hat der Typ, mit dem sie sich in diesem Luxusbad befindet, nichts mit dem Edward Capwell zu tun, den sie kennt. Allerdings ist er noch Edward Capwell genug, um keinen weiteren Widerspruch zu dulden. Und Tony weiß, dass sie keine Chance hat, ihn gegen seinen Willen in eine Notaufnahme zu verfrachten, weshalb sie sich seufzend wieder ihrer Aufgabe widmet.

Kurz darauf erkennt sie, dass sie sich noch einer ganz anderen Herausforderung stellen muss. Als das Hemd nämlich unter seinen beachtlichen Schmerzen restlos entfernt ist, beinhaltet der nächste Schritt unweigerlich die Hose. Schuhe sind keine mehr vorhanden, die muss er unterwegs verloren haben.

Egal, wie medizinisch notwendig die gesamte Prozedur ist, eines kann sie nicht einfach so übergehen. Tony hat bisher genau zwei Mal einen Mann nackt gesehen. Und das eine Mal zählt eigentlich nicht, weil Jonathan nie seine Hose ausgezogen hat. Die stand nur offen. Plötzlich ist sie unvorstellbar gehemmt. Ihn jetzt auszuziehen, ist keine einfache Angelegenheit, die sie mal so hinter sich bringen kann, auch wenn sie sich einredet, dass dies absolut nichts mit Sex zu tun hat. Edward scheint gelassen mit der Situation umzugehen, doch er lässt ihr Gesicht nicht aus den Augen, während sie mit zaghaften Fingern den halb zerrissenen Gürtel löst und sich dann an den Knopf macht.

Bis das zerfetzte Ding verschwunden ist, schaut sie nicht auf und erkennt dankbar, dass sich darunter noch Shorts befinden. Verdammt, sie ist so ein Mädchen! Dabei hat sie ihn überlebt. Sie hat eine Geburt überlebt. Sie ist unabhängig! Selbst den Führerschein hat sie mittlerweile gemacht – und es überlebt! Aber wenn sie einem Mann die Hose ausziehen soll, weil der dringend unter die Dusche muss und sich momentan nicht allein behelfen kann, versagen Tonys Nerven auf ganzer Linie. Kritisch betrachtet sie das verbliebene Kleidungsstück. Als das Lachen über ihr ertönt, wagt sie nicht, den Blick zu heben. Allerdings wird ihr diese Entscheidung abgenommen, denn kurz darauf legen sich zwei Hände um ihr Gesicht und schon sieht sie in seine Augen. »Verdammt, ich hätte nie gedacht, mich mal so über deine Verlegenheit zu freuen.«

Bisher ist Tony nicht aufgefallen, dass sie rot geworden ist. Nach dieser Bemerkung steigert sich das Desaster allerdings und sie spürt es deutlich. Inzwischen muss sie glühen. Doch er ist schon wieder ernst. »Wenn du mir versprichst, hier stehen zu bleiben, übernehme ich den Rest.«

Erleichtert nickt sie. Edward ist nett und wartet sogar, bis sie intensiv die Armaturen an den Waschbecken – jawohl, es gibt zwei – betrachtet. Erst hört sie die unverkennbaren Geräusche, wenn ein Stück Stoff über Beine gestreift wird; wenig später steigt er in die Kabine, die Tür klappt zu, und als das Wasser rauscht, weiß sie, dass es sicher ist, und sieht auf.

Es läuft auch alles verhältnismäßig gut, bis sie ein lautes Knurren vernimmt und plötzlich eine flache Hand auf dem durchsichtigen PVC erscheint.

»Edward?« Tony denkt keine Sekunde nach, sondern stürzt zur Dusche und reißt die Tür auf. Inzwischen steht er nicht mehr ganz so aufrecht.

»Was ist?«

»Nichts.«

Doch Tony hat genug gesehen. Hastig zieht sie die Schuhe aus, nach kurzer Überlegung folgt auch noch ihre Jeans, und tritt dann zu ihm in den kleinen Raum. Edward hat währenddessen die Clownnummer ausgepackt, denn er mustert sie mit dunklen Augen. »Ich gebe ja zu, dass es Bikinis sind, die meiner Ansicht nach für die Öffentlichkeit etwas zu knapp ausfallen, aber deshalb musst du ja nicht auf Baden in voller Montur umstei...«

»Klappe halten!«

Abermals bedenkt er sie mit diesem seltsamen Blick, während sie beginnt, ihn abzuduschen und bald einsehen muss, dass es nicht allzu viele Stellen an seinem Körper gibt, die sie mit Seife bearbeiten kann – zu viele offene Wunden. Sie kann aber auch keinen Lappen oder Schwamm benutzen, damit hätte sie den jungen Schorf wieder aufgerissen. Kurzerhand entscheidet sie sich, es bei dem Wasser zu belassen. Und es dauert gar nicht lange, da ist ihr völlig entfallen, dass Edward nackt ist, denn der Anblick seines zerschundenen Körpers ist zu niederschmetternd.

Mit einem Mal weiß sie, dass alles, was er Matty erzählt hat, eine dicke fette Lüge war. Begonnen bei dem Absturz, der mit Sicherheit nicht spektakulär und stuntmäßig, sondern nur verdammt schmerzhaft gewesen sein muss. Wenn sie das korrekt sieht, sind mindestens drei Rippen gebrochen, und nur, wenn er viel Glück hat, nichts Gravierenderes verletzt. Dann die unzähligen Schnittwunden – nein, die bekommt man nicht, wenn man auf einem romantischen Urwaldtrip »zufällig mal in einen Büschel Riesengras hineinläuft«. So, wie Tony das sieht, ist Edward *überhaupt* nicht gelaufen. Wenigstens zeitweilig hat er sich auf allen vieren fortbewegt. Der Zustand seiner Kleidung reicht als Indiz. Eigentlich hätte sie das viel früher durchschauen müssen, denn die Füße sind offen, blutig, und da gibt es ein paar wirklich böse und tiefe Schnitte.

Behutsam dreht sie ihn, sodass sie seine Rückseite betrachten kann. Es ist das gleiche Bild, nur die Anzahl der Hämatome fällt nicht ganz so extrem aus. Die gesamte Haut ist mit Schnitten übersät – Rücken, Po, die Beine, die Arme, der Nacken auch –, die meisten sind schon verschorft, andere wirken unabhängig von dem Duschwasser feucht, wenn nicht sogar eitrig. Auch mit der Infektionsgefahr hat sie richtig gelegen. Vorsichtig fährt sie mit einem Finger einen besonders tiefen Schnitt entlang. Er zuckt zusammen und Tony hat genug.

Sie kann nicht ertragen, wie er sich quält, und erst jetzt geht ihr auf, dass er todmüde und garantiert hungrig sein muss; er ist verletzt, so, wie es aussieht, nicht mal nur leicht. Und sie hat am Küchentisch gesessen und in aller Seelenruhe seinen dämlichen Märchen gelauscht, sogar ernsthaft darüber nachgedacht, in diesem Zustand mit ihm zu schlafen. Ha! Was heißt darüber nachgedacht – eingewilligt hat sie!

Verdammt!

Warum hat sie das alles nicht bereits viel früher erkannt?

Anscheinend ist mit dem Schmutz der Everglades auch die Clownnummer in den Abfluss gespült worden, denn er reagiert nicht, als sie das Wasser abstellt und ihm behutsam aus der Dusche hilft. Edward protestiert auch nicht, als sie ein Handtuch holt und es ihm um die Schultern legt, und auch, als sie ihn zu seinem Bett führt, verliert er keinen Ton.

Bisher hätte sie geschworen, dass er sich gegen jede Form von Zuwendungen dieser Art wehren würde. Doch das tut er nicht. Vielleicht ist er selbst dafür zu müde und erschöpft. Sie legt ihn auf die Matratze, breitet ein zweites Tuch über ihm aus und verschwindet, um sich abzutrocknen. Im Bad kramt sie eine Weile herum, bis sie so etwas wie eine kleine Hausapotheke entdeckt. Und dort gibt es sogar Wundsalbe und Desinfektionsspray.

Perfekt!

Damit bewaffnet geht sie zurück ins Schlafzimmer.

Er ist eingeschlafen und Tony steht vor dem Bett und betrachtet ihn für eine lange Weile. Mit einem Mal wirkt er so verletzlich, so hilfebedürftig, gar nicht wie der Edward Capwell, den sie kennt. Ganz unerwartet erfasst sie unvorstellbare Ruhe. Es scheint fast so, als würde sie ihre Nacht bekommen, oder? Tony ahnt, dass sie danach ruhig und total ausgeglichen gehen kann.

Vorsichtig trocknet sie ihn ab, achtet darauf, dass sie keine der vielen Wunden wieder aufreißt. Dann sprüht sie jeden Schnitt mit dem Spray ein und betupft sie mit der Salbe. Als sie mit der Vorderseite fertig ist, kommt der schwierige Part. Um sich die andere Seite vornehmen zu können, muss sie ihn umdrehen. Sie will ihn aber auf keinen Fall wecken. Nachdem sie eine Weile unsicher neben ihm gehockt hat, sieht sie ein, dass es nicht zahlreiche Alternativen gibt, und riskiert es einfach. »Edward?«, wispert sie in sein Ohr.

Keine Reaktion.

»Edward?«

Seine Stirn legt sich in Falten.

»Kannst du dich auf die Seite drehen?«

Kann er, sogar ohne viel Aufsehen. Nur, dass er vorher einen Arm um sie legt und sie mit sich zieht. Was bedeutet, dass Tony kurz darauf in der Falle sitzt. Edward hält sie so fest, dass jede Bewegung beinahe unmöglich wird. Als sie mal wieder zu verzweifeln droht, hilft ihr schließlich etwas, woran sie überhaupt nicht gedacht hat. Edward verstärkt seine Umklammerung nämlich noch, sein Arm presst sie immer näher an sich, bis ihr tatsächlich die Luft wegbleibt. Dann stöhnt er plötzlich auf und schlagartig löst sich sein Griff, dank seiner gebrochenen Rippen und den anderen Verletzungen.

Nachdem Tony sich erfolgreich freigekämpft hat, beginnt sie, seinen Rücken und den Rest von ihm zu verarzten. Damit ist sie gefühlte Ewigkeiten beschäftigt. Ihr fehlt jede Vorstellung, wie man sich diesen Mist zuziehen kann, und sie will es ehrlich gesagt auch gar nicht wissen.

Schon seit Langem neigt sie nicht mehr zum Heulen. Vier Tage lang hat sie mit der Möglichkeit seines Todes gelebt und nicht eine Träne vergossen. Doch je länger sie diese Schnitte betrachtet, desto näher kommen die Tränen, weil sie nicht ertragen kann, dass er Schmerzen erleidet. Das passt nicht zu ihm. Nicht so, wie er in ihrer Gedankenwelt existiert: stark, unnachgiebig, streng ... kalt. Wie gern hätte sie ihm die Qualen abgenommen, denn sie ist so was gewöhnt. Edward nicht. Dummerweise kann sie das nicht, obwohl er ihr so unvorstellbar leidtut. Mitleid vermischt sich mit Grauen und dem wachsenden Wunsch, ihm zu helfen. Mehr, als es die Paste vermag. Aber selbst das kann sie leider nicht, wird es wohl auch nie. Platzhalter für eine Nacht, Tony, schon vergessen?

Nein, das hat sie nicht. Für keine Sekunde.

Als jede Wunde desinfiziert und mit der Salbe eingerieben ist, sitzt sie immer noch da und zeichnet mit einem Finger behutsam die vielen rot glühenden Risse nach. Sie genießt es, seine Haut zu spüren, auch wenn die momentan etwas beschädigt ist, mustert ausgiebig sein schlafendes Gesicht, bemerkt, dass seine Träume nicht sonderlich ruhig ausfallen, und ist trotzdem besänftigt, weil er jetzt mit dem Verarbeiten des Erlebten beginnt. Eine sehr wichtige Sache, das hat ihr Rose mal erklärt. Selbst die Tatsache, dass er einen Schock hat, erfüllt sie mit Dankbarkeit, denn es beweist, dass er eben doch ein Mensch mit Gefühlen ist. Auch wenn die viel weniger stark ausgeprägt sind als bei jedem anderen – wie bei ihr zum Beispiel. Genauso ist ihr bekannt, dass keine dieser Emotionen ihr gilt. Doch es tut nicht mehr weh, denn sie hat, was sie wollte: ihre Nacht mit ihm, und es ist gut.

Okay, fast.

Nach einer Weile legt sie sich neben ihn und betrachtet weiterhin sein Gesicht. So zerschnitten und trotzdem unvergleichlich. Und als er diesmal seinen Arm um sie schlingt, lässt Tony es geschehen. Vorsichtig kuschelt sie sich an ihn und nimmt verwundert den unvergleichlichen Duft wahr, obwohl er nicht mal Seife benutzt hat. Die schlechten Träume sind irgendwann verschwunden; inzwischen muss er bessere haben, denn er lächelt sanft, zieht sie noch näher an sich, bis sich ihre Lippen beinahe berühren. Sie müsste nur ihren Mund spitzen, dann würde sie ihn bekommen, ihren letzten Kuss.

Tony verzichtet. Kein Problem – nicht mehr. Allerdings ist Edward nicht so uneigennützig.

»Tony«, murmelt er. Seine Lider bleiben geschlossen, als er sie zärtlich küsst.

Sie hält still, wagt nicht einmal jetzt, die Augen zu schließen, sondern mustert ihn, während sich sein Arm um sie verfestigt, die Hand wieder in ihren Nacken wandert, seine Finger ihren Haaransatz streifen, dort zur Ruhe kommen, und Tony ist ...

... *glücklich.*

* * *

Wieder schläft sie nicht. Das scheint ein Fluch zu sein: Jedes Mal, wenn sie in seinem Bett liegt, wird es eine durchwachte Nacht. Nur, dass sie diesmal seinen Schlaf bewacht.

Als der Morgen graut, löst sie sich behutsam aus seiner Umarmung, wobei sie sich ruhig und absolut ausgeglichen fühlt.

Es gibt weder einen Kuss noch einen dramatischen letzten Blick, denn es wird ihm gut gehen. Mehr will sie nicht wissen. Vielleicht kann er die Geschichte mit Aurora ja sogar kitten. Leise zieht sie ihre Jeans an und tappt auf Zehenspitzen durch das Haus zu Matty, dem sie bedächtig über das schlafende Gesicht streicht, bevor sie ihren Rucksack und die Handtasche nimmt und sich aus dem Gebäude schleicht. Am Tor hat sie nicht die geringsten Probleme, obwohl Carlos nicht anwesend ist. Einer der vier Männer nickt freundlich und lässt sie passieren. Reporter sind kaum zugegen; die wenigen, die geblieben sind, brauchen zu lange, um zu registrieren, dass sich gerade ein potenzielles Interviewopfer eingefunden hat. Der Moment genügt, denn Tony tut, was sie bei ihrer Ankunft getan hat: Sie tritt das Gaspedal durch.

Dann fährt sie mit ruhigen und ausgeglichenen Gedanken auf der Interstate in Richtung West Palm Beach, wobei sie keine Trauer empfindet, keinen Abschiedsschmerz, nichts.

Absolut ruhig und ausgeglichen.

Irgendwann hält sie an einer der vielen Raststätten, stellt sich etwas abseits die großen Reisebusse meidend, die zur Nacht hier gehalten haben.

Immer noch völlig ruhig und ausgeglichen starrt sie eine Weile vor sich hin und freut sich darüber, wie ruhig und ausgeglichen sie doch ist.

Bis sie den Kopf auf das Lenkrad sinken lässt und weint. Weint, als gäbe es keinen Morgen mehr, obwohl der längst eingetroffen ist. Sie schluchzt nicht, gibt überhaupt keinen Laut von sich. Tony weint lautlos.

Da ist sie dann nicht mehr ruhig und ausgeglichen.

Eine Viertelstunde später fährt eine restlos ruhige und ausgeglichene Tony zurück zu ihrer kleinen Familie. Und dort nimmt sie ruhig und ausgeglichen ihr neues Leben wieder auf.

Ohne Edward.

24. Auf den ersten Blick

Susan steht an der Spüle, wäscht das Geschirr, und ärgert sich, denn wieder mal will das warme Wasser nur äußerst spärlich aus dem Hahn tropfen. Sie hat dem Hausmeister bereits fünfmal Bescheid gesagt – viermal davon schriftlich – und einmal steckte sie ihm vor lauter Verzweiflung einen Zehndollarschein zu. Aber dieser Versager lässt sich immer noch nicht blicken! Obwohl er ihr (nach der Bestechungsgeldzahlung) mit treuherziger Miene versprochen hat, *heute* zu erscheinen.

»Und wenn die Welt zusammenbricht, Miss Gedney! Ich lasse alles stehen und liegen und kümmere mich zuerst darum.«

Ja, ja, sieht fast so aus, als wären von irgendeiner anderen Mietpartei zwanzig anstatt zehn Dollar geflossen, und nach drohendem Weltuntergang sieht es momentan auch nicht aus. Es ist doch nur ein verdammter Wasserhahn, der nicht funktioniert und Susan langsam aber sicher den letzten Nerv raubt.

»Jade, nimm deine Finger da raus!« Das klingt hochgradig entnervt und entspricht bestimmt nicht Susans üblicher Art. Doch gerade heute musste Jade sich aussuchen, um einen ihrer besonderen Tage zu haben. Jene, an denen irgendetwas ihre Ohren verstopft, obwohl man absolut nichts finden kann, denn sie will einfach nicht hören. Egal, was man versucht, sie schaltet auf

Durchzug und macht konsequent nur das, was sie nicht tun soll. Und wenn man versucht, sie davon abzuhalten, bekommt sie einen Tobsuchtsanfall, der so laut ist, dass man um sein Trommelfell bangt. Nimmt man sie dann auf den Arm, versteht sie es prächtig, so heftig mit ihren kleinen Füßchen zu strampeln, dass man, wenn man die Gefahr nicht kennt, ehrlich um seinen Magen fürchten muss.

Im Moment – seit ungefähr einer Stunde – hat sie es auf den Kühlschrank abgesehen. Susan, schon wegen dieses Hausmeisterheinis leicht gereizt, fühlt, wie sich allmählich ihre Beherrschung verabschiedet.

»Jade!«

Keine Reaktion. Nur Hintern und Beinchen sind auszumachen; alles, was noch zu dem Kind gehört, befindet sich mal wieder in der verbotenen Zone.

Das reicht. Bei Susan brennt eine Sicherung durch. Mit einem Satz schnappt sie sich das Baby und schleppt es in das Kinderzimmer, wo sie Jade auf den gelben Spielteppich verfrachtet. »So! Und hier bleibst du jetzt!«

Bislang ist kein Tobsuchtsanfall eingetroffen, aber er zeichnet sich bereits ab. Der Mund bildet eine unglaublich anrührende Schippe, die blauen Augen werden immer größer und glitzern verdächtig ... Und Susan macht, dass sie aus dem Zimmer kommt, bevor sie sich einwickeln lässt. Das gelingt diesem kleinen Monster nämlich *immer!* Ständig! Kein Wunder, dass es so verwöhnt ist.

Missmutig schleicht sie zurück in die Küche, denn sie mag es nicht, wenn sie die Nerven verliert. Es ist ein Kind, noch dazu eines im schlimmsten Alter. Da muss man Haltung bewahren. *Immer*! Na ja, diesmal ist ihr das wohl nicht so toll gelungen.

Seufzend macht sie sich wieder an den Abwasch.

Dabei ist Jade nur die Leidtragende der miesen Gesamtsituation. Als Tony vor zwei Tagen aus Miami zurückkehrte, sagte sie nichts, sondern ging zur Tagesordnung über, als wäre nichts geschehen. Dass Capwell überlebt hat, wusste Susan bereits aus den Nachrichten. Sie fragte nicht, sah jedoch, wie blass ihre Freundin war. Auch dass sie geheult hatte, konnte sie nicht vor ihr verheimlichen, was übrigens durchaus geplant kam.

Susan hatte nicht damit kalkuliert, dass Tony glücklich wiederkommen würde. Wie sollte das auch funktionieren? Die Situation kann sie sich lebhaft vorstellen: Capwell, der als siegreicher Überlebender wie ein Star gefeiert nach Hause rauscht, seine Aurora in die Arme reißt und sie vor versammelter Mannschaft – einschließlich Tony und Matty – erst mal leidenschaftlich zu Boden knutscht. Dann wird er Tony höflich für deren Unterstützung gedankt und ihr empfohlen haben, sich jetzt besser vom Acker zu machen.

So ungefähr hat Susan sich die Geschichte ausgemalt. Leider wurde sie bisher nicht bestätigt, denn es gibt eine klitzekleine Abweichung im Ablaufplan. Normalerweise *hätte* Tony es ihr berichtet – mit Wuttränen und geballten Fäusten –, sie hätten am Abend eine Flasche Wein gekillt und sich über die Männer an sich ausgelassen, sich gegenseitig geschworen, nie wieder auf einen dieser Kerle hereinzufallen, sich versichert, dass man sie zum Glücklichsein überhaupt nicht braucht, und wären irgendwann beruhigt schlafen gegangen.

Doch Tony erzählt nichts.

Das verletzt Susan, denn eigentlich glaubte sie, sie würden einander alles anvertrauen, andererseits weiß sie jedoch nicht, ob sie wirklich erfahren will, was vorgefallen ist.

Wenigstens bleiben die Heulattacken aus. Susan ahnt, wie sehr Tony damals die Trennung zugesetzt hat, aber spätestens seit Jades Geburt ist ihre Freundin nicht mehr gestrauchelt. Selbst während der Schwangerschaft hielt sie sich recht gut, wenn man die Umstände bedenkt. Es gab niemals den Moment, in dem sie aufgeben wollte, um zu ihm zurückzugehen oder ihm seine Tochter zu zeigen – irgendetwas zu tun, das vielleicht sogar diesen emotionslosen Eisberg zu einer Reaktion veranlasst hätte. Und wie die aussehen würde, also darüber muss Susan nicht lange rätseln.

Susan ist davon überzeugt, dass Edward Capwell, sollte er jemals dahinterkommen, dass er Vater einer Tochter ist, alles in Bewegung setzen wird, um Tony das Kind wegzunehmen. Was Susan angeht, ist er die Ausgeburt der Hölle, und Tony, die das je nach Gemütslage manchmal anders sieht, nur durch die Liebe verblendet. Kein Problem, denn Susan passt ja auf, dass ihre Freundin nicht wieder schwach wird, und wird sie gegebenenfalls aufhalten, bevor sie einen Fehler begeht. Leider ist Susan seit zwei Tagen nicht mehr sicher, ob dieser bewusste folgenschwere Fehler nicht längst geschehen ist.

Das Klopfen weckt sie aus ihren Grübeleien.

Endlich! Dieser elende, korrupte Hausmeister! Sie stürzt zur Tür und noch im Aufreißen befindlich werden ihre Augen groß. Eine ganze Weile sagt sie überhaupt nichts; als sie dann ihre Stimme wiedergefunden hat, bringt sie nur eines zustande:

»Oh scheiße, Mann!«

* * *

Er steht im Hausflur, mustert sie mit dem ewig kalten Blick und nickt knapp. »Du hast ja keine Ahnung!« Als sie darauf nichts erwidert, fügt er hinzu: »Wo ist Tony?«

Augenblicklich verschließt sich Susans Miene. »Arbeiten!«

»Fein. Wo tut sie das?«

»Sorry, darf ich nicht sagen.«

»Meinst du nicht, dass ich auch ohne deine Hilfe dahinterkomme? Dauert nur ein bisschen länger.«

Eher gelangweilt zuckt sie mit den Schultern. »Tu dir keinen Zwang an.«

»Wann kommt sie nach Hause?«

Schulterzucken.

Seine Augen verengen sich, und Susan weiß, dass gleich wieder irgendeine Gemeinheit von ihm kommen wird ...

... was auch eingetreten wäre, hätte es nicht eine unvorhergesehene Unterbrechung gegeben, denn mehrere Dinge geschehen in den nächsten Sekunden gleichzeitig: Ein schrilles und freudiges »Moooooommmmmmmmmyyyyyyyyyyy!« ertönt, winzige Füße sind zu vernehmen, die auf kurzen Beinen einen unendlich langen Flur überwinden. Jade wittert Morgenluft – Mommy ist da, also muss sie sich nicht mehr mit der heute etwas mies aufgelegten Susan-Mommy auseinandersetzen.

Capwell runzelt die Stirn und Susan stöhnt, als kurz darauf pummelige Arme auftauchen, zu denen kleine Patschhändchen gehören, die sich fest um Susans Bein legen. Ein schwarzer Lockenkopf lugt vorsichtig hinter Susan hervor und strahlend blaue Augen betrachten den großen Fremden vor der Tür. Offenbar hat dessen Anwesenheit ihre Meinungsverschiedenheit von eben vergessen gemacht.

Ausdruckslos mustert Edward den Neuankömmling, weshalb Susan gegen alle Chancen zu hoffen beginnt – was natürlich total hirnrissig ist. Capwell braucht ganze dreißig Sekunden, bevor das Begreifen auf seinem Gesicht Einzug hält. Es ist wie eine Morgendämmerung. Man kann zusehen, wie die einzelnen Räder nach und nach ineinanderrasten. Mit jedem neuen *Klick!* verliert er ein wenig an Farbe, die Miene wird entsetzter und synchron ... *zorniger.*

Er starrt das Kind an, als wäre es ein Monster; möglich wäre auch ein Alien – die Begegnung der Dritten Art.

»Ja, also wie gesagt ...«

Ein gebieterisch erhobener Finger lässt sie verstummen. Langsam bewegt Capwell den Kopf hin und her, sein Blick liegt nur auf dem kleinen Mädchen, und Susan weiß, dass sie verloren hat.

In Zeitlupe geht er in die Knie, bis er sich auf etwa gleicher Höhe mit Jade befindet. Für keine Sekunde lässt er sie aus den Augen, scheint jedes Detail von ihr gleichzeitig zu registrieren, während die drei Faktoren in seinem Gesicht weiter zunehmen: Blässe, Entsetzen und dieser seltsame Zorn. Inzwischen ist alles Blut aus seinem Schädel gewichen, selbst die Lippen schimmern weiß. Ehrlich, der Typ sieht aus, als würde er jeden Moment in den Hausflur kotzen. Also eines steht fest: Susan wird die Sauerei nicht wegwischen.

Zögernd reicht er der Kleinen seine Hand. Und Jade, zutraulich und so selten in der Nähe eines Mannes, dass die Kerle sie wirklich noch faszinieren können, betrachtet sie für eine Weile mit zur Seite geneigtem Kopf, legt schließlich ihre hinein und grinst.

Er lächelt auch – jedenfalls versucht er es; das Ergebnis fällt nicht sonderlich prickelnd aus – findet Susan. »Wie heißt du, Sweety?« Das kommt heiser, aber Jade fühlt sich nicht etwa abgeschreckt, auch nicht von der komischen Grimasse. Nein!

Verdammt! Sie hätten sie darauf vorbereiten müssen, sie so manipulieren, dass sie schreiend davonläuft, wann immer sie einen Mann trifft – irgendwas! Haben sie nur nicht und das rächt sich gerade auf brutale Weise. Denn Jade, 25 Monate alt und verdammt helle, grinst noch etwas breiter und quietscht:

»Jade!«

* * *

Nach einer ganzen Weile, in der er lediglich das kleine Gesicht angestarrt hat, blickt er zu Susan auf. Seine Hand hält nach wie vor die winzige, die Miene ist ausdruckslos und dennoch von einer Entschlossenheit durchsetzt, dass der jungen Frau angst und bange wird.

»Wo ist Tony?«

Susan gibt ihr Bestes, um so unbeeindruckt wie möglich zu klingen. »Wie ich schon gesagt habe. Arbeiten.«

»Wann kommt sie?«

»Noch nicht.«

Er schließt die Augen – lange –, und als er sie wieder ansieht und gleichzeitig spricht, klingt er eisig und noch etwas entschiedener – *endgültiger*.

»Susan, ich werde nicht gehen, bevor ich mit ihr gesprochen habe. Was bedeutet, du wirst mich vorher nicht los. Also noch mal und ganz langsam: Wann. Kommt. Anthonia. Nach. Hause?«

Dabei wird er nicht laut, auch nicht beleidigend, er knurrt nicht oder betrachtet sie wieder so vernichtend wie damals in New York. Da ist nur diese Resignation, gepaart mit dem

Entsetzen, der Entschlossenheit und diesem tiefgründigen Zorn. Susan erkennt, dass die grauenvollste aller möglichen Alternativen eingetreten ist. Der Mann ist tödlich getroffen. Die Realität hat ihn total kalt erwischt, denn er sieht nicht aus wie jemand, der augenblicklich losstürzen will, um seine Anwälte in die Spur zu schicken. Stattdessen wirkt er, als wäre seine tolle Scheißrosaglückswelt gerade erfolgreich den Bach hinuntergegangen. Auf Nimmerwiedersehen. Sie kennt den Ausdruck, hat ihn bereits in Tonys Gesicht gesehen, und durfte alle Konsequenzen live miterleben. Daher gönnt sie ihm das Gefühl von ganzem Herzen. Doch als er keine Anstalten macht, den Blick zu senken, etwas hinzuzufügen oder wenigstens Jades Hand freizugeben, muss Susan einsehen, dass das Spiel gelaufen ist.

Jedenfalls die erste Etappe. »Komm rein!«, sagt sie seufzend, nimmt die Kleine auf den Arm und geht, ohne sich noch mal zu ihm umzusehen. Hinter sich hört sie die Tür schließen und leichte Schritte, die ihr den Flur entlang ins Wohnzimmer folgen.

Dort weist sie zur Couch. »Setz dich!«

Sein Blick liegt ausschließlich auf dem Kleinkind, während Susan allmählich aufgeht, dass sie ziemlich in der Scheiße sitzt.

Seine Miene ist so anders, so unerwartet im Vergleich zu dem, was sie sich in all den Monaten ausgeschmückt haben. In ihren Horrorfantasien brüllt er eine Weile herum, haut ab und taucht kurze Zeit später wieder auf – mit einer Horde brutaler Typen, die das Appartement stürmen, Jade aus ihrem Bettchen reißen, während Tony und sie mit Waffengewalt im Schach gehalten werden. Und dann verschwindet er mit der wild um sich schlagenden und kreischenden Jade für immer.

So ungefähr haben Tony und Susan sich seine Reaktion

ausgemalt, sollte er jemals von Jades Existenz erfahren. Dazu gibt es noch diverse Abwandlungen, aber im Grundtenor sind alle Szenarien gleich: Er wird ihnen ihren größten Schatz wegnehmen. Nur, das dort ist kein Monster. Es ist ... nun, es ist nur ein Vater, der zum ersten Mal seine Tochter sieht. Dieser Anblick hat was Besonderes. Trotz allem, was vorgefallen ist, und was die Umstände so verdammt kompliziert macht. Allerdings ist Susan davon überzeugt, dass er sich ziemlich schnell erholen wird.

Sie muss das geregelt bekommen und ihn loswerden, *bevor* Tony nach Hause kommt. Leider hat sie im Moment noch keinen Schimmer, wie sie das anstellen soll. Deshalb setzt sie sich in einen der Sessel und lässt Jade widerwillig zu Boden. »Willst du was trinken?«

Sein Blick ist der Kleinen gefolgt, die sich wieder in ihr Zimmer aufmacht; der fremde Mann ist inzwischen uninteressant geworden. Als Jade in der Tür verschwunden ist, scheint er aus tiefer Trance zu erwachen. »Wie bitte?«

Susan führt eine imaginäre Tasse an den Mund. »Du? Wollen? Trinken?«

»Nein, danke«, bemerkt er spöttisch.

Auch gut. Susan lehnt sich zurück und betrachtet ihn stumm. Der Mann sieht wirklich gut aus. Nicht im herkömmlichen Sinne, kein Schönling, trotzdem hat sie selten ein so attraktives und vor allem männliches Exemplar seiner Gattung erlebt. Die Verletzungen im Gesicht und auf den Unterarmen entstellen ihn nicht etwa, sondern machen ihn nur interessanter. Er wirkt mutig, stark und verwegen. Wunderbar, ein Ritter der Moderne, der soeben von einem seiner Kreuzzüge zurückgekehrt ist, um gleich den nächsten zu starten.

Trotzdem kann sie Tony nicht verübeln, dass diese ihn liebt. Immer noch, da macht sie ihr nichts vor. Und je länger Susan darüber nachdenkt, auch oder ganz besonders über sein unerwartetes Auftauchen, desto sicherer ist sie, was genau vor zwei Nächten geschehen ist. Klasse! Hat er sie also doch nicht gleich hinausgeworfen. Wie schön. Weniger überrascht ist Susan, dass Tony darauf eingegangen ist. Bei dieser Geschichte sind die Realitäten eindeutig geklärt. Tony liebt – er nicht.

Nur, warum ist er jetzt aufgetaucht? Vor ein paar Jahren war die Tatsache, dass er Tony entjungfert plus geschwängert plus sitzen gelassen hat (alles in einer Nacht), ja auch kein Grund, nach ihr zu suchen oder so. Und Susan ist egal, ob er was von der Schwangerschaft wusste oder nicht. Außerdem will ihr nicht in den Kopf, wie er das übersehen konnte! Okay, alles andere hätte ein gewisses Interesse vorausgesetzt und das bestand zu keinem Zeitpunkt.

Spätestens diese Tussi, die er Tony vor die Nase setzte, ist Beweis genug. Kaum hat Susan an diesen besonderen Aspekt all der Verbrechen gedacht, die Mr. Schönling an ihrer Freundin beging, kehrt ihre Wut zurück. Und jetzt sitzt er da, als könne er kein Wässerchen trüben! Hätte fast funktioniert, würde sie ihn nicht schön kennen. Die hohle Nuss hat sie ihm nämlich auch nie verziehen.

Mr. Kreuzritter Schönling scheint übrigens zu sich zu kommen, denn er mustert sie mit wacher Aufmerksamkeit. Ahhh, nun hat auch das letzte Rädchen Klick! gemacht. Unwillkürlich strafft Susan sich, und bevor er mit seinem Verhör beginnen kann, kommt sie ihm zuvor.

»Ich schätze, Tony wird nicht glücklich sein, dich hier zu sehen.«

Zunächst stutzt er, nickt dann jedoch knapp. Mehr nicht.

»Sie wird ausrasten!«

Schweigen.

»Sie wird alles stehen und liegen lassen und abhauen!«

Seine Augen blitzen auf, was Susan auch nicht neu ist, auch wenn sie bisher nur in Tonys Erzählungen davon gehört hat. Was sie noch nicht kannte, ist die eisige, emotionslose Stimme. »Ich versichere dir, sie wird nicht verschwinden. Das werde ich zu verhindern wissen!«

Fassungslos starrt sie ihn an und lacht schließlich auf. »Das ist alles, was du zu bieten hast, ja? Du willst es wie üblich auf deine Art lösen? Wie hast du dir das gedacht? Willst du sie kidnappen, oder hast du nur vor, ihr die Kleine wegzunehmen? Das kannst du ja gern versuchen, du arroganter Arsch! Ehrlich, ich hab schon vieles erlebt, aber das ...« Susan steht inzwischen und wird mit jedem Wort lauter und wütender. »Glaubst du echt, du könntest hier nach Jahren einfach auftauchen und deine Rechte einfordern?«

»Ich hatte keine Ahnung von ihrer Existenz.« Immer noch frostig.

Susan tippt sich mit dem Finger an die Stirn. »Mann! Sie war im fünften Monat, als sie ging! Und das ist dir entgangen?« Ungläubig mustert sie ihn. »Ach, das hatte ich ja ganz vergessen! Musste es ja, weil du mehr damit BESCHÄFTIGT WARST, IRGENDWELCHE WEIBER ANZUSCHLEPPEN UND IHR DAMIT AUCH NOCH DEN REST ZU GEBEN!«

In seinem Gesicht arbeitet es, doch er brüllt nicht, sondern spricht mit jedem Wort leiser. »Ich wusste es nicht! Tony zog es offensichtlich vor, mich im Unklaren zu lassen. Wenn du wirklich annimmst, ich hätte freiwillig auf mein Kind verzichtet, dann bist du noch dümmer, als ich bisher dachte. Verschone mich mit deinen schwachsinnigen Anschuldigungen!«

Susan setzt sich und betrachtet ihn interessiert. Tja, da ist Mr. Schönling echt mal ratlos, oder? Damit hat er nicht gerechnet; das ist nichts, was in seinem Lebensplan vorkommt. Warum auch immer er heute aufgetaucht ist ... inzwischen ist es wohl nicht mehr von Bedeutung.

»Es ist so, oder?«, beginnt sie irgendwann wieder. »Dein Kind! Nicht Tony. Es geht nur um dein Kind.« Sie neigt den Kopf zur Seite. »Wie hättest du reagiert, wenn du damals von dem Baby erfahren hättest?«

Susan ist nicht überrascht, dass sie mal wieder keine Antwort erhält. Der Typ würde sich wohl kaum mit Gesocks wie ihr über die gewichtigen Beweggründe seiner Handlungen unterhalten. »Ich sag dir mal, wie ich das sehe; Tony stimmt mir da nicht unbedingt zu. Du hättest natürlich zu deiner Verpflichtung gestanden – ganz klar. Wie das im Einzelnen ausgesehen hätte? Da kann ich nur spekulieren ... Hättest du sie geheiratet?«

Er macht keine Anstalten, etwas zu erwidern, was auch nicht erforderlich ist, denn sein Schweigen ist Zustimmung genug. »Und damit hätte Tony doch genau das erreicht, was du ihr von Anfang an unterstellt hast. Sie hätte einem Capwell erfolgreich ein Kind untergejubelt!«

Nicht mal ein Muskel bewegt sich in seinem Gesicht.

»Tony wollte nichts davon«, fährt sie seufzend fort. »Sie wollte nicht die Mutter des Thronfolgers sein – oder der Thronfolgerin. Du sagtest ihr, dass du keine Beziehung mit ihr führen willst, deshalb gab es für sie keine Alternative. Besonders nicht, nachdem du mit deinem neusten Tausendschönchen daherkamst!«

Sein forschender Blick liegt unverwandt auf ihr; er will das tatsächlich hören. Wieder fällt Susan die eigentlich elementare Frage ein: Warum ist er denn gekommen? Warum hat er nach all den Jahren beschlossen, hier aufzutauchen? Irgendwie macht Mr. Adonis momentan keinen sehr glücklichen Eindruck. Es ist heikel, doch sie beschließt, noch einen Schritt weiterzugehen. »Sie wollte von dir geliebt werden, Edward«, sagt sie leise. Noch bevor sie den Satz zu Ende gebracht hat, weiß sie, dass er ein Fehler war.

Seine Miene wird ungläubig, dann wirft er den Kopf zurück und lacht. So laut und bellend, dass es die kleine Thronfolgerin anlockt. Bewaffnet mit etlichen Bausteinen stürzt sie in den Raum, trägt diese zu dem fremden Mann, lässt sie in dessen Schoß fallen und taxiert ihn erwartungsvoll. Schlagartig verstummt das blöde Gelächter, und wie zuvor scheint sein gesamtes Umfeld in Vergessenheit geraten zu sein. Einschließlich Susan.

Der Mann hat nur Augen für Jade.

Susan beobachtet ihn und ist von dem, was sie sieht, verwirrt. Tony konnte ihn nie objektiv beurteilen, weil sie total verblendet ist. Bei Susan darf man auch nicht gerade von Objektivität reden, doch als sie das aufmerksame Interesse erkennt, mit dem er Jade mustert, den warmen Ausdruck, das ungekünstelte, liebevolle Lächeln, weiß sie, dass sie mit Tony sprechen muss.

Wohin das führt, kann sie nicht einmal erahnen, ganz sicher nicht zu Tonys Glück. Doch es war wohl sehr naiv, ohne ihn zu kalkulieren. Er hat nicht die Absicht, zu verschwinden und er wird sich auch nicht vertreiben lassen. Dieser Mann ist Jades Vater, und er betrachtet seine Tochter nicht wie einen Besitz, so wie Susan es erwartet hätte; aus seinem Blick spricht ausschließlich bedingungslose Zuneigung.

Nach zehn Minuten.

Susan musste sich von Tony all die endlosen Märchen anhören, die davon handeln, wie *fürsorglich* Edward angeblich mit Matty umgeht, wie *atemberaubend* es ist, den beiden zuzusehen, und wie *unglaublich* er den Jungen verwöhnt. Sie hat ihr kein einziges Wort geglaubt.

Bis heute.

Jetzt, wo sie Zeuge wird, wie dieser arrogante, selbstgefällige, steinreiche Typ einen Baustein in die Hand nimmt und mit der Kleinen spielt, glaubt sie es. Es ist, als hätte er nie etwas anderes getan. Da gibt es keine Verlegenheit, wie man sie so oft bei Erwachsenen beobachtet, wenn sie auf ein fremdes Kind stoßen. Von Berührungsängsten kann auch keine Rede sein. Ja, nun kauft Susan jede einzelne von Tonys Geschichten ab.

Und Jade glaubt es auch. Denn obwohl sie Männer echt mag, ist sie kein Kind, das zu überschwänglichem, spontanem Zutrauen neigt. Normalerweise braucht sie ihre Zeit, um mit einem neuen Menschen wirklich warm zu werden, egal ob Mann oder Frau. Bei Edward fällt das aus, denn keine fünf Minuten später sitzt sie quietschvergnügt auf seinem Schoß. Keiner der beiden verliert ein Wort, stattdessen spielen sie. Baustein von Edward, Baustein von Jade, Baustein von Edward – mit totaler Ernsthaftigkeit, unendlichem Vertrauen.

Susan, die nicht weiß, ob ihr vor Angst übel werden soll oder nicht, erkennt die zweite Tatsache, die Tony und sie übersehen haben: Sie haben nicht das Recht, Jade den Vater vorzuenthalten. Es ging immer nur darum, die Kleine zu schützen, aber vor allem auch Tony, um zu vermeiden, dass er ihr das Kind nimmt und sie wieder in diese vernichtenden Emotionen getrieben wird. Keine der beiden Frauen ist jemals auf die Idee gekommen, dass Edward Jade vielleicht auch etwas geben kann. Trotz all der rührenden Anekdoten über Matty und dessen Onkel. Das war nicht fair – auch das geht Susan mit wachsendem Unbehagen auf.

Er hatte nie eine Chance.

Irgendwann hat Jade genug von den Bauklötzchen, was jedoch nicht bedeutet, dass sie nun wieder geht. Stattdessen lehnt sie sich an seine Schulter und betrachtet ihn aufmerksam. Und Mr. Momentan-vom-anderen-Stern tut es ihr nach. Das ist echt der Hammer! Susan begreift nicht, wie ein Mensch, der zu all diesen Gemeinheiten imstande ist, so viel Einfühlungsvermögen besitzen kann. Auch er lässt sich durch nichts stören. Dieser Mann ist nicht fähig, nur eine annähernd persönliche Frage zu beantworten, hat allerdings keine Hemmungen, vor Susan mit totaler Bedachtsamkeit seinen Finger über das kleine Gesichtchen gleiten zu lassen. Über die Augen, die Stupsnase, ganz besonders die Lippen. Sie sind das Einzige, was Jade von ihrer Mom geerbt hat. Das Lächeln ist seines, doch es wird mit ihren Lippen gebildet. Während er das tut, geschieht das, was Susan am Ende überzeugt. Jade – Quirl vor dem Herrn, die sich von nichts und niemandem zum Mittagsschläfchen überreden lässt, und das seit über einem halben Jahr – gähnt laut und herzhaft und schließt die Augen. Sein Finger streichelt zwei weitere Minuten, dann ist sie eingeschlafen.

Er betrachtet sie noch eine Weile, bevor er mit unlesbarer Miene zu Susan aufsieht. Kein Triumph, keine Bitte, nichts, was sie vielleicht noch in letzter Sekunde argwöhnisch gestimmt hätte.

»Das wird nicht einfach werden«, sagt sie leise.

Ein knappes Nicken ist die Antwort.

»Sie misstraut dir, glaubt, du willst sie ihr wegnehmen. Wir müssen uns eine Taktik überlegen ...«

»So?«, wispert es völlig überraschend hinter ihnen. »Was für eine Taktik müsst ihr euch denn genau überlegen?«

25. Briefe an Anthonia

»So?«, flüstert Tony. »Was für eine Taktik müsst ihr euch denn genau überlegen?«

Bevor einer der beiden Anwesenden etwas erwidern kann, hat sie mit riesigen Schritten den Raum durchquert, Edward das schlafende Kind entrissen und sich wieder am Eingang verschanzt.

Er lässt es widerstandslos geschehen, jedoch liegt sein eisiger Blick unvermindert auf ihr. Jade ist von der brutalen Weckmethode übrigens alles andere als begeistert. Kaum hat sie seine Wärme verlassen, reißt sie die Augen auf und stimmt ein mörderisches Geschrei an. Tony bemerkt von alldem offenbar nichts; sie presst den sich windenden Körper an sich, als würde demnächst ein Hurrikan Marke Kathrina ins Haus stehen und drohen, ihn ihr aus dem Arm zu fetzen.

Susan hat noch nicht ganz begriffen, was überhaupt passiert ist. Ratlos sieht sie von einem zum anderen und wünscht sich insgeheim, endlich aufzuwachen, damit das Desaster ein Ende hat. Das ist totaler Mist! So viel weiß sie mittlerweile – trotz momentanem Brett vorm Kopf.

Über Jades steigendem Geschrei ertönt Tonys wutverzerrte Stimme. »Du bekommst sie NIEMALS!«

Seine eisigen Augen blitzen noch etwas greller auf, was Tony aber überhaupt nicht tangiert. Angriffslustig reckt sie das Kinn vor. »DAS KANNST DU VERGESSEN! Und wenn du mit deinen Scheißanwälten kommst, hau ich ab! Du findest mich nie! DAS SCHWÖRE ICH!«

Ihre Hysterie steigert sich immer weiter; inzwischen erscheinen in dem ansonsten blassen Gesicht die ersten roten, hektischen Flecken. Jade, die merkt, dass Schreien allein wohl nicht zum Erfolg führen wird, beginnt, sich mit aller Macht in Tonys Armen zu drehen. Die kleinen Hände versuchen, ihre Mommy wegzuschieben, und ihre Beine treten nach allem Erreichbaren. Dabei landet sie einige ziemlich gemeine Tiefschläge in den mütterlichen Magen. Tony, die sich momentan nicht mehr vollständig unter Kontrolle hat, wird ihrer immer weniger Herr. Irgendwann klemmt sie sich das schreiende Bündel kurzerhand unter den Arm an ihre Seite. Das ist besser, aber noch lange nicht gut, jetzt droht Jade nämlich, bei einem erfolgreichen Befreiungsversuch zu Boden zu stürzen.

»Susan, schaff Jade hinaus!«

Seine kühle, tonlose Stimme übertönt sowohl Jades Geschrei als auch Tonys zunehmend hysterisches Gebrüll ohne Schwierigkeiten.

Letztere schnappt nach Luft. »Was? Was fällt dir ein, irgendwelche Anweisungen zu geben? Du hast hier nichts zu melden, kapiert? NICHTS! HAU ENDLICH AB!«

Susan ist zu ihr geeilt und versucht, ihr das Kind abzunehmen, doch Tony betrachtet ihre Freundin vernichtend und verweigert ihr eiskalt die Übergabe. Hastig weicht sie ihr aus und flüchtet sich in die nächste Ecke. Diesmal die am Fenster.

Ein böser, taktischer Fehler, denn damit sitzt sie in der Falle, und Susan hat genug. Sie kennt Tony, wenn die so austickt, dann ist kein Verstand mehr vorhanden, da hilft nur noch, sich durchzusetzen. Entschlossen packt sie die wild um sich schlagende Jade, die inzwischen ziemlich rot im Gesicht ist, zieht mit aller Macht und verschwindet mit ihr im Kinderzimmer.

* * *

Zurück bleiben Edward, Tony und eisige Stille.

Nur Tonys heftiges Keuchen ist im Raum zu vernehmen und Jades gedämpftes Geschrei dringt neben Susans Beruhigungsversuchen aus dem Nebenzimmer zu ihnen. Lauernd fixieren sie sich. Niemand sagt etwas oder lässt erkennen, dass er demnächst die Absicht hat, dies zu tun. Es ist, als wären sie im Ring gegeneinander angetreten und warten darauf, dass der jeweils andere als Erster die Deckung verlässt.

Das Schweigen zieht sich hin; Tony steht nach wie vor in der taktisch so unklugen Fensterecke, ihre Fäuste sind geballt, die riesigen Augen starren ihn an. Nebenbei versucht sie, mit der Realität Schritt zu halten, was ihr leider nicht gelingen will. Nur eines ist übrig: die Gewissheit, dass ihr am Ende nichts helfen wird.

Weder, ihn anzubrüllen oder ihm zu drohen noch die Flucht. Selbst wenn sie sich nach Australien absetzt, wird er sie in Lichtgeschwindigkeit finden. Sie ist immer chancenlos gewesen, das wusste sie.

Was hat sie ihm denn schon entgegenzusetzen? Nicht mal einen Anwalt kann sie sich leisten, geschweige denn einen guten. Einen, der es mit Edwards Staranwälten aufnehmen kann. Tony ist machtlos! Und wenn er ihr Jade auch noch nimmt, hat sie wirklich alles verloren. Genau so, wie es wohl immer sein Plan war. Sie will sich nicht mal vorstellen, nur fünf Minuten ohne ihre Tochter zu leben. Verdammt, sie ist alles, was sie hat – alles, was ihr noch geblieben ist.

Aber ihn interessiert es einen Scheißdreck! Das hat sich auch nicht geändert. Je länger sie in das eisige Gesicht starrt, desto hemmungsloser, wirrer und vor allem panischer werden ihre Gedanken. Und dann, auf dem Zenit angelangt, als es nicht mehr wilder geht, hasst sie ihn plötzlich. Eine mächtige Welle Abscheu überrollt sie und zerrt sie mit sich. Sie hasst seine unbewegte Maske, die ein menschliches Antlitz bestenfalls imitiert. Nicht einmal jetzt zeigt er auch nur die geringste Emotion. Der Umstand, dass er Vater einer Tochter ist, berührt ihn nicht; er schnippt mit dem Finger, stiehlt sie ihr, und es bedeutet ihm nichts.

NICHTS!

Es geht nur ums Gewinnen! Niemand widersetzt sich Edward Capwells Willen, nicht wahr? Schon gar nicht die kleine New Yorker Schlampe! Gelassen wie immer sitzt er da und entscheidet über ihre Vernichtung. Mit einem Wimpernschlag, skrupellos, ohne Gewissen. Tony weiß nicht, was sie rasender macht: die Tatsache, dass er es tut oder dass er es überhaupt *kann!*

Was sie noch vor wenigen Stunden geliebt hat, hasst sie plötzlich. So akut, so rasend und glühend, dass sie sich beherrschen muss, um sich nicht auf ihn zu stürzen und so lange auf ihn einzuprügeln, bis sie sich besser fühlt. Sie will weg! Ihr Baby nehmen und in irgendeiner Versenkung verschwinden. Irgendwohin, wo auch er sie nicht finden kann. Für herrliche fünf Sekunden erscheint dieser Gedanke wie ein verflucht fantastischer Notanker. Einen, den sie bisher nur nicht gesehen hat. Bis ihr einfällt, dass sie das nicht kann, was alle wunderbaren

Hoffnungen unwiederbringlich vernichtet. Er wird nie zulassen, dass sie mit Jade geht.

Niemals! Tony sitzt in der Falle.

Ein wildes, panisches Tier ohne Ausweg.

»Warum hast du es mir nicht gesagt?«

Verwirrt schließt sie die Augen, weil es nämlich fast danach klingt, als hätte er sie gerade gefragt, warum sie es ihm nicht erzählt hat. Was totaler Schrott ist! Sogar ihm muss das klar sein.

Irgendwann sieht sie ihn wieder an, worauf er nur gewartet hat. »Ich hatte ein Recht, es zu erfahren«, fährt er fort, noch immer mit dieser unbeteiligten Stimme und dem eisigen Blick. Eine Antwort erfolgt nicht, doch ihre Fäuste werden ein wenig fester. »Sie ist meine Tochter! Wie kannst du vor dir selbst verantworten, mir so lange mein Kind vorzuenthalten?«

Zähne pressen sich in eine Unterlippe, die kleiner ist als die obere.

»Das ... dazu hattest du nicht das Recht!«

AUS!

Tonys Kopf schnellt hoch; mit drei Schritten ist sie bei ihm und beugt sich zu ihm hinab. Sollte sie jemals Angst vor ihm empfunden haben, dann gehört dies der Vergangenheit an. »So, dazu habe ich kein Recht, nein?«, zischt sie. »Fein, ich muss natürlich in Kauf nehmen, dass du mir den Gnadenfick verpasst, um die Sache *in Ordnung zu bringen*. Ich habe auch zu akzeptieren, dass ich dir einen Scheiß bedeute, muss Aurora hinnehmen, ich habe alles hinzunehmen. Aber ich habe natürlich nicht das Recht, dem großen Edward Capwell das Kind vorzuenthalten, damit er sie dann in sein Riesenscheißkotzhaus entführen kann! Und wenn ich ganz viel Glück habe – aber auch nur dann –, darf ich sie vielleicht ab und an mal sehen. Wahrscheinlich alle vierzehn Tage für ein Wochenende. Ansonsten verfrachtet er sie zu der ach so geilen und vor allem fähigen Nanny! Die kann ja alles viel besser als ich. Jade bekommt garantiert mindestens fünf Privatlehrer und mit zwei zum ersten Mal Ballettunterricht. Nur ihre Mutter bekommt sie nicht! Aber was macht das schon? Das ist sowieso nur eine billige Schlampe. Scheiße, Hure, sollte ich wohl sagen. Besser sie sehen sich nicht allzu häufig, könnte ja sonst noch abfärben!«

Er ist blass geworden, macht allerdings keine Anstalten, etwas zu erwidern, was Tony nicht davon abhält, weiter zu toben. All die Wunden, die nur vernarbt, jedoch niemals wirklich verheilt sind, brechen plötzlich wieder auf. Und all das Gift darin bahnt sich gleichzeitig seinen Weg an die Oberfläche. Sie will ihn verletzen; jedes ihrer Worte soll sich unauslöschbar in seinem Gedächtnis einbrennen. So, wie Tony jede Bemerkung, jeder gemeine Blick und alles andere auch in jeder verfluchten Sekunde verfolgt. Wie kann er es wagen, hier zu erscheinen und ihr Vorwürfe zu machen? WIE KANN ER ES WAGEN? Nach allem, was sie durchgemacht hat! Hat er eine Ahnung, wie das für sie war, als er damals mit dieser Frau auftauchte? Schwanger von ihm; jeden Tag wurde der Bauch größer, verdammt, sie hat die Bewegungen des Babys gespürt! Und er hat nichts Besseres zu tun, als diese KUH ANZUSCHLEPPEN! Hat er nur die entfernteste Vorstellung, wie scheiße man sich in so einem Moment fühlt?

Wild starrt sie in sein eisiges Gesicht und schnaubt laut auf. Er wird es niemals erfahren, und selbst wenn, der Typ hat gar nicht genug emotionalen Tiefgang, um das nachvollziehen zu können. Niemals wird er begreifen, was er anderen Menschen antut, außerdem interessiert es ihn ja sowieso einen Scheißdreck. Seit wann macht Edward Capwell sich Gedanken darüber, WEN ER WIE SEHR VERLETZT? Und da erwartet er von ihr, dass sie auf ihn Rücksicht nimmt? Auf seine Gefühle?

Scheiße, bisher war ihr nicht man bekannt, dass er *welche hat!*

Tony richtet sich auf; der Versuch, vernichtend zu klingen, misslingt, doch es ist ihr egal. »Du wirst sie nie wieder sehen. NIEMALS! Dafür werde ich sorgen! Und wenn es das Letzte ist, was ich tue. Niemals! NIEMALS! MERK DIR DAS!« Sie wird wieder lauter und sein Blick eisiger; irgendwann scheinen echte Eiskristalle in den Augen zu blitzen.

Als er aufsteht, weicht sie zurück. »Es bringt nichts, die Angelegenheit jetzt zu diskutieren. Du bist zu ... aufgebracht. Ich bitte dich, nicht die Stadt zu verlassen, denn ich will, dass wir das klären. Und zwar so, dass jeder Beteiligte zu seinem Recht kommt.« Das ›Jeder‹ betonte er. Dann nickt er knapp und verlässt den Raum, geht jedoch nicht zur Haustür, sondern verschwindet im Kinderzimmer.

Und als fünf Minuten später die Tür ins Schloss fällt, zuckt Tony zusammen.

* * *

In den kommenden zwei Tagen versucht Susan, zu ihrer Freundin durchzudringen, ihr irgendwie begreiflich zu machen, dass er im Recht ist. Jedes Mal, wenn sie auch nur den Versuch startet, scheitert sie auf ganzer Linie und erntet den gleichen vernichtenden Blick, den ihr Tony zugeworfen hat, als sie ihr Jade abnahm. Irgendwann resigniert sie seufzend. Sie hat beschlossen, Capwell zu helfen, weil sie die Notwendigkeit für die Kleine erkennt. Doch sie wird nicht riskieren, es sich mit

Tony zu versauen, denn Susan begreift hervorragend, weshalb diese so und nicht anders reagiert. Wie soll sie von jemandem Vernunft und Objektivität erwarten, der Derartiges durchmachen musste? So, wie es aussieht, ist Capwell wohl auf sich allein gestellt, und sie kann nur hoffen, dass er sich sogar ganz genau überlegt, was er jetzt unternimmt. Denn sollte er irgendein hinterhältiges Manöver durchziehen, wird sie ihn höchstpersönlich erschießen. Und zwar mit einer der vielen Knarren, die er bereits unter die Menschheit gebracht hat.

BOOOOM!

* * *

Zunächst einmal sieht es ganz danach aus, als würde Edward Capwell seinem miesen Ruf alle Ehre machen. Susan holt schon mal die Waffe aus dem Schrank, um sie vorsorglich zu ölen. Denn am dritten Tag nach Edwards legendärem Erscheinen flattert ein riesiges, dickes Schriftstück ins Haus.

Absender:

Anwaltskanzlei Cameron, Poleman & Smith.

Na klasse!

Das Ganze stellt sich allerdings etwas anders dar als erwartet, nachdem die beiden Frauen mit angehaltenem Atem den Brief geöffnet haben. Neben etlichen Urkunden und einem Scheck, bei dem Susan die Luft wegbleibt, und den Tony mit einem mürrischen Das-sieht-ihm-wieder-mal-ähnlich-Grinsen bedenkt, gibt es auch noch ein Schreiben.

»Sehr geehrte Miss Benett,
im Auftrag unseres Mandanten, Mr. Edward Jayden
Capwell, erlauben wir uns höflichst, Sie in nachfolgender

Angelegenheit zu kontaktieren.

Mit Wirkung des gestrigen Tages wurde seitens Mr. Capwells offiziell die Vaterschaft für Ihre Tochter, Jade Benett, geb. am 24. 12. 20**, Sozialversicherungsnummer: 24122000481722, wohnhaft in der Parkstreet 13, West Palm Beach / Florida, bei der zuständigen Behörde angezeigt und per VORLÄUFIGEM Zertifikat belegt.

Siehe Anlage 1.

Zur endgültigen Klärung des Sachverhaltes bedarf es Ihrer schriftlichen Erklärung, welche die an Eides statt von Mr. Capwell getätigten Angaben bestätigt. Ein entsprechendes Schreiben wird Ihnen in den nächsten Tagen durch die zuständige Behörde zugestellt.

Mit Ihrer Unterzeichnung ist Miss Jade Benett ab dem Tage ihrer Geburt das leibliche Kind Mr. Capwell, womit ihr alle daraus resultierenden Rechte, einschließlich des Erbrechtes, zuteilwerden.

Des Weiteren steht Ihnen somit ab dem Tage der Geburt seitens Mr. Capwell eine angemessene Unterhaltszahlung zu.

Ihr Einverständnis vorausgesetzt, nahmen wir uns die Freiheit heraus, eine monatliche Unterhaltszahlung in Höhe von 10. 000 Dollar VORLÄUFIG festzusetzen.

Mr. Capwell signalisierte uns jedoch, die Höhe nach erfolgter Anerkennung der Vaterschaft nochmals zu diskutieren. Er weist ausdrücklich darauf hin, dass diese nicht zwingend von Ihrer Kooperation abhängig ist ...«

»Dieser dreckige, kleine, arrogante Arsch«, knurrt Tony düster. Susan mustert sie mit hochgezogener Augenbraue. Als nichts weiter kommt, senkt sie wieder den Blick auf das Anwaltspamphlet. »Wo war ich? Ach so …

> »… *von Ihrer Kooperation abhängig ist. Zusätzlich besteht er darauf, die übliche Einmalzahlung zur Anschaffung der erforderlichen Erstausstattung zu leisten.*
> *Siehe Anlage 2.*
> *Er bedauert ausdrücklich, dies vorab versäumt zu haben* …«

»Idiot!«, murmelt Tony noch ein wenig finsterer. »Da wusste er doch überhaupt nichts von der ›Vaterschaft‹! Geschweige denn, dass ihm die Adresse bekannt gewesen wäre. Was soll der Scheiß?«

Flüchtig sieht Susan auf, verzieht das Gesicht und liest weiter.

> »*Ferner beauftragte Mr. Capwell uns, in seinem Namen ein Besuchsrecht für oben genannte Jade Benett auszuhandeln. Mit Hinweis auf die bereits bestehende Regelung bezüglich Ihres gemeinsamen Neffen, Mr. Matthew Capwell, schlägt er ein ähnliches Arrangement vor. Mr. Capwell offeriert, seine Tochter Jade Benett an jedem zweiten Wochenende des Monats in seine Obhut zu übernehmen. Er wird sie von Freitagabend, sechs Uhr, bis Sonntagmittag, zwölf Uhr, ausschließlich in seinem Haus in der* …«

»Das kann er vergessen!«, zischt Tony. »Für wie blöd hält der Kerl mich eigentlich?«

Susan betrachtet sie verwirrt. »Was ...?«

»Dieses Haus ist eine Festung! Wenn Jade da drin verschwunden ist, sehen wir sie nie wieder! Bevor wir jedes Zimmer durchsucht haben, sind wir an Altersschwäche gestorben. Dafür müssen wir das Teil übrigens erst mal erfolgreich stürmen. Die Chancen stehen echt mies, denn das würde nicht mal eine Armee einnehmen. Wie kann er es wagen, mir mit so einem miesen, fadenscheinigen Angebot zu kommen?«

Als Susan nicht antwortet, nickt sie grimmig.

»Womit wir es hier wirklich zu tun haben, kannst du dir nicht vorstellen. Nicht, wenn du es nicht live gesehen und erlebt hast. Damit können wir nicht dealen. Das ist eine Nummer zu groß. Scheiße, HUNDERT! Das können wir nicht ...«

Schon ist der irre Blick zurück. Hektisch schaut sie sich im Raum um, die Augen riesengroß. Erfahrungsgemäß endet das damit, dass Tony wüst sämtliche Klamotten in irgendwelche Tüten und Säcke stopft und die sofortige Flucht in die Wege leitet.

Susan nimmt ihren Arm. »Bleib ruhig! So, wie ich das sehe, versucht er genau das, was er angekündigt hat: Er bemüht sich um eine Lösung. Für *alle* Beteiligten. Vergiss das nicht!«

»Warum betonst du das so komisch?«, erkundigt Tony sich argwöhnisch.

»Das will ich dir die ganze Zeit begreiflich machen. Eure Geschichte ist bei dieser Sache irrelevant, kapier das! Es geht um Jade. Nur um sie! Und sie hat nun einmal einen Vater verdient. Jeder hat das ...« Tony will etwas einwerfen, doch Susan ist schneller. Energisch schüttelt sie den Kopf. »Ich bin nicht gerade in flammender Liebe zu ihm entbrannt, das kannst du mir glauben. Aber ich habe die beiden beobachtet und muss dir recht geben. Was du mir immer über Matty und ihn erzählt hast, kann ich nur bestätigen. Er ist ein guter Vater. Jedenfalls was den Umgang mit ihr betrifft. Jade mag ihn. Du kannst ihr nicht wegen deiner Verbitterung den Vater vorenthalten! Im Grunde macht er nur das, was er tun muss, nachdem er von seiner Tochter erfahren hat.« Sie runzelt die Stirn. »Na ja, was ein Vater tut, wenn er halbwegs Verantwortungsbewusstsein besitzt.« Energisch tippt sie auf den Brief. »Das ist kein Angriff, und schon gar keine Kriegserklärung. Eher das Gegenteil. Mit keiner Silbe wird hier irgendwas von Sorgerechtsstreit oder Klage erwähnt. Es gibt keine noch so gut versteckte Drohung. Edward will doch nur seinen Teil beitragen und sie sehen. Das kannst du ihm nicht verübeln. Und du kannst es ihm auch nicht verwehren.«

Tony schweigt und beobachtet Jade, die gerade damit beschäftigt ist, in einer Endlosschleife alles verfügbare Puppengeschirr von dem Couchtisch zu ihrem Spieltisch und wieder zurück zu schleppen. Mit angehaltenem Atem wartet Susan auf die Entscheidung ihrer Freundin. So weit ist sie bisher noch nie gekommen. Vielleicht ...

Irgendwann breitet sich ein sanftes Lächeln auf Tonys Gesicht aus. »Soll ich dir zeigen, was ich alles kann?«, wispert sie.

Mechanisch nickt Susan, die ahnt, was folgen wird. Tony nimmt den Scheck und zerreißt ihn in der Mitte – *sehr* sorgfältig. »So!«

Beide Hälften werden aufeinandergelegt, wobei sie darauf achtet, dass alle Kanten eine Einheit bilden. Und auch das wird zerrissen – ÄUSSERST sorgfältig. »So!«

Dann müssen die nun existierenden Viertel dran glauben. »So!«

Ungefähr vierzig dieser So's! später sind sowohl Scheck,

vorläufige Vaterschaftsanerkennung als auch Anwaltsschreiben ein buntes Puzzle aus bohnengroßen So!-Schnipseln, die Jade mit wachsender Begeisterung vom Boden aufliest.

Sie jedenfalls liebt dieses neue Spiel.

* * *

Nach fünf Tagen Funkstille trudelt der zweite Anwaltsbrief ein, welcher ohne vorheriges Aufreißen augenblicklich im So!-Verfahren vernichtet wird, während Tonys Hysterie mit jedem Tag steigt. Auf die Flucht verzichtet sie einstweilen; das ist aber auch alles, wovon Susan sie erfolgreich abhalten kann. Ansonsten ist nichts mehr beim Alten.

Susan muss Tony in die Hand versprechen »... NIEMANDEM die Tür zu öffnen, nicht mal dem Postboten. Ganz BESONDERS nicht dem Postboten!«, bevor sie es wagt, zur Arbeit zu gehen oder überhaupt das Haus zu verlassen.

Ihr Wochenende mit Matty sagt sie kurzerhand aufgrund einer schweren Grippe ab und bringt es sogar fertig, am Telefon ziemlich verschnupft zu klingen. Tony ist davon überzeugt, dass Edward ihre Abwesenheit nutzen würde, um die Wohnung zu stürmen, Susan zu fesseln und zu knebeln und Jade an einen unbekannten Ort zu verschleppen.

Matty ist zwar enttäuscht, doch da seine Tante dreimal täglich anruft – mit wachsendem Verschnupfungsgrad; am Samstagabend bringt sie sogar ein sehr dramatisches Röcheln zustande –, hält es sich in überschaubaren Grenzen.

Irgendwann fragt Susan ihre durchgeknallte Freundin mit dem irren Blick, wie lange sie denn beabsichtige, an dieser Grippe zu leiden. Nur aus reinem Interesse, weil sie befürchte, nach zwei/drei Monaten wird die Gesundheitsbehörde vor der Tür stehen, wegen des akuten Verdachts, dass ein neuer, besonders aggressiver Grippevirus die Runde mache. Einer, der in der Lage ist, die Menschheit auszurotten. Ob sie schon mal was von *Outbreak* und *The Stand* gehört habe?

Zur Antwort bekommt sie ausschließlich die übliche vernichtende Miene.

Diese unerträgliche Situation hält sich über die kommende Woche. Bis am Samstag wieder ein Brief eintrifft. Und diesmal stammt er von keiner Anwaltskanzlei.

Liebe Tony,

ich sollte nicht sonderlich überrascht sein, dass Du jede Kontaktaufnahme meiner Anwälte entschieden ignorierst.

Möglicherweise war das von Anfang an der falsche Weg. Doch ich wollte Dir zeigen, wie wichtig mir diese Angelegenheit ist. Leider bezweifle ich, dass mein erster Versuch sehr glücklich gewählt war. Ich habe nicht die Absicht, Dir Jade ›wegzunehmen‹, sie Dir ›abspenstig zu machen‹ oder irgendeine andere ›miese Nummer‹ durchzuziehen. Zur Not beeide ich das, wo auch immer Du es von mir verlangst. Allerdings denke ich, dass Dir im Zweifelsfall dieses Schreiben als Beweis genügen dürfte.

Ich nahm Dir nicht Matty oder verfolgte jemals die Absicht, und ich werde es ganz gewiss nicht bei unserer Tochter tun.

Nichts liegt mir ferner, als Dich unglücklich zu machen. Das lag es nie, auch wenn ich eine etwas seltsame Art habe, dem Ausdruck zu verleihen.

Ich bitte Dich nur, mir die Chance einzuräumen, Jade ein Vater zu sein.

Ja, ich durfte sie bisher nur einmal und sehr flüchtig sehen. Doch mir hätten auch fünf Sekunden genügt, um zu wissen, wie viel sie mir bedeutet. Du hast keine Vorstellung, wie sehr ich es bedauere, ihre ersten beiden Lebensjahre nicht mitverfolgt zu haben.

Dafür trage ich allein die Verantwortung; auch das habe ich schließlich einsehen müssen.

Alles, was aufgrund meines Fehlverhaltens geschah, tut mir sehr leid. Mehr, als ich in Worte fassen kann. Nicht zuletzt, dass Du Dich gezwungen sahst, zu fliehen und nicht wagtest, Dich mir anzuvertrauen. Wie sehr ich allein diesen Teil bereue, wirst Du nie ermessen können.

Dies mindert keineswegs meine Schuld oder macht meine Fehler in der Vergangenheit ungeschehen. Auch, dass eine simple Entschuldigung nie genügen kann, um deinen berechtigten Zorn gegen mich wenigstens zu schmälern, ist mir mehr als bewusst.

Doch wenn du versuchst – ich betone: VERSUCHST –, all die mit Sicherheit berechtigte Verbitterung und Wut auf mich beiseitezuschieben und nur Jades Wohlergehen betrachtest, glaubst Du dann nicht auch, dass sie Mutter UND Vater verdient hat?

Ich bin zu (fast) jedem Kompromiss bereit. Wenn Du meine Vorschläge nicht akzeptieren kannst, dann unterbreite mir einen anderen. Ich versichere Dir, dass ich ihn sehr intensiv und mit Wohlwollen überdenken werde. Bitte, gib mir die Möglichkeit, Jade ein Vater zu sein und für sie zu sorgen.

All mein Geld ist nicht sehr viel wert, wenn die Mutter meiner Tochter gezwungen ist, irgendeinen minderwertigen, unterbezahlten Job zu versehen und unser Kind dennoch nur mit Schwierigkeiten ›durchbringt‹. Bitte werte dies nicht als Vorwurf. Ich bewundere, was Susan und Du in den vergangenen Jahren geleistet habt. Dafür zolle ich Euch meinen tiefsten Respekt.

Doch dieser enorme Kraftakt ist nicht erforderlich! Gib mir die Chance, mein Geld ein einziges Mal in etwas Sinnvolles zu investieren. Mir ist bewusst, dass Du keinen Cent von mir annehmen willst, und auch das respektiere ich. Doch die genannten Beträge sind keine Almosen, sondern nur die Summen, die ich zu zahlen verpflichtet bin. Sie gehören unserer Tochter, Tony. Auch ich habe die Verantwortung, dafür zu sorgen, dass es ihr gut geht. Du sollst und musst diese schwere Bürde nicht allein tragen. Unterschlage diesen besonderen Aspekt in Deinen Überlegungen bitte nicht!

Bitte, Tony, BITTE überdenke die gesamte Situation noch einmal. Mit Ruhe und vielleicht ein wenig Abstand. Möglicherweise gelingt es dir, objektiv zu sein.

Nicht für mich! Ich weiß, dass ich das wohl schwerlich von Dir erwarten kann. Nur für Jade. Denn auch sie braucht einen Vater. Ich schwöre, bei allem, was mir heilig ist, ihr ein guter Dad zu sein. Wenn du mir nur die Möglichkeit dazu einräumst.

Danke.

Edward.

P.S. Matty vermisst dich unvorstellbar. Bitte, lass ihn nicht im Stich! Er würde das nicht verkraften. Auch ER braucht Vater und Mutter; ich hoffe, du vergisst ihn nicht. Und ich bitte Dich inständig, ihn nicht für meine Fehler bezahlen zu lassen. Das hat er nicht verdient.

26. Die Offensive

Edwards Schreiben fällt nicht dem »So!«-Verfahren zum Opfer. Tony reagiert allerdings auch nicht anders darauf, sondern faltet es nur sorgfältig zusammen, verstaut es ebenso sorgsam in ihrer Handtasche (was ab diesem Moment für die nächsten Jahre dessen angestammter Platz ist) und geht zur Tagesordnung über.

Das ist der Auftakt für die Rückkehr des Alltags, zumindest dem, was noch davon übrig geblieben ist. Konsequent weigert sie sich, Susans zunehmende Mahnungen zu registrieren. Und obwohl sie Edwards Brief in der kommenden Woche noch unzählige Male liest, bis er ganz abgegriffen und zerknittert ist, denkt sie nicht mal daran, ihm auch nur den geringsten Schritt entgegenzukommen.

Nachdem auch nach 14 Tagen niemand die Wohnung gestürmt hat, um Jade zu rauben, wird Tony allmählich etwas ruhiger und beginnt widerstrebend, ihr Verhalten zu überdenken. Kritisch und objektiv, soweit sie dazu imstande ist. Schnell kommt sie dahinter, dass ein Kurswechsel nicht infrage kommt. Es erscheint ihr unmöglich, auf ihn zuzugehen und ihm irgendein Zugeständnis zu machen. Das fühlt sich an wie ... Verrat. Nicht an Jade, nein, sondern ausschließlich an sich selbst. Sie weiß, dass ihr Verhalten hochgradig egoistisch ist, aber Tony kann nicht verzeihen. Und sie sieht nicht ein, weshalb sie auch nur den winzigsten Kompromiss eingehen soll, damit es *ihm* besser geht! Hat irgendwer bei dieser gesamten Geschichte bisher ein einziges Mal gefragt, wie es ihr geht?

Nein!

Er hat den Mist gebaut! Warum soll er sich zur Abwechslung nicht auch mal schlecht fühlen? Das wäre eine total neue Erfahrung, vielleicht lernt er sogar daraus. Unter dem Strich bleibt nur eine Wahrheit: Weshalb sollte er seine Tochter bekommen, wenn er sie – Tony – nicht haben will? Für Jade ist er bereit, über 1000 Schatten zu springen, genau wie für Matty. Aber für sie – Tony – hat er noch nie was getan oder gar geopfert. Wieso soll sie ihm geben, was er will, wenn sie nicht bekommt, was sie will? So dringend!

Wieder eines der vielen Dinge, die Tony nach erfolgreicher Identifikation sorgfältig in die hinterste Schublade ihres Bewusstseins verbannt und von denen sie ganz bestimmt nicht Susan erzählt, weil sie weiß, wie gemein sie ist. Wie boshaft, verdammenswert, selbst unlogisch. Oh ja, alle Blabla-Begriffe finden mal wieder Erwähnung. Das Einzige, was sie sich nicht vorwerfen kann, ist, ihren Stolz eingebüßt zu haben. Alles andere: Verantwortungsbewusstsein, Logik, Vernunft, Fairness ... nichts ist davon übrig. Verbittert ... Sieht fast so aus, als wäre sie das ein wenig. Bei näherer Betrachtung scheint es, als sei sie bereits jene einsame Frau, die vergebens auf den einen gewartet hat und nun in Abgeschiedenheit vor sich hin vegetiert, immer auf ihr Ableben lauernd. Diese Vorstellung von sich passt Tony überhaupt nicht, weshalb sie kurz in Erwägung zieht, wirklich mit einem anderen Mann auszugehen, auch wenn sie weiß, dass sie das nicht will.

Am Ende entscheidet sie sich dagegen. Sie kann sich eingestehen, dass sie sich nach ihm sehnt, obwohl ein nicht kleiner Teil von ihr ihn liebend gern in der Luft zerfetzt hätte. Und obwohl ein auch nicht gerade geringer anderer Teil ihn und vor allem seine Macht inzwischen mehr fürchtet als die Hölle selbst. Ihre Emotionen für diesen Mann waren nie logisch, nachvollziehbar schon gar nicht – warum sollte es mit einem Mal anders sein?

Dann ist da auch Matty, den sie immer noch nicht wiedergesehen hat. Edwards mahnende Worte sind nicht spurlos an Tony vorbeigegangen. Sie weiß, dass sie über kurz oder lang eine Lösung finden muss, und ist doch nie weiter davon entfernt gewesen. Das Gefühl, ein wildes Tier in der Falle zu sein, will nicht verschwinden. Stattdessen nimmt es immer mehr an Intensität zu, weil jeder der Beteiligten – einschließlich Susan – über ihr Verhalten den Kopf schüttelt. Niemand kann sie verstehen.

Nicht einmal mehr sie selbst.

Obwohl sie Jade ungern alleinlässt, genießt Tony die täglichen Stunden, in denen sie arbeitet. Ihr bleibt keine Zeit zum Grübeln; die Tätigkeit beansprucht ihre gesamte Aufmerksamkeit; sie kann frei und ungezwungen mit den Leuten umgehen und muss nicht hinter jedem Menschen eine potenzielle Gefahr wittern. Auch wenn sie Edward so was eigentlich nicht mehr zutraut. Schon gar nicht, dass er ihr irgendwelche Schläger an ihren Arbeitsplatz schickt, um sie einzuschüchtern, unter Druck zu setzen oder was man sonst noch so aus den einschlägigen Thrillern und Mafiafilmen kennt. Sie glaubt, was er ihr geschrieben hat, und traut ihm trotzdem nicht über den Weg. Es waren nette und vor allem versöhnliche, ja, durchaus auch eindringliche, gefühlvolle

Worte, das ist ihr nicht entgangen, doch sie bedeuten nicht, dass er seine Meinung nicht ändern wird, wenn sie sich nicht kooperativ zeigt. Tony vertraut ihm, und gleichzeitig sitzt ihr Misstrauen gegen ihn so tief, dass sie aus dem Fenster schauen und sich nach der Tageszeit erkundigen würde, wenn er ihr einen »Guten Morgen!« wünscht. Sie liebt ihn, sehnt sich nach ihm, doch ein Teil von ihr hasst ihn so abgrundtief, dass sie sich mit zunehmender Verzweiflung wünscht, ihn nie mehr zu sehen.

Anders ausgedrückt: Tony ist mal wieder ein einziges Chaos. Und die Arbeit an der Kasse in diesem ewig überfüllten Wal-Mart verschafft ihr fünf Stunden täglich, in denen sie diesem Wirrwarr entfliehen kann.

Denkt sie zumindest.

* * *

»Eins fünfzig.« Tony macht sich nicht die Mühe, aufzublicken. Klare Sache: Eine Packung Wrigleys–White kostet 1,50 Dollar. Bis hierhin ist alles in Ordnung. Fehlen nur noch die 1,50. Sie presst die Lippen zusammen, um ihre Ungeduld nicht zu zeigen. Hinter dem Kerl, von dem sie momentan nur den Hosengürtel und zwei Hemdenknöpfe sieht – und zwar die in Bauchhöhe –, hat sich bereits eine beachtliche Schlange gebildet. Seit Langem blickt Tony nicht mehr zu jedem Kunden auf. Das verursacht nach dem sechzigsten Mal Nackenschmerzen, und spätestens nach 100-mal Kopf-hinauf-und-herunter hat man sich eine satte Genickstarre eingefangen. Daher sieht sie von den allermeisten Kunden nur deren Bäuche – bekleidet natürlich – und meistens die Hände.

Nichts geschieht. Mr. Weißes-Hemd-&-Schwarze-Hose kramt immer noch in seiner Brieftasche. Typisch Mann! Allein die

Blödheit, sich während der Stoßzeit wegen Kaugummi anzustellen, identifiziert ihn sofort als das, was er ist. Das Zeug hätte er nämlich auch in jedem verdammten Kiosk bekommen – und das bedeutend schneller. Und nun wird er ewig nicht fertig.

Tony hat ja Zeit ... Kann nur passieren, dass er demnächst von einer tobenden Menge leicht entnervter Hausfrauen gekillt wird, aber das ist dann nicht ihr Problem. Gelangweilt betrachtet sie den Leib von Mr. Weißes-Hemd-&-Schwarze-Hose. Schlank, hmmm. Gebräunte Haut schimmert durch den Hemdenstoff, was in diesem Teil des Landes keine Seltenheit ist. Sie befinden sich in Florida, da scheint die Sonne beinahe das gesamte Jahr über.

Aber diese ist schon extrem dunkel ... Unwirsch verzieht sie das Gesicht und hebt ein wenig den Blick, um die Finger zu beobachten, die anhaltend in der braunen Brieftasche kramen. Große, dunkle, im Grunde sehr gepflegte Hände ... mit kaum verblassten Narben. An einigen Stellen ist immer noch etwas Schorf zu erkennen; offenbar hat er sich vor Kurzem verletzt.

Zu Hause.

Bei der Gartenarbeit.

Nicht im unendlichen Sumpf der Everglades. Für derartige Verletzungen gibt es bestimmt 175.000 Erklärungen. Und die Fingernägel besitzen auch eindeutig nicht genau die gleiche Form wie die ihrer zwei Jahre alten Tochter Jade.

UND – und das muss ganz besonders hervorgehoben werden: Dies ist ein verfluchter Wal-Mart, in dem Mrs. Fresh vor nicht ganz einer halben Stunde in ihrem leicht benebelten Zustand einen Sixpack Bier fallen ließ. Erfahrungsgemäß dauert es Tage, bis der Gestank wieder verschwunden ist, weshalb es unmöglich ist, dass Tony gerade diesen unverkennbaren herben Duft wahrnimmt.

UNMÖGLICH!

Ihre Gedanken werden immer verzweifelter, während sie sich standhaft weigert, endlich den verdammten Kopf zu heben und ihrem personifizierten Grauen/Glück ins Gesicht zu blicken. Wenn sie einfach so tut, als würde sie ihn nicht kennen, muss er ja irgendwann gehen. Klare Sache! Inzwischen starrt sie beharrlich auf das Transportband.

»Bitte«, ertönt die vertraute, ausdruckslose, tiefe Stimme über ihr und ein Fünfzigdollarschein taucht unter ihrer Nase auf. »Tut mir leid. Ich habe es nicht kleiner.«

Wortlos fetzt sie den Schein aus seiner Hand und zählt das Rückgeld aus. Bei dem riesigen Schein dauert das seine Zeit, was er schamlos ausnutzt. »Wir müssen uns unterhalten. Wenn du Feierabend hast. Ich warte auf dich.«

»Dreißig, 40, 45, 48,50 ... Vergiss es!« Ohne aufzusehen, feuert sie das Geld in die dafür vorgesehene Schale. Sie ist ja nicht bescheuert. Chaotisch – ja. Aber noch lange nicht dämlich!

»Wir werden sehen«, erwidert die Stimme, und die große, dunkle, leicht verletzte Hand ramscht das Wechselgeld nebst Kaugummi ein und verschwindet ...

* * *

Tony hat heute Abend extrem viel Zeit. Ganze drei Mal beginnt sie erneut mit dem Auszählen, nur, um hinter den Grund zu gelangen, weshalb in ihrer Kasse ein Cent zu viel ist. Obwohl sie das schon lange weiß: Trinkgeld. Von der älteren Dame mit dem braunen Mantel, an dem seit über einem Jahr in Bauchhöhe ein Knopf fehlt. Und seit über einem Jahr fragt sich Tony jedes Mal, wenn sie auftaucht, ob es unhöflich wäre, sie darauf aufmerksam zu machen oder nur hilfreich.

Tony zählt, runzelt die Stirn, schüttelt den Kopf, zählt noch mal ...

Winters dämlich-quäkende Stimme erreicht ihr Ohr. »Miss Benett, wir wollen dann schließen!«

Verwirrt sieht sie auf, dann fällt es ihr ein. Verdammt! Es ist Montag! Der einzige Tag in der Woche, an dem dieser blöde Markt nicht durchgängig geöffnet hat. Und genau den muss sich dieser ... Stöhnend verdreht sie die Augen. Von wegen Zufall! Absicht – wie immer! Idiot! Seufzend übergibt sie Winter die Kasse, der sie mal wieder mit diesem verkniffenen, leicht verschlagenen Gesichtsausdruck beäugt. Keine Ahnung, was der neuerdings hat. Dann geht sie sich umziehen, und schließlich tritt Tony nach einem tiefen Luftholen vor die Tür.

Der Anblick ist nicht überraschend: schwarzer Maybach, im Fond zwei fremde Männer; direkt am Personaleingang ein milde lächelnder, äußerst attraktiver Carlos und ...

Edward.

Klasse!

Sie mustert ihn nur kurz. »Hast du Angst im Dunkeln oder warum musst du Carlos überall mitschleppen?«

Er antwortet nicht, sondern läuft schweigend neben ihr her. Egal, wie sehr sie ihren Schritt beschleunigt, er hält mit. Die Limousine ist wohl vergessen. Tony muss sich nicht umdrehen, um zu wissen, dass Carlos ihnen folgt, und mit Sicherheit sitzen die beiden Typen aus dem Fond des Wagens längst auch nicht mehr dort. Nach drei Straßenzügen ist sie etwas außer Atem, nach dem vierten gibt sie japsend auf, bleibt stehen, beugt sich vor, legt ihre Hände auf die Knie und blickt zu ihm auf. »Was willst du?«

Seine blauen Augen blitzen, doch er beherrscht sich. Fein. Übung macht bekanntlich den Meister. »Ich will dich auf ein Glas ... Wein? einladen.«

»Danke, kein Bedarf.« Damit richtet sie sich auf und will weitergehen. Aber nun scheint er dennoch irgendwie die Geduld zu verlieren. Zu früh gefreut – schade eigentlich, er hat doch keine Fortschritte gemacht. Schon legt sich eine Hand um ihren Arm und er zieht sie an sich. Von Weitem geht das bestimmt als freundschaftliche Geste durch, das ist es nur nicht. Leider.

Capwell senkt den Kopf und raunt in ihr Ohr. Sein Atem trifft ihre Haut und löst einen ungewollten Schauer aus, der ihr direkt in den Bauch fährt. »Es tut mir leid, aber du lässt mir keine Alternative. Du kannst mich nicht ewig ignorieren. Entweder du begleitest mich jetzt freiwillig in ein Restaurant, Café oder eine Bar deiner Wahl oder ich schleppe dich in die nächste Kaschemme, an der wir vorbeikommen. Ganz, wie du willst, aber wir werden uns jetzt unterhalten!«

Mit gespitzten Lippen überlegt Tony, ob sie es vielleicht mit einem hysterischen Hilfeschrei versuchen soll, während sie sich nach Kräften bemüht, ihren Herzschlag, der sich inzwischen verdoppelt hat, zu ignorieren. Es ist zwar nach zehn Uhr abends und die Straßen eher spärlich belebt, doch einen Versuch ist es allemal wert. Dann sieht sie in seine entschlossene Miene und weiß, dass ihn so was einen Scheißdreck interessieren würde. Wahrscheinlich würde er den alarmierten Leuten erklären, sie wäre aus der Irrenanstalt entlaufen und er brächte sie gerade zurück. Es gibt eben Dinge, die ändern sich nie. Schließlich blickt sie auf seine Hand, die sie immer noch festhält. »Lass mich los!«

Nachdem diese verschwunden ist – es geschehen noch Zeichen und Wunder – starrt Tony ihn finster an. »Du hast 20 Minuten. Hier ist in der Nähe ein Starbucks, das hat ...«

»Ich kenne es!«

Tony seufzt. »Na fein!«

Edward scheint sich tatsächlich auszukennen, denn er steuert nicht nur zielgerichtet das Café an, sondern weiß auch noch genau, was er trinken will. Tony nimmt das Erstbeste, was ihr in den Sinn kommt – einen Latte Macchiato. Sie zahlt übrigens selbst, auch wenn ihr das wieder mal einen eisigen Blick und zusammengepresste Lippen einbringt.

Doch als sie sich an einen Tisch im belebten vorderen Teil des Lokals setzen will, schüttelt ihr Entführer und Erpresser den Kopf. Offenbar will er keine Zeugen, denn er dirigiert sie zu einem Vierertisch im hintersten Bereich des Raumes, wo sich um diese Uhrzeit kein einziger Gast aufhält.

Als sie sich endlich gegenübersitzen, schwört sich Tony, das so schnell wie möglich über die Bühne zu bringen. Wie, weiß sie zwar noch nicht, aber die Erleuchtung wird ihr schon noch kommen. Das Ganze hat ihr mit Abstand zu viel Date-Charakter. Aber da muss er früher aufstehen, denn auf diesen dämlichen Trick wird sie garantiert nicht hereinfallen.

Edward begutachtet inzwischen prüfend seine Tasse und überzeugt sich offenbar davon, dass sie wirklich sauber ist. Oh Mann! Klar! Wahrscheinlich kann dieser Typ sich einfach nicht normal benehmen. Auch wenn Tony ernsthaft umhaut, dass er das Café überhaupt kennt! Auf jeden Fall gehört er nicht zur Gruppe der gängigen Starbucks-Besucher, der Snob! Der verflucht gut aussehende Snob, ja, ja.

Mechanisch schließt sie die Augen und beschwört sich, das jetzt mit Haltung hinter sich zu bringen und sich nicht wie ein Teenager von ihm manipulieren zu lassen. In einer Angelegenheit zumindest haben sowohl Edward als auch Susan recht. Dies betrifft nicht sie beide; das einzig wichtige Thema ist Jade! Und sie muss alle sieben Sinne beisammenhalten, um nicht von ihm hinters Licht geführt zu werden. Tony ist nicht sicher, aber sie schätzt, dass Edward in Sachen schwieriger Verhandlungsführung bedeutend besser aufgestellt ist als sie. Derartiges Taktieren ist sie nämlich nicht gewöhnt, und sie muss sich verdammt vorsehen, um nicht unter die Räder zu kommen. Das ist oberstes ...

»Tony?«

Widerwillig sieht sie ihn an und geht sofort zum Angriff über. »Was willst du?«

»Mit dir reden, das sagte ich bereits.«

»Nur zu! Ich hab nicht ewig Zeit!«

Er nickt knapp, der Blick ist eisig. »Du hast bisher die Vaterschaft noch nicht bestätigt. Das bedeutet, dass nach wie vor nur die vorläufige Urkunde gilt. Ich möchte nicht, dass die Abstammung meiner Tochter weiterhin im Unklaren bleibt, weshalb ich dich bitte, den Wisch endlich zu unterschreiben. Ansonsten ...«

Tony hebt eine Braue und legt den Kopf schief. »Ansonsten was, Edward?«, erkundigt sie sich honigsüß. »Was wirst du dann tun? Klage gegen mich einreichen?«

Trotz üblichem Blitzen beherrscht er sich. Sehr beachtlich, er ist also doch entwicklungsfähig. »Ansonsten werde ich eine einstweilige Verfügung gegen dich erwirken, die einen Gentest anordnet, um die Vaterschaft zweifelsfrei festzustellen. Dagegen kannst du dich nicht zur Wehr setzen. Du wirst mit Jade zu dem erforderlichen Termin erscheinen müssen. Und wenn du mich deshalb für ein Schwein hältst, ist mir das, um ehrlich zu sein, scheißegal! Ich werde nicht dulden, dass meine Tochter schutzlos ...«

»Was denkst du dir eigentlich?«, zischt Tony – honigsüß ist vergessen. »Sie ist nicht schutz...«

»Solange sie keinen Vater, sondern nur eine Mutter hat, ist sie es! Jedenfalls vor dem Gesetz.« Nachdem er ihre abweisende Miene gemustert hat, seufzt er. »Kannst du nicht verstehen, dass ich keine andere Wahl habe?«

»Nein. Tut mir leid!« Mühsam kämpft sie um ihre Fassung, ist aber nicht sehr erfolgreich. Die große Tasse in ihrer Hand wird mit jeder Sekunde mehr zu einer wunderbaren Waffe, die sie ihm ins Gesicht schleudern möchte. *Haltung, Tony!*, beschwört sie sich. Doch das funktioniert auch nicht besonders gut. Entgeistert betrachtet sie seinen Gesichtsausdruck, der mit einem Mal – *völlig unklar!* – bittend geworden ist.

Bittend!

Tony platzt mit dem Erstbesten heraus, was ihr in den Sinn kommt. »Du willst sie doch überhaupt nicht!«

Fassungslos starrt er sie an. »Wieso sagst du so was? Hätte ich ...« Er schüttelt den Kopf und lehnt sich unvermittelt über den Tisch. »Ich versichere dir, hätte ich davon auch nur geahnt, ich ... Alles wäre anders gekommen.«

»Was denn?«

In einer hilflosen Geste fährt er sich über die Stirn – hilflos hat sie ihn ja auch noch nie erlebt. Okay, fast nie. »Aurora wäre nie passiert.«

»Weil ...?«

»Weil ich dann, weil wir ...« Immer verwirrter betrachtet er ihren lauernden Blick, bis er anscheinend begreift und entnervt blinzelt. »So habe ich es nicht gemeint!« Seine Miene wird wieder zu der undurchdringlichen Maske, die sie so hasst.

»Nein? Du hast es genau so gemeint! Und da du dir zu fein bist, es in Worte zu fassen, übernehme ich das mal für dich. Hättest du gewusst, dass diese Nacht nicht ohne Folgen geblieben ist, dann wären all deine Aversionen gegen mich plötzlich nicht mehr so wichtig gewesen.«

»Wie kommst du auf die Idee, ich hätte Aversionen gegen dich?« Schon ist er wieder verwirrt – Tony auch. Kurzzeitig, dann riecht sie das dreckige Ablenkungsmanöver und lacht bitter. »Du hättest mich als Brutkasten für deine Nachkommenschaft benutzt. Vielleicht wäre ich sogar von dir geheiratet worden, ich kenne mich in deinen Kreisen nicht so aus. Kann sein, dass das heute auch noch zum guten Ton gehört, aber eigentlich ist es egal. Du hättest mich auf jeden Fall als notwendiges Übel akzeptiert, genau wie damals bei Matty. Wahrscheinlich wäre ich von dir für den Rest meines Lebens in den Südflügel verfrachtet worden.« Sie überlegt und fügt müde hinzu: »Streich das *Wahrscheinlich*. Gefühle oder um andere Dinge, die vielleicht wichtig und erforderlich wären, bevor man sich ein Baby zulegt, waren nie von Bedeutung. Es wäre einzig und allein darum gegangen, dein Kind standesgemäß aufwachsen zu lassen. Wenn es denn schon mal da ist. Nicht ich bin wichtig, im Grunde nicht mal Jade, sondern nur die Gene, die dieser kleine Mensch zufälligerweise besitzt. Deine. Und damit glaubst du, ein Besitzrecht ...«

»Nein!«

»Oh doch! Nichts, was du sagst, kann mich vom Gegenteil überzeugen!« Spöttisch verzieht sie das Gesicht. »Wie auch immer das aussehen könnte.«

Für eine Weile betrachtet er sie stumm und bemerkt schließlich leise: »Ich musste seinerzeit so reagieren, dazu gab es keine Alternative.«

»Ist das so?«

»Du warst zu jung, bist es nach wie vor. Die vergangenen Jahre konnten daran nicht viel ändern. Du sahst damals nur, was du sehen wolltest, konntest die Zusammenhänge nicht begreifen. Ich dafür umso mehr. Uns trennen 16 Jahre! Du hattest nicht die geringste Ahnung, was dich erwarten würde. Ich war nicht imstande, dir zu geben, was du wolltest! Mein Leben ist nicht so unkompliziert, wie es vielleicht scheint; ich kann mich nicht annähernd so frei bewegen und agieren, wie ich will. Ich habe Verpflichtungen, mehr, als du ahnst. Eine davon ist, mir eine geeignete, zu mir passende Frau zu suchen! Das bist du nicht, es gibt zu viele unüberwindliche Gegensätze, weshalb ich die Angelegenheit beendete, bevor es zu kompliziert werden konnte … nun ja, leider nicht früh genug.« Er seufzt. »Ich sagte es dir und wiederhole es heute gern noch mal: Hätte ich gewusst, dass du noch unberührt bist, wäre es niemals zu dieser Nacht gekommen. Das bedeutet aber nicht, dass ich sie jemals bereut habe. Nicht für mich, sondern nur für dich, verstehst du das?«

»Nein!«

Seine Augen blitzen wieder auf diese gefährliche Weise, doch wieder rastet er nicht aus. Alle Achtung! Als er fortfährt, klingt es auch nur minimal gepresst. »Weil du es nicht begreifen willst. Wie solltest du auch? So, wie sich die Sachlage für dich darstellt, musst du dich ja von mir betrogen fühlen. Es ist nicht so, dass ich deine Verbitterung nicht nachvollziehen könnte, nicht nachdem, was ich jetzt weiß. All das wäre aber nicht erforderlich gewesen, hättest du mir gesagt, dass du ein Kind von mir erwartest.«

Er beugt sich noch etwas weiter über den Tisch, und als er weiterspricht, ist alles Eis aus Gesicht und Tonlage verschwunden. »Die Entscheidung wäre mir abgenommen worden. Damals war ich nicht bereit, gegen alle Regeln zu wählen. Nenn es Feigheit, sehr falsch dürftest du damit nicht liegen.« Edward zuckt mit den Schultern. »Ich habe mich nicht mit Ruhm begossen, das wusste ich immer. Aber in diesen vier Tagen im Dschungel ...«

Längst hat er den Blick auf seine Tasse gesenkt. »Ich habe nachgedacht, ausreichend Zeit dafür hatte ich ja. Und ich wusste plötzlich, dass ich einen Fehler begangen habe. Ich mag dich wirklich sehr, Tony, du bedeutest mir viel. Sehr viel. Auch das sagte ich schon vor Jahren, und ich meinte das verdammt ernst. Wäre ich entschlossener gewesen, hätte ich nach einer anderen Lösung gesucht ... Alles wäre anders gekommen. Vielleicht sah ich es falsch, womöglich hätte ich suchen sollen, es sogar müssen. Wie richtig ich damit liege, zeigt mir Jades Existenz. Ich habe so viel verpasst, so viel unwiederbringlich zerstört ...«

Tony betrachtet seinen geneigten Kopf. Es ist ein Geständnis, wie sie es niemals erwartet hätte, weder auf diese Art noch mit diesem Inhalt. Doch obwohl sie eigentlich glücklich sein sollte, ist sie es nicht.

Edward ist noch nicht fertig; mit jedem Wort spricht er flüssiger, schneller, unbefangener und laboriert sich – unwissentlich, eindeutig – immer tiefer in sein Verderben.

»Mir ist bewusst geworden, dass Dinge, die uns trennen, geändert werden können, dass es vielleicht möglich wäre, wenn

du nur wüsstest, worauf du dich einlässt ... Dass es vielleicht nicht halb so unfair wäre, wie ich damals dachte. Und, Tony ...«
Jetzt sieht er auf, direkt in ihr regloses Gesicht. Sie erkennt kurze Verwirrung in seinem, doch dann ist sie auch schon wieder weg.
»Ich betrachte Jade nicht als meinen persönlichen Capwell-Genpool, sondern will nur die Chance, ihr ein Vater zu sein, denn auch ich trage Verantwortung für meine Tochter. Ich muss sie wahrnehmen; mir bleibt keine Wahl. Bitte zwinge mich nicht, Dinge zu tun, die ich nicht will! Bitte gib uns die Gelegenheit, das für alle zufriedenstellend zu klären!«

Damit lehnt er sich zurück und mustert sie erwartungsvoll.

Tony sieht die Aufrichtigkeit in seinen Augen, das ist nicht falsch zu interpretieren, und schlagartig kehren Ruhe und Gelassenheit zurück. Dies und die totale Resignation. Alles, was sie vielleicht noch an Hoffnung in sich getragen hat, ist plötzlich verschwunden. Er wird niemals begreifen, was er getan hat. Das – hier und jetzt – ist alles, was er kann, und damit ist er weit über sich hinausgewachsen. Wie weit wird sie möglicherweise nie ermessen können. Sie hat immer zu viel von ihm verlangt – das versteht sie jetzt. Er kann es nicht als das begreifen, was es ist, will es vielleicht auch gar nicht. Weil er nicht daran glaubt. Sie hat stets vergebens gewartet. Verdammt! Und es war ihr zwar in den Ansätzen bewusst, doch nie in diesem Ausmaß, denn sie hat ihn nie verstanden.

Nie wirklich.

Etwas Eigenartiges geschieht, während sie endlich bereit ist, diese vernichtende Realität zu akzeptieren. Noch während ihre alte Hoffnung vernichtet wird, keimt gleichzeitig eine neue auf. Längst hat er wieder angehoben, eindringlicher und bemühter als zuvor. Und mit jeder Sekunde, die sie seine Worte hört und ihn dabei betrachtet, wird die Hoffnung größer und stärker, bis sie eine Gewissheit ist.

Mit frischer Kraft und ohne Verbitterung überlegt Tony, so rational, wie sie überhaupt in seiner Gegenwart sein kann. Nicht warten! Das ist das Geheimnis. Nicht warten, ansonsten wird sie nämlich bald die einsame verbitterte Frau sein, die sie sich manchmal schon heute andichtet.

Sie will diesen Mann? Will ihn wirklich, egal, zu welchem Preis? Sie will seine Liebe?

Nun, dann ist es wohl an der Zeit, sich das, was sie will, zu holen. Er wird nicht kommen und sich ihr erklären, womöglich mit einer Auswahl der gestelzten Worte, die meistens seinen Wortschatz ausmachen; dies ist das Höchste, was er zu geben vermag. Nicht annähernd ausreichend, aber sie erkennt, dass da mehr ist. Allein die Tatsache, dass sie beide hier sitzen und er ihr nicht seine Anwälte auf den Hals gehetzt hat, ist Beweis genug. Es liegt an ihr, endlich das Zepter in die Hand nehmen, und genau das wird sie jetzt tun. Tony findet, sie hat lange genug gewartet.

Und als Erstes – vor allem anderen – wird sie sich ihn holen.

»... verstehst du? Ich versuche, irgendeine für uns alle akzeptable Lösung zu finden. Und das ist so verdammt schwer, weil du ... Tony?«

Sie blinzelt, sieht seinen beunruhigten Blick und räuspert sich. »Beantworte mir bitte noch eine Frage. Wusstest du von Jade, als du neulich bei mir aufgetaucht bist?«

Er macht keine Anstalten, ihr auszuweichen, während sie ihn nicht aus den Augen lässt.

»Wenn ich von Jade gewusst hätte ...«

»Ja, das habe ich verstanden«, unterbricht Tony ihn ungeduldig. »Aber ... warum hast du nach so langer Zeit den Kontakt hergestellt? Ich war weg, alles war beim Alten; weshalb bist du gekommen, wenn du von Jade nichts wusstest?«

In seinem Gesicht arbeitet es. »Ich hatte vier Tage, um nachzudenken«, erwidert er schließlich, und sie weiß, dass er dazu nicht mehr sagen wird.

»Sollte ich nicht ›kooperieren‹, ...« Tony versucht, die Worte so behutsam wie möglich zu wählen. »Wenn du mich zu jedem Schritt, den du in Sachen Vaterschaft gehen willst, zwingen musst. Wirst du mir Jade wegnehmen?«

Eindringlich sieht er Tony in die Augen. »Das habe ich bereits verneint. Ich will Jades rechtmäßiger Vater sein, mit allen Konsequenzen. Ich will, dass meine Tochter weiß, wer ihr Dad ist – das ist alles. Und ich werde alle anderen Optionen ausreizen, bevor ich irgendeinen offiziellen Weg einschlage. Das hatte ich dir geschrieben. Du kannst mir alles vorwerfen, aber ich habe dich noch nie belogen.« Kein Vorwurf, nur mit der gleichen Aufrichtigkeit gesagt wie alles Übrige zuvor.

Eilig überlegt sie, während sie ihn unverwandt fixiert.

»Okay ... ich hätte da einen Vorschlag, wie wir die Angelegenheit mit dem Besuchsrecht regeln können ...« Beinahe ist sie überzeugt, dass Edward fast alles akzeptieren würde. Auch wenn er das vielleicht selbst noch nicht weiß. Und als sie weiterspricht, lächelt sie. »Also, ich stelle mir das so vor ...«

27. Das Leben des anderen

Dumpf klopft es – drei knappe Schläge in kurzer Abfolge.

Tony mustert Jade mit großen Augen. »Wollen wir nachsehen, wer es ist?«

Ein entschiedenes Nicken ist die Antwort. Und schon wird sie von ihrer Tochter zur Tür gezogen. Anscheinend ahnt diese, wer da kommt. Es ist Punkt sechs Uhr abends an einem sonnigen Freitag, Ende April, und Tony ist aufgeregt.

Typisch.

Immer hat sie die besten Ideen, aber wenn es dann so weit ist, bekommt sie Lampenfieber. Einzige Möglichkeit, es zu überwinden, ist, sich auf die Bühne zu stürzen und loszulegen. Das kennt sie bereits; aber sie hätte nie geglaubt, dass dieses Herzrasen nach so vielen Wochen immer noch derart intensiv sein würde. Kaum taucht jenes unverkennbare Klopfen auf, scheinen in Tonys Magen die Schmetterlinge Amok zu laufen. Nicht gut für das Gelingen ihres Planes. Nur die Taktik mit dem Auf-die-Bühne-Stürzen hat sich bisher noch immer bewährt. Daher holt sie nicht etwa tief Luft oder schließt die Augen, sondern reißt einfach die Tür auf.

Augenblicklich geht ohrenbetäubendes Gebrüll los. Auch das ist längst nicht mehr neu.

»Ahhhhhhhhhhhh!«, schreit es, und in der nächsten Sekunde hat Matty seine Arme um sie geworfen.

Zeitgleich ertönt ein quietschendes, schrilles: »Daddyyyyyyyyyyyyyy!«

Tony sieht aus den Augenwinkeln, wie Jade in beachtlicher Geschwindigkeit, wenn man die Kürze ihrer Beine bedenkt, zu dem anderen Neuankömmling stolpert. Der fängt sie mit einem dunklen Lachen auf, schwenkt sie einmal in der Luft herum und drückt sie an sich, um ihren schmatzenden Kuss entgegenzunehmen.

Okay, Tony.
It's Showtime!

Sie küsst Mattys Stirn, ignoriert dessen angewiderte Grimasse und schaut mit einem reservierten Lächeln zu Edward auf. »Hey!«

Der nickt wie immer, ohne einen Ton zu verlieren. Der Anblick des gepflegten Mannes im weißen Designerhemd entbehrt nicht eines gewissen Witzes. Mit regloser Miene hält er das Kleinkind im Arm, dessen Gesicht mit Tonnen von Schokoladenpudding verklebt ist und das seine Schokoladenpudding-Arme fest um seinen Designerhemdhals geschlungen hat. Obwohl Tony alles andere als zum Scherzen zumute ist – die Schmetterlinge gehen inzwischen zum kollektiven Selbstmord über –, muss sie lachen. Matty folgt ihrem Blick, und schon bricht auch er in wildes Gekicher aus.

»WAS?«, knurrt Edward.

Das ist der Auftakt zur Normalität, die sehr wohl mittlerweile existiert. Wären da nicht immer diese äußerst komplizierten fünf Minuten am Anfang.

An seiner Hand zieht Tony ihn durch die Tür in das kleine,

zugebaute Bad, direkt vor den Spiegel über dem Waschbecken. »Da!«

Schweigend betrachtet er sich; offenbar fehlen ihm die Worte, was in letzter Zeit häufiger vorkommt. Schließlich murmelt er: »Das ist übel ...«

»Sieht so aus«, pflichtet Tony ihm bei. »Das ist der Preis, den du dafür zahlst, eine Tochter im Alter von zwei zu haben. Was übrigens ein Kinderspiel ist. Wenn sie anderthalb sind, ist es viel spannender. Oder eins. Da spucken sie nämlich öfter mal ohne Vorwarnung. Und wenn du sie allein essen lässt, sehen nicht nur sie aus wie Schweine, sondern auch du und die gesamte Küche. Das Stadium, sich nur noch selbst einzusauen, beginnt erst ab ungefähr ... lass mich nachdenken ... ein und dreiviertel ...«

»Ich hätte ihn gern gezahlt«, bemerkt er und mustert ihr Spiegelbild.

Seufzend wechselte sie das Thema. »Hast du Susan noch gesehen?«

»Ja, sie kam, als wir losfuhren.«

»Carlos ist unten?«

»Du weißt, dass ich es nicht ändern kann.« Immer noch lässt er sie nicht aus den Augen. »Und wo wir gerade dabei sind: Hast du inzwischen wenigstens in Erwägung gezogen, dir ein größeres Apartement zu nehmen?«

Aus Tonys leichter Grimasse wird eine entnervte Fratze. »Kaum bist du hier, musst du wieder mit dem Scheiß anfangen.«

»Das ist kein Scheiß!«, beharrt er. »Du musst doch einsehen, dass dieses viel zu klein ist! Ich hätte dir gern einen Vorschlag unterbreitet, und solltest du einwilligen, spielt spätestens dann die ewige Enge eine gravierende Rolle.«

Sofort ist Tony argwöhnisch. »Was für ein Vorschlag?«

»Später«, erwidert er und macht sich daran, Jade den Schokoladenpudding vom Gesicht zu entfernen. Das Hemd ist versaut, da hilft nur noch Waschen. Nichts, was Edward noch aus der Fassung bringen kann, denn er ist durchaus lernfähig. Nachdem er an ihrem Debütwochenende vor drei Monaten mit genau zwei Ersatzhemden eintraf, ist er inzwischen bedeutend schlauer geworden. Die beiden Hemden haben nämlich genau die ersten vier Stunden überlebt.

Jetzt gibt es in dem kleinen Appartement einen festen Bestand an Herrenhemden und Shirts, obwohl Matty und Edward nur alle 14 Tage für zwei Nächte hier schlafen. Er tauscht sie nur regelmäßig gegen Frische, noch Duftende aus, und hat sich ausdrücklich verbeten, dass Tony und Susan sie waschen. »Ich bin nicht hier, um schmutzige Wäsche zu produzieren!« Das, einschließlich der eisigen Miene, war der einzige Kommentar in dieser Richtung.

Tony findet, in dieser Angelegenheit muss sie nicht unbedingt diskutieren, denn Wäschewaschen gehört nicht zu ihren Leidenschaften. In anderen Belangen lassen sich die Debatten leider nicht immer vermeiden.

* * *

Egal, wie siegessicher Tony sich an diesem Abend im Starbucks gefühlt hat, in Wahrheit hätte sie nie gedacht, dass Edward auf ihr Angebot einsteigen würde. Es muss für ihn wie der reine Irrsinn geklungen haben.

Aber er tat es – keine fünf Sekunden, nachdem sie ihm ihren Vorschlag unterbreitet hatte. Ohne Diskussion, ohne ein Nachverhandeln oder das Anmelden von leichten, vorsichtigen

Zweifeln, was das Gelingen ihres von Wahnsinn zeugenden Planes betraf.

Seitdem wohnen Matty und er alle zwei Wochen für knapp drei Tage in Tonys und Susans Wohnung. Tony hätte auch niemals geglaubt, dass Edward mit der Enge, dem Lärm und ganz bestimmt nicht zuletzt, mit der ständigen Unordnung zurechtkommen würde. Am Anfang sah auch alles danach aus, als würden sich ihre Befürchtungen bewahrheiten. Sehr hart hätte es sie nicht getroffen, denn er ist ein 40 Jahre alter Mann, der es gewohnt ist, in einem Schlafzimmer zu übernachten, das ungefähr die Ausmaße des gesamten Apartments besitzt. Sie kann ihm ein bisschen Menschlichkeit und Normalität zeigen, doch Wunder lassen sich bei einem Menschen dieses Alters nicht mehr vollbringen.

Es war wirklich schwer. Zu Beginn dieses seltsamen Arrangements wusste Edward nichts mit der ungewohnten Situation anzufangen. Das erste gemeinsame Wochenende kann man daher gut und gern als kompletten Reinfall bezeichnen. Auf der kleinen, etwas mitgenommenen Couch wirkte er deplatziert, sagte so gut wie nichts, sondern schleppte stattdessen pausenlos Jade durch die Gegend. Seine Miene war undurchdringlich bis hin zur totalen Desorientierung, und immer wieder betrachtete er Tony mit diesem besorgten Gesichtsausdruck, als meinte er, sie hätte nicht mehr alle Tassen im Schrank.

Zum Beispiel, wenn sie abwusch – einen Geschirrspüler hat sie nicht – oder die Wohnung saugte, dann verzog er zu allem Überfluss schmerzhaft das Gesicht. Nach einem Tag fragte er sie, wohin sie sich zurückzieht, wenn sie ihre Ruhe haben will, und erntete amüsiertes Gelächter – weshalb er dann gleich wieder wütend wurde. Nein, von Harmonie konnte man beim ersten

Wochenende wirklich nicht sprechen; Edward war sichtlich erleichtert, als er am Sonntag wieder gehen durfte, und Tony, weil sie seine schlechte Stimmung endlich nicht mehr ertragen musste. Sie bezweifelte stark, dass er sich dieses Experiment ein zweites Mal antun und somit zwangsläufig auch, dass ihr glorreicher Plan aufgehen würde.

Er *kam* wieder.

Pünktlich, 14 Tage später, stand er vor der Tür, diesmal mit mehr Wechselwäsche und einem grimmig/verbissenen Grinsen, das Tony irgendwie an Rambo erinnerte, kurz bevor der in die ultimative Schlacht zieht. An seiner Hand führte er einen strahlenden Matty. Letzterer hatte seine kleine Cousine sofort ins Herz geschlossen, und ihm zumindest bereitet diese gemeinsame Zeit unendliches Vergnügen. Es ist Jahre her, dass Tony ihn zuletzt so ausgelassen erlebt hat. Drei, um genau zu sein.

Edward schien sich auf dieses zweite Wochenende besser vorbereitet zu haben, denn er begann, sich in den normalen Tagesablauf einzubringen. Auf jeden Fall unternahm er den einen oder anderen mutigen Vorstoß. Die gingen meistens total daneben, denn er hatte weder Ahnung, wie man ein Frühstücksei zubereitet, noch kannte er sich mit der Müllentsorgung aus, oder damit, dass man einkaufen gehen muss, wenn der Kühlschrank leer ist, man aber trotzdem was essen will.

Doch er ist lernfähig. Viel beachtlicher noch: Er ist *bereit* zu lernen und sich den für ihn unter Garantie befremdlichen Verhältnissen anzupassen. Das ist ... unglaublich!

Tony hätte geschworen, dass er sich spätestens auf das dritte Wochenende freute. Susan hat ohne große Diskussion Tonys Vorschlag angenommen und verbringt die Zeit im riesigen Capwell-Anwesen. Am Swimmingpool, wie sie Tony vorschwärmt. Die hat dafür nur ein verächtliches Augenverdrehen übrig; irgendwie hat sie schon zu viel Zeit ihres Lebens am Pool verbracht. Etwas lästig ist, dass ständig der schwarze Maybach vor dem Haus parkt. Und immer sitzt mindestens Carlos darin. Widerwillig akzeptiert Tony es, wäre aber froh, wenn Edward auf diese Dauerbewachung verzichten würde.

An ihrem vierten Wochenende überraschte er sie am Samstagmorgen mit seinem ersten, selbstständig zubereiteten Frühstück. Es gab verkohlten Toast, Kaffee, der aussah wie zu kurz gezogener Tee, und verbranntes Rührei. Von Matty bekam er ein Stirnrunzeln, Jade spuckte mit einem »BÄH!« alles wieder auf ihren Teller, und Tony wartete angespannt auf Edwards Wutanfall.

Der blieb aus. Er war zwar nicht begeistert, trug seine Niederlage jedoch wie ein Mann, und begann unter Tonys behutsamer Anleitung mit Experiment Nummer zwei. Diesmal gelang es ihm bedeutend besser; auf jeden Fall verweigerten weder Matty noch Jade die Nahrungsaufnahme. Tony fand auch, dass es echt gut schmeckte. Die Vaterschaftsanerkennung hat sie inzwischen unterschrieben, und beim dritten Versuch nahm sie auch endlich seinen Scheck an, reichte ihn aber unverzüglich auf dem eigens für Jade eingerichteten Konto ein. Edward akzeptierte es kommentarlos.

Und ja, er hat nicht ganz unrecht: An ihren gemeinsamen Wochenenden wird es in dem kleinen Apartment sogar verdammt eng. Matty schläft in Susans Bett und Edward auf der Couch, denn neben Küche, Bad und Wohnzimmer existieren nur drei separate Schlafzimmer. Er erträgt es klaglos, so, wie er auch duldet, morgens um halb sechs von einer kreischenden Jade geweckt zu werden. Anfänglich billigte er selbst das Dosenessen und die ewige Tiefkühlnahrung – Tony war nie eine besonders gute Köchin. Erstaunlicherweise verkraftet er den Dreck und das Chaos – zwei Kinder verursachen jede Menge davon. Edward arrangiert sich mit allem. Mal mit mehr, mal mit weniger Fassung. Tony würde es nicht anders wollen. Niemand bekommt bei dem täglichen Stress mit Kind und Haushalt nicht ab und zu einen Tobsuchtsanfall. Warum soll er anders als alle anderen sein? Sie will, dass er normal ist.

Nicht besser.

Aber immer wieder versucht er, sie zu einem größeren Appartement zu überreden; mit Hinweis auf die damit verbundene höhere Miete lehnt sie ab und ignoriert sein Stirnrunzeln ebenso wie den düsteren Blick, kann allerdings nicht verhindern, dass er am Abend dieses sechsten gemeinsamen Freitages einen riesigen, prall gefüllten Ordner auf dem Tisch legt.

Matty und Jade schlafen endlich, Ruhe ist eingekehrt. Äußerst trügerische, so viel hat Edward auch inzwischen begriffen. Denn das Kinderzimmer liegt genau nebenan, und wenn man zu laut spricht, ist Jade sofort wieder wach. Was für die nächste halbe Stunde bedeutet, das Mädchen zu beschäftigen – wenn man Glück hat und sie eher menschlich aufgelegt ist. Hat Jade einen eher unmenschlichen Tag, kann sich die Nachtschicht auch schon mal über einige Stunden hinziehen, und die endet erfahrungsgemäß damit, dass sie entweder bei Edward auf der Couch oder bei Tony im Bett einschläft. Momentan steht es drei zu zwei für Edward; Tony begründet seinen leichten Vorsprung mit Jades Faszination für ihren Daddy. Ihre Mutter kennt sie seit ihrer Geburt, Edward seit ein paar Wochen und in dieser Zeit hatte sie ihn ganze 18 Tage. Kein Wunder, dass seine Anziehungskraft noch nicht gelitten hat. Außerdem schimpft er nie mit ihr; die Erziehung überlässt Edward nämlich ganz großzügig Tony. Wenn sie ihn deshalb zur Rede stellt, zuckt er mit den Schultern. »Du glaubst doch wohl nicht, dass ich es mir mit ihr versaue, weil ich ihr irgendwelche Vorschriften mache? Du hast sie geboren, an dir hängt sie automatisch, die Gefahr, dass sie dich hasst, ist daher eher gering. Aber mich kennt sie erst seit Kurzem; ich werde ganz bestimmt nichts riskieren.«

Tony hat nicht viel, was sie so viel geballter Logik entgegensetzen kann.

Trotzdem ist auch Edward froh, wenn Jade abends endlich schläft. Er würde das nie zugeben, aber seine müden Augen und sein Flüstern reichen voll und ganz als Beweis. »Sieh es dir wenigstens einmal an«, beharrt er so leise, dass Tony sich Mühe geben muss, ihn überhaupt zu verstehen.

»Nein!« Zwar wispert sie auch, aber mit totaler, unüberhörbarer Ablehnung.

»Warum musst du immer alles so verdammt kompliziert machen?«, erkundigt er sich entnervt.

»Das weißt du!«

Die beiden sitzen nebeneinander auf der Couch und trinken nach einem harten, erschöpfenden Tag ein Glas Wein. Tony weiß, dass Edward bereits wieder mit seiner Beherrschung kämpft, aber er wird immer besser. Nach einem eisigen Blick nimmt er einen großen Schluck und mustert sie entschlossen. »Ich möchte dir einen Vorschlag unterbreiten.«

»So was in der Art hattest du schon angedeutet.«

»Ja ...« Er zögert. »Ich würde gern die Wochenendregelung ein bisschen modifizieren.«

»Aha.«

»Von vierzehntägig auf jede Woche ...«

Sie schweigt.

»Am liebsten wäre es mir, wenn wir abwechselnd bei mir und bei dir ...« Als er ihren ablehnenden Ausdruck bemerkt, nickt er resigniert. »Das dachte ich mir, ich wollte diese Alternative auch nur der Form halber erwähnt haben. Trotzdem, Tony, nur fürs Protokoll: Ich besitze ein Haus. Falls dir das inzwischen entfallen sein sollte.«

»Ich leide nicht unter Alzheimer«, kontert sie kühl.

»Das hatte ich dir auch nicht unterstellt. Eher, dass du dazu neigst, die Dinge zu verdrängen, die dir nicht unbedingt gefallen.«

Dieses Kompliment kann sie ruhigen Gewissens erwidern. Sein Blick ist ausdruckslos, genau wie seine Stimme. »Ich besitze ein Haus und mir gehört ein Unternehmen, das die Größe eines mittelständischen Familienbetriebes geringfügig überschreitet.« Edward ignoriert ihre Grimasse. »Ich habe Verpflichtungen, weshalb es mir unmöglich ist, jede Woche nach West Palm Beach zu fahren. Aber ich sehe, wie schnell Jade wächst. Jedes Mal, wenn 14 Tage vergangen sind, erkenne ich sie kaum wieder. Mir ist schon zu viel Zeit mit ihr entgangen, ich kann mir nicht noch mehr leisten, will es auch nicht. Deshalb würde ich unsere Regelung gern ändern, was allerdings nur funktioniert, wenn du bereit bist, mir ein Stück entgegenzukommen.«

Leise lacht sie auf. »Warum sollte ich das tun?«

»Weil dir vielleicht das Glück deiner Tochter und auch deines Neffen am Herzen liegt?«

Diesmal schnaubt sie. Etwas zu laut, denn schon hören sie nebenan ein leises, aber sehr verdächtiges und beunruhigendes Husten. Hastig legt er seine Finger auf ihren Mund. »SCHHHT!« Nackte Panik steht in seinen Augen, und Tony kämpft wieder mal gegen einen hysterischen Kicheranfall. Er wird nie erfahren, wie scheiße heiß er in solchen Momenten ist.

Angestrengt lauschen sie, und als auch nach einer Weile kein neues Räuspern erfolgt, senkt er erleichtert die Hand. Tony beugt sich zu ihm vor und wispert eindringlich: »Ich glaube, du verwechselst hier was! Es geht dir nicht um Jade und Matty, sondern nur um dich! Du willst die Kleine öfter sehen, bist aber nicht bereit, weiterhin die Fahrtstrecke in Kauf zu nehmen. Lass mich raten, am liebsten wäre dir, wenn ich zu dir ziehe?«

»Das kann ich wohl kaum leugnen.«

»Okay, wenigstens bist du ehrlich.«

Entnervt stöhnt er. »Anthonia, ich bin immer ehrlich zu dir.«

Und genau das stimmt nicht, ist aber momentan nicht das Thema. Wie üblich, wenn er mit solchen hinterhältigen Attacken kommt, muss sie sich dringend konzentrieren. Ansonsten hat er nämlich gewonnen, bevor die Diskussion überhaupt richtig in Gang gekommen ist. Das passiert ihr in letzter Zeit immer häufiger.

Nach einem tiefen Stöhnen hebt er mit einem Finger ihr Kinn und sieht ihr tief in die Augen. »Hör dir meinen Vorschlag doch wenigstens an und lehne ihn nicht sofort ab.«

Es ist so unfair! Sie haben fünf verdammte Wochenenden miteinander verbracht, ohne sich einmal zu nahe zu kommen, keine Berührung, schon gar kein Kuss, nichts; weshalb das jetzt Tony total unvorbereitet trifft. Sie ist nicht fähig, etwas zu sagen, geschweige denn zu denken, stattdessen starrt sie ihn nur an.

Dabei klopft ihr Herz bis zum Hals, die Aufregung – worauf auch immer – schnürt ihr die Kehle zu und sie kann nur wie eine Idiotin seine Lippen fixieren.

Küss mich!

Scheiße!

»Bitte«, murmelt er mit dieser sanften, dunklen Stimme. »Anhören kostet dich doch nichts.«

Wie in Trance nickt sie; zufrieden lässt er den Finger sinken, und sie könnte ihn schlagen. Verdammt! Nicht nur, dass er sie immer noch erfolgreich manipulieren kann, er tut es auch noch! Nur, um seinen Vorteil auszunutzen, weil sie in solchen Momenten nicht mehr klar ist. So ein dreckiger Bastard!

Der dreckige Bastard klingt übrigens plötzlich höchst geschäftsmäßig. »Ich dachte mir bereits, dass du meine Wunschlösung ablehnen würdest. Daher nahm ich mir die Freiheit heraus, die Prospekte einiger derzeit frei stehender Apartments mitzubringen. Frei stehende Apartments in Miami«, fügt er etwas leiser und nicht mehr ganz so arrogant hinzu.

Schon schnappt sie nach Luft. »Ich kann nicht dorthin ziehen! Ich habe hier meinen Job! Susan auch! Das ist unmöglich!«

»Lehne es doch nicht gleich ab!«, beharrt er. »Jobs gibt es überall. Besonders diese schlecht bezahlten, obwohl ich nicht oft genug betonen kann, dass ich diese Angelegenheit für expotenziellen Schwachsinn halte.«

»Sicher tust du das«, murrt Tony. »Du hast ja auch ein paar Milliarden geerbt. Die meisten anderen Leute, die nicht so viel Glück hatten, müssen leider arbeiten gehen, um für ihren Lebensunterhalt zu sorgen.«

»Auch ich gehe einem Beruf nach!« Das kommt eisig.

Hastig sieht sie zu ihm auf. »Es tut mir ...«

Doch er schüttelt den Kopf, seine Lippen sind schmal. »Das ist das ganze Problem, oder? Du glaubst, mir wäre es immer zu gut gegangen, ich hätte es im Leben viel zu einfach gehabt, und daher könnte ich mit der harten Realität des Daseins nicht umgehen, richtig? Aber du verkennst da einige gravierende Dinge. Das Hauptsächlichste ist: Habe ich nichts, dann trage ich auch keine Verantwortung. Je mehr mir gehört, desto mehr Verpflichtungen obliegen mir und desto weniger kann ich mich nach meinen persönlichen Wünschen richten. Und wenn ich – deiner Ansicht nach – alles habe, dann bleibt nicht mehr viel Platz für persönlichen Freiraum. Auch das ist eine Wahrheit. Ich habe dir das neulich erklärt, aber ich hätte wissen müssen, dass du mich nicht ernst nimmst.«

»Ich nehme dich ernst!«

»Nein!«, entgegnet er. »Genau das tust du nicht! Du hast nichts von dem verstanden, was ich versuchte, dir an jenem Tag in diesem Café zu erklären. Du weigerst dich, das anzuerkennen. Sonst hättest du deine Meinung in der Zwischenzeit geändert. Es ist nicht einfach. Nichts davon. Der Umstand, dass ich alle 14 Tage hier bin, kostet mich ein Vermögen! HALT!« Schon hat er eine Hand erhoben. »Kein Cent davon tut mir leid. Aber es ist nun mal auch eine Realität, dass ich dies hier nur mit einem riesigen Sicherheitsaufgebot realisieren kann. Du willst, dass ich kein Geld für Jade ausgebe, und schon gar nicht für dich. GOTT BEWAHRE! Dabei ist das faktisch unmöglich! Du lässt mir überhaupt keine Wahl! Dadurch, dass du es so unglaublich verkomplizierst, steigen die Kosten momentan ins Unermessliche. Verstehst du, was ich dir damit sagen will?«

»Carlos steht vor dem Haus oder vor der Tür, was weiß ich!«, schnaubt sie. »Ich meine, was ...«

»Das ist, was du siehst«, erwidert er leise. »Was du sehen willst und was du sehen sollst. Die Wirklichkeit ist nur den wenigsten Menschen bekannt, sonst wäre der gesamte Aufwand vergebens. Komm ...« An der Hand zieht er sie zum Fenster. Unter ihnen liegt die dunkle, nur spärlich beleuchtete, ruhige Seitenstraße. Er zeigt zu einigen verglasten Öffnungen in der gegenüberliegenden Häuserzeile.

»Dort ... das ... dieses ... und das Hintere mit der Pflanze. In diesen Räumen befinden sich meine Leute. Wir mussten die Appartements kaufen, um Aufsehen zu vermeiden.« Sein Finger weist als Nächstes erst nach links, dann nach rechts zu den beiden Enden der Straße, die jeweils an einer Kreuzung münden. Mit etwas Mühe kann Tony zwei blaue Vans ausmachen.

»Siehst du?«

Trotz wachsender Falten auf der Stirn nickt sie.

»Meine Leute.«

Edward deutet auf den Maybach, direkt vor der Haustür. »Carlos oder Juan, je nachdem, wer gerade schläft.«

Dann richtet er seinen Finger senkrecht nach oben und Tony folgt seinem Blick. Daraufhin deutet er direkt nach unten. Tonys Augen – inzwischen ziemlich groß – betrachten das etwas abgenutzte Parkett ihres Wohnzimmers. »Meine Leute«, sagt er leise. Intensiv mustert er sie; es hat etwas Resigniertes an sich, bevor er ihr Gesicht zwischen seine Hände nimmt und sie fixiert. Seine Stimme ist weich und um seine Lippen spielt mit einem Mal ein sanftes Lächeln. Es ist gütig und nachsichtig; so betrachtet jemand sein Kind, wenn es wieder mal zu viele Bonbons genascht hat und er ihm diese Unvernunft nachsieht.

»Du kannst dir noch so viel Mühe geben; was du planst, wird nicht funktionieren. Denke nicht, ich wüsste das nicht zu schätzen. Ich genieße diese Zeit hier bei euch. Es ist besser, als alles, was ich bisher in meinem Leben erlebt habe ... und abenteuerlicher«, fügt er trocken hinzu.

Tony bringt es nicht mal auf ein Lächeln.

»Aber ich werde niemals ein normaler Mann sein. Nicht, weil ich es nicht will, sondern weil ich es nicht *kann!* Du versuchst, eine Illusion zu erschaffen, die es so nie geben wird. Das ist keine Frage von mangelnder Kompromissbereitschaft; ich hoffe, du glaubst mir, dass ich wirklich zu jeder Schandtat bereit bin, solange es irgendwie möglich ist. Aber du hast keine Ahnung, was es kostet, dieses Heile-Welt-Spiel zu realisieren. Wenn du nur ein bisschen einlenken würdest, wäre unser Zusammensein nicht mehr halb so aufwendig. Und vor allem: nicht halb so gefährlich. Ich müsste mir nicht ständig Sorgen um eure Sicherheit machen. Besonders, wenn ich nicht hier bin. Denn ...« Eingehend betrachtet er ihren zunehmend verwirrten Ausdruck. »Ach, Scheiß drauf!«

Als seine Lippen ihre berühren, schließt Tony die Augen. Es wird kein langer, intensiver, leidenschaftlicher Kuss, eher ein vertrauter. Die Gedanken in ihrem Schädel rasen nur so, weil sie versucht, dahinter zu gelangen, was er ihr eigentlich sagen will. Gleichzeitig erwidert sie seine Umarmung. Doch er vertieft den Kuss nicht, und sie bringt nicht den Mut auf, es selbst zu tun. Es ist nicht das, was er will. Nicht jetzt.

Viel zu früh hebt er den Kopf, seine Miene ist entschlossen, und nun erst gibt er ihr Gesicht frei, nimmt stattdessen ihre Hand und führt sie zur Couch, wobei er sorgsam darauf achtet, dass sie dicht neben ihm bleibt, als sie sich setzen. Er legt einen Arm um ihre Schulter und zieht sie an sich, bis ihre Stirn an seiner Brust ruht. Tony schließt die Augen. Es ist schön, so mit ihm zusammen zu sein, auch wenn sie weiß, dass er ihr in Kürze ein paar sehr unangenehme Wahrheiten erläutern wird.

Edward lässt sie nicht lange zappeln. »Ich war nie ein normaler Mensch, deshalb kann ich mit dem ganzen Theater noch verhältnismäßig gut umgehen. Es kommen immer Zeiten, in denen die Lage angespannter ist und wieder andere, in denen selbst jemand wie ich eine relativ normale Existenz führen kann. Aber was in den letzten Monaten geschehen ist, gab es noch nie. Die Gründe dafür sind vielschichtig, etliche Faktoren spielen ineinander, und es würde zu weit führen, dir das auseinanderzunehmen. Ich will dir nur verständlich machen, dass das Leben für mich und alle Personen in meiner Nähe noch nie so unsicher war.« Als er fortfährt, spricht er noch ein bisschen gedämpfter. »Ich bin kein alltäglicher Mann, das ist bekannt. Dass du jedoch auch keine normale Frau mehr bist, weniger. Ich wollte dir das auf andere Art beibringen. Schonender. So war das nicht geplant, ich schwöre. Du bist so verdammt ahnungslos. So arglos ...«

»Was willst du damit sagen?« Anstatt einer Antwort spürt sie seine Hand auf ihrer Stirn, die ihren Kopf noch dichter an seine Brust drückt.

»Edward ...«

»Still!« Seine Finger, eben noch auf ihrer Stirn, streichen über ihr Haar, und Tony wird allmählich mulmig. Was hat er denn? Ist er doch ein gesuchter Mafiaboss? Ist das FBI hinter ihm her? Der CIA? Der Mossad? Der KGB? DAS FINANZAMT? WAS? Es dauert noch mal gefühlte fünf Ewigkeiten, bevor er wieder spricht. Leise, ausdruckslos, eisig. Und wenn sie 100 Jahre alt wird. Sie wird ihn niemals verstehen können!

Nie!

»Ein Grund, weshalb ich dir damals nicht folgte oder versuchte, deinen Aufenthaltsort herauszufinden, war, um die Aufmerksamkeit nicht auf dich zu lenken. Ich hoffte – erfolgreich –, dass dein Vorhandensein weitestgehend unbemerkt geblieben war. Um wenigstens dir ein normales Leben zu ermöglichen. Carlos und Dean sind vornehmlich bei euren Treffen anwesend, um dafür Sorge zu tragen, dass ihr aus dem Licht der Öffentlichkeit gehalten werdet. Auch Mattys Bild soll nirgendwo erscheinen. Nicht, solange ich es irgendwie verhindern kann. Seine Existenz ist bekannt, aber nicht sein Gesicht. Das erschwert die Arbeit für mögliche Entführer. Eine reine Schutzmaßnahme, nicht besonders spektakulär.«

Nach fünf weiteren Ewigkeiten ist er auch schon fähig, fortzufahren.

»In dem Moment, als du nach dem Absturz in mein Haus fuhrst, warst du nicht mehr geheim. Du hast keine Ahnung, was man alles anhand eines Autokennzeichens ermitteln kann. Okay. Du warst also Mattys Tante, über acht Ecken mit mir verwandt, daher von nicht sonderlich großem Interesse. Wir scheinen keinen Kontakt zu pflegen; du lebst in ›gewöhnlichen‹ Verhältnissen. Die Aufmerksamkeit für dich gab sich so schnell, wie sie aufgekommen ist. Zumal du das Haus so kurz nach meiner Rückkehr wieder verlassen hattest.«

Die letzten Worte kommen sehr leise, sie spürt seine Lippen auf ihrem Haar. Er lässt sie dort für eine Weile, dann verschwinden sie und er holt tief Luft.

»Wenn ein Mann wie ich eine Vaterschaft anzeigt, dann ist das wie ein Erdbeben. Wenn es ein Junggeselle ist, noch dazu in meinem Alter, bei dem die Medien seit Jahren auf die ausstehende Hochzeit warten, dann sind das wenigstens zwei

Erdbeben. Wenn es sich dann aber auch noch um ein uneheliches Kind von einer weitaus jüngeren Frau handelt, die in – entschuldige den Ausdruck – heruntergekommenen Verhältnissen lebt, dann kommt das einem globalen Inferno gleich. Irgendeine undichte Stelle gibt es bei den Behörden immer. In den allermeisten Fällen sind es ganze Löcher. Die Beamten sind chronisch unterbezahlt, mindestens die Hälfte wird von der Presse geschmiert. Nichts bleibt geheim. Sobald ich mich als rechtmäßiger Vater von Jade geoutet hatte, befandest du dich unwiderruflich im Licht des öffentlichen Interesses. Du und Jade ... und Susan.«

»Aber ...«

Seine Hand auf ihrem Mund bringt sie zum Schweigen.

»Du hast nichts bemerkt, natürlich nicht.« Er lacht leise und ein bisschen erschöpft, findet Tony. Bevor sie sich jedoch über seine Arroganz wirklich ärgern kann, spricht er weiter. »Was geschehen würde, war absehbar. Erfahrungswerte. Ich bin nicht der Erste, der sich – äh – einen Patzer erlaubt. So jedenfalls wird die Geschichte aufgenommen. Auch das ist nicht sehr verwunderlich. Euch ist deshalb alles entgangen, weil ich vorher dafür sorgte, dass nichts und niemand euch zu nahe kommt. Meine Leute postierten sich unbemerkt in den Apartments. Es war gar nicht so einfach, deinen Obermieter von seinem Auszug zu überzeugen, das kannst du mir glauben.«

Tony runzelt die Stirn. Weder Susan noch sie haben sich je großartig mit der Nachbarschaft auseinandergesetzt. Aber ja ... Mr. Blue, der ältere Herr über ihnen, ist vor einigen Monaten ausgezogen. Sie begegnete ihm zufällig mit einer Kiste im Arm auf der Treppe.

»Die Presse ist vielleicht ekelhaft, aber nicht das wahre Problem. Du stehst unter ständigem Schutz, Tony. Genau wie Jade und Susan. Es tut mir leid, aber nur so kann ich eure Sicherheit gewährleisten. Du bist die Mutter einer der reichsten und mächtigsten Erbinnen der Welt. Nicht Amerikas. DER WELT. Ich weiß, du hast das nie bis in diese Einzelheit begriffen und ich habe immer darauf verzichtet, dir das entsprechend zu verdeutlichen. Aber jetzt ... Deine Unbeschwertheit lässt mir keine Wahl. Du hattest damals keine Ahnung, was für ein Unternehmen ich geerbt habe. Timotheus hat es dir wohl nie gesagt, was mir erst verständlich machte, wie ahnungslos du bist. Ich hätte es gern dabei belassen, denn ich bin mir nicht sicher, ob du mit der Alternative glücklicher sein wirst.«

Sein Lachen ist kurzlebig und trocken. »Na ja, eigentlich bin ich mir ziemlich sicher, dass die Alternative ehrlicher Bullshit ist, aber entscheide selbst ...«

Wieder vergeht eine Ewigkeit und als er spricht, klingt er eisig, finster und endgültig.

»Dein normales Leben ist seit mehr als drei Monaten Geschichte. Du bist nie allein. Weder, wenn du zur Arbeit gehst, noch, wenn du deine Einkäufe erledigst oder den Müll hinausträgst. Deshalb finde ich die Beharrlichkeit, mit der du an deinem Job festhältst, so irrsinnig. Weil der Aufwand, für deine Sicherheit zu sorgen, um ein Tausendfaches höher ist als das, was du dort in einem Jahr verdienst. Du bringst dich vorsätzlich in Gefahr. Für nichts! Das ist die Realität. Dein Boss ist übrigens ein unerträglicher Schleimer, aber das nur nebenbei ...«

Angestrengt versucht Tony, all diese Informationen zu verarbeiten. Vielleicht sollte es sie nicht sonderlich verwundern, andererseits weiß sie, dass ihr Horizont noch nicht weit genug reicht, um die Dimension wirklich zu erfassen. Edwards Vorwurf ist berechtigt: Sie hat ihn nicht ganz ernst genommen.

Viel weicher spricht er schließlich weiter. »Du kannst mir vorwerfen, dir all diese Konsequenzen nicht im Vorfeld ausgemalt zu haben. Aber verstehst du, dass ich es tun musste? Ich hätte mich niemals von Jade fernhalten können, nicht, nachdem ich sie gesehen hatte. Und es war nur eine Frage der Zeit, bis sich die ersten Idioten – egal, welche – gefragt hätten, was ich denn so oft in West Palm Beach zu schaffen habe. Ich muss alles Menschenmögliche unternehmen, um euch vor dem Schlimmsten zu bewahren. Und du hast keine Vorstellung, was alles möglich ist ... Es war keine Sekundenentscheidung. Die Legitimation Jades und alle daraus folgenden Schritte. Aber gut ist es nicht. Trotz allem nicht. Ich stehe 10 000 Ängste aus, wenn ich gezwungen bin, wieder nach Miami zu fahren und euch allein zu lassen. Wenn irgendetwas passiert, könnte ich nicht mal eingreifen. Tony, ich will mir wirklich nicht ausmalen, was ich tun soll, sollte euch was passieren.«

Er nimmt sie an den Schultern und schiebt sie von sich, um sie ansehen zu können. Seine Miene ist finster, immer noch mit dieser Entschlossenheit gesättigt. »Ich weiß, es ist unfair, dich so schonungslos mit der Realität zu konfrontieren. Aber es lässt sich nicht länger vermeiden! Du wirst sonst nie begreifen, weshalb ich in bestimmten Situationen nicht anders reagieren kann! Weshalb ich die Dinge unbedingt ändern muss. Obwohl es mir wirklich gefällt. Aber eigentlich ...«

Aufmerksam betrachtet er sie. In seinem Gesicht arbeitet es, wie immer, wenn er die Dinge gegeneinander abwiegt. Es dauert diesmal nicht lange, bis er zu einer Entscheidung gelangt ist.

»Das sollte anders ablaufen. Ich hatte keinen echten Plan, aber irgendwie sollte es ... ich glaube, romantisch ...«, er zieht eine Grimasse, »... ist das gängige Wort. Ich wollte es romantisch halten. Aber ich will nicht länger warten.« Mit einem Mal ist er ernst. »Anthonia ... Willst du meine Frau werden?«

28. Die Beichte

Ehe Tony antworten kann, bevor sie überhaupt den Sinn all dessen, was er gerade gesagt hat, bis hin zu seiner abschließenden Frage, erfasst hat, verliert sie vorübergehend die Kontrolle. Bereitwillig lässt sie sich in seine Arme ziehen; sein Blick wandert über ihr Gesicht und verharrt schließlich auf ihren Lippen. »Tony ...«

Als er näherkommt, schließt sie die Augen und fühlt kurz darauf seinen Mund auf ihren Lippen. So zärtlich. Nur ein Hauch, ein Versprechen auf mehr, wenn sie es nur will. So verlockend. Keine Chance, ihm zu widerstehen, nicht auf Anhieb. Tony lässt sich nicht lange bitten.

Ihre Ellbogen legen sich auf seine Schultern, ihre Finger halten seinen Kopf. Sofort erscheint seine Hand in ihrem Nacken und endlich werden seine Lippen unnachgiebiger, er wird leidenschaftlicher, seine Zunge berührt ihre, bevor er ihren Mund erkundet. Tony hört sich stöhnen, ihre Finger verkrallen sich in seinem Haar, ihre Brüste reiben sich an ihm, die Spitzen klein und fest; sein Griff an ihrem Hals verstärkt sich, sorgt dafür, dass sie ihm nicht entfliehen kann. Längst hat sich sich auf ihn gesetzt, klares Denken ist unmöglich, während sie seine Härte an ihrer Feuchtigkeit spürt, während sie die Hüften kreisen lässt, während sie ihn keuchend küsst und seinen Duft einatmet.

Für ein paar Sekunden gönnt sie sich diese Auszeit, genießt für ein paar selige Augenblicke seine Leidenschaft, bevor wieder das Grübeln einsetzt ...

Bisher hat sie noch nicht ganz verstanden, wann innerhalb der letzten paar Minuten aus dem Nicht-Anfassen-Stadium das Kuss-Stadium geworden ist. Vor allen Dingen, warum?

Fünf Wochenenden hat er nicht den kleinsten Annäherungsversuch gewagt. Das ging so weit, dass er eilig zurückwich, sobald sie Gefahr liefen, sich vielleicht beim Tischdecken oder Kochen in der Küche zufällig zu berühren. Nach einer Weile hat sie sein Verhalten ziemlich frustriert, und es steigerte die Zweifel, ob das, was sie tut, überhaupt einen Sinn ergibt. Obwohl Susan ihr Vorhaben für gut befunden hat, sie sogar ermuntert hat, es durchzuziehen.

Streichelnd bewegte sich seine Hand an ihren Kurven hinab und Tony stöhnt auf. Ganz klar, er will sie mal wieder manipulieren. Inzwischen kennt sie ihn zu gut; er ist sich nicht zu schade, ihre Liebe zu ihm zu benutzen, und versiert genug, sie umfassend zu verwirren.

Oh ja ...

Sie hört sein dunkles Stöhnen, seine Finger in ihrem Haar greifen fester, während er küsst, so gut riecht und sich so gut anfühlt. Mühsam versucht sie, ihre Gedankengänge zu Ende zu bringen, während er ihr das gibt, wonach sie sich so sehr sehnt. Das ist nicht leicht, und das weiß er ganz genau.

Innerhalb weniger Minuten hat sie erfahren, dass sie unter Umständen besser beschützt wird als der Präsident, dass sie hier unmöglich länger wohnen bleiben kann, dass ihr altes Leben unwiderruflich der Vergangenheit angehört, dass er sie bittet, seine Frau zu werden ...

DASS ER SIE BITTET, SEINE FRAU ZU WERDEN!

Schlagartig ist sie aus dem Reich der Leidenschaft zurück auf festem, realistischen Boden.

Jaaaa, da war doch noch was! Unter Aufbietung ihrer zur Verfügung stehenden Beherrschung nimmt sie den Kopf zurück und beschwört sich, richtig zu reagieren. Kein hysterischer Anfall – den würde er nicht verstehen. Keine schnoddrige Abfuhr – die würde er nicht einmal annähernd nachvollziehen können und verletzt sein. Stattdessen muss sie ihm verständlich machen, dass dies nicht der korrekte Weg ist; gleichzeitig darf er aber auch nicht befürchten, sie zu verlieren. Das zu erreichen und trotzdem standhaft zu bleiben, ist eine der größten Herausforderungen, denen sich Tony jemals gegenübergesehen hat.

Zärtlich nimmt sie sein Gesicht zwischen ihre Hände und sieht ihm tief in die erregten, dunkelblauen Augen. Wobei sie sich Mühe gibt, nicht darauf zu achten, dass seine Lippen feucht schimmern und seine Erregung immer noch da ist. »Warum willst du mich heiraten?«

Verwirrung macht sich breit, die Aufrichtigkeit in seinem Gesicht verdoppelt sich nochmals und er zieht ihre Arme herunter.

»Das sagte ich dir bereits. Am Abend in diesem Café ...«

Lächelnd legt sie den Kopf zur Seite. »Erzähl es noch mal. Für mich.«

Eisig betrachtet er sie. Doch nach einer Weile beginnt es offensichtlich, in seinem Kopf zu arbeiten. Was bedeutet, dass er versucht, zu einer Entscheidung zu gelangen. Diesmal dauert es gefühlte Ewigkeiten, bis er sie gefunden hat. Und Tony erkennt mit einigem Erstaunen, dass es ihm noch mehr Schwierigkeiten bereitet als bei Starbucks. Er kämpft, und wenn Edward das tun muss, kann er alles vergessen. Selbst seinen Hass dagegen, Gefühle auszudrücken. Aber sie schätzt, dass es für ihn weitaus schlimmere Situationen gab. Momentan fühlt er sich schon auf der Siegerstraße, was sie ihm nicht mal verübelt. Wenn auch noch nicht ganz so, wie er es gern will, hat er trotzdem seine Tochter. Dass Tony ihn liebt ... okay, sie schätzt, dahinter zu kommen, war wohl nicht sehr schwer. Was soll schon schiefgehen?

»Ich ...«

Weiter kommt er nicht, obwohl er sich nach Kräften bemüht, aber es will ihm nicht gelingen. Sein Gesicht wirkt wie blockiert. Innerlich die Augen verdrehend legt sie ihre flache Hand auf seine Brust und schiebt.

Widerstand umwölkt seine Miene, als er erst ihre Hand betrachtet, dann in ihr Gesicht sieht ... Doch schließlich lässt er sich auf die Couch drücken, zieht sie mit sich, hält sie in seinem Arm; ihre Hand liegt immer noch auf seiner Brust, ihr Kopf an seiner Schulter und sein Kinn in ihrem Haar. Irgendwann stehlen sich seine Finger wieder in ihren Nacken und sein Daumen streicht langsam auf und ab, was unentwegt heiße und kalte Schauer durch ihren Körper jagt. Aber er sagt nichts.

Als Tony bereits jede Hoffnung aufgegeben hat, ertönt seine zögernde, ausdruckslose und kaum hörbare Stimme ...

* * *

»Die Zeit in diesem verdammten Sumpf ... Dass es vier Tage waren, erfuhr ich erst, als sie mich da endlich herausholten ... Ganz ehrlich, ich dachte nicht, dass ich dem lebend entkomme.

Die Chancen standen alles andere als gut.«

Erst nach einigen Sekunden spricht er weiter.

»... Wenn man sich in einer so beschissenen Gesamtlage befindet, beginnt man, sein Leben zu überdenken. Ich glaube, das geht jedem so. Außerdem sucht man nach Ablenkung ...«

Die nächste Pause folgt.

»Viel gibt es nicht, worauf ich stolz sein kann. Das zu erkennen, war nicht sehr angenehm. Was die Familienehre betrifft, habe ich sogar total versagt. Unverheiratet mit 40, was für ein Skandal!« Der Spott ist unverkennbar. »Seit dem Tod meiner Eltern habe ich das Unternehmen sträflich vernachlässigt. Sechs Stunden, allerhöchstens acht pro Tag, sind nicht das, was man von einem Capwell erwartet, du verstehst?«

Edward wäre überrascht, aber dieser Gedanke war ihr auch schon gekommen. Für den Chef eines Weltkonzerns hat der Mann verdammt viel Zeit. Tony kennt sich nicht so aus, aber wenn sie Millionär hört, oder Milliardär und gleichzeitig ›internationaler Firmenboss‹, stellt sie sich zwangsläufig einen dieser Workaholics und Global Player vor. Das ist Edward nicht, andernfalls wäre ihr Aufenthalt auf der Insel überhaupt nicht möglich gewesen. Wie lange war er damals täglich fort? Vielleicht zehn Stunden. Manchmal mehr, meist weniger. Wenn man die zwei Stunden Hin- und Rückflug einberechnet, ist das nicht sehr viel.

»Meine gesellschaftlichen Verpflichtungen ignorierte ich auf unverantwortliche Weise ... Im Grunde trat ich das Erbe meiner Eltern brutal mit Füßen. Obgleich ich nie ganz verschwand und meine Pflicht erfüllte. Ich ließ mich hin und wieder blicken, mehr nicht. Häufig dachte ich nicht darüber nach, weil ...« Gleichmütig zuckt er mit den Schultern. »Es interessierte mich nicht! Keiner ist da, der mir Vorhaltungen machen kann. Es gibt nichts und niemanden, der den unaufhörlichen Aufstieg der ›Capwell International Group Inc.‹ aufhalten könnte. Nicht mal ich! Waffen verkaufen sich immer bestens, du verstehst? Was macht schon eine Milliarde Gewinn mehr oder weniger? Wir sind zwar eine Holding, aber ich halte die Aktienmehrheit. Unantastbar. Es liegt in meiner Verantwortung, was geschieht. Es ist mein Geld, alles meins ...« Er zögert. »Auch ich bin ganz allein, weißt du?«

Sie weiß es.

»Ich hielt mich nie an die ungeschriebenen Gesetze. Ich heiratete nicht, obwohl es Anwärterinnen zuhauf gibt, und ich zeugte keinen ›Stammhalter‹. Es gab nur eine Angelegenheit, in der ich mich sogar ganz genau an die Regeln hielt und mir das versagte, was ich will.« Erneut zögert er. »Dich.«

Seine Arme legen sich etwas fester um sie; Tony bettet ihren Kopf auf seine Brust und fährt mit den Fingerspitzen über seinen Arm. Für eine lange Zeit tritt Stille ein. Mit einiger Faszination lauscht sie seinen ruhigen Atemzügen; er ist nicht aufgeregt, sein Herz schlägt fest und regelmäßig, und sie ahnt, dass er die Augen geschlossen hält. Inzwischen hat sie sich an seine seltsame Vortragsart gewöhnt. Einige hastige – total inhaltsreiche – Sätze. Dann eine Weile Stille, um neuen Mut zu sammeln. Irgendwann folgt der nächste Rausch.

So läuft es, wenn Edward Capwell sich zwingt, aufrichtig zu sein.

Zwei Minuten später ...

»Du glaubst, ich hätte keine Gefühle, und mein Verhalten muss dich in dieser Überzeugung noch bestärkt haben. Aber du hast keine Vorstellung, wie schwer es mir fiel, mich nach dieser Nacht von dir fernzuhalten. Ich hätte so gern dort weitergemacht, wo wir aufgehört haben. Zu einer Affäre mit dir war ich sofort bereit. Aber etwas anderes ... mehr ... Dazu konnte ich mich nicht überwinden. Ich manipulierte dich, indem ich dir sagte, dass ich dich nicht will. Und gleichzeitig manipulierte ich mich selbst, in dem ich mir vor Augen führte, dass es nicht funktionieren *kann*. Im Zweifelsfall muss man sich immer der kühlen Logik bedienen, weißt du? Aber selbst das ging mehr und mehr schief. Du warst da und ich ...«

Eine Minute später ...

»Aurora kenne ich, seit sie ein kleines Mädchen war. Sie unterschied sich immer von den anderen aus meinen Kreisen. Ich spreche von den potenziellen Mrs. Capwells, wenn du verstehst, was ich meine. Die ödeten mich immer an. Lange Zeit konnte ich das nicht verstehen. Bis ich irgendwann dahinterkam, woran es liegt. Das war im November, vor drei Jahren ...«

Zwei Minuten später ...

»Es war ihre Passivität, obwohl ich mir die Alternative lieber nicht vorstellen wollte. Irgendwann ging mir auf, dass sie mir zu langweilig sind, zu angepasst. Sie sollten mir die Stirn bieten, mir ihre Meinung sagen und nicht immer so verdammt devot und behutsam sein. Warum konnten sie nicht einmal vorlaut sein, auch wenn sie damit meinen Zorn riskierten? Das hätte mich an einer Frau fasziniert. Nicht dieser ewige Perfektionismus ...«
Tony hört sein Grinsen.

Zweieinhalb Minuten später ...

»Aurora war immer ein Rebell. Sie ließ sich nicht ›drillen‹ wie die anderen Mädchen. Das ist auch so etwas, was ich versuchte, dir zu erklären. Diese Frauen werden ihr Leben lang darauf getrimmt, mit einem mächtigen Mann verheiratet zu sein. Du würdest nicht glauben, wie mittelalterlich das heute noch abläuft. Sie lernen, zu gehorchen, nicht zu widersprechen. Sie sind dazu da, ihrem Mann das Leben so angenehm wie möglich zu gestalten und ihm die Kinder zu gebären. Sie haben seine außerehelichen Eskapaden zu dulden, was sie auch tun. Widerstandslos. Sie sind ...«

Dreißig atemlose Sekunden später ...

»... die perfekten Marionetten. Alles, um ihren Familien zu noch mehr Macht zu verhelfen, als die ohnehin schon besitzen. Die Wenigsten wehren sich dagegen. Aurora ist anders. Sie ließ sich nie verbiegen oder mundtot machen. Als wir uns damals zufällig wiedersahen, befand sie sich gerade auf der akuten Flucht vor einem Mann. Nun, um ehrlich zu sein, vor einem Mann, dessen Vater und ihrem eigenen Dad. Die Verkuppelung war bereits perfekt; sie hatte kaum eine Chance, dem zu entrinnen. Die Alternativen sind schlecht: Entweder sie löst sich von ihrer Familie und bleibt mittellos zurück – das will sie nicht. Auch Aurora ist nur ein Mensch. Was hätte sie dann tun sollen? Die andere Möglichkeit, den Kerl nicht zu heiraten, ist, einen anderen zu nehmen. Leider gibt es nicht viele Männer, die sich in so eine Geschichte einmischen ...«

Eine Minute später ...

»Ich bin nicht ›viele Männer‹. Und ich bin mächtiger als alle im Umkreis von ein paar 1000 Meilen. Wir mochten uns immer. Das hat sich auch jetzt nicht geändert. Ich hatte derzeit keine Beziehung, sie suchte ein Alibi ... Ein Wort gab das andere ...«

Zwei Minuten später ...

»Aurora ist eine schöne Frau. Klug, gewandt, in der Gesellschaft bestens bewandert. Sie hat ... auch andere wirklich außergewöhnliche Vorzüge. Ich musste dich um jeden Preis vergessen und dir ein für alle Mal verdeutlichen, dass es keine Zukunft für uns beide gibt. Du hattest deine Hoffnungen noch nicht begraben, das konntest du nicht vor mir verbergen. Du warst unglücklich, auch das entging mir nicht. Denke nicht, ich hätte dich nicht beachtet. Ich sah es und suchte händeringend nach einer Lösung ...«

Eine Minute später ...

»Ich taktierte, verhandelte mit Aurora; es dauerte nicht lange, bis wir uns einig waren, und es war kein schlechtes Arrangement. In meinen Kreisen gehört so was zur Normalität. Ehen werden sehr oft aus rein taktischen Überlegungen geschlossen. Und du wirst es nicht glauben, ihr Versager von Vater war selig.«

Dreißig Sekunden später ...

»Der Termin für unsere Hochzeit war noch nicht gesetzt. So weit kam es nie. In dieser Hinsicht waren die Medien ein bisschen übereifrig. Doch sie stand durchaus im Raum. Allerdings war ich nicht ganz ehrlich zu Aurora, was meine Beweggründe anbelangte. Und als sie kam und dich sah ...«

Drei endlose Minuten später ...

»Natürlich durchschaute sie mein Spiel sofort. Ich erwähnte bereits, dass sie nicht dumm ist? Und sie war davon alles andere als begeistert.« Mit einem Mal klingt Edward müde. »Sie warf mir nicht vor, dass ich sie benutzte – das tat sie im Gegenzug auch. Sie verübelte mir, dass ich ihr nicht vorher reinen Wein eingeschenkt habe. Plötzlich sah sie sich unvorbereitet einer unangenehmen Situation gegenüber.«

Zwanzig Sekunden später ...

»Matty hasste sie von der ersten Sekunde an. Seine Abscheu verdoppelte sich noch einmal, als du am nächsten Morgen verschwunden warst. Zwei Wochen lang verweigerte er mir jedes Gespräch. Ich war für ihn Luft. Es kostete mich unendlich viel Geduld, bis er wenigstens wieder mit mir redete. Ich glaube, wirklich verziehen hat er mir erst jetzt. In den folgenden zwei Jahren wechselte er vielleicht 20 Sätze mit Aurora. Er lehnte sie ab, machte sie allein für deinen Fortgang verantwortlich. Stellvertretend für mich. Ich schätze, er hätte nicht verkraftet, auch noch den letzten Menschen zu verlieren, den er auf der Welt hat. Deshalb musste Aurora dran glauben. Es setzte ihr zu, denn er ignorierte sie, schlug alle Friedensangebote aus ...«

Seine Lippen berühren Tonys Stirn.

»Dein Neffe ist erstaunlich loyal und eisern, wenn es um ›Mommy‹ geht. Er gab nie die Hoffnung auf, dass du eines Tages zu ihm zurückkehrst ... Zu uns. Verbissen verteidigte er deinen Platz, mit allem, was er einzusetzen hat, und du wärst überrascht, wüsstest du, wie viel das ist. Ich hinderte ihn nicht daran. Nicht für dich ...« Trocken lacht Edward auf. »Nein ... ich wäre froh, das behaupten zu können, aber so war es leider nicht. Wäre das der Grund gewesen, dann hätte ich nicht so lange gewartet. Reiner Egoismus ist dafür verantwortlich. Ich wollte mich mit ihm gut stellen, konnte nicht damit umgehen, dass er mich plötzlich ablehnte. Und indem ich Matty in seinem Treiben nicht Einhalt gebot, stieß ich Aurora vor den Kopf, weil ich ihr meine Unterstützung versagte. Sie litt darunter. Ich nehme an, mehr, als sie mich jemals wissen ließ ...«

Drei unbeschreiblich folternde Minuten später ...

»Ich war also in diesem Sumpf und sah mich bereits dort krepieren. Nach einiger Zeit kam mir der Gedanke, dass das Leben doch verdammt schnell vorbei sein kann. Nur ein paar Stunden zuvor hatte ich an alles gedacht, nur nicht ans Sterben. Und jetzt schien es, als würde ich meinen 41. Geburtstag wohl nicht mehr erleben. Ich begann zu grübeln. Hatte ich vielleicht irgendetwas übersehen? Gab es vielleicht doch eine Möglichkeit für uns?«

Eine barbarische Minute später ...

»Denn das ist es, was ich will. Immer wollte, seit ...« Leise stöhnt er.

Atemlose zehn Sekunden später ...

»... seit sehr langer Zeit. Ich sah nur keine Möglichkeit, wie es funktionieren soll. Tony, die Welt, in der ich lebe, ist so hart. So unmenschlich. Das ist die Welt, die diese kleinen perfekten Puppen erschafft, du erinnerst dich? Natürlichkeit, Spontaneität, starke Emotionen – das, was dich ausmacht –, wird augenblicklich vernichtet. Du passt dort nicht hinein, bist für so was nicht geschaffen. Sie würden dich vernichten. Ebenso wenig bist du für mich geschaffen. Auch ich würde dich auf die Dauer zerstören. Jedenfalls das, was ich an dir ...«

Niedergeschlagene zehn Sekunden später ...

»Und wieder war ich in der Sackgasse angelangt. In diesem verdammten Teufelskreis, aus dem ich keinen Ausweg fand.«

Zehn Tony-Herzschläge später ...

»Nach ein paar weiteren Runden in der ewigen Sackgasse versuchte ich es mit einem anderen Weg. Mit einer völlig neuen Herangehensweise. Ich überlegte mir, dass das doch alles Bullshit ist. Wenn ich mir Mühe gebe, versuche, mich zu ändern, irgendwie. Wenn ich dich unterstütze, diesen ganzen Mist weitestgehend meide, was ich ja sowieso schon, so gut es geht, tue. Vielleicht ... möglicherweise hätten wir doch eine Chance.«

Friedliche dreißig Sekunden später ...

»Und ich schwor mir dort in diesem verfluchten Sumpf: Sollte ich es überleben, würde ich zu dir gehen. Wenn du inzwischen glücklich und zufrieden mit einem anderen wärst, hätte ich dich niemals angesprochen. Das wäre das Risiko – MEINES. Ich hätte dann eben viel zu lange gewartet. Aber vielleicht ...«

Fünf Sekunden später ...

»... wenn du mich vielleicht nicht ganz vergessen hättest ...«

Weitere fünf Sekunden später ...

»Vielleicht hätten wir wirklich eine Chance ...«

Unablässig streicht sein Daumen in ihrem Nacken auf und ab, und Tony weiß, dass sie ihn noch nie so sehr geliebt hat wie in diesen Minuten und nie froher war, ihn getroffen zu haben. Obwohl die Umstände so grausam waren. Auch wird es nie einen Moment in ihrem Leben geben, in dem sie dem Schicksal dankbarer sein wird, dass es Jade gibt. Aber sie weiß eben auch, dass sie ihn heute abweisen wird.

Nur heute.

Nicht für immer.

* * *

»Als diese Typen mich wieder in halbwegs zivilisierte Regionen gebracht hatten, also ich meine dorthin, wo mein verdammtes Handy funktioniert, telefonierte ich mit Aurora. Sie sagte mir, dass du da bist, und Tony ...«

Tiefes Luftholen ...

»Das war wie ein Zeichen. Die letzte Bestätigung, die ich noch brauchte. Obwohl ich nicht glaube, dass mich noch irgendwas von meinem Plan hätte abbringen können. Ich lehnte alles ab, was sie mir aufdrängen wollten. Ich schätze, zeitweilig überlegten die ernsthaft, mich zwangseinweisen zu lassen – wegen vorübergehenden Verlustes der mentalen Zurechnungsfähigkeit oder so etwas. Aber ich wollte nur zu dir und zu Matty. Ich wollte nach Hause, kannst du das verstehen?« Er wartet auf keine Antwort, sondern fährt keine drei Sekunden später fort. Das ist neuer Rekord.«Aurora ging, sie hatte genug gesehen. Die Art, wie es endete, auch wie es lief, ist eines der Dinge in meinem Leben, die ich wirklich bereue. Ich habe sie verletzt, auch wenn sie sich alle Mühe gab, das vor mir zu verbergen. Sie war immer fair. Weitaus fairer als die anderen. Emotionale Komplikationen waren nicht Bestandteil unseres Arrangements. Doch in diesen zwei Jahren ...«

Zwanzig bange Sekunden später ...

»Sie hatte tiefere Gefühle für mich entwickelt, ich aber nicht für sie. Mehr als Freundschaft war da nie von meiner Seite. Es störte mich nicht. Ich mag sie, das genügte mir. Aurora störte es sehr. Sie wusste immer, was sie für mich ist und litt darunter.«

Diesmal schweigt er für eine lange Weile. Als er wieder spricht, klingt er fest, leise, eindringlich und sehr dunkel.

»Ich will dich heiraten, weil ich dich unsagbar gern habe. Was du mir bedeutest, lässt sich schwer in Worte fassen. Ich weiß nicht, ob es mir gelingt.«

Tiefes Luftholen.

»Du bist die erste Frau, die mir nicht aus dem Kopf geht. Selbst wenn ich sie nicht sehen kann. Du bist die Erste, die mich erfolgreich zu Dingen bringt, die ich nicht will und obendrein für widersinnig halte. Ich will dich heiraten, weil Matty dich braucht und natürlich auch, weil du die Mutter meiner Tochter bist. Ich möchte, dass du meine Frau wirst, weil ich mir nicht vorstellen kann, dich jemals zu verlieren, und weil ich es hasse, Sonntagmittag wieder nach Miami zu fahren und dich zurückzulassen. Ich will dich für immer bei mir haben. Und wenn das bedeutet, dass ich mein gesamtes Leben auf den Kopf stellen muss, damit es dir gut geht, dann werde ich das tun.«

Einmal Edward-Luftholen später ...

»Ich war damals zu feige; heute bin ich es nicht mehr. Jetzt weiß ich, wie schnell das Leben zu Ende sein kann. Und ich habe bereits so viel Zeit verschenkt. Ich will keine Minute mehr ohne dich sein, Tony. Nicht einmal eine Sekunde. Wenn du mir die Möglichkeit gibst, dann werde ich das ab sofort zu verhindern wissen. Vielleicht muss ich hin und wieder mal in die Firma, aber die bekommen das auch ohne mich hervorragend hin. Fällt gar nicht auf, wenn ich nicht da bin. Und ich möchte, dass unsere Tochter meinen Namen trägt, aber das ist mit Abstand der geringste Grund. Ich schwöre. Bitte, Tony. Du bist das Einzige, neben meinen Kindern, was ich jemals gewollt habe. Bitte, sag ja, werde meine Frau ...«

* * *

Nach einer Weile sieht sie ein, dass der Rausch vorbei ist. Und das war ein Rausch!

Wow!

Tony schließt die Augen, spürt die einzelne Träne, die sich doch daraus gestohlen hat, und lächelt. Am liebsten hätte sie geheult, so wie früher, nur diesmal aus einem ganz anderen Grund. Irgendwie kann sie sich nicht vorstellen, dass es eine formvollendetere Liebeserklärung gibt. Und deshalb hasst sie sich für das, was sie jetzt tun wird, weil es eigentlich Blödsinn ist. Aber er muss verstehen, dass er lieben kann. Inzwischen glaubt sie nämlich, dass er das nicht weiß und sich diese Fähigkeit abspricht. Niemals hätte er sie beide durch diese Hölle gejagt, wäre ihm bewusst gewesen, was genau er da empfindet. Dieses Etwas, das er in so erstaunlich blumige, wundervolle Worte fassen kann. Tony will, *muss* es hören. Und sie wird so lange warten, bis er es sagt. Was verlieren sie schon? Sie haben sich doch! Tony wird ihn nie wieder gehen lassen. Aber hat nicht auch Edward das Recht verdient zu lieben? Und es auch zu wissen?

Oh ja. Das hat er. Spätestens dieser Vortrag – sie schätzt, dass es der längste und beeindruckendste seines Lebens war – hat das bewiesen. Seine Emotionen sind so stark; diese Kinder haben ihn zu einem guten Menschen gemacht. Er sprudelt damit über, und es muss grauenhaft sein, sie nicht hinauslassen zu können.

Bei den Kindern konnte er das immer, auch wenn Tony wettet, dass er nicht mal seine Gefühle für Matty und Jade als Liebe bezeichnen würde. Möglicherweise würde er es umschreiben, wieder mit diesen wundervollen Worten: Mit Zuneigung, Verantwortungsbewusstsein, dem Wunsch, die beiden immer bei sich zu haben, es sich mit ihnen unter keinen Umständen zu versauen; sie gegen jede Vernunft zu verwöhnen, sie mit Geschenken zu überhäufen, sie in den Arm nehmen zu wollen; sich von ihnen quälen zu lassen – zur Not Tag und Nacht –, ohne die Nerven zu verlieren, nur für sie in einem winzigen, engen Appartement zu schlafen ... All das würde er sagen und nicht erkennen, was er damit definiert. Tony weiß es auch erst seit einigen Jahren. Doch erst, wenn man liebt – wissentlich –, kann man wirklich glücklich sein.

Und sie will, dass Edward glücklich sein kann.

* * *

»War das alles?«, wispert sie nach einer Weile.

Es dauert einen Moment, bevor er antwortet. »Ja.«

»Das sind alles enorm wichtige Gründe, um jemanden zu heiraten.«

»Aber ...?«

Sie schüttelt den Kopf, der immer noch an seiner Brust liegt. »Der Wichtigste fehlt.«

Lange braucht er, um zu antworten, und als er spricht, klingt er wieder eisig. »Das musst du mir genauer erklären.«

Das ist ihr Stichwort! Tony richtet sich auf, setzt sich auf seinen Bauch, stützt ihre Arme rechts und links neben seinem Kopf auf und bringt ihr Gesicht ganz nah an seines. Lange Zeit betrachtet sie ihn, findet Verbitterung in seinem Blick und kann ihn so gut verstehen. Er hat alles gegeben, seine Seele vor ihr ausgebreitet, und sie weist ihn zurück.

Das muss sie sofort relativieren. »Edward Capwell«, sagt sie in sein unbewegtes Gesicht, in dem die blauen Augen gefährlich blitzen. »Ich glaube, ich liebte dich bereits, als du bei mir in New York vor der Tür standest. Von der ersten Sekunde an. Du hast dich benommen wie ein Arsch. Du hast mich beleidigt, du hast mir ein paar ziemlich blaue Flecken verpasst, du hast mir die Lippen blutig geküsst und du hast mir nach unserer ersten Nacht den Arschtritt verpasst. Das ist alles ziemlich gemein und niederträchtig; ich glaube, da stimmst du mir zu.«

Eine Erwiderung bleibt aus.

»Aber ... du warst auch für mich da. Du hast mich gesund gepflegt. Ich weiß, was dich das gekostet hat. Du hast mich aus New York zurückgeholt, und du hast mir meinen Teddy geschenkt. Der hat mir in den letzten Jahren über so manche ausweglose Stunde geholfen, das kann ich dir flüstern.« Sie haucht einen Kuss auf seine reglosen Lippen und hebt wieder den Kopf, um ihm in die Augen sehen zu können. Die blitzen immer noch.

»Aber selbst die lange Zeit ohne dich konnte nichts daran ändern. Oder dass ich glaubte, du willst mir mein Kind wegnehmen. Oder Matty. Oder dass ich wegen dir mehr geheult habe, als wegen meiner Eltern, meiner Schwester und meines Schwagers zusammengenommen. Am Ende ist alles egal. Ich sagte es dir und daran hat sich nichts geändert. Ich wusste genau, was ich tat, in der Nacht, in der Jade entstand. Das war keine spontane Handlung, sondern eine reiflich überlegte. Ich musste lange nach dem Richtigen suchen, und der bist nun einmal du.« Sie zuckt mit den Schultern. »Ich liebe dich. Da kann man nichts machen. Deshalb würde ich dich sofort heiraten. Alle anderen Gründe, die es da noch so gibt, sind zweitrangig.«

»Würde ...«, echot er. Seine Augen führen inzwischen ein Feuerwerk auf.

»Ich kann keinen Mann heiraten, der mich nicht liebt. Du sagst, du ›hast mich gern‹. Du sagst, du willst nicht ohne mich sein und dass du möchtest, dass unsere Tochter deinen Namen trägt. Das sind alles akzeptable Gründe, Edward. Die passen mit Sicherheit in deine Welt der Multimilliardäre und weiblichen Marionetten. Ich bin nur ein kleines Mädchen aus New York. Ich brauche nicht so viel. Nur eines ...«

Wieder küsst sie ihn, und diesmal wird es ein echter Tony-Kuss. Sanft drängt sie seine Zähne auseinander, und als sie seine Zunge berührt, stöhnt er. Längst liegt seine Hand in ihrem Haar.

Höchste Zeit, das zu beenden, bevor ihr schöner Plan den Bach hinuntergeht, weil sie sich nicht mehr beherrschen kann. Sie hebt den Kopf, mustert ihn noch mal und senkt ihre Lippen an sein Ohr.

»Liebe mich, Edward. Sage mir, dass du mich liebst, und zwar so, dass ich dir glauben kann – und ich heirate dich auf der Stelle.«

29. Überraschungen

Kein Wort fällt, es folgt auch nicht die übliche verächtliche Grimasse, die immer dann erscheint, wenn das Wort Liebe ins Spiel kommt. Edward zieht sie an sich, bettet ihren Kopf sorgfältig an seine Brust und verfällt in dumpfes Grübeln.

Tony wertet das vorsichtig als Teilerfolg.

* * *

Für den Rest des Wochenendes wirkt Edward ziemlich in sich gekehrt, während Tony keine Ahnung hat, wie sie sich verhalten soll, und daher mit ihm im Takt schweigt. Dafür fangen sich die beiden ein paar argwöhnische Blicke von Matty ein, doch niemand fühlt sich in der Lage, mit dem Jungen zu sprechen.

Edward unternimmt keine Anstalten, bemüht sich aber, vor den Kindern wenigstens den Anschein zu erwecken, alles wäre normal. Auch wenn Tony mittlerweile nicht mehr weiß, wie dieses Wort geschrieben wird. Sie hingegen hätte nicht gewusst, was sie ihrem Neffen sagen soll. Nicht mal Tony weiß, was sie denken soll; wie könnte sie dann diesen kleinen Kerl beruhigen, der sich schon wieder viel zu große Sorgen macht?

Am Sonntagvormittag sucht Edward unvermittelt doch noch

mal das Gespräch. Es fällt zunächst sehr kurz aus. Kein neuer Heiratsantrag, stattdessen äußert er nur eine sehr eindringliche Bitte – nämlich alles, was er ihr über dieses Apartment und die Gesamtsituation gesagt hat, nicht zu vergessen oder zu verdrängen. Darauf ist Tony vorbereitet. Innerhalb der vergangenen Stunden hat sie beinahe ausschließlich darüber nachgedacht und ihre Schlussfolgerung ist für sie nicht besonders schmeichelhaft ausgefallen. Diese Situation wurde von ihr massiv unterschätzt, womit sie sich im Grunde exakt so verhalten hat, wie er es ihr vorwirft: naiv. Sie will mit ihm zusammen sein, daher wird sie ihm auch signalisieren müssen, dass sie die nötige Reife dazu besitzt. Und wenn das erfordert, dass sie gegen einige ihrer Grundsätze verstößt, wird sie das akzeptieren. Tony hat verstanden, dass eine Beziehung zwischen ihnen nur mit Kompromissen funktionieren kann. Wenn sie Edward will – und das will sie –, dann wird sie einen Teil ihrer Unabhängigkeit opfern müssen, ebenso wie er auch. Obwohl der letzte Teil möglicherweise bereits wieder eine höchst naive Überlegung ist. Wahrscheinlicher ist wohl, dass Edward in seinem gesamten Leben niemals frei war – nicht mal als Säugling. Eine Wahl, wie Tony sie hat, gab es für ihn nie.

Nur allmählich beginnt sie zu begreifen – alles dauert eben seine Zeit, und es ist nicht einfach zu erfassen, was da in geballter Ladung auf sie zurollt. Aber sie versteht, was er ihr verdeutlichen will. Auch seine Worte über die potenziellen Mrs. Capwells gehen ihr nicht mehr aus dem Kopf. Und sie kapiert, warum er sich damals so entschieden hat, auch wenn sie weit davon entfernt ist, ihm zu verzeihen. Denn ihrer Ansicht nach hätte er sie an seiner grandiosen Entscheidungsfindung zumindest beteiligen müssen. Aber die Dinge sind nun mal so gelaufen und es ist auch ein Zeichen von Reife, nicht ständig darauf herumzureiten. Edward hat diese Trennung mit Sicherheit mehr gekostet als Tony. Auch wenn sie sich über zwei Jahre nach ihm sehnen musste. Inzwischen ist sie 24, Edward vierzig. Es ist *seine* Zeit, die er so leichtfertig verprasst hat.

Am Sonntagmittag ist sie zu fast jedem Kompromiss bereit. An einer Bedingung hält sie sich jedoch nach wie vor felsenfest: Sie will es hören. Das ist die einzige Forderung, von der sie nicht ablassen kann ... Kindisch und naiv? Garantiert nicht.
NOTWENDIG!

* * *

»Was ist mit Susan?«

Edward hat seine Bitte bereits vor Ewigkeiten ausgesprochen, ohne dass eine Erwiderung erfolgte. Während er neben ihr sitzt, versucht er, seine wachsende Ungeduld vor ihr zu verbergen. Längst ist die offizielle Besuchszeit vorbei. Keiner der beiden hat sich bisher gerührt. Matty und Jade spielen im Nebenzimmer und scheinen es auch nicht eilig zu haben, das gemeinsame Wochenende zu beenden.

Seine Antwort erfolgt einen Wimpernschlag später. »Sie begleitet dich. Egal, wohin du gehst.«

Das sollte Tony überraschen, tut es nur nicht, denn natürlich hat er bereits vorgearbeitet. Es wäre nicht Edward Capwell, würde es anders sein.

»Lass mich raten: Wenn ich ein Appartement in Miami nehme, dann sind die Probleme auch nicht viel geringer?«

»Nein. Aber ich könnte im Zweifelsfall schneller bei euch sein.«

Sie betrachtet ihre Hände und versucht, reif zu denken. Reif, vernünftig, logisch und das alles.

»Wie dachtest du dir das im Einzelnen?«

»Was meinst du?«

»Wenn ich wieder in dein Haus ziehe, wie stellst du dir das vor?«

»Nicht so, wie du es akzeptieren würdest, befürchte ich«, erklärt er nach einer Weile zögernd.

Aus ist es mit Reife und Vernunft und Logik und dem ganzen Blabla! Tony kann spüren, wie das Blut aus ihrem Kopf weicht. »Nein«, sagt sie tonlos. »Das kann nicht dein Ernst sein. Das ...«

Wieder einmal äußerst verwirrt mustert er sie, dann dämmert das Begreifen auf seinem Gesicht und kurz darauf der Zorn. Es ist immer die gleiche Abfolge. »Ich habe endgültig genug von der Scheiße!«, knurrt er. »Das ist nichts für mich. Ich kann das nicht! Unmöglich!«

Bevor sie fragen oder sich vielleicht übergeben kann, weil ihr so verdammt übel ist, hat er sie an sich gezogen. Hart prallen seine Lippen auf ihre, glühend, leidenschaftlich, umwerfend. Nach dem ersten Schreck krallt sie die Hände in sein Haar und stöhnt, als sie seine Erregung an ihrem Bauch spürt.

Als er sie freigibt, geschieht das spürbar widerwillig. Seine Lippen sind geteilt und der Atem geht schnell. »Tony«, knurrt er und streicht eine Strähne aus ihrer Stirn. »Ich habe noch nie auch nur für eine Sekunde daran gedacht, dich in den ›Südflügel‹ zu verfrachten‹. Niemals! Auch damals nicht.« Fassungslosigkeit schwingt in seiner Stimme mit. »Wie kannst du glauben, es wäre anders? Hörst du mir irgendwann mal zu? Irgendwann?«

Auf eine Antwort spekuliert er nicht, senkt den Blick, betrachtet aufmerksam das Bonbonpapier, das Matty vorhin auf dem Tisch ›vergessen‹ hat, und scheint intensiv zu grübeln. Mal wieder! Schließlich hebt er den Kopf. »Ich hatte gehofft, du würdest zu mir kommen. In meine Privaträume«, erklärt er mit einem schiefen Grinsen. »Was du natürlich nicht tun wirst, aber ich kann damit leben ... Vorläufig«, fügt er nach flüchtiger Überlegung hinzu. Seine Miene verfinstert sich, kurz darauf hat er auch das unter Kontrolle.

»Es gibt in diesem verdammten Haus unzählige Zimmer, Suiten, Apartments und andere Räume. Such dir etwas aus, mir ist es egal. Aber, wenn ich eine Bedingung stellen darf ...« Wieder erfolgt das süße Grinsen und Tony kann nicht anders, auch sie muss lächeln.

»Könntest du dir bitte etwas nehmen, das nicht ganz so weit von dem Rest der Familie abgelegen ist?«

Kann Tony.

* * *

So kommt es, dass sie am folgenden Montag etwas tut, von dem sie sich vor nicht allzu langer Zeit geschworen hat, dass es niemals – NIEMALS! – eintreffen wird.

Sie fährt mit Jade, Susan, ihrem alten Honda und allem, von dem sie glauben, es noch zu benötigen, in das große Haus am Stadtrand von Miami. Und diesmal *sieht* sie die beiden Vans. Einer fährt vor ihnen und einer hält sich immer dicht hinter ihnen.

Während der gesamten Fahrt.

Nicht im Entferntesten hat sie mit einem reibungslosen Ablauf gerechnet, schließlich ist sie mittlerweile älter geworden, ihre Unabhängigkeit gewöhnt und auch daran, ihren eigenen Haushalt zu haben. Von Susan ganz zu schweigen. Doch irgendwie scheint sich alles zu fügen. Das Haus wirkt nicht mehr halb so bedrohlich wie früher, eher erscheint es ihr jetzt als eine Art Herausforderung. Und es ist nicht so, dass man auf ihr Eintreffen nicht vorbereitet wäre.

Interessant ist zum Beispiel die Tatsache, dass sie zufälligerweise ein Kinderzimmer vorfinden – bestehend aus drei einzelnen Räumen, zuzüglich riesigen Bades –, das auch noch rein zufälligerweise für ein kleines Mädchen eingerichtet ist.

In kreischendem SHOCKING PINK!

Susan und Tony kämpfen tapfer gegen den aufkommenden Würgereiz; Jade scheint es zu gefallen, und Edward, der zufälligerweise in der Tür steht und genauestens ihre Reaktionen beobachtet, verzieht keine Miene. Tony ist inzwischen dahinter gekommen, dass dies als positiv zu werten ist.

Was ihre Appartementwahl betrifft, erhält sie auch Unterstützung. Eben von jenem relativ unbeeindruckt wirkenden Mann, der ihr nicht von der Seite weicht. Es ist nicht so, dass er ewig versucht, ihr ein Gespräch aufzuzwingen. Edward ist nur ständig ... *da* – lehnt im Türrahmen, im Flur oder in einer Ecke, und mustert sie. Seltsam, doch es stört Tony nicht besonders.

Zufälligerweise findet sich unweit von Jades Kinderzimmer, das zwei Türen neben Mattys liegt, auch noch eine wundervoll eingerichtete atemberaubende Suite.

Eine kuschelige kleine Couch ohne Sessel, nur mit einem kleinen Tischchen davor; weiche, flauschige Läufer auf dem glänzenden Parkett, ein Kamin, in dem das Holz aufgestapelt ist, Stereoanlage und Fernseher – das ist das Wohnzimmer. Doch gegen das Schlafzimmer verkommt es zur Bruchbude. An der Stirnseite steht ein gigantisches französisches Bett. Große Flügeltüren führen auf eine begrünte Terrasse hinaus, von der aus man beinahe den gesamten Park überblicken kann – einschließlich schwarzer Punkte. Sofern man im Besitz eines Fernglases ist. Eine in der Wand verborgene Tür führt in einen riesigen begehbaren Kleiderschrank, der zu Tonys großer Freude leer ist. Alles ist in hellem Aprikot gehalten – Edward muss sich über den neusten Trend kundig gemacht haben. Das Bad lässt ebenfalls keine Wünsche offen. Natürlich könnte sie fragen, wann er das Zimmer einrichten ließ, doch Tony verkneift es sich. Obwohl sie weiß, dass es diese Räume in diesem Zustand bis vor Kurzem garantiert nicht gab. Der altmodische, schwere, altehrwürdige Stil, der diesem Haus zu eigen ist, ist ihr bestens vertraut.

Susans Suite befindet sich übrigens auf dem gleichen Gang, was bedeutet, dass sie alle nicht nur im gleichen Flügel, sondern auch in der gleichen Etage und auf dem gleichen Flur untergebracht sind. Mit Ausnahme von Edward selbstverständlich.

Tony hätte gewettet, dass in diesem Gebäude seit Jahrzehnten nicht so viel Trubel geherrscht hat.

Als sie mit Susan am Sonntagabend darüber sprach, in die Festung zurückzukehren, zeigte die sich weder besonders überrascht noch ablehnend. Selbst die Eröffnung, dass sie alle seit Längerem unter Dauerschutz standen, verkraftete ihre Freundin mit erstaunlicher Gelassenheit. Demnach operieren Edward und Susan schon seit geraumer Zeit unter einer Decke; Tony ist nicht sauer, nicht mal wirklich verschnupft. Dazu mangelt es schlicht an Gelegenheit.

Denn sie hat sich geschworen, ihm zu zeigen, dass sie es kann. Und mit dieser Aufgabe ist sie gut beschäftigt. Nur weiß sie leider nicht genau, was Edward von ihr erwartet; faktisch gibt es nämlich nichts für sie zu tun. Sie wird nicht gefordert, muss nicht plötzlich an irgendwelchen Anlässen teilnehmen oder allabendlich einen Opernbesuch bewältigen, rauschende Bälle planen, bei Spendenaktionen anwesend sein, oder was sonst zum unmenschlichen Leben der zukünftigen Ehefrau eines mächtigen Mannes gehört. Mit diesem Status führt sie sich gedanklich bereits, was Edward ja nicht unbedingt erfahren muss.

Nichts geschieht. Alles ist ... nun ja, so wie immer. Abgesehen von Jade, die ist neu, von Susan, die ist alt/neu und von Edward, der ist garantiert nicht mehr der Alte.

Nach einer Woche geht Susan wieder zur Uni, selbstverständlich unter Carlos' ständigem Schutz. Edward hat sie eines Abends dazu überredet. Er versucht es auch bei Tony, allerdings nicht mit halb so viel Elan, was ihr nicht verborgen bleibt und weshalb sie sich überlegt, später auf sein Angebot zurückzukommen. Wenn die Dinge zwischen ihnen geklärt sind.

Eines erkennt sie mit jedem Tag mehr: Es ist langweilig – das ist bisher das Einzige, was sie negativ zu verbuchen hat. Nun, fast. Denn da ist ja noch Edward, der morgens fortfährt und spätestens am späten Nachmittag zurückkehrt. Meistens jedoch bedeutend früher. Ja, er ist da, doch er tritt ihr nie zu nahe – was Tony zunehmend nervt. Sie hätte nämlich gern gewollt, dass er das mal tut. Und zwar ausgiebig! Er küsst sie, nimmt sie in den Arm – sehr zu Mattys und Jades Begeisterung, ja. Doch er versucht nie, bei ihr zu landen. Dieser Zustand hält sich ein paar Tage lang, dann gesteht Tony sich ein, ziemlich frustriert zu sein. Dass sie ihn nicht heiraten will – noch nicht –, heißt ja nicht, dass sie den Sex ersatzlos streichen müssen!

Allerdings scheint Edward das anzunehmen.

Nach einigen Wochen ist es so weit:

Alltag ist in das riesige Haus eingekehrt. Tony beginnt zu begreifen, dass alles nicht ganz so einfach ist, wie sie sich das vorgestellt hat. Okay, in Wahrheit hat sie sich nichts vorgestellt, dazu blieb keine Zeit. Die Dinge haben sich an diesem Sonntag verselbstständigt, und ehe sie sich versah, fand sie sich in diesem Prachtbau wieder. Wann hätte sie über ihre Erwartungen nachdenken sollen?

Besonders die zunehmende Langeweile macht ihr mehr und mehr zu schaffen. Mrs. Knight, die übrigens ihren Einzug freudestrahlend zur Kenntnis genommen hat, kümmert sich mit Begeisterung um die Kinder. Matty ist vormittags sowieso in der Schule, Edward hat diesbezüglich einen für Tony akzeptablen Kompromiss geschlossen. Es gibt keine Privatlehrer, stattdessen besucht Matty eine Privatschule, in der auch andere Kinder aus Edwards Kreisen unterrichtet werden. Jade wackelt meistens durch die Flure oder spielt mit Mrs. Knight, manchmal auch mit Tony oder Susan, häufig mit Edward, wenn er anwesend ist. Mit einem Mal hat sie die freie Wahl, zu wem sie gehen kann, und Tony bedeutend mehr Freizeit als früher. Einen Job besitzt sie nicht mehr und das Am-Pool-Liegen, ist für sie auf die Dauer nicht sehr unterhaltsam. Ansonsten ist sie ziemlich nutzlos.

All das – die ewige Langeweile im goldenen Gefängnis, Edwards Ignoranz, denn inzwischen bezeichnet Tony sein Verhalten so, und die fehlende Zerstreuung – setzt ihr immer mehr zu.

Eines Abends im Juni kehrt sie wieder einmal allein und verdrossen in ihre einsame Luxussuite zurück.

Es ist nach neun, Matty und Jade schlafen bereits. Susan ist mit irgendwelchen Kommilitoninnen ausgegangen. Mit einer männlichen Begleitung: Carlos, wem sonst? Edward hat sich schon seit dem Morgen nicht mehr blicken lassen. Wegen Letzterem ist sie sogar ernsthaft sauer. Wenigstens bis zu dem Moment, als sie die Tür öffnet ...

Den gelben Zettel am Boden sieht sie sofort. Zunächst glaubt sie, er stamme von Jade oder Matty. Irgendwie sind die ständig mit Papier zugange. Sie ist noch nicht dahintergekommen, weshalb die beiden sich anscheinend vorgenommen haben, Floridas Papiervorräte in Schnipsel zu verarbeiten. Doch als sie sich seufzend danach bückt, erkennt sie die etwas steile, jedoch sehr flüssige Handschrift:

Einst vertrautest du mir bedingungslos ...

Verbissen ignoriert sie ihr plötzlich akut hämmerndes Herz. Als sie aufsieht, entdeckt Tony das nächste gelbe Blättchen. Es liegt nur einen Meter vom ersten entfernt am Boden. Mit leicht bebenden Fingern hebt sie es auf.

Vertraust du mir noch immer, Anthonia?

»Ja!«, wispert sie, ohne es zu wissen, und tritt etwas entschlossener zum neuesten Zettel, der wieder nur einen Meter weiter platziert wurde. Inzwischen unweit vom Übergang zum Nebenraum.

Bist du dir sicher?

»Ja!«, flüstert sie erneut und kann ihr garantiert dämliches Grinsen nicht mehr verhindern. Die folgende Botschaft ist an ihrer Schlafzimmertür befestigt.

Voll und ganz?

»Edward!« Das klingt vorwurfsvoll. Sie schiebt das Holz auf, einen Meter vor ihren Füßen liegt die nächste Nachricht.

Immer noch bedingungslos?

»Komm zum Punkt!« Heimlich amüsiert sie sich darüber, wie heiser ihre Stimme klingt. Inzwischen sucht sie den nächsten Zettel und findet ihn wieder auf dem Boden, einen Meter vor ihrem Bett.

Wenn du jede Frage mit einem überzeugten Ja! beantworten kannst ...

Die letzte Notiz liegt auf ihrer Matratze. Und sie ist nicht allein.

... dann zieh dich um und komme vor die Tür.

Blinzelnd betrachtet Tony das schwarze Etwas auf dem Bett, bevor sie es verwundert näher in Augenschein nimmt. Nein, es ist nicht ihr üblicher Stil. Sicher nicht. Aber es ist ...
Schön.
Keine Frage.
Und sie kann sich ausmalen, es anzuziehen. Yeahhhh ... Tony kann sich sogar vorstellen, es gern zu tragen. Nur hat sie nicht die Absicht, dies ungeduscht zu tun. Sollte Edward vor ihrer Tür lauern, dann wird er sich wohl ein bisschen gedulden müssen. Denn Tony – Die, Die Ihm Bedingungslos Vertraut – genehmigt sich zunächst mal ein ausgiebiges Bad.
Keine Dusche! Letzteres ist eine eher spontane Entscheidung.

Mit einem mutwilligen und entschlossenen Lächeln tritt sie zur Badtür, schiebt sie auf ...
... und erstarrt.

Sie sind zurück.
Kerzen.
Diesmal jedoch nicht nur zwei. Stattdessen sind es ... Unzählige. Tony unternimmt nicht einmal den Versuch, die genaue Anzahl zu ermitteln; es hätte viel zu viel Zeit in Anspruch genommen. Auf jeder verfügbaren Oberfläche des nicht besonders kleinen Raumes stehen sie. In jeder Facette, die der Markt zu bieten hat. Einige befinden sich darunter, die Tony so nie zuvor gesehen hat: tropfenförmig, in Form von Miniaturpalmenblättern, winzige Figuren ... – es ist kitschig, doch das Bad hat auch noch nie so hell und gleichzeitig so warm gewirkt. In die große Badewanne wurde duftendes Wasser eingelassen, ein Sektkühler mit einer geöffneten Champagnerflasche darin und ein Glas stehen daneben auf dem breiten Rand bereit. Und daran lehnt ...
Ein Zettel!

Solltest du vorher ein Bad nehmen wollen ... Viel Vergnügen!

»Du bist gut, Capwell«, murmelt sie, während sie sich eilig auszieht und sich mit geschlossenen Augen in das Badewasser gleiten lässt. »Besser als jemals gedacht«, sagt sie seufzend. Keine Ahnung, wie dieser Mann das angestellt hat, aber die Temperatur ist genau richtig. Sie fühlt sich ... so seltsam! Ihr Herz schlägt immer noch derart laut und heftig, dass es droht, ihren Brustkorb zu sprengen. Nie zuvor war sie so aufgeregt, trotzdem nimmt sie sich die Zeit für ein ausgiebiges Schaumgelage. Nicht für sich, sondern für ihn; so viel hat sie bereits erfasst, obwohl ihr Verstand im Moment ein wenig umnebelt ist. Und als sie sich ein Glas einschenkt und nach einem Schluck feststellt, dass sie noch nie was Besseres getrunken hat, weiß sie, dass er schon gewonnen hat. Egal, ob er es sagen kann oder nicht, sie wird ihn nicht länger zappeln lassen. Denn sie will nicht mehr warten. Aber ...

Das muss er ja nicht unbedingt erfahren, oder?

* * *

In dem duftenden Paradies aus hellem Schaum und seidigem Wasser träumt Tony ihre letzten Mädchenträume, trinkt den Champagner und spürt kurz darauf dessen Wirkung einsetzen. Plötzlich fühlt sie sich wieder begehrenswert, nach so langer Zeit, in der sie nur Mutter war. Selbst Edwards Küsse haben ihr nicht das Gefühl zurückgeben können, eine junge Frau zu sein. So jung und unerfahren, wie sie nun mal ist.

Tony. Nicht Anthonia Benett, Mutter von Jade und – na ja, machen wir uns nichts vor – Matty. Nur ein Mädchen, das sich seinen Glauben an Romantik und Liebe bewahrt hat. Es fühlt sich herrlich an. Leise summend rasiert sie sich und nimmt einen großen Schluck, bevor sie sich das Haar wäscht. Danach trocknet sie sich sorgfältig ab und ölt mit der gleichen Gründlichkeit jeden Zentimeter ihrer Haut ein.

Nachdem sie den trägerlosen BH und den dazu passenden schwarzen Slip angezogen hat, betrachtet sie sich in dem gigantischen Spiegel. Sie ist breiter geworden; nicht sofort erkennbar, aber die alten Jeans von damals, in denen sie eher knabenhaft wirkte, passen nun nicht mehr. Ansonsten hatte sie

Glück, obwohl vielleicht zutreffender ist: Sie hatte Susan. Denn die hatte unermüdlich dafür gesorgt, dass Tonys immer größer werdender Bauch *geschmiert* wurde, wie sie sich auszudrücken pflegte. Egal, wie entnervt die werdende Mutter sie anschaute. Genau so verhielt es sich mit ihren Beinen. »Wäre ja noch schöner!«, hat Susan gegrummelt. »Wenn du dir seinetwegen auch noch die Figur versaust und dich deshalb kein ANSTÄNDIGER mehr ansieht! Nur über meine Leiche!«

Susan lebt noch, deshalb gibt es keine hässlichen Narben. Nichts erinnert mehr daran, dass ein winziges, rosiges Baby mit blauen Augen und pechschwarzem Haar einmal genau dort gewohnt hat, wo ihr Bauchnabel mittlerweile wieder tief eingebettet in seiner natürlichen Behausung liegt.

Sorgfältig tupft Tony ihr Lieblingsparfüm auf die Haut. Das ist eines ihrer Geheimnisse. Stinkreich oder nicht: Sie benutzt es nur zu sehr, sehr besonderen Anlässen. Das heute ist wohl so einer. Dann föhnt sie sich das im Vergleich zu damals deutlich längere Haar. Natürlich hat sie es sich nie eingestanden, aber sie weiß sogar ganz genau, warum sie es ungehindert wachsen ließ. Ja, ja, unterschwellige Hoffnung oder so was. Denn seitdem sie dieses Haus vor inzwischen knapp drei Jahren verließ, wurde es nicht mehr geschnitten. Die üblichen Korrekturen ließ sie vornehmen, ja, mehr nicht, weshalb es ihr weit, sogar ziemlich weit über die Schultern reicht. Was Edward mit Sicherheit nicht entgangen ist. Seine heimlichen Blicke hat sie gesehen.

Oh jaaa!

Nachdem sie das Kleid übergezogen hat, betrachtet sie sich erneut im Spiegel. Wie auch immer er es angestellt hat, es sitzt perfekt. Ihre Taille ist noch so schmal wie früher, die leicht breiteren Hüften werden durch das Schwarz kaschiert. Und da ihre Brüste seit dem Abenteuer, bei dem man sich dick in die Klinik begibt und relativ schlank mit einem schreienden Bündel im Arm wieder herauskommt, ein wenig voller geworden ist, macht sie sich in dem Teil richtig gut. Nicht ihr Stil, aber sie gibt gern zu, dass er Geschmack besitzt.

Während sie sich unter Zuhilfenahme eines weiteren Glases Champagner das Make-up aufträgt, geht ihr auch endlich auf, wie Edward das mit der Größe hinbekommen hat.

Susan! Ihre verräterische Freundin. Sie wird sich einmal intensiv mit ihr unterhalten müssen, wenn das hier überstanden ist.

Als Tony jedoch nach Schuhen sucht, geht sie leer aus, denn es gibt keine. Flüchtig überlegt Tony, ob sie ihre Chucks anziehen soll, verwirft den Gedanken dann aber wieder. So ein Banause ist sie auch wieder nicht. Somit strafft sie sich, blickt noch einmal in den Spiegel, grinst der jungen Frau in dem schwarzen, trägerlosen Abendkleid ermutigend zu, wendet sich zum Gehen …

… macht in letzter Sekunde noch mal kehrt und leert ihr Champagnerglas in einem entschlossenen Zug …

… und erst dann verschwindet sie tatsächlich.

* * *

Als sie in den Flur tritt, empfängt sie beinahe totale Finsternis. Kein Licht brennt und vor den Fenstern ist seit mindestens einer halben Stunde die Nacht herangebrochen. Nur der Mond sendet sein schwaches Licht durch das Fenster an der Stirnseite des langen Ganges. Unsicher bleibt sie stehen, und zum ersten Mal, seitdem sie ihr Zimmer am heutigen Abend betreten hat, beschleichen sie leise Zweifel.

Unbegründet.

Noch bevor die Hände ihre Schultern berühren, spürt sie seine Anwesenheit. Kurz darauf nimmt sie seinen Duft wahr. Er ist hinter sie getreten, und als sie seine Lippen in ihrem Nacken spürt, erschauert sie.

»Schließ die Augen«, haucht seine dunkle Stimme. Augenblicklich fallen ihre flatternden Lider.

Als er sie in seine Arme hebt und hinab trägt, beginnt für Tony die aufregendste Nacht ihres Lebens.

30. Die unverzeihlichen Worte

Tony denkt nicht wirklich viel, dazu ist sie viel zu aufgeregt. Außerdem ist das Gefühl, von Edward durch das Haus getragen zu werden, zu mysteriös/romantisch/atemberaubend. Und überdies ist die Tatsache, dass sie sein Herz fast ebenso schnell klopfen spürt wie ihres, an sich schon eine Sensation. Wenn es ihr bisher noch nicht bewusst war, spätestens das ist der Beweis: Hier wird Geschichte geschrieben. Ihre gemeinsame. Dies ist ein Abend, von dem sie noch ihren Enkelkindern erzählen wird.

In Auszügen.

* * *

Zunehmend verwirrt ist sie jedoch, als Edward sie nicht in sein Schlafzimmer trägt – wie zunächst angenommen. Tony hält die Augen geschlossen, weil er sie darum bat, auch noch, als eindeutig klar ist, dass er sie auch in keinen der anderen 300 Räume bringt, die das Haus so bietet.

Stattdessen empfängt sie nach einigen Minuten kühle Abendluft. Tony trägt weder Schuhe noch Strümpfe, und inzwischen muss es weit nach neun Uhr abends sein. Es ist nicht kalt, aber in dem knappen Kleid auch nicht unbedingt angenehm. Edward scheint das zu ahnen. Seine Arme legen sich fester um ihr Körper und er beugt sich über sie, als würde demnächst ein Hurrikan ins Haus stehen. Dabei ist es total windstill.

Gerade will sie sich über ihn lustig machen, heimlich – Edward kann es ja nicht ausstehen, wenn man sich mal einen kleinen Scherz mit ihm erlaubt. Doch dann geschehen zwei Dinge, die sie schlagartig davon ablenken. Und zwar genau in der Sekunde, als die Haustür hinter ihnen zuschlägt:

Mit einem Mal setzt ohrenbetäubender Lärm ein. Gleichzeitig kommt der Hurrikan, über dessen Fehlen sie eben noch ihre Witze gerissen hat. Edward hält sie noch ein wenig fester, und als sie verstohlen durch ihre Wimpern linst, sieht sie, dass er sich noch weiter über sie lehnt. Sein Haar wird vom starken Wind zerzaust und sein Hemd bauscht sich. Auch an Tony geht der Sturm nicht spurlos vorbei. Mit einem Mal ist ihr verdammt kalt. Schutz suchend klammert sie sich an seinem Hals fest und ist mittlerweile tatsächlich der Meinung, jeden Moment fortgeweht zu werden.

Wenig später lässt er sie in einem vertrauten, weichen Sitz sinken, sie fühlt, wie sie angeschnallt wird, und schließlich zärtliche, geliebte Lippen auf ihren. Kurz darauf verschwinden sie, und ein paar Herzschläge später erscheint er auf der anderen Seite, wie sie nach einem weiteren hastigen, verbotenen Blick feststellt. Sicherheitsgurte rasten ein; dann vernimmt sie die inzwischen vertrauten Worte, mit denen er die Flugaufsicht kontaktiert, und kurz darauf erheben sie sich in die Luft.

Wow!

Um den Lärm des Helikopters zu übertönen, spricht Edward etwas lauter.

»Die Kinder sind versorgt. Susan kümmert sich um sie. Mach dir keine Sorgen.«

Tony nickt und wagt wieder einen verbotenen Blick zu ihm. Diesmal entgeht es ihm nicht.

»Du darfst deine Augen jetzt öffnen, Tony«, sagt er lachend.

Grinsend sieht sie zu ihm auf, offiziell sozusagen. Und er mustert sie rasch, etwas unsicher, nur, um dahinter zu gelangen, ob er bis hierhin alles richtig gemacht hat, bevor er sich wieder auf seine Aufgabe konzentriert. Das ist ... süß. Doch Tony hat noch was anderes gesehen. Etwas, das dafür sorgt, dass ihr sehr warm wird.

Sehnsucht.

Ganz genau die Gleiche, die auch in ihr tobt.

Edward sagt nichts mehr. In der Dunkelheit ist so gut wie nichts zu erkennen, abgesehen von ihm. Außer den dröhnenden Rotorblättern des Helikopters hört sie auch nicht viel. Trotzdem lässt sie sich mit absoluter Bereitwilligkeit entführen. Und während sie zur dunklen Silhouette des Mannes blickt, den sie liebt, und die Lampen auf dem Armaturenbrett leuchten, spürt sie, wie ihr die Augen zufallen.

Seltsam, immer wenn er fliegt, wird sie müde.

Zärtliche Lippen auf ihrer Schläfe wecken sie.

Die Sicherheitsgurte sind bereits gelöst, denn Tony kann sich frei bewegen, und sie glaubt, das Meer riechen zu können. Außerdem ist es mit einem Mal bedeutend wärmer. Tony schlägt die Augen auf, blinzelt einige Male und lächelt, als sie sein Gesicht über sich erkennt, bevor sie ihre Fingerspitzen über seine glattrasierte Wange gleiten lässt. Nachdem sie noch einen Kuss erhalten hat, diesmal auf den Mund, verschwindet er aus ihrem Blickfeld.

Tony richtet sich auf und schaut sich neugierig um. Sie sitzen nicht mehr in dem Helikopter, sondern in einem offenen Wagen. Der Duft des Meerwassers dringt nach wie vor in ihre Nase, und selbst von hier aus und in der Dunkelheit kann sie etliche hohe Palmen ausmachen. Bis hierher stimmt alles. Edward startet den Jeep und lenkt ihn langsam von der Landefläche.

Landefläche ... Keine Landebahn.

»Das ist nicht die ›Destino‹!«

»Nein.«

»Wo sind wir dann?«

»In der Karibik.«

Stöhnend verdreht sie die Augen. »Ja, Edward, das dachte ich mir. Aber wo dort genau?«

Noch immer sieht er nicht zu ihr. »Auf einer kleinen Insel, nördlich von der ›Destino‹ gelegen.«

»Und die gehört auch dir?«

Sein leises Lachen dringt zu ihr hinüber. »Lass es mich so formulieren: Sie gehört einem ... unbekannten Freund.«

Tony hat keinen unbekannten Freund mit einer Insel. Vielleicht kann sie deshalb mit Edwards Aussage nicht besonders viel anfangen. Bevor sie zu einem Ergebnis gelangt, hält der Jeep bereits wieder. Sie sind nicht mehr als möglicherweise drei, eventuell vier Minuten gefahren. »Sitzen bleiben!«, knurrt er und Tonys Finger, die schon an dem Türgriff genestelt haben, erstarren augenblicklich.

»Meine Aufgabe«, murmelt er, nachdem er die Wagentür geöffnet hat, sie ohne Mühe in seine Arme hebt und langsam durch die Dunkelheit – wer weiß, wohin – trägt.

In der Ferne macht sie einige Lichter aus, doch dann konzentriert Tony sich auf Edward. »Unbekannter Freund?«

Seine Lippen verziehen sich zu einem ironischen Lächeln. »Das ist eine sehr lange und sehr seltsame Geschichte. Ich erzähle sie dir ein anderes Mal.«

Tony nickt und schweigt für eine Weile, während sie sich den kleinen Lichtern immer mehr nähern.

»Wovon handelt denn die Geschichte?«

Jetzt schaut er doch zu ihr hinab. Mittlerweile befinden sie sich im Schein der Lampen, auf die Edward zuhält, sodass sie sein Gesicht erkennt. Es wirkt unerwartet grimmig. »Du gibst nie Ruhe, oder?«

Bevor sie antworten kann, ist er stehen geblieben und küsst sie. Heiß und leidenschaftlich. Tony weiß nicht, wie er das anstellt, sie ist bestimmt nicht die Leichteste. Aber es scheint ihm keine Schwierigkeiten zu bereiten; seine Lippen jagen wilde Stromstöße durch ihren Körper. So unvermittelt, wie er begonnen hat, endet der Kuss auch. »Nein«, wispert er dunkel an ihren Lippen. »Tust du nicht ...«

Er verlagert ein bisschen ihr Gewicht, greift mit den Armen nach und läuft weiter, als wäre nichts geschehen. Sein Blick ist unverändert auf die Lichter fixiert. Inzwischen riecht Tony das Meer nicht nur, sondern *hört* es auch. Es ist nur wenige Meter entfernt.

»Die Geschichte handelt von einem widerlichen Feigling, der eines Nachts aus seinem riesigen Haus türmte.« Er klingt tonlos. »Er stieg in seinen Porsche und fuhr ziellos davon, und irgendwann landete er in West Palm Beach, in einem Café, von dem er nie zuvor was gehört hatte. Starbucks ...« Ihre Augen werden groß, doch er sieht sie nicht an. Allerdings bleibt er kurz darauf stehen, denn sie haben die Lichter erreicht. »Dort traf er den seltsamsten Kerl, den er je in seinem Leben begegnet ist. Und der sagte den seltsamsten Satz, den er jemals gehört hat ...« Edward runzelt die Stirn, sein Blick ist auf den Horizont gerichtet.

»Ganz klar ... eindeutiger Fehler in der Matrix. Nimm das zweite ›D‹ weg, füge ein ›N‹ hinzu, dann passt es!«

»Ich habe keine Ahnung, was das zu bedeuten hat, möglich, dass es keinen zweiten Gedanken wert ist. Aber er erwähnte eine Insel.«

»Seine?«

»Nein. Die Insel des Irren.« Nun mustert er sie und grinst. »Ich sagte doch, er war komisch. Ich wollte nicht mit dir auf die ›Destino‹ und da fiel mir dieser Satz wieder ein. Es kostete mich ein wenig Zeit, aber irgendwann fand ich ihn und damit den ›Irren‹. Und du wirst es nicht glauben, der Typ war bereit, mir seine Insel leihweise zu überlassen.« Edward zuckt mit den Schultern. »Das ist die Kurzversion.«

»Aber ...«

Er schüttelt den Kopf. »Ich bin nicht mit dir hierher geflogen, um über Menschen zu sprechen, die ich nicht mal kenne und aller Wahrscheinlichkeit nach auch niemals kennenlernen werde.« Dann wird seine Miene unergründlich. »Still jetzt!«

Den Spruch kennt Tony schon. Wenn Edward dies sagt, hält sie besser den Mund, denn dann folgt was Wichtiges. Etwas wirklich Bedeutsames.

Er geht weiter und endlich erkennt sie, woher die Beleuchtung stammt. Sie befinden sich vor dem erstaunlichsten Haus, das Tony jemals zu Gesicht bekommen hat. Es ist ... *rund* und besitzt offenbar keinen direkten Hauseingang. Was sie ausmachen kann, sind kleine, separate Terrassen, die mit Hecken voneinander getrennt sind. Jede wird durch eine Lampe an der Hauswand erleuchtet. Diese Lichter hat sie aus der Ferne gesehen. Auf jeder Veranda stehen ein Tisch und einige Stühle, und jede hat einen Zugang zum Gebäude. So jedenfalls scheint es, denn sie zählt nur drei der Balkone. Deren Größe lässt allerdings darauf schließen, dass es etliche von der Sorte sich um das gesamte Bauwerk ziehen. Tony nimmt sich vor, nach der Adresse des Architekten zu fragen.

Irgendwann mal, wenn Zeit ist.

* * *

Die Tür der Terrasse, auf die Edward sie trägt, ist nur angelehnt.

Und als Tony den Raum sieht, in den er kurz darauf tritt, hält sie hörbar die Luft an. Es ist dunkel, die Nacht muss bereits weit fortgeschritten sein, doch sie empfängt das gleiche warme Licht, das schon ihr Bad im fernen Miami erleuchtet hat.

Kerzen.

Die zahllosen Flammen flackern unruhig, als durch die plötzlich geöffnete Tür eine leichte Brise weht. Doch das ist bei Weitem nicht alles. In den wenigen Sekunden, die Edward benötigt, um sie zum Bett zu tragen, versucht Tony, so viele Details wie möglich zu registrieren.

Die Farbe: Ein Farbton beherrscht das gesamte Zimmer – violett. In allen denkbaren Schattierungen.

Das Bett: groß, mit ausladendem Moskitonetz, auf dem unzählige rote Blütenblätter verteilt sind. Keine Rosen, wie Tony zunächst angenommen hat. Es sind andere, exotische Pflanzen, deren süßer Duft den Raum erfüllt. Darüber hinaus warten

Champagner und zwei Kelche auf sie, und erst jetzt hört sie die sanften klassischen Klänge, die mit Sicherheit von einer Anlage erzeugt werden. Als sie Edward ansieht, erkennt sie, dass er sie nicht aus den Augen gelassen hat und gierig ihre Reaktionen erforscht.

Noch immer unsicher. Das ist immer noch unheimlich süß.

Schweigend lässt er sie auf die Matratze sinken, öffnet die Flasche, schenkt ein, reicht ihr ein Glas und setzt sich mit dem anderen bewaffnet an das entgegengesetzte Ende des Bettes. Als er ihr sein Kristallglas entgegenhält, stößt sie behutsam mit ihm an. Sehr genau beobachtet er, wie sie ihres an die Lippen führt, was das Trinken nicht gerade leichter macht, ehrlich nicht! Vorsichtig schluckt sie, hofft, es ist nicht zu laut, und erwidert mit wachsender Nervosität seinen unergründlichen Blick.

Verdammt! Kann er nicht mal was sagen?

Das hat er nicht vor, stattdessen betrachtet er sie Ewigkeiten mit zur Seite geneigtem Kopf und leuchtenden Augen. Und als seine Stimme doch ertönt, ist sie so sanft und warm wie das Licht, das den Raum erhellt. »Es waren deine Lippen ...« Wie zur Bestätigung seiner Worte nickt er. »Lange Zeit dachte ich, es wäre dein frecher Mund, aber das stimmt nicht. In Wahrheit waren es diese verrückten Lippen. Ich glaubte, du wärst nicht in der Lage, dich ordentlich zu schminken. Das sah ... *grotesk* aus. Irgendwann kam ich dahinter, dass sie echt sind. Ab diesem Moment machten sie mich wahnsinnig. Ich musste unbedingt herausfinden, wie es sich anfühlt, so einen Mund zu küssen.« Versonnen mustert er ihre Lippen und nimmt einen Schluck von seinem Champagner. Tony tut es ihm nach und ignoriert entschieden das Zittern ihrer Hand.

Als er wieder spricht, ist er bedeutend lauter. »Logik.«

Fragend hebt sie eine Augenbraue. »Hmmm?«

»*Logik!* Wenn du dich in eine gedankliche Sackgasse manövriert hast, solltest du dich immer der kühlen Logik bedienen«, erwidert er. Als aus ihrem fragenden Blick allmählich ein echt verwirrter wird, lacht er leise. Flüchtig. Dann ist er wieder ernst. »Du hast mich da vor einige drastische Probleme gestellt, Anthonia Benett.«

»Es tut mir leid«, haucht sie.

»Das muss es nicht. Ich mag Herausforderungen. Deine Bedingung war ja nicht nur, es zu sagen, nein, ich muss es ja auch noch *meinen*!« Er verzieht das Gesicht. »Was die eigentliche Problematik darstellte ...« Nachdenklich betrachtet er sie. »Ich schätze, das war dir durchaus bewusst, oder?«

Sie nickt.

Edward mustert die unzähligen Blütenblätter, auf denen sie sitzen, und lacht auf. »Mein Gott, was für ein Kitsch!«

»Was?«

»Alles!«, sagt er mit ausgebreiteten Armen. »Die Kerzen, das Dekor, der Champagner, die schöne Frau in seidigen Daunen ...«, seine Augen funkeln, »... das sieht mir so gar nicht ähnlich.«

Im nächsten Moment ist er bei ihr, das Gesicht nur noch Millimeter von ihrem entfernt, seine freie Hand legt sich auf ihre Hüfte. »Und soll ich dir was sagen, Tony? Es gefällt mir. Es spricht mich an. Vielleicht liegt es nur daran, dass du es bist ...« Gleichmütig zuckt er mit den Schultern. »Wer weiß? Aber ich hatte noch nie so viel Spaß daran, etwas zu tun, was ich im Grunde gar nicht will. Glaubst du mir das?«

Wieder kann sie nur nicken.

Nach einem zärtlichen, aber viel zu kurzen Kuss nimmt er ihr das Glas ab, stellt es gemeinsam mit seinem auf das kleine

Schränkchen neben dem Bett, steht auf und reicht ihr seine Hand. Tony lässt sich vom Bett ziehen. Seine Arme legen sich um sie und er beginnt, sich mit ihr zu der Musik zu bewegen.

»Ich gebe zu, was Romantik betrifft, stoße ich schnell an meine Grenzen«, verkündet er trocken. »Das kann man sich nicht in ein paar Wochen aneignen. Ich habe mir wirklich Mühe gegeben, hoffentlich berücksichtigst du das in deinem Urteil.«

Sie lächelt.

»Aber ...« Er hebt eine Braue. »*Ich kann tanzen.*« Mit jedem Wort wird er leiser und seine Stimme dunkler. Edward nimmt ihre Hand, ein Arm legt sich um ihre Taille. »Pluspunkt für mich. Wahrscheinlich bewahrt der mich vor dem totalen Desaster.«

Tony findet überhaupt nicht, dass es ein einziges Desaster ist, im Gegenteil: Ihr Herz schlägt inzwischen bis zum Hals, sie hat ernsthafte Schwierigkeiten zu atmen, ohne sich dabei anzuhören, als hätte sie gerade den Mount Everest erklommen und den Abstieg auch gleich mitgenommen.

Für Edward – einen Mann, der Romantik nicht mal buchstabieren kann – ist dies unbeschreiblich. Sie will keinen anderen – nur ihn. Außerdem hat Tony den Kitsch auch nicht gerade erfunden. Edward soll nicht für sie spielen, sondern er selbst sein. Und bisher ist er das.

Als sie ihren Kopf an seine Schulter lehnen will, lässt er sie los und eine Hand legt sich unter ihr Kinn, zwingt sie, ihn anzusehen. »Logik«, sagt er leise. »Ich versuchte, das Problem mit Logik anzugehen. Ich googelte ein bisschen, suchte nach der Definition, um wenigstens einen Ansatzpunkt zu haben ...«

Wie gebannt hängt Tony an seinen schönen, so scharf geschnittenen Lippen.

»Da gibt es jede Menge wissenschaftliche Erläuterungen. Von

sexueller Anziehungskraft ist die Rede.« Grübelnd betrachtet er sie. »Okay, nach dieser Definition ist es einfach.« Rasch küsst er sie, bevor sie reagieren kann, ist sein Mund erneut verschwunden. »Warte ...« Diesmal klingt er noch dunkler; er holt tief Luft, senkt den Blick und atmet scharf wieder aus. Dann sieht er auf und grinst. »Also, mit der sexuellen Anziehungskraft ... das stimmt schon mal.«

Als sie lächelt, zieht er Tony ein wenig näher. Doch nur so weit, dass er ihr nach wie vor in die Augen sehen kann. »Nach einer Weile, in der ich mich über die ›Arterhaltung‹ informiert hatte, versuchte ich eine andere Richtung. Ich fand Definitionen, en masse. Eine kitschiger als die andere, nichts wollte wirklich passen, aber eigentlich passte auch alles. Es war mir viel zu allgemein gehalten. Irgendwann habe ich eingesehen, dass es so nicht funktionieren würde. Ich suchte nach einer Antwort, die mir niemand geben kann.«

Diesmal küsst er ihre Stirn. »Teilweise war ich echt wütend auf dich. Ich hatte keine Ahnung, wie ich dein Ultimatum erfüllen sollte, verdammt! Ich will dich mehr als alles andere auf der Welt. Es gibt keinen Wunsch, den ich dir abschlagen könnte. Ich würde alles für dich tun. Ich konnte dich nicht vergessen, obwohl ich es ehrlich versucht habe. Ich würde alles, was uns trennt, überwinden, damit wir zusammen sein können. Fuck, ich habe selbst diesen grauenvollen Staubsauger ertragen. Das Geräusch dröhnt jetzt noch in meinen Ohren! Und das reicht dir nicht? Du willst noch mehr? *Liebe?*« Er klingt so leise und eisig, dass Tony kalt wird. Doch kaum sind die Worte gesagt, schmunzelt Edward wieder und das zornige Blitzen seiner Augen verschwindet. Er presst sie an sich, hält ihren Kopf in seinen Händen und sein Mund bewegt sich an ihrem Ohr ...

»Du wusstest das viel früher als ich, oder?«

Tony bringt es nur auf ein Nicken.

»Ich schätze, ich bin wohl nicht sehr schnell?«

Stumm schüttelt sie den Kopf.

»Kannst du mir verzeihen?«

Das segnet sie mit einem Nicken ab, was ihn zum Lächeln bringt. »Das ist gut, schätze ich.«

Der Druck seiner Hände verstärkt sich und Tony schließt die Augen, als sie endlich an seine Brust sinken darf. Nach wie vor bewegen sie sich zur Musik und noch immer befinden sich seine Lippen an ihrem Ohr ...

* * *

Als er wieder spricht, klingt er samtweich. So dunkel und verführerisch, dass sie augenblicklich erschaudert.

»*Ek hejou liefe.*«

Tony will ihn ansehen, doch er hindert sie daran.

»*Te amo, te quiero mi amor.*« Flüchtig berührt er ihre Wange.

»*Behibak ... Ngo oi ney ... Jeg elsker dig ... Aku cinta kaum ...*«

Seine Finger schieben sich in ihren Nacken, hinauf in ihr Haar, und er küsst die kleine Vertiefung unter ihrem Ohr. Atemnot ist untertrieben, Tony bekommt wirklich keine Luft mehr. Es ist zu viel. Die dunkle Stimme, der warme Atem an ihrem Ohr, sein Duft, die seidige Haut, die sie trotz des Hemdes spüren kann. Die sanften Bewegungen seiner Hüften im Einklang mit der Melodie. Tony verliert die Kontrolle über ihre Beine, strauchelt, doch er fängt sie auf, hält sie mit einem Arm. Und während all dies geschieht, raunt er ohne Unterbrechung:

»*Ya lyublyu tebya ... Mina rakastan sinua ... Ohhhh, je t*

'aime, mon amour ... S'ayapo ... Eg elska thig ...«

Seine Lippen gleiten wieder unter ihr Ohr, und diesmal kann sie das Beben nicht mehr verhindern. Sie fühlt sich wie Gelee, ihre Knochen scheinen sich aufgelöst zu haben. Weit entfernt hört sie ihr Stöhnen, tief und sinnlich, und sie spürt, wie sich seine Lippen zu einem Lächeln verziehen.

Tony beginnt, alles um sich herum zu vergessen. Ihr ist entfallen, wer oder wo sie ist. Nichts weiß sie mehr von der Musik im Hintergrund oder dass sie schon lange nicht mehr steht, sondern nur noch von seinem Arm gehalten wird. Sie lebt ausschließlich für die zärtlichen Berührungen auf ihrer Haut und das dunkle Raunen, das wie ein ewiges, wunderbares Lied unaufhörlich an ihr Ohr dringt und ihr die Sinne raubt.

»*Oh, ti amo ... Mi amas vin ... Taim ingra leat ... Ik hou van jou ...«*

Seine Lippen wandern über ihren Hals hinab zu ihrer Schulter und weiter über die zarte Haut ihres Dekolletés. Hastig legt sie den Kopf zurück und lauscht seinem sinnlichen, sanften Murmeln, während sie in seinen Armen vor Sehnsucht nach ihm langsam vergeht.

»*Ez te ra hes dikim ... Amo te ... Jeg elsker deg ... Du stet daram ... Mahal Kita ...«*

Tony atmet immer hektischer; ihre Hände krallen sich an ihm fest; begehrlich beugt sie sich seinen Lippen entgegen, die den Ansatz ihrer Brüste erreichen. Oh mein Gott, sie kann sich nicht vorstellen, ihn jemals so sehr gewollt zu haben. Nie hätte sie geglaubt, dass Verlangen wehtun kann. Lautlos beginnt sie zu flehen:

Bitte, Edward, bitte. Liebe mich! Du hast es so oft gesagt. Ich glaube es dir ja! Verdammt, bitte, liebe mich ...

Doch Edward ist noch nicht fertig und er zeigt kein Erbarmen. Der Halt verstärkt sich, während sein Mund, anstatt weiter runter, wie Tony es will, auf der anderen Seite wieder hinauf wandert. Bald ist er an der Schulter angekommen, erobert die linke Seite ihres Halses und Tony kann ihr frustriertes Stöhnen nicht länger zurückhalten. Edward ignoriert es; sein dunkles Murmeln geht mit jedem neuen Laut tiefer unter ihre Haut ...

»*Kocham Cie ... My tumse pyaar kartha hun ... Ai shite imasu ... Tangsinul sarang hayo ... Te iubesc ...*«

Er nimmt ihr Ohrläppchen zwischen die Zähne und Tony zieht laut die Luft zwischen ihren ein ...

»*Volim Te ... Khao Raak Thoe ... Miluju te ... Toi yeu em ... Szeretlek ... Seni seviyorum ...*«

Die Lippen gleiten hinab zu ihrem Hals und küssen sich dann behutsam zu ihrer Wange vor ...

»*Ha eh bak ...*«

Ein gehauchter Kuss auf ihr Kinn folgt.

»*Lubim ta ...*«

Diesmal wird ihre Nasenspitze geküsst.

»*Jag alskar dig ...*«

Das begleitet er mit einem Kuss auf ihre Stirn, und Tony beginnt die Tatsache zu verfluchen, dass es auf der Welt so gottverdammt viele verschiedene Sprachen gibt. Hilflos und außer Atem liegt sie in seinen Armen und kann nur ein Wort denken:

BITTE!

»*Te amo ...*«, murmelt er und küsst ihr linkes Augenlid.

»Seni seviyorum ...« Das rechte folgt.

»*Obicham te ...*«

Inzwischen ist er kaum noch hörbar, seine Hüften bewegen

sich nicht mehr mit der Musik, stattdessen bewegt er sich vorwärts und kurz darauf berührt ihr Rücken die haltgebende Wand. Sein stützender Arm verlässt sie; er nimmt ihr Gesicht in beide Hände und wartet, bis sie die Augen öffnet.

Und als sie das tut, sieht sie in seine ernste Miene.

»I love you so much, my little sweet Darling.«

Abermals küsst er sie. Flüchtig – dieser verfluchte, wunderbare, atemberaubend duftende, unglaublich verführerische Mann!

Wieder wartet er, bis sie ihn ansehen kann. Und als er diesmal spricht, ist seine Stimme verhältnismäßig laut, fest und deutlich.

»Ich liebe dich, Anthonia Benett. Mehr, als du jemals begreifen wirst. Mehr, als ich dir jemals sagen kann. Ich bitte dich mit allem, was ich habe und was ich bin. Willst du meine Frau werden?«

31. Die Stunde der Wahrheit

Schwer atmend starrt Tony ihn an. Das Beben, das ihren Körper in Besitz hält, lässt nicht nach und sie weiß nicht, wie sie die erforderliche Antwort bewerkstelligen soll, ohne es zu verpatzen. Sie kann nicht sprechen, unmöglich! Die Stimme ist weg, der Puls pocht in ihrem Hals, es ist, als würde sie an ihrer Aufregung ersticken. In größter Not schließt sie einfach die Augen, konzentriert sich mit aller Macht auf dieses eine Wort, das noch von Bedeutung ist, und bringt es tatsächlich irgendwie zustande.

»Ja!«

* * *

Sie wartet, doch es kommt keine Reaktion. Und als sie zögernd die Augen öffnet, blickt sie direkt in seine blauen, die mit einem Mal erheblich dunkler sind. Was nur bedingt an dem dämmrigen Licht der Kerzen liegt.

Als Nächstes vernimmt sie ein seltsames Geräusch – eine Mischung aus Seufzen und Knurren. Feste, starke Hände umfassen ihre Schultern und im nächsten Moment liegen seine Lippen auf ihren. Er nimmt so schnell und heftig von ihrem Mund Besitz, dass ihr kaum Zeit bleibt, zu reagieren.

Und sie liebt es!

Blindlings tastet sie nach ihm, spürt seine Schultern, gleitet weiter hinab bis zur Knopfleiste seines Hemdes und versucht, es aufzubekommen. All das, während er ihr den atemberaubendsten, leidenschaftlichsten und mitreißendsten Kuss ihrer gesamten Laufbahn gibt.

Tonys klammen, bebenden Finger wollen ihr nicht gehorchen. Hastig zieht sie den Kopf zurück, ignoriert das stumme Aufschreien ihrer empörten Lippen und blickt in sein glühendes Gesicht. »Hast du noch ein anderes Hemd dabei?«

»Ja!« Das ist eher ein dumpfes Knurren als alles andere. Keine Sekunde später befindet sich sein Mund wieder auf ihrem. Ihr Stöhnen mischt sich mit dem Reißen, als sie den teuren, leichten Stoff vernichtet.

Edward zerrt währenddessen ihr Kleid hinunter und legt den trägerlosen BH frei.

»Fuck«, stöhnt sie, verzweifelt und atemlos, sie will, dass er sie ENDLICH berührt, VERDAMMT! Ziellos fahren ihre Finger über seine Brust. OH Fuck! Endlich findet sie seine Hose, zerrt den Gürtel auf und reißt danach beinahe den Knopf ab, bevor sie den Stoff über seinen Hintern schiebt.

»Edward!«, keucht sie an seinen Lippen und bekommt als Antwort nur sein tiefes Stöhnen.

Längst hat er den Kampf mit ihrer Kleidung aufgegeben. Er fetzt ihren Slip runter, über ihre nackten Füße, die sie hastig nacheinander anhebt. Dann umfassen seine Hände ihren Hintern, um sie hochzuheben.

»Leg die Beine um meine Hüften«, murmelt er an ihrem Mund.

Ihre Beine – sowieso nur aus Gummi bestehend – reagieren sofort. Tony blickt in seine dunklen, erregten Augen, nebenbei nestelt sie nach wie vor an seiner Hose. Mit verkrampftem Kiefer wartet er, bis sie endlich auch die Shorts beseitigt hat. Beide stöhnen gleichzeitig auf, als sie seine Erregung befreit, bevor Edward sie noch fester gegen die Wand drängt.

»Halt dich fest!«

Sofort schlingt sie ihre Arme um seinen Hals, presst ihre Beine um seine Taille. Eine Hand verlässt sie und nur Sekunden später ist er in ihr.

»Ahhhhh!« Ihre Augen sind riesig und er erstarrt.

»Verdammt!«, knurrt er. »Tony, habe ich dir ...«

»Nein!« Als er sie unsicher mustert, brüllt sie fast. »Edward!«

Als er sich erneut in ihr bewegt, diesmal mit unglaublicher Kraft, wirft sie wimmernd den Kopf zurück.

Tony könnte ihn nachträglich noch schlagen. Bis zu diesem Moment war ihr nicht bewusst, dass es auch so sein kann. Damals hat er sie mit so viel unendlicher Zärtlichkeit geliebt. Es war gut, aber doch nicht mit dem hier vergleichbar!

Das ist ... *wow*!

Sie hört sich schreien; sie sieht seine zusammengepressten Zähne, wobei er sie betrachtet, und hört sein unterdrücktes Stöhnen, während er immer und immer wieder in sie hineinstößt. Der Schweiß bricht ihr auf der Stirn aus, sie sieht die Perlen an seiner Schläfe hinablaufen.

Eilig presst sie ihre Beine intensiver um ihn. Ihre Hände verlassen seinen Nacken, wandern an seinen muskulösen Armen hinab und krallen sich dort fest. Immer wieder spürt sie das Anspannen seiner Muskeln, fühlt den Schweißfilm auf seiner Seidenhaut und genießt den Anblick seiner Lust, die gleiche, die auch Tony empfindet. Wie vob selbst beugt sie sich vor und haucht ihm einen Kuss an den Kiefer, wirft den Kopf im nächsten Moment zurück, weil Edward sich so tief in sie schiebt, dass ungeahnte Gefühle durch ihren Körper zucken. Alles, was man hört, ist ihr beider hektischer Atem, das Stöhnen und das Geräusch von Haut an Haut.

Irgendwann werden seine Bewegungen stärker und sie fühlt, dass sie sich dem Orgasmus nähert. Noch während sie sich dem gewaltigsten Höhepunkt ihres Lebens nähert – okay, das ist lächerlich, sie hatte bisher nur zwei –, spürt sie gleichzeitig die Resignation, weil es zu Ende sein wird.

Seine Lippen teilen sich, er hebt den Kopf, und er schließt die Augen ...

* * *

Das Nächste, was Tony bewusst wahrnimmt, ist, dass sie auf dem Boden liegt. Teilweise. Denn ihre Arme ruhen auf Edwards Brust und ihre Beine umklammern immer noch seine Hüften. Ihre Augen sind noch immer geschlossen und sie fährt sich mit der Zunge über die Unterlippe und seufzt.

Sofort bewegt er sich unter ihr.

»Was hast du?« Genau wie sie ist auch er außer Atem.

»Nichts Falsches. Es ist nur ...«

»Was?« Ein Arm löst sich und kurz darauf spürt sie seine Hand auf ihrem Haar. Behaglich kuschelt sie sich an seine nackte Brust und überlegt, wie sie es ihm begreiflich machen soll.

»Ich ...« Tony schluckt und spürt – dumm – die Tränen kommen. Diesmal entgeht es ihm nicht.

»Tony?«

Endlich richtet sie sich auf, um ihm in die Augen sehen zu können. Ein dunkles Blau, aber mit einem neuen Glitzern versehen.

»Ich wusste bis heute Abend nicht, was ich verpasst habe«, erklärt sie. »Ich dachte, es sei deine Schuld, wenn du so dämlich bist, drei Jahre zu verschenken. Aber auch *ich* habe Zeit verloren. Das hatte ich nie so gesehen. Ich ...« Stöhnend verdreht sie die Augen. »Ich quatsche Mist und du glaubst garantiert, jetzt bin ich total durchgeknallt. Ich ...«

Kopfschüttelnd zieht er sie an sich. »Ich verstehe ganz genau, was du meinst«, wispert er an ihrem Ohr. »Das ist einer der zehntausend Gründe, weshalb ich ein Idiot bin.«

Hingerissen schließt sie die Augen, als seine Lippen sanft über ihre Schläfe gleiten. Bis sein resigniertes Stöhnen dazu führt, dass sie ihn wieder anschaut.

»Was?«

»Idiot! Ehrlich, ich bin so ein Idiot!«, knurrt er.

»Okay, das sagtest du schon. Aber warum diesmal speziell?«

Sein Ausdruck wird kalkulierend; er neigt den Kopf zur Seite und betrachtet sie nachdenklich. »Stehst du zu deinem Wort?«

Tony hat zwar keine Ahnung, worauf er hinaus will, aber zu ihrem Wort steht sie immer. »Klar!«

»Es ist nämlich so ...« Edward verstummt, sein Blick wandert über ihren ziemlich nackten Körper, wie ihr erst jetzt wieder einfällt. Hastig sieht sie an sich hinab und wird rot, bevor sie hektisch an dem Kleid zerrt, das sich in ihrer Hüftregion zusammenbauscht.

Sein Griff um ihre Handgelenke stoppt sie. »Nein ...« Er lehnt sich vor und küsst sehr andächtig den Ansatz ihrer Brüste. Dann schaut er auf; das neue Glitzern hat noch an Intensität zugenommen »Es ist nämlich so ...«, beginnt er erneut. »Das war so nicht geplant, also die Geschichte mit der Arterhaltung ...« Unvermutet runzelt Edward die Stirn und dann dämmert Begreifen auf seinem Gesicht. »Verdammt!«, murmelt er, nur sieht seine Miene nicht nach »Verdammt!« aus.

Ganz und gar nicht.

Verwirrt betrachtet Tony ihn, bis auch ihr ein Licht aufgeht. »Das kannst du vergessen!«

Er lacht. »Das kannst du nicht ad hoc sagen! Ich meine, beim ersten Mal hat es ja auch sofort funktioniert ... Wer weiß?«

»Ich!«, erwidert sie grinsend, beugt sich vor und haucht einen Kuss auf seine unschuldigen Lippen. »Einmal passiert mir so etwas. Ein zweites Mal nicht.«

Zunächst wirkt er verblüfft, als Nächstes leicht enttäuscht und am Ende relativ gelassen. »Was hast du unternommen?«

»Da ich die Absicht hatte, nach Jades Geburt die Männerwelt wirklich kennenzulernen, ließ ich mir, sobald es ging, eine Spirale einsetzen.«

»Und? Hast du?«

Jetzt ist es an ihr, den Unschuldsblick auszupacken. »Was?«

»Die Männerwelt kennengelernt«, knurrt er.

Tonys Augen verengen sich. »Dafür, dass du keine Sekunde überlegt hast, bevor du mit Aurora ins Bett gehüpft bist, bist du ziemlich eifersüchtig. Das ist echt frech!«

»Ich weiß selbst, dass ich kein Recht dazu habe«, brummt er.

»Aber?«

»Woher weißt du, dass ein ›Aber‹ folgt?«

»Wegen der Betonung, vielleicht?«

»Welche Betonung?«

»Deine!«

»Anthonia, ich betone in den seltensten Fällen, was ich sage.«

»Richtig, aber manchmal eben doch! Und im Moment versuchst du gerade intensiv, vom Thema abzulenken.«

»Das ist dir nicht entgangen?«, erkundigt er sich erstaunt.

»Das wäre nicht einmal Matty entgangen«, erwidert sie stöhnend. »Du hältst mich immer noch für ziemlich blöd, oder?«

»Nein!«

»Scheint aber so«, grummelt sie, und er lacht leise auf.

»Ich kann nicht glauben, dass es das ist, was ich will.« Bevor sie etwas erwidern kann, fühlt sich seine Lippen an ihrem Ohr. »Aber Tatsache ist: Ich liebe es. Du hast keine Ahnung. Und ...« Sie schließt die Augen, als er sanft ihren Hals küsst. Dann wispert er erneut. »Du kannst mich schlagen, wenn du willst. Aber ich hatte gehofft, dass du mit keinem anderen Mann zusammen warst. Gehofft, Tony, nicht erwartet. Nur gehofft.« Er beugt sich nach hinten und mustert sie ernst. »Weil ich ...«

Als er nicht fortfährt, kichert sie leise. »Lass mich raten: Weil du der Einzige sein wolltest.«

»Ja. Genau das.«

»Du bist altmodisch.«

»Scheint so«, erwidert er schulterzuckend.

Sanft gleiten ihre Fingerspitzen über seine Brust. »Hmmm ...« Mit zur Seite geneigtem Kopf blickt sie durch die Wimpern zu ihm auf. »Dann hast du wohl Glück, schätze ich.« Als seine Augen triumphierend aufblitzen, stöhnt sie. »Du wusstest es!«

Sofort ist der unschuldige Blick zurück. »Wie kommst du darauf?«

»Gib es zu!«

»Tony ...«

»Gib es doch wenigstens zu!«

Nach einer Weile nickt er ergeben. »Okay, sagen wir so ... Ich ahnte es. Wäre natürlich immer möglich gewesen, dass du dich mit einem kompletten Idioten eingelassen hast.«

Sie hebt die Augenbrauen.

»Mit noch einem!«, knurrt er, doch dann grinst er schief. »Also, was ich ursprünglich sagen wollte ...«

»Nein, warte!« Tony hat eine Hand erhoben. »Warum hast du eigentlich nicht daran gedacht? Ich meine, du bist doch der Erfahrenere von uns beiden. Weshalb hast du nie an die Verhütung gedacht?«

Nachdem er eine Weile überlegt hat, zuckt er erneut mit den Schultern. »Ich hatte es noch nie mit einem Mädchen zu tun. Aus New York«, fügt er hinzu. »Für die Verhütung ist die Frau zuständig.«

»Nein«, haucht sie.

»Doch!« Er betrachtet sie mit jenem eisigen Gesichtsausdruck, den sie so fürchtet. Doch er verschwindet augenblicklich wieder. »Ich sagte es dir, Tony, das ist eine andere Welt. Keine Frau aus ›meinen‹ Kreisen wird aus Versehen schwanger.«

»Was, wenn doch?« Als er nichts erwidert, nickt sie. »Clever gelöst.«

»Es kommt nicht häufig vor. Und wenn, dann wird das sorgsam unter Verschluss gehalten. So etwas ... schickt sich nicht.«

Hastig sieht sie zur Seite und hört sein Seufzen. Ein Finger erscheint, der ihr Kinn anhebt und kurz darauf blickt sie in seine mit einem Mal so warmen Augen. »Für die Mädchen aus meinen Kreisen«, wispert er und küsst sie flüchtig. »Für ein kleines unerfahrenes Mädchen aus New York ist es nur natürlich. Und ich bin so dankbar, dass es genau so ist, glaube mir das bitte. Anders würde ich es nicht wollen.«

Sie antwortet nicht, und er betrachtet sie für eine lange Weile, bevor er abermals seufzt. »Was ich eigentlich sagen wollte ...«

»Warum wolltest du mit mir nicht auf die ›Destino‹ fliegen?«

Kurzfristig wirkt er leicht entnervt, bevor sich tiefe Resignation auf seinem Gesicht breitmacht. So tief, dass Tony ihren Vorstoß sofort bereut.

Hastig schüttelt er den Kopf. »Nein, es ist okay. Die Frage ist ja berechtigt. Ich ...«

Seufzend zieht er seine Hose komplett aus, steht auf, trägt Tony hinüber zum Bett und legt sich mit ihr im Arm hinein. Die vielen Blütenblätter fühlen sich samtig weich unter ihrer nackten Haut an. Er lehnt ihren Kopf an seine Brust und seine Arme fest um sie. Inzwischen kennt Tony die Symptome. Eine neue Edward-Beicht-Runde wird eingeläutet, was sie ärgert, denn sie wollte die schöne Stimmung nicht zerstören. Wie immer dauert es eine Weile, bis seine verhaltene Stimme ertönt. »Ich hasse die Insel und wollte nicht, dass wir dort ...«

»Warum hasst du sie?«

»Ganz einfach. Mein Vater liebte sie.«

Darüber muss sie erst mal nachdenken. »Aber warum hast du Matty und mich dann damals dorthin gebracht?«

Edward stöhnt auf. »Es gibt Dinge, die willst du nicht unbedingt wissen. Ich belüge dich nicht, also frag nicht. Denn ich kann dir versichern, dass die Wahrheit dir keine Freude bereiten würde. Vertrau mir.«

Das tut sie. Im Allgemeinen. Allerdings muss sie auch über diesen Satz erst mal genau nachdenken. »Erzähl es mir«, fordert sie dann entschlossen.

Wieder schweigt er für eine Weile. »Gleiches zu Gleichem«, sagt er schließlich zögernd. »Ich wollte dich so schnell wie möglich loswerden. Und zwar, *nachdem* ich dich zerstört hatte. Tony. Das war der Plan. Ich wollte dich so umfassend fertigmachen, dass du freiwillig auf alle Rechte, Matty betreffend, verzichten würdest – einschließlich eines Schweigegeldes. Du solltest so panisch vor mir sein, dass du nur noch weg wolltest. Die ›Destino‹ bedeutet mir nichts. Ich ... wäre froh, sie endlich los zu sein, aber das lässt der Anstand nicht zu, sie befindet sich seit Jahrhunderten in Familienbesitz. Ich brachte euch dorthin, um auch dich loszuwerden. Für immer. Denn was dich betrifft, war kein Anstand nötig. Ursprünglich hatte ich die Absicht, mit Matty nach Miami zu fliegen. Alles war vorbereitet, eine Nanny bereits engagiert. Ich hatte ...« Plötzlich dreht er sich, sodass sie liegt und er sich über sie lehnt. Er küsst ihre mit einem Mal blutleeren Lippen. »Ich sagte dir, dass du die Wahrheit nicht hören willst«, erinnert er sie leise. »Aber ... der Entschluss, euch beide dorthin zu bringen, hat sich im Nachhinein als einer der besten herausgestellt, die ich jemals hatte. Auch wenn ich dir die Hölle bereitete. Es tut mir so unendlich leid.«

Tony schließt die Augen. Sie kann nur ahnen, wie sehr er später unter seiner Fehleinschätzung, seinem daraus resultierenden Benehmen und all den Folgen gelitten hat. Plötzlich versteht sie, warum er in jener Nacht den Raum verließ, als er erkannte, dass sie noch Jungfrau war. Es muss für ihn wie eine Ohrfeige gewesen sein – eine, die tausendmal schmerzhafter und verletzender ist, als Tony sie ihm je zufügen kann.

So was bringt er nur selbst zustande.

Wie muss er sich gefühlt haben, als ihm seine Gemeinheit, sein unerträglich grausames Verhalten in jeder Einzelheit bewusst wurde?

Allein bei dem Gedanken erschaudert Tony und zieht ihn an sich. »Ist schon gut.«

* * *

Lange Zeit schweigen sie, bis Edward sich wieder meldet.

»Was ich eigentlich sagen will – seit ungefähr einer halben Stunde ...« Er richtet sich auf und betrachtet sie kalkulierend. »Also, du stehst zu deinem Wort?«

Entnervt verdreht sie die Augen. »Das sagte ich bereits, Edward.«

»Du bist dir ganz sicher?«

»Jaaaaa ...«

»Fein«, erwidert er grinsend. »Zieh dich an!«

»Was?«

»›Sage mir, dass du mich liebst, Edward, und ich heirate dich auf der Stelle.‹ Das waren deine exakten Worte.«

»Ja, und?« Sie hat die Frage kaum gestellt, da dämmert es auch schon. »Nein!«

Sein Gesicht ist unvermittelt sehr nah. »Ohhh doch!«

* * *

Tony weiß nicht genau, wie Edward das Wort »sofort« interpretiert, obwohl sie da inzwischen eine durchaus konkrete Vorstellung hat, und das schwarze Abendkleid plötzlich eine völlig neue Bedeutung bekommt. Trotzdem nimmt sie sich das Recht heraus, wenigstens noch zu duschen und sich ordentlich anzuziehen, ehe sie zu ihm tritt.

Lächelnd hält er ihr seine Hand entgegen und zieht sie zur Terrassentür.

Bevor sie hinausgehen, neigt er seinen Kopf zu ihr hinab. »Übrigens, wenn du auch noch eine Riesenhochzeit mit allem Tamtam willst ... Ich bin zu allen Schandtaten bereit.«

Der Versuch, angewidert das Gesicht zu verziehen, schlägt fehl, denn unbeschreibliche Aufregung hat sie erfasst. Schon wieder kämpft Tony mit der Atemnot und das Herz klopft ihr bis zum Hals – obwohl sie nicht den geringsten Schimmer hat, wie er das mit der Trauung bewerkstelligen will. Sie hat bei ihrer Ankunft auf der Insel niemanden gesehen. Auch nichts, was darauf hindeutet, dass demnächst eine Hochzeit stattfinden soll. Auf der Landefläche sind auch keine anderen Hubschrauber gewesen ... Okay, genau genommen, hat sie auf überhaupt nichts geachtet. Ob da noch ein anderer Helikopter war, ist ihr nicht bekannt, ebenso wie die Frage, ob sich noch andere Personen auf der Insel aufhalten. Tatsächlich hat sie ihre Aufmerksamkeit ausschließlich auf Edward gerichtet und darauf, dahinter zu kommen, wohin er sie entführt hat.

Ihr bleibt wohl nichts anderes übrig, als die Dinge so zu nehmen, wie sie kommen. Widerstandslos lässt sie sich von Edward durch die Tür hinaus in die karibische Nacht ziehen.

Sie weiß nicht mal, wie spät es mittlerweile geworden ist.

Diesmal begnügt er sich damit, ihre Hand zu halten. Und erst, als sie nebeneinander laufen, fällt ihr auf, dass Edward wirklich an ein Ersatzhemd gedacht hat. Denn das trägt er inzwischen. Jetzt sieht sie auch den Schein flackernden Feuers, das ein paar Meter entlegen vom Haus entzündet wurde. Allerdings ist dies nicht sonderlich überraschend. Wie soll man auch sonst in der Nacht für eine respektable Lichtquelle sorgen?

Wirklich erstaunt ist Tony allerdings, als sie sich der Stelle nähern, die sich günstigerweise direkt am Meer befindet. Sie hat mit ihrer Vermutung richtig gelegen: Das Wasser tost nur wenige Meter vom Haus entfernt. Dazwischen erstreckt sich ein Streifen, der mit Gras begrünt wurde und von Palmen gesäumt wird. Eine schmale Böschung führt hinab zum Strand und da ist es: das Meer. Das sowie Susan Matty und Jade, die seltsamerweise nicht in Miami in ihren Betten liegen und selig schlafen. Stattdessen machen sie einen ziemlich herausgeputzten Eindruck. Einschließlich Carlos, der sich allen Ernstes in einen Anzug gezwängt hat. Susan hält einen Strauß roter Rosen im Arm. Neben ihnen steht ein großer, korpulenter Fremder mit wettergegerbtem Gesicht. Auch er trägt einen Zweiteiler, allerdings ist der ihm mindestens zwei Nummern zu klein, die riesigen Knöpfe des Jacketts, die sich über seinen Bauch spannen, deuten jedenfalls darauf hin.

Das Feuer stammt von einigen wenigen Fackeln, die um ein kleines, aus rohem Holz gezimmertes Podest befestigt wurden. Als Jade und Matty sie sehen, brechen die in wildes Geschrei aus.

Etikette hin oder her, kurz darauf hat Edward seine Tochter auf dem Arm und Tony Matty an der Hand. Unsicher blickt sie zu Edward, doch der scheint von der gesamten Angelegenheit verdammt überzeugt zu sein. Mit großen, festen Schritten überwindet er die letzten Meter, die sie noch von dem Mann mit den großen Knöpfen auf der Anzugjacke trennen. Um seine Lippen spielt ein seltsames Lächeln. Seltsam, weil Tony Edward noch nie mit einem gesehen hat, ohne dass es einen ersichtlichen Grund dafür gab.

Der dicke Mann mit den großen Knöpfen blickt ihnen erwartungsvoll entgegen – genau wie Susan und Carlos, die direkt neben ihm stehen. Als sie ihn erreichen, nickt er würdevoll. Hastig wirft Tony Susan einen Blick zu. Die grinst. Und Carlos neben ihr trägt wieder diesen komisch wissenden Gesichtsausdruck.

Der Knopfmann wartet, bis Jade aufgehört hat, ihrem Dad die allerneusten Wichtigkeiten ins Ohr zu wispern. Zum Beispiel, dass sie mit einem ›Pekopter‹ geflogen sei und dass Matty gemeint habe, sie könne es gar nicht richtig sagen. Weshalb für Jade feststehe, dass Matty doof ist. Jedenfalls heute Abend.

Edward nickt ernst und hört sich die Klagen seiner Tochter mit unendlicher Geduld an, während der dicke Mann vor ihnen langsam etwas zappelig und seine Miene zunehmend länger wird. Erst als das kleine Mädchen alle Neuigkeiten verkündet und dem anscheinend zunächst nichts weiter hinzuzufügen hat, ist Edward so weit. »In Ordnung!«

Er blickt rasch zu Tony, die nach wie vor nicht weiß, was sie von der gesamten Vorstellung zu halten hat. Doch als sie zu ihm aufsieht, leuchten seine Augen auf und seine Hand, die immer noch ihre hält, verstärkt für einen flüchtigen Moment ihren Druck.

Der korpulente Mann räuspert sich. »Mein Name ist Ike Button ...«

Unvermittelt hustet die Braut los, um das irre Gelächter zu tarnen, das sie plötzlich um jeden Preis überfallen will. Es gelingt ihr nicht vollständig, denn der Mann mit den großen Knöpfen mustert sie leicht irritiert, und Edward neben ihr verdreht die Augen. Nur Susan hat wohl mit ähnlichen Problemen zu kämpfen. Wenigstens einer, der noch nicht ganz seinen Humor verloren hat.

»... ich bin Friedensrichter«, fährt Mr. Button nach einer Kunstpause fort. »Und es ist mir eine außerordentliche Freude, endlich doch noch die Gelegenheit zu bekommen, auf diesem wundervollen Eiland eine Trauung vorzunehmen ...«

Aha. Erneut sieht Tony zu Edward; den scheint der letzte Satz allerdings nicht nachdenklich gestimmt zu haben. Unverwandt schaut er zu dem dicken Mann vor ihm; seine Miene offenbart nicht die geringste Regung.

Button ist inzwischen vollständig in seinem Element. Theatralisch breitet er die Arme aus, blickt gen Himmel und seine dröhnende Stimme übertönt die Brandung des Meeres. »Die Ehe ist eine Vereinigung, die zu Lebzeiten geschlossen wird, jedoch weit über den Tod hinaus bestehen bleibt. Nur wahre Liebe vermag auf diese Art zwei Menschen zu verbinden. Nichts kann es mit ihr aufnehmen, niemand kann sich ihr in den Weg stellen. Es ist mir immer wieder ein Genuss, junge Liebende in diesen unsterblichen Bund zu entsenden, wissen wir doch alle, wie sinnlos unser Leben ohne die Liebe wäre ...«

Tony wagt einen nächsten scheuen Blick zu Edward. Der wirkt nach wie vor total ausdruckslos. Jade hat ihre Arme um seinen Hals gelegt und lauscht dem fremden Mann mit gerunzelter Stirn.

»Heute hier zu stehen und in Ihre glücklichen Gesichter und die Ihrer Kinder sehen zu dürfen ...«, Jades Stirnrunzeln verdoppelt sich noch mal und unvermutet schlingen sich ihre Arme fester um den Hals ihres Dads, »... ist mir daher eine besondere Freude. Denn am Ende hat doch zusammengefunden, was zusammengehört.«

Button blickt zu Tony und in dem rauen Gesicht blitzen die dunklen Augen auf. Es ist ihm wirklich eine Freude. Ein sanftes Lächeln umspielt seine Lippen.

»Anthonia Benett. Ich frage Sie vor den hier Versammelten, ob Sie Edward Jayden Capwell zu Ihrem gesetzlich angetrauten Ehemann nehmen wollen. Werden Sie ihm zur Seite stehen, in guten wie in schlechten Zeiten, in Reichtum und in Armut, in Freud und in Leid, bis in alle Ewigkeit, so antworten Sie mit ›Ja‹.«

Unwillkürlich verstärkt sich der Druck von Edwards Hand.

»Ja!«

Das will sie seit ein paar Jahren. Hat er echt geglaubt, sie würde im letzten Moment kneifen? Dann weiß er nicht besonders viel über seine Beinaheehefrau. Matty hat inzwischen seinen Arm um Tony gelegt, der Kopf lehnt an ihrer Seite, während er Button andächtig zuhört. Sein Blick ist entrückt, als wäre er mit seinen Gedanken weit, weit weg.

Der Friedensrichter nickt lächelnd und wendet sich an Edward.

»Edward Jayden Capwell. Ich frage Sie vor den hier Anwesenden, ob Sie Anthonia Benett zu Ihrer rechtmäßig angetrauten Ehefrau nehmen wollen. Werden Sie sie lieben und ehren, ihr in guten und in schlechten Zeiten zur Seite stehen, in Reichtum und Armut, in Freud und in Leid? Egal welche Prüfungen das Schicksal Ihnen noch auferlegt? Wollen Sie ihr die Treue halten bis in alle Ewigkeit? Wenn dem so ist, dann antworten Sie mit ›Ja.‹«

Buttons letztes Wort hat noch nicht ganz seinen Mund verlassen, da erfolgt bereits die Antwort. Nüchtern, gelassen, ohne die geringste Betonung. »Ja.«

Ganz Edward. Tony sieht verwundert zu ihm auf, doch er ignoriert sie, hat nur Augen für den dicken Mann, dessen Lächeln breiter wird.

»Dann bitte ich Sie nun, Ihrer Frau den Ring zu überreichen.«

Das weckt Matty aus seiner Versunkenheit. Hastig stürzt er zu Edward. Der birgt grinsend etwas aus der Hand des Jungen. Dann setzt er Jade ab, die sofort zu ihrem Cousin eilt. So doof scheint er dann doch nicht zu sein. Edward wendet sich Tony zu; wieder liegt das schmale Lächeln auf seinen Lippen. Mit seiner warmen, trockenen und ruhigen Hand nimmt er Tonys kalte, leicht verschwitzte, bebende und streift ihr mit absoluter Ruhe, Gelassenheit, Muße und ohne die geringsten Schwierigkeiten den Ring über.

Er passt wie angegossen. Als wäre er nach Maß gefertigt. Wahrscheinlich ist er das auch. Tony wagt nicht, ihn sich auch nur anzuschauen.

Es ist nicht wichtig. Nichts ist mehr wichtig.

Abgesehen von einer Sache ...

»Kraft des mir verliehenen Amtes erkläre ich Sie zu Mann und Frau. Sie dürfen die Braut jetzt ...«

Weiter kommt er nicht. Weil Edward nicht die Absicht hat, auf das Okay des Dicken zu warten.

Hingerissen blickt Tony in seine funkelnden Augen, als er sie an sich zieht.

»Du stehst tatsächlich zu deinem Wort«, murmelt er, bevor er lächelnd seine Lippen auf ihre senkt ...

E-N-D-E

Vorschau:

Das war die Geschichte von Tony, Edward, Matty und Jade aus Anthonias Sicht der Dinge.

Mit dieser Story habe ich ein Experiment gewagt, und in einem anderen Werk Edwards Perspektive niedergeschrieben. Die vermeintlich gleiche Geschichte entpuppte sich schnell zu einem recht rasanten, hin und wieder rührenden und manchmal sogar sehr actionreichen Abenteuer, das man womöglich nicht sofort erwartet, wenn man Twisted Game gelesen hat.

Das Ganze wird unter dem Titel:

The Unforgivable Words

erscheinen. Nachfolgend ein kleiner Auszug.

Ich bedanke mich sehr für Ihr Interesse!

Kera Jung

Anthonia Benett

New York / November 2014

Er hasst diese Stadt!

Diese stinkende Kloake mit ihren lärmenden Autos, den aus Abwassergruben aufsteigenden übel riechenden Dämpfen und den Feuerleitern an jenen Uraltbauten, die so hässlich sind, dass einem das Auge schmerzt.

Hier haben sich alle versammelt: die Penner dieser Welt. Die Bettler, die Weltverbesserer, die Nutten, die Kiffer und Fixer, die Gangster und Dealer, aber vor allem die Künstler. In diesem Moloch machen sie sich breit und verschwenden ihr kümmerliches Dasein mit dem Nichtstun, anstatt wie jeder normale Mensch einer sinnvollen Beschäftigung nachzugehen.

Würde es in seiner Entscheidungsgewalt liegen, hätte er das gesamte Nest längst mit einer Wasserstoffbombe hochgenommen. Funktioniert fantastisch: Innerhalb weniger Sekunden wird alles Leben ausgelöscht, bis hin zu den Kakerlaken – den großen wie den kleinen. Danach wäre das Areal bestens präpariert, um diesmal Menschen anzusiedeln.

* * *

Als er den Newark-Airport verlässt, befindet Edward sich in denkbar mieser Stimmung – was seit einigen Tagen ein Dauerzustand ist, wenn man es genau bedenkt. Denn er verabscheut Veränderungen. Seit Eintreffen von Tims Brief, in dem der seinem Bruder so freundlich die Verantwortung für die Aufzucht seiner Brut übertragen hat, ahnt Edward, dass sich sein Leben sogar dramatisch verändern wird. Gut, es handelt sich nur um einen kleinen Jungen, der wohl kaum Schwierigkeiten machen dürfte. Die geeignete Nanny hat Edward bereits aufgetrieben.

Miss Wagner – eine gebürtige Engländerin – stammt noch von der alten Schule und absolvierte ihre Ausbildung vor mehr als 30 Jahren in einem katholischen Nanny-Internat. Genau das, wonach Edward suchte. Dem Kleinen wird es an nichts fehlen, seine Erziehung jedoch auch die erforderliche Härte und Strenge aufweisen, was bestimmt noch keinem Kind geschadet hat. Bei diesem speziellen gilt es, die ersten fünf Lebensjahre auszumerzen, die gründlich daneben gegangen sind, mal abgesehen von der erblichen Vorbelastung. Ein katholisch orientiertes Kindermädchen ist akzeptabel. Ansonsten stehen Mr. Edward Capwell und der katholische Glaube jedoch miteinander auf Kriegsfuß.

»Du sollst nicht töten!«, ist einer der geistlosesten Verse, die der ewige Bestseller zu bieten hat. Edward, der mit zunehmendem Alter immer weniger die Ansichten seines Dads teilt, pflichtet ihm selbst heute noch, über fünf Jahre nach dessen Tod, in diesem Belang bei. Als Besitzer eines Waffenkonzerns kann man durch diesen Bibelspruch hin und wieder in arge Bedrängnis geraten. Besonders in einem Land, in dem ungefähr ebenso viele Waffenliebhaber wie gläubige Christen leben.

Denn wenn man all das Gerede über das Recht auf Selbstverteidigung, die freien Bürgerrechten überhaupt, den Schutz vor Gangstern und Banditen, und zuletzt über die Notwendigkeit diverser Befreiungskriege und UN-Mandate beiseitelässt, bleibt am Ende nur eine Gewissheit: Eine Waffe ist zum Töten vorgesehen.

Jenes Kriegsgerät, das in Edwards Unternehmen produziert wird und übrigens hervorragenden Absatz findet, meuchelt in den allermeisten Fällen Menschen. Oder das, was sich sehr mutig für dazugehörig hält.

Während er seinen Wagen durch den dichten Verkehr lenkt und sich über die zahlreichen Yellow-Cabs ärgert, die ihm den Weg versperren, betrachtet er die Leute, die auf den breiten Bürgersteigen dahintraben. Niemand scheint es besonders eilig zu haben; alle verfügen – wie diese widerlich, rostigen Taxis vor ihm – anscheinend über unbegrenzte Zeit!

Edward nicht!

Es ist bereits ein Kunststück der besonderen Art, mit einem Privatjet auf dem ewig überlasteten Airport eine Landegenehmigung zu erhalten. Jede Minute, die das Teil dort steht, kostet ihn ein Vermögen, von der Verzögerung, die er unter Garantie in Kauf nehmen müssen wird, bevor er wieder starten darf, ganz zu schweigen.

Zeit ist Geld! Und er hasst es, sein Geld zu verschwenden.

Energisch betätigt er die Hupe, als einer dieser hirnamputierten Cab-Fahrer ohne Vorankündigung vor ihm die Spur wechselt. Hierbei handelt es sich mit an Sicherheit grenzender Wahrscheinlichkeit um einen Inder, Pakistani oder irgendein ähnlich gelagertes Gesocks.

Du dämlicher Hund! Mein Lenkrad hat so viel gekostet wie

deine gesamte Rostlaube! Verdammt, warum scherst du dich nicht in dein hinterwäldlerisches Kaff und lässt anständige Amerikaner die von ihrem beschissenen Steuergeld finanzierten Straßen benutzen?

Nebenher hämmert er unablässig auf die Hupe ein.

Gut möglich, dass dein Dorf nicht mehr existiert, weil irgendeine meiner hochwertigen Granaten es in die Luft gejagt hat. Aber das heißt NICHT, dass du deshalb deinen Arsch HIERHER bewegen sollst, du Parasit!

Immer noch auf die Hupe einschlagend, besinnt er sich. Die Nerven zu verlieren ist keine geeignetes Lösung, denn diese degenerierten New Yorker werden nun einmal nicht begreifen, dass es Menschen gibt, die einem geregelten Leben nachgehen. Geduld und Beherrschung sind die Zauberwörter der Stunde, denn Edward ahnt, dass er heute noch jede Menge davon benötigen wird.

* * *

Als er vor dem uralten Lagerhaus vorfährt, das sich in einer der heruntergekommensten Gegenden dieser Stadt befindet, macht er sich zum ersten Mal ernsthafte Gedanken um seinen Maybach. Edward mag diesen Wagen sehr, allein auf die Lieferung musste er über ein halbes Jahr warten. Das ist sein Baby! Es hier seinem Schicksal zu überlassen, erscheint ihm, als würde er an einem Obdachlosenasyl eine Fährte mit Dollarnoten direkt zu seiner Hausbank legen. Mit allein erforderlichen Zugangscodes.

Seufzend blickt er sich um. Abgesehen von einigen verdächtig wirkenden jugendlichen Puerto Ricanern, die sich an einer Straßenecke verschanzt haben, kann er niemanden entdecken.

Okay ... dann wird es bei der Brut der Hinterwäldler bleiben, Angriff war schon immer die beste Verteidigung.

Sobald er einen leisen, schneidigen Pfiff ausgestoßen hat, sehen die drei Jungen zu ihm. Und als er auffordernd nickt, kommen sie doch tatsächlich angeschlendert.

Der Größte von ihnen, ein vielleicht siebzehnjähriger Junge mit fellbesetzter Kapuze an seiner Winterjacke, macht den Wortführer. »Huh?«

Kritisch betrachtet Edward die dunklen Augen etwas genauer. Sie sind rot unterlaufen, die Pupillen auf doppelte Größe geweitet. Er ist wirklich am Ende der Welt gelandet, inmitten von drogenabhängigen Kindern und deren aidskranken Eltern. »Wollt ihr euch 100 Dollar verdienen? Für jeden, versteht sich?«

Schon verziehen sich die Gesichter der Jungen zu einem identischen Grinsen. Dreihundert Dollar bedeuten vermutlich jede Menge Klebstoff, oder was sie sich sonst so einwerfen oder inhalieren. Der Größte – wohl tatsächlich der Anführer – beäugt inzwischen den Maybach. »Wir sollen auf deine Karre aufpassen?«

Das bejaht Edward mit einem knappen Nicken, und als er das Kalkulieren in den Augen des zukünftigen Drogendealers/Massenmörders sieht, lacht er auf. »Tut euch keinen Zwang an. Dieses Baby könnt ihr nicht kurzschließen. Also entweder ihr fallt auf die Schnauze, ärgert euch und geht ansonsten leer aus, oder ihr sorgt dafür, dass er keinen Kratzer abbekommt. Für 100 Dollar pro Nase. Bin ich zufrieden, gibt es das Gleiche bei meiner Rückkehr. Deal?«

Trotz des Matschhirns braucht der Bengel keine fünf Sekunden, dann ballt er die rechte Hand flüchtig zur Faust. »Deal ...«

Nachdem drei nagelneue Einhundertdollarnoten von sauber manikürten in schmutzig-rotzige Hände übergewechselt sind, macht Edward Anstalten zu gehen.

»Hey, Mister!«

Stirnrunzelnd blickt er über seine Schulter. Der Kleinste aus der Clique deutet auf sein Hemd. »Sie haben Ihre Jacke vergessen!«

Capwell verdreht die Augen und setzt sich in Bewegung. Bullshit kommentiert er aus Überzeugung nicht.

* * *

Kurz darauf betritt er durch eine abgehalfterte Tür die schäbige, offene Halle. Das Erdgeschoss steht komplett leer; in den zahlreichen winzigen Fenstern existiert kaum noch eine intakte Scheibe. Es stinkt erbärmlich nach Müll und allem, was im Allgemeinen am unteren Rumpfende menschlicher Kreaturen wieder ausgeschieden wird.

Geringschätzig betrachtet er kurz darauf die Blechtür, hinter der sich das Appartement seines Bruders, dieser Schlampe und des anderen Kerls befindet.

Timotheus berichtete ihm irgendwann in einem seiner Briefe stolz, das Teil gekauft zu haben. »Ein Schnäppchen«, so drückte er sich aus, unterließ es jedoch, die genaue Summe zu nennen.

Immobilien gehören nicht unbedingt zu Edwards Geschäft, allerdings ist er sicher, dass jeder Cent für diese Bruchbude einer zu viel war. Doch das geht ihn nichts an, hat es nie und wird es auch nie. Genau genommen geht ihn nichts von dem, was sich hinter dieser Tür befindet, etwas an. Nur der Junge, und den wird er von dort retten.

Sollte aber ein gewisser Tony anwesend sein, wird er ihn noch vorsorglich zu Brei schlagen, und damit nachholen, was sein Bruder leider zu Lebzeiten versäumte.

* * *

Exakt dreimal lässt er die Faust auf das Metall prallen.

Eilige Schritte sind auszumachen und kurz darauf wird die Tür aufgerissen.

Sein erster Gedanke ist:

Sie ist unglaublich jung! ZU jung! Warum ist sie so verdammt jung?

Dann überlegt er sich, dass ZU jung relativ ist. Ein Mädchen, das sich gleichzeitig mit zwei Männern abgibt, weist sowohl moralisch als auch ethisch etliche Defizite auf. Wenn sie ihre Unschuld als Kind verliert, warum soll sie dann nicht auch als Kind Mutter werden? Dennoch verwirrt ihn, dass Timotheus sich mit einer Minderjährigen eingelassen hat.

Diese Person kann noch nicht lange einundzwanzig sein, wenn sie dieses Alter überhaupt schon erreicht hat.

Verdammt! Je länger er sich mit dieser Angelegenheit auseinandersetzen muss, desto widerlicher wird sie. Doch zumindest eine von Timotheus Bemerkungen kann er jetzt bedeutend besser einordnen:

»... sie ist noch so jung. Es wäre unfair, sie mit einer solchen Aufgabe zu belasten. Ich will ihr nicht das gesamte Leben versauen, weil sie nach meinem Tod allein mit meinem Sohn dasteht.«

Das schrieb er in seinem Abschiedsbrief, was Edward zunächst ratlos zurückließ. Ob jung oder alt, Mutter ist und bleibt Mutter!

Nur ...

Dies ist keine, sondern ein kleines Flittchen, das sich seiner äußeren Reize nur allzu bewusst ist und sogar ganz genau weiß, wie sie einzusetzen sind.

Dass sie hübsch ist, verwundert Edward weniger, und dennoch könnte sie in seinen Augen nicht abstoßender sein. So etwas kann man nur mit vielen, äußerst vielen Zugeständnissen überhaupt als Frau bezeichnen.

Allein das brünette, mit blonden Strähnen durchwirkte Haar – eindeutig gefärbt – ist viel zu kurz, denn es berührt kaum ihre Schultern. Das nachlässig aufgetragene Make-up ist mit Sicherheit billigste Wahl; es hebt ihr Äußeres nicht auf dezente Weise hervor, so, wie Edward das bei einer echten Frau gewohnt ist, sondern macht sich eher negativ auf das Gesamtbild aus.

Der viel zu grelle Lippenstift passt nicht zu ihrem dunklen Teint, außerdem wurde er völlig laienhaft aufgetragen, sodass man den Eindruck erlangt, ihre Unterlippe sei bedeutend kleiner als die obere. Die Augen sind mit dem blauen Lidschatten unvorteilhaft betont, denn ihre Iris ist grün, weshalb der Effekt so ekelhaft ist, dass er den Blick abwenden muss.

Zudem diese Tonnen von Eyeliner und Wimperntusche, dieses Ding ist mehr Clown als Frau!

Ihre Kleidung besteht aus einem Herrenhemd, dessen offener Ausschnitt einen prächtigen Ausblick auf ihre Brüste zulässt. Wäre es Edwards Frau, hätte sie in diesem Aufzug garantiert keinem fremden Mann die Tür geöffnet. Dazu trägt sie enge Bluejeans, damit man ihren straffen Hintern nicht verpasst. Abgerundet wird der Anblick durch ziemlich heruntergekommene klobige Treter.

In der Gesamtheit ergibt das eine ungefähr ein Meter siebzig große Schlampe, die ihn gerade mit offenem Mund anstarrt. Trocken lächelt Edward in sich hinein. Nein, er ist keineswegs überrascht, eher durch dieses Ausmaß an Impertinenz bis zum Äußersten angewidert.

Sicher, Baby! So hast du dir das gedacht, ja?

Als er sich vorstellt, klappt ihre Kinnlade noch etwas weiter herunter. Diesmal muss er sich tatsächlich beherrschen, um sie nicht anzufahren. Glücklicherweise fängt sie sich. »Mein Name ist Anthonia Benett. Ich bin ...«

»Mir ist bekannt, wer Sie sind«, unterbricht er sie. »Dürfte ich dann eintreten?« Damit drängt er sich an ihr vorbei.

* * *

Die Dunkelheit lichtet sich nach wenigen Metern, als sich die Diele in einen großen, weiten Raum öffnet, der exakt so verheerend ausfällt, wie Edward es sich in seinen kühnsten Albträumen nicht ausmalen könnte. Daher trifft er vollständig seine Erwartungen.

Das Teil steht faktisch leer!

Neben einer uralten, grottigen Holzbank und den passenden Sesseln, einem Tisch, der jeden Moment droht, unter seiner eigenen Last zusammenzubrechen, existiert noch ein uraltes, vollgestopftes Bücherregal. Daneben wären da noch ein Fernseher aus dem letzten Jahrhundert, ein uraltes Radio – Flohmarktware, definitiv – und ein ... Junge.

Klein, blass, blond und ernst.

Mit dem Rücken zum großen Fenster stehend, blickt er unverwandt zu dem Fremden. Doch aus seinem Blick spricht keineswegs Angst, sondern Neugierde, vielleicht etwas Argwohn, was nur natürlich ist ...

... im Übrigen ist er seinem Vater wie aus dem Gesicht geschnitten.

Edward bedient trotzdem das Protokoll. »Das ist mein Neffe?«

»Wird wohl so sein«, erwidert eine schnippische Stimme neben ihm, die er besser ignoriert. Stattdessen sieht er sich nach einer Sitzgelegenheit um, auf der er sich nicht sofort die Hosen versauen wird. Doch abgesehen von diesem absurden Holzgebilde, gibt es nichts, was wohl das Aus für seine aktuelle Kleidung bedeutet.

»Darf ich mich setzen?«

»Bitte!« Wieder frech und vorlaut, und abermals tut er so, als hätte er nichts davon bemerkt, sondern mustert eingehend das Kind. »Er ist klein für sein Alter!«

»Möglich! Trotzdem besitzt er einen gesunden Stolz!« Sie hat in einem der Sessel Platz genommen.

»Verzeihung«, entgegnet Edward ohne den Hauch von Spott. »Im Umgang mit Kindern bin ich nicht sehr geübt. Matthew!« Damit richtet er einen einladenden Arm zu dem Jungen, der auf die Geste ohne das geringste Zögern reagiert.

Verblüffend, Edward hat mit Tränen gerechnet, mit Weigerungen, Dramen – herzerweichenden Szenen, denen er zeit seines Lebens niemals beiwohnen will.

»Ich bin Onkel Edward, der Bruder deines Dads. Das ist dir bekannt?«

Der Kleine nickt.

»Der Tod deines Vaters muss dich schwer getroffen haben ... Mein aufrichtiges Beileid.«

Mehr als ein Nicken kommt auch diesmal nicht, weshalb Edward sich mit leichtem Unbehagen fragt, ob der Bengel vielleicht stumm ist.

»Ich möchte dich gern mit zu mir nach Hause nehmen. Ist das okay?«

Edwards Ahnung scheint zur düsteren Gewissheit zu werden, denn abermals erfolgt keine verbale Entgegnung. Demnach wird er zunächst dafür sorgen müssen, dass dieses offensichtlich geistig zurückgebliebene Kind den Stand seiner Altersgenossen erreicht. Er kann nur hoffen, dass diesem Defizit kein Autismus zugrunde liegt.

Trotz der wenig erquicklichen Aussichten zwingt er sich zu einem nächsten Lächeln. »Deine Sachen sind bereits gepackt?«

Wieder kommt nur das obligatorische Nicken.

»Wie wäre es, wenn du dich noch einmal vergewisserst, dass du nichts vergessen hast? Wir werden nicht mehr zurückkehren.«

Prompt sieht der Kleine zu seiner Erzeugerin. »Geh nur«, meint die mit bemerkenswerter Arroganz. Bevor er den Raum verlässt, mustert der Junge seinen Onkel durchdringend. Anscheinend gibt es hier doch die eine oder andere Wurzel zu kappen.

Nun, damit musste er wohl rechnen. Edward verliert keine Zeit, holt schon einmal die Axt und wendet sich – kaum dass der Junge verschwunden ist – an die Schlampe. »Er kann aber sprechen, ja?«

»Matty ist durchaus in der Lage, sich verbal zu verständigen.« Schnippisch – natürlich.

»Gut zu wissen. Wie wird er die Trennung von seiner ... Mutter verkraften?«

Ungläubig betrachtet sie ihn. »Nicht so gut, schätze ich, aber er wird sich wohl dran gewöhnen müssen.«

Was für ein abgebrühtes Miststück! »Demnach haben Sie schon geübt oder wie darf ich diese Bemerkung verstehen?«

»Bitte?«

Sie unterschätzt ihre Gegner. Gut möglich, dass sie ihn als solchen bisher nicht einmal identifiziert hat. Kein Problem, da kann Edward Abhilfe leisten. Er lehnt sich zurück. »Vermutlich haben Sie nicht sonderlich viele Überlegungen darüber angestellt – warum auch? Ich denke jedoch, dass der Junge möglicherweise Schwierigkeiten mit dieser abrupten Entzweiung bekommen dürfte. Er scheint Sie zu mögen, aus welchem Grund auch immer. Also, haben Sie sich eventuell doch Gedanken über mögliche Besuche gemacht oder wollen Sie ihn tatsächlich nie wieder sehen?«

»Matt leidet seit einem Jahr an Asthma«, platzt sie unvermutet heraus.

Daher also die Blässe.

»Es ist unter Kontrolle, keine Sorge.« Mit lächerlich drohender Mimik richtet sie sich auf, wohl, um ihre Rundungen besser zur Geltung zu bringen. »Ich dachte, ein sauberer Bruch wäre die beste Lösung und er würde sich so einfacher zurechtfinden. Inzwischen sind mir da jedoch ein paar Zweifel gekommen. Vielleicht sollte ich ihn fürs Erste begleiten, zumindest, bis er sich eingelebt hat.«

»Ja«, erwidert Edward gelassen, den Blick auf ihren Brüsten. »Das ist tatsächlich eine äußerst überraschende Schlussfolgerung.«

Eine Weile mustert sie ihn berechnend, dann hebt sich ihr Kinn. »Woher wussten Sie eigentlich von Matty? Hatte Tim nicht den Kontakt zu seiner Familie abgebrochen?«

»Das ist korrekt«, entgegnet er widerstrebend, entschließt sich dann jedoch, fortzufahren. »Meine Eltern konnten sich nie für sein unorthodoxes Lebensmodell erwärmen, ich übrigens ebenfalls nicht. Allerdings standen wir Brüder in lockerer Verbindung. Er schrieb mir ab und an, daher erfuhr ich von der Geburt des Kindes.« Abfällig betrachtet er die verhunzten Lippen. »Um ehrlich zu sein, habe ich nicht das geringste Verständnis für die Art von Verhältnissen, in denen Sie leben ...«

Wieder verzieht sie das Gesicht zu dieser grausamen Fratze. »Was genau wollen Sie dami...?«

»Muss ich Ihnen das tatsächlich in allen Einzelheiten auseinandernehmen? Gut, wenn es unbedingt erforderlich ist: Timotheus war ein Träumer, ein Illusionär, der mit den Anforderungen und harten Geschäftspraktiken meines Vaters nie umgehen konnte. Er berichtete mir von Ihrer bizarren sexuellen Beziehung.«

Ihre Verwirrung ist gut, doch für ihn nicht überzeugend genug. »Timotheus, Tony und ... Sie! Sie dürfen mit dem Theater aufhören, ich bin umfassend informiert ...« Ups, das trifft hart. »Zunächst konnte ich nicht verstehen, aus welchem Grund sich zwei Männer eine Frau teilen sollten, bis ich endlich hinter die Antwort kam. Sie haben beide hingehalten, richtig? Ich weiß, wie sehr mein Bruder Sie mochte, es klingt in seinen Briefen mit. Ähnlich werden Sie mit diesem Tony verfahren sein. Dass Sie sich so kurzfristig entschließen können, Ihren Sohn nicht ad hoc zu verlassen, kommt daher nicht sonderlich überraschend. Doch ich muss Sie enttäuschen, ich hege nicht die geringste Absicht, Sie auszuhalten, bin allerdings bereit, um des Jungen willen einen Kompromiss einzugehen. Sie begleiten uns; sollten Sie jedoch auf die Idee kommen, ihn im Stich zu lassen, weil Ihnen die gesamte Angelegenheit mit der Mutterschaft zu lästig wird, werden Sie mich kennenlernen. Und das ist das Letzte, was Sie wollen, vertrauen Sie mir.«

DAS trifft härter – nun ist sie blass.

»... Bis das Kind die Trennung von Ihnen verkraften kann, werden Sie bei ihm bleiben, danach können Sie meinetwegen Ihrem abartigen Lebensstil weiter frönen. Und um auch noch die verbliebenen möglichen Missverständnisse aus dem Weg zu räumen ...« Damit es auch unmissverständlich wird, beugt er sich über den Tisch und blickt direkt ... in ihren Ausschnitt. Der ist bedeutend ansehnlicher als das Gesicht.

»Meiner Ansicht nach verkörpern Sie den Inbegriff einer dahergelaufenen Schlampe, die für jeden Mann die Beine breitmacht, solange sie sich einen Vorteil daraus verspricht. Landläufig wird eine derartige Kreatur zumeist Hure genannt ...«

Gelassen wartet er ihr Zusammenfahren ab, bevor er sich halbwegs zufrieden zurücklehnt. »Ich erhielt kurz vor Timotheus´ Tod diesen Brief ...« Achtlos wirft er ihr das Schreiben über den Tisch. Ihre Hände beben, als sie ihn nimmt.

Hervorragend. Sie hat keine Nerven, strauchelt bereits unter dem geringsten Druck. Was bedeutet: Steigert er die Intensität, wird sie zerbrechen.

Beste Voraussetzungen.

* * *

Als sie aufsieht, entlarvt er das Glänzen ihrer Augen umgehend als mieses Ablenkungsmanöver und hebt ungerührt die Schultern.

»Der Junge ist Teil meiner Familie. Diesbezüglich muss ich Timotheus beipflichten. Ich werde einen Teufel tun und ihn in diesem Milieu aufwachsen lassen ...«

Wieder mustert er diesen widerlichen Mund, dann die Brüste; das billige Flittchen trägt nicht einmal einen BH – demnach hat sie sich für sein Auftauchen präpariert. Ausgiebig begutachtet er die weichen Erhebungen, die festen Spitzen, die sich gegen den Stoff drängen und sieht erst eher widerwillig auf, als sie tiefrot ist und ihre Finger zwanghaft zucken.

»Und ich kann ihn unmöglich einer solchen Mutter überlassen.«

* * *

Entspannt sitzt Edward in dem unbequemen Sessel und beobachtet, wie sie die Dinge gegeneinander abwiegt.

Im Gegensatz zu seinem Bruder ist er stolz darauf, mit beiden Beinen im Leben zu stehen. Gefühlsduseleien sind ihm fremd, Illusionen oder gar Naivität auch. Ihm ist exakt bekannt, was hinter der Stirn in dem Erbsenhirn vor sich geht, und er wartet geduldig, bis sie zumindest rudimentär begriffen hat.

Das geschieht nach einer ganzen Minute – Gesamturteil: hochgradig debil. Was darauf schließen lässt, dass der Zustand des Kindes erblich bedingt und damit irreversibel ist. »Einverstanden. Von welchem Zeitraum sprechen wir hier – ungefähr?«

»Ein Monat?«

Er sieht das Veto in ihrem Gesicht, bevor sie es aussprechen kann, und korrigiert gelassen seinen kleinen Fehler. »Nein, ich denke, ein Vierteljahr ist wohl realistischer. Während dieser Zeit vergessen Sie Ihre üblichen Lebensgewohnheiten. Ich habe einen Ruf zu verlieren und bin äußerst darauf bedacht, ihn nicht in Mitleidenschaft zu ziehen. Solange Sie sich in meinem Haus aufhalten, kümmern Sie sich ausschließlich um den Jungen.

Keine Alleingänge. Ist das klar?«

Hörbar schnappt sie nach Luft, bringt es jedoch mit sichtlicher Mühe auf ein knappes Nicken.

»Bitte?«

Diesmal sieht er den kaum gebändigten Wunsch, ihn anzubrüllen, allerdings wird Edward enttäuscht, als ein winziges »Ja ...« ertönt.

Je länger er sie jedoch in milder Erwartung mustert, desto ungläubiger starrt sie ihn an. Die Rebellion wütet in ihr; er könnte schwören, dass sie ihn am liebsten anfallen würde, die Wangen färben sich rot, doch am Ende stößt sie ein »... wohl ...?« hervor.

Schade eigentlich!

Gerade als Edward glaubt, sie hätte aufgegeben, verschränkt sie die Arme und zischt los.

»Das ist lächerlich! Ich werde mich Ihnen nicht ›unterwerfen‹, oder was immer der ganze Scheiß hier soll! An den blöden Deal halte ich mich und ansonsten können Sie mich mal kreuzweise!« Damit springt sie auf und stürzt aus dem Raum.

Mit zur Seite geneigtem Kopf blickt er ihr nach.

Nein, ich will dich nicht unterwerfen, sondern, dass du leidest. Wenn ich mit dir fertig bin, wird nichts mehr von dir übrig sein. Du wirst deinen Sohn verlieren und nicht einen Cent von mir gesehen haben, und außerdem wirst du den Tag bereuen, an dem du den Namen Capwell zum ersten Mal gehört hast. Das ist ein Versprechen ...

... BABY!

* * *

Über die Autorin

Kera Jung wurde im Jahre 1973 in Berlin geboren. Hier wuchs sie auf, besuchte die Schule und absolvierte ihre Berufsausbildung. Das Schreiben war schon immer ihr größter Traum, der leider erst sehr spät Erfüllung fand. Im Jahre 2009 nahm sie ihr Hobby wieder auf, schrieb etliche Romane und machte ihre Passion im Jahre 2013 mit Veröffentlichung des Romans: ›Keine wie Sie‹ zu ihrem Beruf. Seither wurden zahlreiche Romane und Romanreihen veröffentlicht. Neben Kera Jung ist sie auch unter den Pseudonymen Susana Dean und Olivia Carter erfolgreich. Sie liebt ihren Beruf – über allem steht selbstverständlich das Schreiben, aber auch der Kontakt zu ihren Lesern ist ihr sehr wichtig. Deshalb besucht sie jährlich etliche Messen und andere, ähnlich gelagerte Events. Daheim führt sie mit ihrem Mann und ihren zwei Töchtern in einem beschaulichen Ort auf der Schwäbischen Alb ein eher zurückgezogenes Dasein, während ihr bereits erwachsener

Sohn in Berlin lebt. In der Ruhe der ländlichen Gegend hat sie den erforderlichen Background gefunden, um sich ganz auf ihre Leidenschaft konzentrieren zu können.

Bisher erschienen

Urteil Leben:
Keine-wie-Reihe: Keine wie Sie, Keiner wie Er, Keiner wie Wir, From Yesterday – Sammelband
California-College:
Erstens kommt es anders …, … und zweitens, als man denkt, … und zweitens, als man denkt – Special –, Sammelband
Starke Frau, was nun? Back tot the roots – Lisa und Chris
Twisted Game
The Unforgivable Words
Chaos im … Chaos im Kopf, Chaos im Herzen, Sammelband
Mrs. Kingsleys Liebhaber Band
Vom Sinn des Seins
Der Antityp
Mister Iron & Miss Steel
Life is a halfpipe
Sweet Dreams
Blind Wedding, Wedding Excuses, Sammelband Wedding
Four Seasons: Spring – Frühling in New York, Summer – Sommer in L.A., Fall – Herbst in Seattle
Mit Don Both:
Brainfuck
Mit Maria O'Hara:
14 Carat

www.ingramcontent.com/pod-product-compliance
Lightning Source LLC
Chambersburg PA
CBHW071957150426
43194CB00008B/906